Die Aufhebung von Schiedssprüchen und der Erlass einstweiliger Maßnahmen in Deutschland und Schweden

Studien zum Europäischen und Internationalen Wirtschaftsrecht

Studies in European and International Economic Law

Herausgegeben von/eds.
Peter Hay, Meinhard Hilf, Herbert Kronke, Wolfgang Oehler

Band/Volume 21

PETER LANG
Frankfurt am Main · Berlin · Bern · Bruxelles · New York · Oxford · Wien

Franziska Edler

Die Aufhebung von Schiedssprüchen und der Erlass einstweiliger Maßnahmen in Deutschland und Schweden

Ein Rechtsvergleich vor dem Hintergrund der Investitionsschiedsgerichtsbarkeit

PETER LANG
Internationaler Verlag der Wissenschaften

Bibliografische Information der Deutschen Nationalbibliothek
Die Deutsche Nationalbibliothek verzeichnet diese Publikation in der Deutschen Nationalbibliografie; detaillierte bibliografische Daten sind im Internet über <http://www.d-nb.de> abrufbar.

Zugl.: Heidelberg, Univ., Diss., 2008

D 16
ISSN 0941-3650
ISBN 978-3-631-58322-7

www.peterlang.de

Vorwort

Der vorliegende Band ist die überarbeitete und leicht aktualisierte Version meiner Dissertation, die im Mai 2008 von der Juristischen Fakultät der Universität Heidelberg angenommen wurde. Zum Gelingen dieser Arbeit haben viele Personen beigetragen, denen ich an dieser Stelle danken möchte

Der Dank gilt in erster Linie meinem Doktorvater Prof. Dr. Herbert Kronke für die bereitwillige Übernahme der Betreuung des Dissertationsprojektes und die zügige Erstellung des Erstgutachtens. Trotz der Entfernung zwischen Rom und Heidelberg stand er mir stets als verlässlicher Ansprechpartner zur Seite, gewährte mir gleichzeitig aber auch große akademische Freiheit. Seine persönlichen Einschätzungen und Erfahrungen als Schiedsrichter waren für mich bei der Erstellung dieser Arbeit von unschätzbarem Wert. Schließlich ermöglichte er mir, das Team der Universität Heidelberg bei der Vorbereitung und Teilnahme am 13th Willem C. Vis International Commercial Arbitration Moot Court zu betreuen. Die damit verbundenen Erfahrungen tragen ganz wesentlich dazu bei, dass mir die Promotionszeit in guter Erinnerung bleiben wird.

Herrn Prof. Dr. Götz Schulze danke ich herzlich für die bereitwillige Übernahme und zügige Erstellung des Zweitgutachtens.

Andreas Laupp und Kristina Menzel danke ich für die mühselige Durchsicht und Korrektur der Erstversion sowie geduldiges Zuhören und ihre kritischen Anmerkungen. Andrea Ernst danke ich für ihre konstruktive Kritik und viele wertvolle Hinweise zum Themenbereich der Investitionsschiedsgerichtsbarkeit. Dr. Stefan Huber ist es zu verdanken, dass ich vor etwa sechs Jahren begann, mich für die Schiedsgerichtsbarkeit zu interessieren. Ohne seine Anregung, am damaligen Moot Court teilzunehmen, hätte ich weder die angenehme Arbeitsatmosphäre am Institut für ausländisches und internationales Privat- und Wirtschaftsrecht in Heidelberg noch meinen späteren Doktorvater kennen gelernt. Auch bestärkte er mich darin, ein schiedsverfahrensrechtliches Thema zu bearbeiten und hatte immer ein offenes Ohr für mich. Dafür danke ich ihm ganz herzlich.

Der größte Dank gebührt meiner Familie, insbesondere meinen Eltern und meinem Freund Martin: Dafür, dass sie immer an mich glauben und für mich da sind. Martin gab den Anstoß zur Promotion und war mir mit seiner eigenen wissenschaftlichen Arbeit Vorbild und Ansporn zugleich. Meine Eltern haben mir eine hervorragende Ausbildung ermöglicht und so den Grundstein für meine Dissertation gelegt. Ihnen widme ich diese Arbeit.

Inhaltsübersicht

Inhaltsverzeichnis

a. A.	anderer Ansicht
AAA	American Arbitration Association
AJIL	The American Journal of International Law
Az.	Aktenzeichen
a.F.	alte(r) Fassung
BauR	Zeitschrift Baurecht
BayObLG	Bayerisches Oberstes Landesgericht
BB	BetriebsBerater
BGE	Entscheide des Schweizerischen Bundesgerichts
BGHZ	Entscheidungen des Bundesgerichtshofes in Zivilsachen
BT-Drs.	Bundestags-Drucksache
BIT	Bilateral Investment Treaty (Investitionsförderungsabkommen)
BVerfGE	Entscheidungen des Bundesverfassungsgerichts
DIS	Deutsche Institution für Schiedsgerichtsbarkeit
ECT	Energy Charter Treaty
EuGH	Europäischer Gerichtshof
EuGVVO	Verordnung über die gerichtliche Zuständigkeit und die Anerkennung und Vollstreckung von Entscheidungen in Zivil- und Handelssachen vom 22.12.2000
EuÜ	Europäisches Übereinkommen über die Internationale Handelsschiedsgerichtsbarkeit von 1961
GG	Grundgesetz
GRUR	Gewerblicher Rechtsschutz und Urheberrecht
HD	Högsta Domstolen (Schwedischer Höchster Gerichtshof)
h. L.	herrschende Lehre
h. M.	herrschende Meinung
ICC	International Chamber of Commerce
ICLQ	International and Comparative Law Quarterly
ICSID	International Center fort the Settlement of Investment Disputes

IDR	International Dispute Resolution
IHR	Internationales Handelsrecht
IISD	International Institute for Sustainable Development
I.L.M.	International Legal Materials
I.L.R.	International Law Reports
ITN	Investment Treaty News
IPRG	(Schweizerisches) Bundesgesetz über das Internationale Privatrecht
i.S.v.	im Sinne von
JO	Justitieombudsmännens ämbetsberättelse (Jahresbericht des schwedischen Justizombudsmannes)
JT	Juridisk Tidskrift
JWI	The Journal of World Investment
JWIT	The Journal of World Investment and Trade
krit.	kritisch
LSF	Lag (1999:116) om skiljeförfarande
m.w.N.	mit weiteren Nachweisen
n.F.	neue(r) Fassung
NJA	Nytt Juridisk Arkiv
NJOZ	Neue Juristische Online-Zeitschrift
NJW	Neue Juristische Wochenschrift
NJW-RR	Neue Juristische Wochenschrift - Rechtsprechungsreport
NZG	Neue Zeitschrift für Gesellschaftsrecht
OGH	Österreichischer Oberster Gerichtshof
OLGR	OLG-Report
o. S.	ohne Seitenangabe
Prop.	Proposition (schwedische Regierungsbegründung)
RB	Rättegångsbalk (schwedisches Prozessgesetz)
Rdnr.	Randnummer
RGW	Rat für gegenseitige Wirtschaftshilfe
RH	Rättsfall från Hovrätterna

RIW	Recht der Internationalen Wirtschaft
SCC	Stockholm Chamber of Commerce
SchiedsVZ	Zeitschrift für Schiedsverfahrensrecht
SchiedsVfG	Schiedsverfahrensneuregelungsgesetz
SFS	Svensk Författingssammling
SAR	Stockholm Arbitration Report
SIAR	Stockholm International Arbitration Review
Slg.	Sammlung
SOU	Statens Offentliga Utredningar (schwedische Gesetzesvorarbeiten)
SvJT	Svensk Juristtidning
TDM	Transnational Dispute Management
UB	Utsökningsbalk (schwedisches Vollstreckungsgesetz)
UNCITRAL	United Nations Commission on International Trade Law
UNCTAD	United Nations Conference on Trade and Development
UNÜ	UN-Übereinkommen über die Anerkennung und Vollstreckung ausländischer Schiedssprüche von 1958
wbl	Wirtschaftsrechtliche Blätter
ZfRV	Zeitschrift für Rechtsvergleichung
ZZP	Zeitschrift für Zivilprozess

A. Zielsetzung der Arbeit und Gang der Darstellung

Für die Entscheidung, künftige Streitigkeiten vor einem internationalen Schiedsgericht anstatt vor den staatlichen Gerichten des Herkunftslandes einer Vertragspartei auszutragen, spielt die Haltung der staatlichen Gerichte gegenüber dieser Form der Streitbeilegung eine große Rolle. Fast alle modernen Schiedsgesetze gehen von einem möglichst geringen Einfluss der staatlichen Gerichte auf das Schiedsverfahren aus. Gleichzeitig sollen sie durch ihre Hilfestellung während und eine beschränkte Kontrolle nach Abschluss des Verfahrens grundlegende Verfahrensgarantien sicherstellen. Wie diese Kontrolle im Einzelnen ausgestaltet ist und inwiefern die staatlichen Gerichte bereits während des Schiedsverfahrens Einfluss auf den Verfahrensgang nehmen, kann entscheidend für die Wahl eines Schiedsortes sein.

Das Verhältnis zwischen staatlichen Gerichten und Schiedsgerichten soll in dieser Arbeit anhand von zwei Beispielen herausgearbeitet werden. Zum einen wird der Erlass einstweiliger Maßnahmen durch staatliche Gerichte und durch das Schiedsgericht untersucht. Zum anderen geht es um die Aufhebung von Schiedssprüchen durch die staatlichen Gerichte am Schiedsort. Dabei bietet sich ein Vergleich zwischen der schwedischen und der deutschen Rechtsordnung vor allem aus zwei Gründen an. Schweden und insbesondere Stockholm ist seit vielen Jahren ein beliebter Austragungsort für internationale Schiedsverfahren. Deutschland hingegen wurde lange Zeit sogar explizit als Schiedsort gemieden. Anhand des Rechtsvergleichs soll geprüft werden, ob diese Ungleichbehandlung auch nach der Reform noch gerechtfertig ist. Beide Staaten haben ihr Schiedsverfahrensrecht fast gleichzeitig Ende der 90er Jahre modernisiert, um als Schiedsort auch für ausländische Nutzer attraktiver zu werden bzw. diese Stellung auszubauen. Daher ist zu vermuten, dass sich die Regelungen auch inhaltlich ähneln und gegenseitig beeinflussen.

In einem zweiten Schritt soll überprüft werden, inwieweit sich die für die private Wirtschaftsschiedsgerichtsbarkeit entwickelten Grundsätze der einstweiligen Maßnahmen und des Aufhebungsverfahrens auf die Investitionsschiedsgerichtsbarkeit übertragen lassen und ob die grundsätzliche Zurückhaltung der staatlichen Gerichte auch in diesem Bereich angebracht ist. Die Austragung von Investitionsstreitigkeiten aus bilateralen oder multilateralen völkerrechtlichen Abkommen ist eine neuere Tendenz in der internationalen Schiedsgerichtsbarkeit. Solche Streitigkeiten zwischen privaten Investoren auf der einen und souveränen Staaten auf der anderen Seite können meist nach den Regeln des Internationalen Zentrums zur Beilegung von Investitionsstreitigkeiten in Washington (ICSID) durchgeführt werden. Vermehrt kommen aber auch Verfahrensregeln zur Anwendung, die ursprünglich für die private Wirtschaftsschiedsgerichtsbarkeit entwickelt wurden. In diesem Fall sind die staatlichen Gerichte am Schiedsort sowohl für unterstützende Maßnahmen während des Schiedsverfahrens als auch für ein nachträgliches Aufhebungsverfahren zuständig. Hier stellt sich die Frage, ob die besonderen Umstände der Investitionsschiedsgerichtsbarkeit vor den staatlichen Gerichten berücksichtigt werden sollen bzw. ob es stimmt, dass „what was good for commercial arbitration is not good for investment arbitration“[1].

Seit 2003 sind mindestens vier Aufhebungsverfahren aus Investitionsstreitigkeiten vor schwedischen Gerichten durchgeführt worden. In einem Aufsehen erregenden Fall wies das Stockholmer Hofgericht (*Svea Hovrätt*) im Mai 2003 eine Aufhebungsklage der Tschechischen Republik ab. Diesem Streit lagen zwei gegensätzliche Schiedssprüche zugrunde, die aus einem Investitionsstreit zwischen dem US-Bürger Lauder bzw. einer von ihm kontrollierten niederländischen Gesellschaft und dem tschechischen Staat resultierten. Bisher sind zwar keine entsprechenden Aufhebungsverfahren vor deutschen Gerichten bekannt geworden, das deutsche Recht bietet aber inzwischen durch seine Modernisierung ebenfalls einen attraktiven Rahmen für die Durchführung von Schiedsverfahren in Deutschland.

Die Arbeit gliedert sich in vier Abschnitte (B. bis E.). In Abschnitt B. werden die konzeptionellen Grundlagen des Themas vorgestellt sowie die wesentlichen Begriffe geklärt. Abschnitt C. befasst sich mit dem Erlass einstweiliger Maßnahmen durch staatliche Gerichte und Schiedsgerichte. Dabei werden die Regelungen nach deutschem und schwedischem Recht zunächst vorgestellt und anschließend miteinander verglichen. In Abschnitt D. geht es um das Aufhebungsverfahren vor staatlichen Gerichten in Schweden und Deutschland. Auch hier sollen die Regelungen und ihre Auslegung durch Literatur und Rechtsprechung dargestellt und miteinander verglichen werden. Abschnitt E. schließlich befasst sich mit der Übertragbarkeit der herausgearbeiteten Grundsätze auf die Investitionsschiedsgerichtsbarkeit. Dabei sollen zunächst die Besonderheiten der einzelnen Verfahrensfragen besprochen und anschließend mögliche Reformansätze diskutiert werden. Die Ergebnisse der Arbeit werden in Abschnitt F. zusammengefasst.

---

[1] *Werner*, JWI 2003, 767 (783).

B. Grundlagen der Arbeit

Anlass dieser Arbeit ist das Aufhebungsverfahren der Tschechischen Republik gegen einen Investitionsschiedsspruch vor dem Stockholmer Hofgericht. Dieses soll zunächst vorgestellt werden (I.). Es folgt eine Klärung des Begriffs der Investitionsschiedsgerichtsbarkeit (II.). Nach einer kurzen Auseinandersetzung mit dem grundsätzlichen Verhältnis zwischen Schiedsgerichtsbarkeit und staatlicher Gerichtsbarkeit (III.) wird die Entwicklung der Schiedsgerichtsbarkeit in Deutschland und Schweden dargestellt (IV.). Abschließend wird überblicksartig auf die Besonderheiten der Investitionsschiedsgerichtsbarkeit gegenüber der Wirtschaftsschiedsgerichtsbarkeit eingegangen (V.). Dieser Überblick bildet die Grundlage für die Erörterungen im letzten Abschnitt der Arbeit (Abschnitt E.).

I. Das Verfahren Tschechische Republik v. CME

Im Mai 2003 wies das Stockholmer Hofgericht (*Svea Hovrätt*) die Klage der Tschechischen Republik auf Feststellung der Ungültigkeit bzw. Aufhebung eines im September 2001 ergangenen Teilschiedsspruchs ab. In seinem insgesamt 98 Seiten langen Urteil setzte sich das Gericht u. a. mit dem Vorwurf auseinander, das Schiedsgericht habe das anwendbare Recht missachtet und stattdessen nach Billigkeitsgrundsätzen entschieden, einer der Schiedsrichter sei von den Beratungen ausgeschlossen worden und das Schiedsgericht habe die Grenzen seines Auftrags überschritten. Von größter Bedeutung für die internationale Investitionsschiedsgerichtsbarkeit erscheinen die Ausführungen des Gerichts zu der Behauptung, das Schiedsgericht habe die Grundsätze der Rechtskraft und Rechtshängigkeit (*res iudicata* und *lis pendens*)[1] missachtet.

1. Der zugrunde liegende Sachverhalt[2]

1993 gründeten die deutsche Gesellschaft Central European Development Corporation GmbH (CEDC), die tschechische Gesellschaft Central European Television 21 (CET 21) und die tschechische Sparkasse gemeinsam die Gesellschaft Česká nezavista televizni spolcnost, spol.s.r.o. (ČNTS). Unternehmenszweck war der Betrieb eines privaten Fernsehsenders (TV Nova) in der tschechischen Republik. Die erforderliche staatliche Lizenz zum Betrieb von TV Nova erhielt CET 21 unter der Be-

---

[1] Auf den Unterschied zwischen einem kontinentaleuropäisch geprägten Rechtsverständnis auf der einen und einem anglo-amerikanischen Rechtsverständnis auf der anderen Seite zur Reichweite dieser Prinzipien, d. h. ihre Erstreckung auf die Urteilsgründe bzw. ihre Beschränkung auf den Urteilstenor, soll hier nicht näher eingegangen werden. Vgl. dazu *Söderlund*, Journal of International Arbitration 2005, 301 (301 f.).

[2] Die hier wiedergegebenen Informationen sind im Wesentlichen dem Urteil des Stockholmer Hofgerichts vom 15. Mai 2003, Az.: T 8735-01, auszugsweise abgedruckt in SchiedsVZ 2004, 50 ff., und dem Artikel von *Kühn/Gantenberg*, SchiedsVZ 2004, 1 ff., entnommen.

dingung, dass ausschließlich ČNTS zur Nutzung dieser Lizenz befugt war. CET 21 erbrachte die Lizenz als Einlage in die neu gegründete ČNTS, während CEDC und die tschechische Sparkasse als Kapitalgeber ihre Einlagen in bar erbrachten. Diese Gesellschaftsstruktur wurde ausdrücklich in Abstimmung mit der tschechischen Medienbehörde entwickelt, die eine direkte Beteiligung der deutschen CEDC an CET 21 ablehnte. 1994 übertrug CEDC ihren Anteil an ČNTS auf ihre niederländische Schwestergesellschaft CME Media. An dieser Gesellschaft war der amerikanische Staatsbürger Ronald Lauder mit insgesamt 30% beteiligt. In den Jahren 1996 und 1997 erhöhte CME Media ihren Anteil an ČNTS durch Übernahme anderer Anteile auf insgesamt 93,2 % und übertrug die Anteile 1997 auf ihre 100%ige, ebenfalls in den Niederlanden inkorporierte Tochtergesellschaft CME Czech Republic B.V. (CME). Schließlich hielt CME 99% der Anteile an ČNTS.

Anfang 1996 war das tschechische Mediengesetz geändert worden, wonach Lizenzinhaber die Rücknahme von bei der Erteilung gemachten Auflagen verlangen konnten. CET 21 hatte die Medienbehörde daraufhin aufgefordert, die 1993 erteilte Auflage, den Sendebetrieb ausschließlich von ČNTS durchführen zu lassen, zurückzunehmen. Auf Betreiben der Medienbehörde wurde der ursprüngliche Gesellschaftsvertrag der ČNTS dahingehend geändert, dass ČNTS nicht mehr das Recht zur Nutzung der Lizenz zustehen sollte, sondern nur noch das Recht „zur Nutzung von know-how aus der Lizenz". Zudem musste ČNTS das ausschließliche Recht zur Nutzung der Lizenz aufgeben. CET 21 und ČNTS schlossen statt dessen einen Dienstleistungsvertrag, wonach CET 21 als Programmverantwortliche, ČNTS hingegen als reines Dienstleistungsunternehmen zum Betrieb von TV Nova fungieren sollte. Die Medienbehörde teilte ČNTS im März 1999 mit, nach tschechischem Recht stünden die Einkünfte aus den Werbeeinnahmen grundsätzlich dem Lizenzinhaber, nicht der Betreibergesellschaft zu. Im August 1999 kündigte CET 21 den Dienstleistungsvertrag mit der Begründung, der Sendeplan vom Vortag sei nicht, wie vertraglich vereinbart, bei ihr eingegangen. Damit fehlten ČNTS schlagartig die erforderliche Sendelizenz und ihre wirtschaftliche Basis. In der Folge mussten das Sendegebäude in Prag verkauft und etwa 400 Arbeitnehmer entlassen werden.

2. Die Schiedsverfahren in Stockholm und London

Neben mehreren staatlichen Gerichtsverfahren in Tschechien und mindestens einem weiteren Schiedsverfahren zwischen einem mit CME verbundenen Unternehmen und dem Geschäftsführer der CET 21[3] wurden fast zeitgleich zwei UNCITRAL-Schiedsverfahren mit dem Ziel finanzieller Entschädigung in Stockholm und London durchgeführt. Kläger des Stockholmer Verfahrens war CME, die sich auf das niederländisch-tschechische bilaterale Investitionsschutzabkommen berief. Schiedsrichter dieses Verfahrens waren Dr. Wolfgang Kühn als Vorsitzender,

[3] CME Media Enterprise B.V. v. Vladimir Zelezný, ICC Case No. 10435/AER/ACS, Schiedsspruch vom 9. Februar 2001.

Judge Stephen M. Schwebel und JuDr. Jarislav Hándl. Im Londoner Schiedsverfahren klagte Ronald Lauder aus Verletzung des US-amerikanisch-tschechischen bilateralen Investitionsschutzabkommens. Schiedsrichter in diesem Verfahren waren Robert Briner als Vorsitzender, Lloyd Cutler und Bohuslav Klein. Das Stockholmer Schiedsgericht erkannte mit Teilschiedsspruch vom 13. September 2001 einen Entschädigungsanspruch dem Grunde nach an[4]. Die Höhe der von Tschechien an CME zu zahlenden Entschädigung, insgesamt 355 Mio. US-Dollar, wurde in einem Endschiedsspruch vom 14. März 2003[5] festgesetzt. Das Londoner Schiedsgericht hingegen verneinte mit Schiedsspruch vom 3. September 2001[6] eine Entschädigungspflicht wegen Verletzung des Investitionsschutzabkommens.

3. Das Aufhebungsverfahren vor dem Stockholmer Hofgericht

Im Aufhebungsverfahren vor dem Stockholmer Hofgericht auf Feststellung der Ungültigkeit bzw. Aufhebung des Teilschiedsspruchs vom 13.9.2001 argumentierte die Klägerin, ein Verfahrensfehler habe darin gelegen, dass das Stockholmer Schiedsgericht den zuvor ergangenen Schiedsspruch des Londoner Tribunals nicht berücksichtigt habe, was gegen den Grundsatz *res iudicata* verstoße[7].

Die Parteien der beiden Schiedsverfahren seien praktisch identisch gewesen, denn Ronald Lauder übe als Minderheitsaktionär mit einem Anteil von 30% an der Muttergesellschaft der CME faktisch die Kontrolle über das Unternehmen aus[8]. Da jedoch die Parteien des Londoner und des Stockholmer Schiedsverfahrens formell nicht identisch waren, konnte nach Ansicht des Stockholmer Hofgerichts von einem Verstoß gegen das Prinzip *res iudicata* keine Rede sein[9]. Für eine erweiternde Auslegung dieses Prinzips und die Gleichbehandlung von Aktionär und Gesellschaft fehlte es zudem an internationalen Präzedenzfällen[10].

Die Klägerin argumentierte, bestimmte Rechtsbegriffe könnten im Fall eines Investitionsstreits eine andere Bedeutung haben als im nationalen schwedischen Recht, was sich auch auf die Überprüfung des Schiedsspruchs auswirken sollte[11]. Das Stockholmer Gericht äußerte sich dazu recht knapp mit den Worten, die Internationalität von Schiedsverfahren sei im neuen Schiedsgesetz von 1999 hinreichend berücksichtigt worden, da es sich zu großen Teilen auf das UNCITRAL-Modellgesetz stütze[12]. Das Völkerrecht sei ohnehin Teil des schwedischen Rechts

---

[4] Abrufbar unter http://ita.law.uvic.ca /documents/CME-2001PartialAward.pdf

[5] Abrufbar unter http://ita.law.uvic.ca/documents/CME-2003-Final_001.pdf.

[6] Veröffentlicht unter www.mfcr.cz/cps/rde/xbcr/mfcr/FinalAward_pdf.pdf.

[7] S. 33 des Urteils.

[8] S. 34 des Urteils.

[9] S. 90 des Urteils.

[10] A.a.O.

[11] S. 77 des Urteils.

[12] S. 78 des Urteils.

und würde daher von vorneherein mit berücksichtigt[13]. Soweit ausnahmsweise ausländisches Recht relevant sei und einen anderen Inhalt habe als das schwedische, werde es ebenfalls berücksichtigt[14]. Im Übrigen komme es zur Anwendung schwedischen Rechts allein darauf an, ob das Verfahren in Schweden stattgefunden habe[15].

Zur Behauptung der tschechischen Repräsentanten, das Schiedsgericht habe nicht nach dem anwendbaren tschechischen Recht und Völkerrecht, sondern nach allgemeinen Billigkeitsgrundsätzen entschieden[16], führte das Hofgericht aus, es reiche aus, wenn das Schiedsgericht überhaupt eine der im bilateralen Investitionsschutzabkommen genannten Rechtsquellen anwende, da das Abkommen keine Reihenfolge vorgebe, vielmehr die in Frage kommenden Rechtsquellen nur lose aufzähle[17]. Die Angabe einer Rechtsgrundlage zu jeder Ausführung im Schiedsspruch sei nicht erforderlich[18]. Die weiter vorgebrachten Argumente, das Schiedsgericht habe aus verschiedenen Gründen sein Mandat überschritten, waren größtenteils präkludiert. Allein mit der Frage der Kausalität zwischen staatlichen Handlungen und entstandenem Schaden beschäftigte sich das Hofgericht noch näher, stellte aber auch hier keinen Verfahrensverstoß des Schiedsgerichts fest[19].

Insgesamt ist das Stockholmer Hofgericht in diesem Verfahren seinem Ruf und dem Ruf schwedischer Gerichte allgemein gerecht geworden, nur sehr selten einen Schiedsspruch aufzuheben. Das Ergebnis hat bei den Beteiligten und in der internationalen Literatur allerdings nicht nur Lob, sondern auch Kritik hervorgerufen. Positiv ist aber hervorzuheben, dass die Tschechische Republik nach Abschluss des Aufhebungsverfahrens die Entschädigungssumme unverzüglich an CME auszahlte.

Die überwiegende Zahl der Aufsätze und Konferenzbeiträge im Anschluss an diesen Fall beschäftigt sich mit der Frage, wie einander widersprechende Schiedssprüche vor allem in Investitionsstreitigkeiten vermieden werden können[20] – sofern dies überhaupt als Problem angesehen wird[21]. Einige Autoren meinen, das Stockholmer Hofgericht hätte die besonderen Umstände der Investitionsschiedsgerichtsbarkeit bei der Auslegung der Begriffe *res iudicata* und *lis pendens* stärker berücksichtigen müssen und die für die private Schiedsgerichtsbarkeit und staatliche schwedische Gerichtsbarkeit entwickelten Grundsätze nicht unmodifiziert übernehmen dürfen[22].

---

[13] A.a.O.

[14] A.a.O.

[15] A.a.O.

[16] S. 22 ff. des Urteils.

[17] S. 86 des Urteils.

[18] S. 86 f. des Urteils.

[19] S. 91 f. des Urteils.

[20] S. beispielsweise die Diskussionen auf dem *10th* und *11th Global Geneva Arbitration Forum*, abgedruckt in: JWIT 2004 und 2005, oder die Diskussion auf dem *Third Investment Treaty Forum* des *British Institute for International and Comparative Law*, abgedruckt in: TDM April 2005. Zur vertieften Auseinandersetzung mit dieser Frage s. u. Abschnitt E. II. 3. g) aa).

[21] Verneint etwa von *Kühn/Gantenberg*, SchiedsVZ 2004, 1 (12 f.).

[22] *Bagner*, JWIT 2004, S. 31 (33); *Soltysinski/Olechowski*, SAR 2003:2, S. 215 (231).

Eine grundlegende Auseinandersetzung mit der Frage, inwieweit sich die für die private Schiedsgerichtsbarkeit entwickelten Grundsätze zur Beteiligung staatlicher Gerichte am Schiedsverfahren auf die Investitionsschiedsgerichtsbarkeit übertragen lassen, fehlt aber bislang. Hierzu will die vorliegende Arbeit einen Beitrag leisten.

II. Begriff der Investitionsschiedsgerichtsbarkeit

Es besteht weitgehend Einigkeit darüber, dass sich die Investitionsschiedsgerichtsbarkeit fundamental von der traditionellen Wirtschaftsschiedsgerichtsbarkeit unterscheidet[23]. Unklar ist jedoch, welche Schlussfolgerungen aus dieser Erkenntnis zu ziehen sind. In diesem Abschnitt sollen zunächst einmal die in dieser Arbeit verwendeten Begriffe erläutert werden.

„Investitionsschiedsgerichtsbarkeit" im weiteren Sinne kann alle Streitigkeiten erfassen, die zwischen zwei Staaten, zwischen einem privaten Investor und einem Staat, oder auch zwischen zwei Privatpersonen entstehen und durch Schiedsverfahren beigelegt werden sollen. In Anlehnung an *Rubins/Hory* soll jedoch im Folgenden unter „Investitionsschiedsgerichtsbarkeit" nur die Streitbeilegung zwischen privaten ausländischen Investoren und dem jeweiligen Gaststaat nach einem völkerrechtlichen Abkommen zwischen dem Gaststaat und dem Heimatstaat des Investors verstanden werden[24]. Mit „Gaststaat" wird dabei im Folgenden der Staat bezeichnet, in welchem die Investition getätigt wird, mit „Heimatstaat" der Staat, dem der Investor völkerrechtlich zugeordnet wird. In Abgrenzung zur Investitionsschiedsgerichtsbarkeit sollen Schiedsverfahren zwischen zwei privaten Parteien in dieser Arbeit als Wirtschaftsschiedsgerichtsbarkeit bezeichnet werden.

Die völkerrechtlichen Abkommen können bilateraler oder multilateraler Natur sein. Praktisch relevant sind vor allem die Energiecharta (*Energy Charter Treaty*, ECT), das nordamerikanische Freihandelsabkommen (*North American Free Trade Agreement*, NAFTA) sowie die mittlerweile über 2.500 bilateralen Investitionsschutzabkommen (*Bilateral Investment Treaties*, BITs)[25]. Neben einer Definition der Begriffe „Investor" und „Investition" enthalten BITs in der Regel Vereinbarungen über die Beilegung von Streitigkeiten, die zwischen einem Investor und dem jeweiligen Gaststaat entstehen. Häufig wird darin zunächst eine „Abkühlungsphase" von mehreren Monaten vorgesehen, bevor dem Investor das Recht zusteht, ein staatliches Gerichtsverfahren im Gaststaat oder ein internationales Schiedsverfahren ein-

---

[23] *Cremades/Cairns*, in: Horn, S. 325 (339); *Perezcano*, JWIT 2005, 39 (39 f.); *Wälde*, JWI 2001, 223 (227); *Werner*, JWI 2003, 767 (783).

[24] *Rubins/Hory*, SIAR 2005:1 (o. S.).

[25] Ende 2006 waren es 2.573 Abkommen, im Gegensatz zu nur 385 im Jahre 1989. Vgl. dazu die Zahlen in UNCTAD, Investor-State Dispute Settlement, S. 3.

zuleiten[26]. Vereinzelt wird in der Literatur sogar vorgebracht, die Vereinbarung internationaler Schiedsgerichtsbarkeit sei das Hauptziel beim Abschluss von BITs[27].

Zur Vorbereitung und zum Ablauf des Schiedsverfahrens enthalten die BITs unterschiedlich detaillierte Vorschriften. Die meisten sehen Verfahren nach dem Weltbank-Übereinkommen von 1965 (*Convention on the Settlement of Investment Disputes between States and the Nationals of other States*, ICSID-Verfahren) vor, viele aber auch nach den Vorschriften der Internationalen Handelskammer Paris (*International Chamber of Commerce*, ICC) oder des Schiedsinstituts der Stockholmer Handelskammer (*Stockholm Chamber of Commerce*, SCC). Vereinbarungen über Ad-hoc-Schiedsverfahren sind eher selten. Insbesondere Russland und viele ehemalige Staaten des Rates für gegenseitige Wirtschaftshilfe[28] sehen in ihren BITs u. a. Verfahren nach den Regeln der Stockholmer Handelskammer vor. Meist steht dem Investor ein Wahlrecht zu, welche dieser Verfahrensordnungen er in Anspruch nehmen will. Ende 2005 lag die Gesamtzahl der weltweit bekannt gewordenen Investitionsschiedsverfahren bei 219, wobei davon ausgegangen wird, dass die Zahl der nicht veröffentlichten Investitionsschiedsverfahren noch deutlich höher liegt[29]. 132 dieser Verfahren wurden nach der ICSID-Verfahrensordnung entschieden, 87 Verfahren und damit etwa 40% der bekannt gewordenen Fälle jedoch nach anderen Verfahrensregeln[30].

III. Die Beteiligung staatlicher Gerichte am Schiedsverfahren

Für die Wahl eines Schiedsortes in der Wirtschafts- und Investitionsschiedsgerichtsbarkeit kommt es wesentlich auf das Verhältnis zwischen Schiedsgerichten und den staatlichen Gerichten an. Dieses Verhältnis ist eine der klassischen Fragen der internationalen Schiedsgerichtsbarkeit: "The relationship between courts and arbitral tribunals provides a particularly rich source of knowledge about the arbitral process, its nature and place in the law, and its place within each country's system of administration of justice. Although arbitration and court adjudication are separate, they interact in a variety of ways. In some cases, courts intrude improperly upon commercial arbitration. But in many cases judicial intervention produces definite advantages for the parties and the arbitral proceedings."[31]

---

26 Ein Schiedsort ist nur in wenigen BITs ausdrücklich vereinbart. Beispielsweise sieht der chinesisch-französische BIT in Annex Nr. 4 c) Stockholm vor, falls die Parteien sich innerhalb einer bestimmten Frist nicht auf einen Verfahrensort einigen können.

27 *Spiermann*, Arbitration International 2004, 179 (180).

28 Der RGW (nach englischer Terminologie COMECON) wurde 1949 in Abgrenzung zum westeuropäischen Integrationsprozess gegründet und 1991 formell aufgelöst.

29 UNCTAD, Latest Developments, S. 1 ff. Die hier angegebene Zahl von 219 ermittelte die UNCTAD anhand von eigenen Recherchen und Befragungen von Verfahrensbeteiligten.

30 Vgl. dazu die Grafik bei UNCTAD, Latest Developments, S. 2.

31 Parker School of Foreign and Comparative Law, S. 89.

Die Abrede, einen Rechtsstreit vor einem Schiedsgericht zu verhandeln, schließt grundsätzlich den ordentlichen Rechtsweg aus, soweit sich eine Partei darauf beruft. Dennoch befassen sich die staatlichen Gerichte auf unterschiedlichen Ebenen mit Schiedsverfahren oder Schiedssprüchen, sei es unterstützend bei der Ersatzbestellung von Schiedsrichtern zu Beginn des Verfahrens oder beim Erlass einstweiliger Maßnahmen oder der Beweisaufnahme während des Verfahrens, sei es kontrollierend in Aufhebungs- oder Vollstreckungsverfahren[32].

Ein wichtiger Grund für die gerichtliche Kontrolle von Schiedssprüchen ist nach international übereinstimmender Ansicht der Schutz bestimmter prozessualer Rechte der Parteien wie beispielsweise das Recht auf rechtliches Gehör, das Recht auf ein faires Verfahren oder das Recht auf einen unabhängigen Richter[33]. Die Schwierigkeit bei der Gestaltung nationaler Schiedsverfahrensgesetze besteht darin, diese prozessualen Sicherheiten zu garantieren, ohne durch die „Hintertür" die Möglichkeit einer materiellen Überprüfung des Schiedsspruchs einzuführen. Diese Problematik zeigt sich insbesondere bei der Auslegung des *ordre public*, der sich in vielen Schiedsgesetzen als Aufhebungsgrund findet. Ein zweiter Grund für die Bereitstellung gerichtlicher Überprüfungsmechanismen wird darin gesehen, dass Staaten die Verantwortung für die prozessuale Rechtmäßigkeit der auf ihrem Territorium stattfindenden Schiedsverfahren übernehmen[34]. Diesem territorialistischen Ansatz sind Deutschland und Schweden gefolgt. In beiden Rechtsordnungen gilt dabei die grundsätzliche Annahme, dass ein staatliches Gericht im Rahmen eines Schiedsverfahrens nur dann tätig werden darf, wenn das Gesetz dies ausdrücklich vorsieht[35].

Aus der Vielzahl denkbarer Berührungspunkte zwischen staatlichem Gericht und Schiedsgericht sollen im Rahmen dieser Arbeit zwei herausgegriffen werden: Der Erlass einstweiliger Maßnahmen und die Aufhebung von Schiedssprüchen am Ort des Schiedsverfahrens.

Einstweilige Maßnahmen im Schiedsverfahren gehören zu den aktuell am meisten diskutierten Fragen. Nicht zuletzt die Arbeit der United Nations Commission on International Trade Law (UNCITRAL) in diesem Bereich hat die internationale Debatte angeregt und weitergeführt[36]. Die Aufhebung eines Schiedsspruchs ist der stärkste denkbare Eingriff eines staatlichen Gerichts in das Schiedsverfahren. Da eine solche Entscheidung die u. U. mehrmonatige Arbeit der Schiedsrichter und der Parteien bzw. ihrer Anwälte zunichte macht und die Durchführung eines zweiten Verfahrens erfordert, empfiehlt sich eine starke Zurückhaltung der staatlichen

---

[32] Überblick über die verschiedenen Stufen gerichtlicher Beteiligung bei *Redfern/Hunter*, Rdnr. 7-06 ff. und *Lew/Mistelis/Kröll*, Rdnr. 15-21 ff.

[33] *Park*, I.C.L.Q. 1983, 21 (51); *Rubino-Sammartano*, S. 87; *Sonnauer*, S. 12 u. 67 ff.

[34] *Park*, I.C.L.Q. 1983, 21 (30).

[35] Im deutschen Recht ist dieser Grundsatz ausdrücklich in § 1026 ZPO niedergelegt. In Schweden fehlt zwar eine gesetzliche Regelung, das Prinzip gilt aber ebenso, vgl. *Jarvin/Trappe*, FS-Böckstiegel, S. 319 (335).

[36] S. dazu ausführlich Abschnitt D. VIII.

Gerichte. Die tatsächliche Handhabung des Aufhebungsverfahrens und die Auslegung der einzelnen Aufhebungsgründe durch Rechtsprechung und Literatur erlauben Rückschlüsse auf das grundsätzliche Verhältnis zwischen Schiedsgerichtsbarkeit und staatlichen Gerichten[37]. Zudem können sie zum besseren Verständnis der geltenden Verfahrensgrundsätze am Schiedsort beitragen.

Ein dritter wichtiger Punkt, der die Rolle der staatlichen Gerichte betrifft, ist die Vollstreckbarkeit eines Schiedsspruchs. Für die Wahl des Verfahrensortes spielt sie in internationalen Schiedsverfahren aber kaum eine Rolle, da ein Schiedsspruch in diesen Fällen nur selten am Ort des Schiedsverfahrens vollstreckt wird, sondern dort, wo sich vollstreckbares Vermögen des Schuldners befindet. Daher kommt es vor allem darauf an, ob der Verfahrensstaat und der intendierte Vollstreckungsstaat dem UN-Vollstreckungsübereinkommen von 1958 (UNÜ)[38] beigetreten sind, wie die Bundesrepublik Deutschland 1961 und das Königreich Schweden 1972. Da sich die Versagungsgründe nach dem UNÜ und die Aufhebungsgründe nach deutschem und schwedischem Recht stark ähneln und eine separate Darstellung kaum weitere Erkenntnisse liefern könnte, beschränkt sich diese Arbeit auf einstweilige Maßnahmen und die Aufhebung von Schiedssprüchen.

Jede staatliche Beteiligung am Schiedsverfahren birgt die Gefahr der Einmischung und Einflussnahme. In gewissem Rahmen erscheint diese Art der Kontrolle durchaus berechtigt, etwa wenn es um Verbraucherschutz, Kartellrecht oder andere grundlegende öffentliche Interessen des Staates geht. Das muss vor allem in nationalen Schiedsverfahren gelten, also wenn das Schiedsgericht als Alternative zu den ansonsten zuständigen staatlichen Gerichten mit der Streitbeilegung beauftragt wird. In internationalen Schiedsverfahren, d. h. bei Beteiligung mindestens einer ausländischen Partei, kann dieses staatliche Interesse an der Kontrolle der Schiedsgerichtsbarkeit jedoch nicht ohne weiteres bejaht werden. Denn in diesem Fall wären bei fehlender Schiedsvereinbarung nicht zwingend die staatlichen Gerichte am Schiedsort zuständig, so dass man an sich nicht von einem „Ausschluss" der staatlichen Gerichtsbarkeit sprechen kann[39]. Das Interesse des Staates an der Kontrolle und Unterstützung der Schiedsgerichtsbarkeit lässt sich dann im Grunde nur noch mit dem Territorialitätsprinzip rechtfertigen: Der Staat übernimmt die Verantwortung für die auf seinem Territorium stattfindende private Rechtsprechungstätigkeit.

Noch weniger Berührungspunkte bestehen in völkerrechtlichen Schiedsverfahren. Hier erfolgt keine Derogation an sich zuständiger staatlicher Gerichte durch die Wahl der Schiedsgerichtsbarkeit. Die Parteien einigen sich vielmehr auf eine Verfahrensart zur friedlichen Streitbeilegung in einem neutralen Drittstaat. Da es in diesem Fall kein eigentlich zuständiges staatliches Gericht gibt, lässt sich m. E. auch

---

[37] Nach *Gharavi*, S. 16, wird daher die Wahl des Schiedsortes gerade auch durch die in diesem Staat geltenden Vorschriften über die Aufhebung eines Schiedsspruchs beeinflusst.

[38] Übereinkommen über die Anerkennung und Vollstreckung ausländischer Schiedssprüche vom 10. Juni 1958, BGBl. 1961 II S. 121.

[39] *Herrmann*, in: van den Berg, ICCA International Arbitration Congress 2000, S. 71 (78).

kaum von einem Konflikt oder auch nur einem Verhältnis zwischen staatlichen Gerichten und Schiedsgericht sprechen.

Eine Zwischenform privater und völkerrechtlicher Schiedsgerichtsbarkeit ist die Investitionsschiedsgerichtsbarkeit. Im hier verstandenen Sinne betrifft sie Verfahren zwischen einer privaten Partei und einem Staat. In solchen Streitigkeiten können zwar für bestimmte Fragen die staatlichen Gerichte am Ort der Investition zuständig sein. Zum einen kann es der privaten Partei aber aufgrund bestimmter Umstände unzumutbar sein, Rechtsschutz vor diesen Gerichten zu suchen. Zum zweiten ist für die häufig daneben bestehenden völkerrechtlichen Ansprüche aus bi- oder multilateralen Abkommen überhaupt kein staatliches Gericht zuständig. Auch insoweit kann also von einem eigentlichen Kompetenzkonflikt zwischen staatlichen Gerichten und Schiedsgerichtsbarkeit keine Rede sein. Durch die Schiedsvereinbarung wird vielmehr erst ein zuständiges Gericht geschaffen.

IV. Entwicklung der Schiedsgerichtsbarkeit in Deutschland und Schweden

Sowohl Schweden als auch Deutschland haben vor wenigen Jahren ihr jeweiliges Schiedsverfahrensrecht reformiert. In Schweden trat zum 1. April 1999 das neue Schiedsverfahrensgesetz (*lag om skiljeförfarande, LSF*)[40] in Kraft. In Deutschland wurde das im 10. Buch der ZPO enthaltene Schiedsverfahrensrecht zum 1. Januar 1998 neu geregelt[41]. Während man im deutschen Recht das UNCITRAL-Modellgesetz in weiten Teilen übernahm und nur in Einzelfällen davon abwich oder es ergänzte, verfasste der schwedische Gesetzgeber eine eigenständige Regelung, die sich im wesentlichen am älteren schwedischen Recht und den damit gemachten Erfahrungen orientierte. Das UNCITRAL-Modellgesetz wurde regelmäßig als Argumentationshilfe herangezogen, diente aber nicht als direktes Vorbild. Um das Verhältnis zwischen Schiedsgerichtsbarkeit und staatlichen Gerichten in beiden Staaten besser nachvollziehen zu können, soll im Folgenden ein kurzer Überblick über die Gesetzesreform, die Bedeutung des jeweiligen Landes als Schiedsort und die allgemeine Rolle der staatlichen Gerichte in diesen Ländern gegeben werden.

1. Schiedsgerichtsbarkeit in Deutschland

Seit Inkrafttreten der ZPO 1877 bestanden in Deutschland ausdrückliche Regelungen über die Schiedsgerichtsbarkeit. Dass die Bundesrepublik dennoch lange im internationalen Vergleich als Schiedsort eher gemieden wurde, dürfte zu einem großen Teil historisch bzw. politisch durch die Teilung Deutschlands und seine

---

[40] Amtliche Bezeichnung SFS (*Svensk Författningssamling*) 1999:116. Abrufbar im Internet unter www.sccinstitute.com/se/Lagar_och_konventioner/. Die dort erhältliche deutsche Übersetzung findet sich auch im Anhang zu dieser Arbeit.

[41] Gesetz zur Neuregelung des Schiedsverfahrensrechts (SchiedsVfG), verkündet am 30. Dezember 1997, BGBl. I, S. 3224.

zentrale Rolle im Ost-West-Konflikt bedingt gewesen sein. Ein weiterer Grund wurde in dem für ausländische Nutzer nur schwer verständlichen Gesetz und seinen zum Teil unüblichen Regelungen gesehen. So sah der gesetzliche (wenn auch durch Parteivereinbarung abdingbare) Regelfall zwei Schiedsrichter vor, während international heute drei als üblich gelten.

a) Die Gesetzesreform von 1998

Am 30. Oktober 1991 erteilte das Bundesministerium der Justiz einer Expertenkommission[42] den Auftrag, Vorschläge zur Neugestaltung des internationalen und des rein binnenrechtlichen Schiedsverfahrens zu erarbeiten. Dabei sollte das UNCITRAL-Modellgesetz besonders berücksichtigt werden. Im Februar 1994 legte die Kommission ihren Abschlussbericht und einen Diskussionsentwurf zur Neufassung des 10. Buches der ZPO vor. Nach Beratungen in Bundesrat und Bundestag wurde der Gesetzesentwurf der Bundesregierung vom 12. Juli 1996[43] Ende November einstimmig vom Bundestag angenommen und als Gesetz beschlossen.

Die Reform diente der Aktualisierung des Schiedsverfahrensrechts, das seit dem Inkrafttreten der ZPO 1877 im Wesentlichen unverändert geblieben war. Da nach Ende des Kalten Krieges eine historisch bedingte, politische Neutralität des Staates für die Wahl des Schiedsortes nicht mehr entscheidend war[44], sollte auch die Attraktivität Deutschlands als Austragungsort internationaler Schiedsverfahren gesteigert werden[45]. Zudem wurde bemängelt, dass sich der Inhalt des alten Rechts nur Fachleuten erschloss, der Gesetzestext veraltet und der Abschluss internationaler Konventionen nicht erkennbar war, die gerichtlichen Verfahren zu lang dauerten und die gesetzlichen Regelungen regelmäßig durch Parteivereinbarungen abbedungen wurden[46]. Zentrale Reformansätze waren dementsprechend die Einführung des Territorialitätsprinzips, die Erweiterung der objektiven Schiedsfähigkeit, die Zuweisung der endgültigen Kompetenzentscheidung an das staatliche Gericht, die Anpassung der Aufhebungsgründe sowie eine Vereinfachung und Straffung der gerichtlichen Verfahren im Zusammenhang mit der Schiedsgerichtsbarkeit. Zur Begrün-

---

[42] Mitglieder der Kommission waren Prof. Dr. Rolland, Jens Bredow, Dr.Dr. Ottoarndt Glossner, Dr. Gerold Herrmann, Doris Müller, Prof. Dr. Peter Schlosser, Dr. Inga Schmidt-Syaßen und Werner Weiß.

[43] Bundestags-Drucksache (im Folgenden: BT-Drs.) 13/5274.

[44] Vgl. zur Vorliebe internationaler Vertragspartner für neutrale, kleine Drittstaaten *Herrmann*, in: Böckstiegel, Schiedsgerichtsbarkeit im Umfeld von Politik, Wirtschaft und Gerichtsbarkeit, S. 12 (14).

[45] BT-Drs. 13/5274, S. 23.

[46] BT-Drs. 13/5274, S. 22 f. Vgl. zur Kritik am älteren Schiedsverfahrensrecht *v. Pachelbel-Gehag*, S. 15 ff. Skeptisch zu einigen der gesetzgeberischen Motive MüKo-*Münch*, Vor § 1025, Rdnr. 52.

dung der neuen Vorschriften wurde stellenweise auch die Rechtslage in Schweden herangezogen, da die dortige Gesetzesreform etwa zur gleichen Zeit erfolgte[47].

Die Reaktionen in der Literatur auf die deutsche Reform waren einhellig positiv[48]. Wenn man auch das alte Recht aufgrund seiner Flexibilität für durchaus modern gehalten hatte, wurde die internationale Rechtsangleichung begrüßt[49] und mit der Hoffnung verbunden, Deutschland werde vermehrt als Schiedsort in Anspruch genommen[50]. Der Anspruch des Gesetzgebers, mit einer Reform der Schiedsgerichtsbarkeit ganz allgemein zur Entlastung der staatlichen Gerichte beizutragen, wird allerdings für unrealistisch gehalten[51].

b) Die Bedeutung Deutschlands als Schiedsort

Über die Wahl deutscher Verfahrensorte für die Austragung von Schiedsverfahren existieren keine statistischen Zahlen, sondern nur mehr oder weniger verlässliche Schätzungen[52]. Das Ausmaß der Schiedsgerichtsbarkeit in Deutschland kann damit nicht sicher bestimmt werden. Ein hilfreiches Indiz, insbesondere für den internationalen Vergleich, bieten dagegen die Statistiken der Internationalen Handelskammer (ICC) und der Deutschen Institution für Schiedsgerichtsbarkeit (DIS). Im Jahr 2005 wurden 18 ICC-Verfahren in Deutschland durchgeführt, davon bestimmte immerhin in drei Verfahren der Schiedsgerichtshof Deutschland als Schiedsort[53]. Bei der DIS wurden im gleichen Jahr 72 neue Verfahren eingeleitet, 2002 waren es im Vergleich dazu 77[54]. Eine „explosionsartige Zunahme" von Schiedsverfahren ist seit der Reform nicht zu verzeichnen, war aber nach Einschätzung von Experten auch nicht zu erwarten, da es einige Zeit brauche, bis die gestiegene Attraktivität

---

47 BT-Drs. 13/5274, S. 25.

48 *Berger*, RIW 2001, 7 (19); *Kronke*, RIW 1998, 257 (265); *Labes/Lörcher*, MDR 1997, 420 (424).

49 *Gottwald/Adolphsen*, DStR 1998, 1017 (1017).

50 *Berger*, a.a.O. (20); *Gottwald/Adolphsen*, a.a.O. (1025).

51 MüKo-*Münch*, Vor § 1025, Rdnr. 52. Positiv dagegen *Hirsch*, SchiedsVZ 2003, 49 (51).

52 Zudem variieren offenbar die Grundlagen dieser Schätzungen. So geht z. B. *Münch*, a.a.O., Rdnr. 9, von 30 Verfahren bei der Handelskammer Hamburg und insgesamt 800 Schiedsverfahren in Hamburg aus. Diese Zahl scheint jedoch weit überhöht, da etwa die Handelskammer nach eigenen Angaben nur etwa drei bis fünf neue Schiedsverfahren pro Jahr administriert. *Hoffmann-Riem*, ZRP 1997, 190 (194), kommt auf etwa 200 Verfahren bei den „wichtigsten" Hamburger Schiedsgerichten, indem er die Verfahren der German Maritime Arbitration Association, der Handelskammer Hamburg, des Deutschen Kaffeeverbandes sowie die Verfahren der Hamburger Freundschaftlichen Arbitrage zusammenzählt. Hinweise auf die Anzahl „echter" Handelsschiedsverfahren können diese Angaben daher nicht liefern.

53 ICC 2005 Statistical Report, ICC International Court of Arbitration Bulletin Vol. 17/1 (2006), S. 11. Zum Vergleich: 85 ICC-Verfahren fanden in Frankreich statt, 96 in der Schweiz.

54 Angaben für 2002: SchiedsVZ 2003, 178; Angaben für 2005: Vortrag der stellvertretenden Generalsekretärin der DIS *Isabel Mulder* i. R. d. Heidelberger Sommerakademie 2006.

eines Schiedsgesetzes ins allgemeine Bewusstsein rücke[55]. Zudem trete Deutschland nun in Konkurrenz mit klassischen Schiedsländern, die zum großen Teil ebenfalls ihr Schiedsrecht modernisiert hätten[56].

Eine wichtige Rolle bei der Werbung für den Schiedsort Deutschland spielt die DIS, die 1992 aus dem Zusammenschluss zwischen dem Deutschen Ausschuss für Schiedsgerichtswesen und dem Deutschen Institut für Schiedsgerichtswesen hervorging. Diese Einrichtung bietet nunmehr eine zentrale Anlaufstelle für die Durchführung nationaler und internationaler Schiedsverfahren. Daneben bieten auch die Schiedsinstitute der Industrie- und Handelskammern und der Warenverbände bzw. -vereine insbesondere in Hamburg Schiedsverfahren an. Beliebte Schiedsorte innerhalb Deutschlands sind nach Angaben der Handelskammer Hamburg aufgrund ihrer Infrastruktur generell die Großstädte. Die internationale Bekanntheit Frankfurts als Schiedsort dürfte mit der Einrichtung des Internationalen Schiedsgerichtszentrums der Deutschen Institution für Schiedsgerichtsbarkeit und der Industrie- und Handelskammer (*Frankfurt International Arbitration Center*)[57] noch steigen. ICSID-Verfahren können nun ohne die sonst jeweils nach Art. 63 (b) ICSID-Konvention erforderliche besondere Genehmigung des Generalsekretärs in Frankfurt am Main stattfinden. Die erste Sitzung eines ICSID-Schiedsverfahrens wurde im Mai 2006 durchgeführt[58].

c) Die Rolle der staatlichen Gerichte in Deutschland

Das Grundgesetz räumt den staatlichen Gerichten ausdrücklich die Funktion einer dritten, unabhängigen Gewalt neben Exekutive und Legislative ein und stellt in Artikel 92 klar: „Die rechtsprechende Gewalt ist den Richtern anvertraut; sie wird durch das Bundesverfassungsgericht, durch die in diesem Grundgesetze vorgesehenen Bundesgerichte und die Gerichte der Länder ausgeübt.“ Diese ausschließliche Zuordnung der Rechtsprechung zu den staatlichen Gerichten ist allerdings nicht im Sinne eines Rechtsprechungsmonopols des Staates zu verstehen[59], das die Schiedsgerichtsbarkeit ausschließt. Vielmehr stellt sie die Unabhängigkeit der staatlichen Gerichte und ihre Eigenständigkeit gegenüber anderen Hoheitsträgern heraus[60]. Vereinzelt wird bereits moniert, die Ausbreitung der Schiedsgerichtsbarkeit könne dazu führen, dass aus dem Bereich der Handels- und Wirtschaftsschiedsgerichtsbarkeit

---

[55] *Berger*, RIW 2000, 7 (8)

[56] *Berger*, a.a.O.

[57] S. dazu die Informationen der Industrie- und Handelskammer Frankfurt unter www.fiac-arbitration.de und die Kurzmitteilung der DIS, SchiedsVZ 2006, S. VII.

[58] Presseerklärung der IHK Frankfurt Juli/August 2006, www.frankfurt-main.ihk.de.

[59] *Bettermann*, in: Isensee/Kirchhof, § 73, Rdnr. 72.

[60] *Bettermann*, in: Isensee/Kirchhof, § 73, Rdnr. 77.

weniger Fälle zur Entscheidung vor staatliche Gerichte kämen und somit die Rechtsfortbildung in diesem Bereich gehemmt würde[61].

Im Gegensatz dazu kam im April 2005 eine Studie der Unternehmensberatung *PricewaterhouseCoopers* in Zusammenarbeit mit der *Europa-Universität Viadrina* zu dem Ergebnis, dass bei Scheitern von Verhandlungen meist sofort der Gang zum staatlichen Gericht gewählt wird[62]. Diese Wahl steht zwar in starkem Kontrast zur negativen Bewertung dieser Verfahrensart als Konfliktlösung, wird aber von den Beteiligten meist als unvermeidbar wahrgenommen. Da mit zunehmendem Streitwert vermehrt auf Schiedsverfahren zurückgegriffen wird, vermuten die Verfasser der Studie, dass vor allem größere Unternehmen auch auf diese Art der Streitbeilegung zurückgreifen[63]. Vorteilhaft wurde dabei gegenüber dem staatlichen Gerichtsverfahren vor allem die Vertraulichkeit des Verfahrens, die Verfahrensdauer und die Fortführung von Geschäftsbeziehungen genannt[64]. Insgesamt werden aber die Konflikte hauptsächlich vor staatlichen Gerichten ausgetragen. Die Unzufriedenheit mit dieser Verfahrensart scheint dabei nach Ansicht der Verfasser der Studie noch nicht so groß zu sein, dass überwiegend andere Verfahren gewählt würden. Dies liege auch an der im internationalen Vergleich hohen Qualität der deutschen Gerichte[65].

2. Schiedsgerichtsbarkeit in Schweden

In Schweden hat die Schiedsgerichtsbarkeit eine lange Tradition. Schon im 14. Jahrhundert finden sich erste Aufzeichnungen über diese Verfahrensart[66], eine ausdrückliche Regelung des Verfahrens enthielt allerdings erst das Schiedsrichtergesetz (*lag om skiljemän*) von 1887[67]. Die Gesetzeskommission ging bei den Vorarbeiten zur Reform von 1999 davon aus, dass in Schweden jährlich ca. 300 bis 400 „konventionelle" Schiedsverfahren durchgeführt werden[68]. Auch im internationalen Vergleich spielt Schweden eine bedeutende Rolle als Schiedsort. Insbesondere die geographische Lage und die historisch bedingte politische Neutralität des Landes förderten diese Position.

---

61 *Hirsch*, SchiedsVZ 2003, 49 (52).

62 PricewaterhouseCoopers, Commercial Dispute Resolution, S. 4; die Studie ist abrufbar unter www.pwc.de/portal/pub.

63 A.a.O., S. 15.

64 A.a.O., S. 17.

65 A.a.O., S. 22.

66 *Ek*, RIW 2000, 31 (31).

67 Amtliche Bezeichnung SFS 1887: 83.

68 Prop. 1998/99:35, S. 35. Dabei sind Schiedsverfahren, die auf gesetzlicher Anordnung basieren, und Schiedsverfahren über die Höhe von Anwaltsvergütungen nach den Statuten des schwedischen Anwaltsvereins nicht mit eingerechnet.

a) Die Gesetzesreform von 1999

Seit 1929 galten in Schweden zwei Gesetze über das Recht der Schiedsgerichtsbarkeit. Das Gesetz über Schiedsrichter von 1929 (*lag om skiljemän, SML*)[69] regelte das Verfahren. Das Gesetz über ausländische Schiedssprüche von 1929, geändert im Jahr 1971 aus Anlass des Beitritts zum UNÜ (*lag om utländska skiljeavtal och skiljedomar, LUSK*)[70] regelte die Anerkennung und Vollstreckung ausländischer Schiedssprüche. In Schweden erlassene Schiedssprüche werden nach den gleichen Regeln vollstreckt wie ein schwedisches Urteil, so dass dafür keine separate gesetzliche Regelung erforderlich war.

Im Februar 1992 beauftragte die schwedische Regierung eine Expertenkommission[71], das Schiedsverfahrensgesetz zu überprüfen und bestimmte Rechtsschutzfragen zu klären, sowie Vorschläge zu unterbreiten, wie bessere Voraussetzungen für die Beilegung vermögensrechtlicher Streitigkeiten vor staatlichen Gerichten im wirtschaftsrechtlichen Bereich geschaffen werden könnten. Im Juni 1994 schloss die Kommission den ersten Teil ihrer Arbeit ab und legte einen Entwurf für ein neues Schiedsverfahrensgesetz[72] vor. Der zweite Teil der Arbeit, der sich vor allem mit Fragen zur Verbraucherschiedsgerichtsbarkeit und Möglichkeiten zur Stärkung der Zivilgerichtsbarkeit beschäftigte, wurde im August 1995 abgeschlossen[73]. Der Regierungsvorschlag mit Gesetzesbegründung vom 12. November 1998[74], der dem schwedischen Reichstag zur Annahme vorgelegt wurde, basierte im Wesentlichen auf dem Kommissionsvorschlag vom Juni 1994, in Einzelfragen wie Verbraucherschutz und Vertraulichkeit des Verfahrens auch auf dem Abschlussbericht vom August 1995. Die Forderung nach einer Stärkung der Zivilgerichtsbarkeit wurde im Nachhinein aus diesem Gesetzgebungsverfahren ausgeklammert[75].

Anlass für die Reform war die Überlegung, dass das ältere schwedische Recht zwar gut funktioniert hatte, im Einzelnen aber nicht mehr den Anforderungen an ein modernes Gesetz entsprach und für viele in der Praxis aufgetretene Probleme keine Lösung bot[76]. Mit der Reform sollte ein modernes Schiedsgesetz geschaffen werden, das die Schnelligkeit und Sicherheit des Verfahrens gewährleistete und zugleich die starke Stellung Schwedens als Forum für die internationale Schiedsge-

---

69 Amtliche Bezeichnung SFS (1929:145).

70 Amtliche Bezeichnung SFS (1929:147).

71 Mitglieder der Kommission waren: Bo Broomé, Ulf Franke, Lars Heuman, Kaj Hobér, Göran Ramberg, Hans-Gunnar Solerud, J. Gillis Wetter und zusätzlich für Fragen des Wettbewerbsrechts Kenny Carlsson sowie Jan Stockhaus.

72 Amtliche Bezeichnung: Statens Offentliga Utredningar (SOU) 1994:81 (*Delbetänkandet Ny lag om skiljeförfarande*). Vgl. zur grundlegenden Bedeutung der Vorarbeiten für die Auslegung eines schwedischen Gesetzes *Carsten*, ZEuP 1996, 541 (546); *Strömholm*, S. 358 ff.

73 Amtliche Bezeichnung SOU 1995:65 (*Slutbetänkandet Näringslivets tvistlösning*).

74 Amtliche Bezeichnung Proposition (im Folgenden: Prop.) 1998/99:35.

75 Prop. 1998/99:35, S. 34.

76 SOU 1994:81, S. 70; Prop. 1998/99:35, S. 42.

richtsbarkeit absicherte[77]. Dabei verzichtete man auf die Übernahme des Modellgesetzes, da das neue Gesetz einheitliche Regeln für nationale und internationale Verfahren enthalten sollte und Schwierigkeiten bei der Umsetzung befürchtet wurden, wenn ältere schwedische Grundsätze mit dem Modellgesetz unvereinbar wären[78]. Aus der Erwägung heraus, dass das neue Schiedsverfahrensrecht auch für ausländische Anwender leicht verständlich sein sollte, wollte man Verweise auf das nationale Prozessrecht vermeiden und in das neue Gesetz mehr und weiterreichende Informationen aufnehmen als sonst in Gesetzen üblich[79].

Zwar kritisierten einige in- und ausländischen Experten die grundsätzliche Weigerung des schwedischen Gesetzgebers, das Modellgesetz direkt zu übernehmen, insgesamt wird die Reform aber positiv bewertet[80].

b) Die Bedeutung Schwedens als Schiedsort

Schweden, und insbesondere die Hauptstadt Stockholm, ist seit vielen Jahren ein beliebter Schiedsort für internationale Schiedsverfahren[81]. Hierzu hat vor allem auch das Schiedsinstitut der Stockholmer Handelskammer (SCC) beigetragen. Dieses wurde schon 1917 als selbstständige Einheit innerhalb der Handelskammer gegründet und spielte vor allem in Ost-West-Streitigkeiten seit den 70er Jahren eine wichtige Rolle. So formulierten die American Arbitration Association (AAA) und die Sowjetische Industrie- und Handelskammer 1977 eine Modell-Schiedsvereinbarung, die die Durchführung eines SCC-Schiedsverfahrens vorsah und die sie für Verträge zwischen amerikanischen Unternehmen und sowjetischen Außenhandelsorganisationen empfahlen[82]. 1992 erneuerten die AAA und die Russische Industrie- und Handelskammer als Nachfolgeorganisation diese Vereinbarung mit dem Stockholmer Schiedsinstitut[83]. Ein weiteres Abkommen schlossen die drei Institutionen Mitte 2005. Darin wurde das Schiedsinstitut der Stockholmer Handelskammer als „appointing authority“ für UNCITRAL-Schiedsverfahren zwischen amerikanischen und russischen Vertragsparteien in Schweden bestimmt und verpflichtete sich, eine Liste verfügbarer und von beiden Seiten akzeptierter Schiedsrichter bereitzuhalten[84]. Auch (Staats-) Unternehmen aus sonstigen Staaten des ehemaligen Rates für gegenseitige Wirtschaftshilfe wählten und wählen für Schieds-

---

77 SOU 1994:81, S. 71; Prop. 1998/99:35, S. 42.

78 SOU 1994:81, S. 73 f.; Prop. 1998/99:35, S. 45.

79 SOU 1994:81, S. 74; Prop. 1998/99:35, S. 46.

80 *Aksen*, Arbitration International 2001, 419 (423); *Ek*, RIW 2000, 31 (37); *Söderlund*, SAR 2000:1, 87 (97).

81 *Aksen*, a.a.O. (419); *Ek*, a.a.O. (31); *Hobér*, Arbitration International 2001, 351 (351).

82 „Optional Arbitration Clause for Use in Contracts in U.S.A.-U.S.S.R. trade 1977“.

83 „Optional Arbitration Clause for use in Contracts in USA-Russian Trade and Investment 1992", kurz: "US-Russian Optional Clause Agreement".

84 Gemeinsame Presseerklärung der AAA, der Russischen Industrie- und Handelskammer und der SCC vom 10. Juni 2005.

verfahren mit westlichen Vertragspartnern nach wie vor gerne Stockholm als Schiedsort[85]. Zudem ist das SCC-Verfahren in einer großen Zahl von bilateralen Investitionsschutzabkommen[86], insbesondere aus Ländern des ehemaligen RGW, sowie im Energiechartavertrag[87] genannt. Das erste öffentlich bekannt gewordene Schiedsverfahren nach dem ECT[88] wurde in Stockholm durchgeführt.

Die Zahlen der bei der SCC durchgeführten Schiedsverfahren sind seit Anfang der 90er Jahre stetig gestiegen und erreichten mit 170 Verfahren im Jahr 2007 ihren bisherigen Höchststand[89]. Mit 123 Verfahren im Jahr 2004 und 100 Verfahren im Jahr 2005 waren die Zahlen gegenüber den Vorjahren leicht gesunken, dann aber ab 2006 (141 Verfahren) wieder angestiegen. Die Zahl der in Schweden durchgeführten ICC-Verfahren ist demgegenüber deutlich geringer: 2005 wurden neun Verfahren in Schweden durchgeführt, davon hatten in acht Fällen die Parteien selbst den Schiedsort bestimmt[90].

c) Die Rolle der staatlichen Gerichte in Schweden

Gegenüber der Schiedsgerichtsbarkeit spielen die staatlichen Gerichte in schwedischen Wirtschaftsstreitigkeiten nur eine untergeordnete Rolle[91]. Dies hat in letzter Zeit vermehrt zu Forderungen geführt, die Rolle der staatlichen Gerichte zu stärken und die Vorschriften über den Zivilprozess zu reformieren[92]. Überspitzt wird sogar von den staatlichen Gerichten als „Alternative Dispute Resolution" gesprochen[93], was sonst eher als Sammelbegriff für alle außergerichtlichen Konfliktlösungsmethoden oder in Abgrenzung zu den streitigen Verfahren vor Gerichten und Schiedsgerichten verwendet wird[94]. Die Gründe für diese untergeordnete Rolle der staatlichen

---

85 S. dazu die Statistik (Aufschlüsselung nach Herkunft der Parteien) unter www.sccinstitute.se/se/Om_oss/statistik/ für das Jahr 2007 und im Vergleich dazu SCC Annual Report 2003, S. 4 für das Jahr 2003.

86 Beispielsweise enthalten die Hälfte der russischen BITs, mehrere chinesische BITs und viele der belgischen BITs mit ehemaligen RGW-Staaten eine Schiedsklausel mit Verweis auf das SCC-Verfahren oder sehen die SCC als „appointing authority" zur Benennung von Schiedsrichtern vor.

87 Art. 26 Abs. 4 (c) ECT.

88 Nykomb Synergetics Technology Holding AB Sweden v. The Republic of Latvia. Vgl. dazu *Wälde/Hobér*, Journal of International Arbitration 2005, 83 und unten Abschnitt E.I.1.d).

89 Vgl. die Statistik unter www.sccinstitute.se/Om_oss/statistik/.

90 ICC Statistical Report 2005, ICC International Court of Arbitration Bulletin Vol. 17/1 (2006), S. 11.

91 *Eklund*, SvJT 2004, 205 (223); *Lindblom*, S. 92; *Wersäll*, SvJT 2004, 324 (325); *Wetter*, in: Hunter, S. 85 (101).

92 Vgl. *Kindbom*, Svenska Dagbladet vom 5. April 2008 und die Erwiderungen von *Gernandt/Francke*, Svenska Dabladet vom 11. April 2008, beide abrufbar unter www.svd.se

93 *Lindblom*, S. 85.

94 Vgl. *Fouchard/Gaillard/Goldman*, Rdnr. 18; *Raeschke-Kessler/Berger*, Rdnr. 92; *Redfern/Hunter*, Rdnr. 1-71; *Lionnet/Lionnet*, S. 62 f.

schwedischen Gerichte können nur vermutet werden. Zum einen dürfte die übermäßig lange Verfahrensdauer vor den staatlichen Gerichten diesen Rechtsschutzweg weniger attraktiv erscheinen lassen[95]. Dies begründet eine Art Teufelskreis: Da weniger wirtschaftsrechtlich geprägte Verfahren vor den staatlichen Gerichten verhandelt werden, fehlt diesen eine hinreichende Anzahl von Leitentscheidungen, um eine verlässliche Rechtspraxis entwickeln zu können[96]. Daraufhin wird den staatlichen Gerichten die Kompetenz abgesprochen, über solche Rechtsfragen zu entscheiden[97]. Das führt wiederum dazu, dass das Vertrauen in eine schnelle und kompetente Lösung sinkt und noch weniger Klagen vor den staatlichen Gerichten erhoben werden – wenn nicht gerade das Verfahren verschleppt werden soll. Zum zweiten besteht in Schweden mit dem *ombudsman* für Verbraucher- und Umweltfragen und dem Justizombudsmann (*justitieombudsman*) schon lange eine Alternative zum staatlichen ordentlichen Rechtsweg[98]. Ein dritter Grund für die allgemein weniger ausgeprägte Rolle der staatlichen Gerichte könnte darin liegen, dass ihnen nach der Verfassung keine tragende Staatsfunktion, sondern nur eine ergänzende Funktion neben dem Parlament und der Regierung zukommt. So dürfen die Gerichte nur eine eingeschränkte Normenkontrolle vornehmen, und ein Verfassungsgericht, das ein Gesetz für ungültig oder nichtig erklären könnte, gibt es nicht[99]. Über die Gültigkeit eines Gesetzes entscheidet allein das Parlament. Einer Untersuchung aller seit 1909 veröffentlichten relevanten Gesetzesvorarbeiten zufolge hat bislang nie eine grundlegende Auseinandersetzung mit der Rolle staatlicher Gerichte im schwedischen Gemeinwesen stattgefunden[100]. In der schwedischen Literatur wird daher von einer allgemein nur gering ausgeprägten Streitkultur[101] und einer weniger wichtigen Rolle der staatlichen Gerichte im Vergleich zu anderen europäischen Ländern[102] gesprochen.

---

[95] *v. Pachelbel-Gehag*, S. 20. *Wiklund*, Advokaten 2001, Nr. 2, S. 20, geht von einer Verfahrensdauer zwischen einem und fünf Jahren aus. Seit 1999 laufen die Reformarbeiten für eine Verbesserung des Prozessrechts, vgl. den Kommissionsbericht „Ein moderneres Prozessrecht" (*En modernare rättegång*), SOU 2001:103 und die Vorlage der Regierung an den Gesetzesrat vom 3. Februar 2005 (*Lagrådsremiss: En modernare rättegång - reformering av processen i allmän domstol*).

[96] *v. Pachelbel-Gehag*, S. 21; *Wiklund*, a.a.O. S. auch die bei *Eklund*, SvJT 2004, 205 (208 f.) wiedergegebene Diskussion.

[97] *Wiklund*, a.a.O.

[98] *Lindblom*, S. 92. Vgl. zur Rolle des Justizombudsmannes *Ring/Olsen-Ring*, S. 196.

[99] Die Verfassung selbst (*regeringsformen*) enthält in Kap. 1, § 8 und § 9 des ersten Kapitels nur wenige Aussagen zur Rolle der staatlichen Gerichte.

[100] *Nordquist*, S. 213 u. 225. Im Juli 2004 wurde eine Kommission zur Überarbeitung der schwedischen Verfassung eingesetzt, die u. a. die Rolle der staatlichen Gerichte innerhalb der schwedischen Demokratie untersuchen und ihre Arbeit bis Ende 2008 vorlegen soll.

[101] *Lindblom*, S. 97.

[102] *Lindblom*, S. 92.

3. Zusammenfassung und Vergleich

Bis zur Reform des Schiedsverfahrensrechts 1998 wurde Deutschland als Austragungsort für internationale Schiedsverfahren eher gemieden, während Schweden bereits damals mit zu den beliebtesten Schiedsorten weltweit zählte. Für nationale Verfahren versprach man sich von der Reform in Deutschland eine Entlastung der staatlichen Gerichte. Dagegen wird in Schweden nach Möglichkeiten gesucht, den nationalen Zivilprozess gegenüber der Schiedsgerichtsbarkeit zu stärken, um eine umfassendere Rechtspraxis auf dem Gebiet des Wirtschaftsrechts herausbilden zu können. Letzteres hat jedoch die schwedische Gesetzgebung auf dem Gebiet des Schiedsverfahrensrechts kaum beeinflusst. Die Ausgangslagen in Deutschland und Schweden stellten sich somit vor der jeweiligen Reform sowohl im Bereich der nationalen als auch der internationalen Schiedsgerichtsbarkeit recht unterschiedlich dar. Nichtsdestotrotz schufen die Gesetzgeber beider Staaten ein einheitliches Recht für nationale und internationale Schiedsverfahren und setzten sich ähnliche Ziele: Das Recht der Schiedsgerichtsbarkeit sollte modernisiert, die Attraktivität des Schiedsortes gesteigert bzw. gefestigt und die gerichtlichen Verfahren gestrafft werden. Durch die Verwendung des UNCITRAL-Modellgesetzes als Vorbild bzw. Inspiration und Argumentationshilfe enthalten beide Rechtsordnungen auch viele gleichartige Regelungen. Die Ähnlichkeiten und Unterschiede herauszuarbeiten, ist ein Ziel dieser Arbeit. Sie konzentriert sich dabei entsprechend der Ausgangsfrage auf den Erlass einstweiliger Maßnahmen und die Aufhebung von Schiedssprüchen.

V. Besonderheiten der Investitionsschiedsgerichtsbarkeit

Weder das schwedische noch das deutsche Schiedsverfahrensrecht enthält Sonderregeln für Investitionsschiedsverfahren. Das als Vorlage dienende UNCITRAL-Modellgesetz wurde ausdrücklich für die internationale Handelsschiedsgerichtsbarkeit konzipiert[103]. Zumindest dem deutschen Gesetzgeber war zwar bewusst, dass das neue deutsche Schiedsverfahrensrecht auch bei Investitionsstreitigkeiten zur Anwendung kommen könnte[104]. Zu einer vertieften Auseinandersetzung mit den Besonderheiten der Investitions- gegenüber der herkömmlichen Wirtschaftsschiedsgerichtsbarkeit hat diese Erkenntnis jedoch nicht geführt. Das zweite Ziel dieser Arbeit ist daher, zu überprüfen, ob sich die Verfahren zum Erlass einstweiliger Maßnahmen und zur Aufhebung von Schiedssprüchen nach ihrer gesetzlichen Konzeption auch für die Investitionsschiedsgerichtsbarkeit eignen. Dazu sollen hier zunächst die Besonderheiten der Investitionsschiedsgerichtsbarkeit herausgearbeitet werden, bevor in den Abschnitten C. und D. die Verfahren nach deutschem und schwedischem Recht im Einzelnen dargestellt werden.

---

103 Vgl. auch *van Harten*, Arbitration International 2005, 493 (495 f.).

104 BT-Drs. 13/5274, S. 35.

Die Investitionsschiedsgerichtsbarkeit basiert auf dem Abschluss einer Schiedsvereinbarung zwischen zwei Staaten, die dem jeweiligen Investor das Recht gibt, ein Schiedsverfahren gegen den Gaststaat anzustrengen, auch wenn er selbst keine gesonderte Schiedsvereinbarung mit diesem abgeschlossen hat. Für die Durchführung eines ICSID-Verfahrens ist zusätzlich der Beitritt zum ICSID-Abkommen durch beide Staaten erforderlich.

Im Gegensatz dazu findet die Wirtschaftsschiedsgerichtsbarkeit ihre Grundlage in einem privatrechtlichen Vertrag zwischen zwei Privatparteien. Unabhängig davon unterliegen beide Verfahrensarten den gleichen Regeln und dem gleichen Kontrollmaßstab durch die staatlichen Gerichte am Schiedsort[105]. Ob diese Gleichbehandlung allerdings gerechtfertigt ist, wird zunehmend bezweifelt[106]. So wurde die eingangs dargestellte Entscheidung des Stockholmer Hofgerichts im CME-Verfahren unter anderem deshalb heftig kritisiert, weil die Richter es versäumt hätten, die völkerrechtlichen Besonderheiten des Falles angemessen zu würdigen[107].

1. Staaten in der Beklagtenrolle

Zunächst ist zu bedenken, dass sich in Investitionsschiedsverfahren souveräne Staaten in der Beklagtenrolle wiederfinden, deren hoheitliche Maßnahmen in einer einzigen Instanz ohne Berufungsmöglichkeit von privaten Schiedsrichtern überprüft werden. Im Gegensatz zur Wirtschaftsschiedsgerichtsbarkeit, in der sich private Parteien gegenüberstehen, wird in der Investitionsschiedsgerichtsbarkeit also über öffentliche Handlungen eines Staates entschieden. Ist die Klage des Investors erfolgreich und wird der Staat zur Zahlung einer hohen Schadensersatzsumme verurteilt, kann dies empfindliche Folgen für den Staatshaushalt haben. So bewirkte beispielsweise der Schiedsspruch im Stockholmer CME Verfahren eine breite öffentliche Debatte in der Tschechischen Republik über die richtige zukünftige Finanzpolitik[108]. Denn letztlich sind es die Steuerzahler, die für ein Fehlverhalten ihres Staates gegenüber einem ausländischen Investor aufkommen. Damit tragen die Schiedsrichter eines internationalen Investitionsstreits eine noch deutlich größere Verantwortung als bei der Entscheidung über rein private Streitigkeiten. Die Folgen für die einzelne Partei mögen ebenso gravierend sein, bei Entscheidungen über Investitionsstreitigkeiten wird jedoch schlimmstenfalls die Gesamtbevölkerung betroffen.

---

[105] Mit Ausnahme der ICSID-Verfahrensvorschriften, die speziell für die Investitionsschiedsgerichtsbarkeit entwickelt wurden, und die ein eigenes Aufhebungsverfahren vorsehen.

[106] *Perezcano*, JWIT 2005, 39 (39 ff.); *van Harten*, Arbitration International 2005, 493 (494); *Wälde*, JWI 2001, 223 ff.; UNCTAD, Key Issues I, S. 349.

[107] *Carver*, JWIT 2004, 23 (28 f.); *Wiwen-Nilsson* befürchtet eine Verringerung der Attraktivität Schwedens als Schiedsort für Investitionsstreitigkeiten, da das Stockholmer Gericht eine sehr enge einheimische Perspektive angelegt und vollkommen verkannt habe, welche empfindlichen Folgen Investitionsstreitigkeiten für ein Land haben könnten, zitiert bei *Juhlin* (o. S.).

[108] *Peterson*, Bilateral Investment Treaties and Development Policy Making, S. 25 f.

Hier soll nicht die generelle Inanspruchnahme von Staaten bei Verletzung ihrer völkerrechtlichen Verbindlichkeiten kritisiert werden. Es soll lediglich aufgezeigt werden, dass die Investitionsschiedsgerichtsbarkeit gravierende und folgenschwere Unterschiede zur herkömmlichen Wirtschaftsschiedsgerichtsbarkeit aufweist, wenn sie sich auch ihrer Formen bedient. Welche Folgen sich daraus für das Schiedsverfahren und die damit zusammenhängenden Verfahren vor staatlichen Gerichten ergeben, soll in einem späteren Abschnitt (E.) untersucht werden. An dieser Stelle sei nur darauf hingewiesen, dass die Erhebung einer Aufhebungsklage dann besonders wahrscheinlich wird, wenn es um hohe Summen geht, die bei Auszahlung an den klagenden Investor den Staatshaushalt empfindlich belasten würden[109].

2. Grundsätze der Schiedsgerichtsbarkeit

Aus dem besonderen Interesse der Allgemeinheit am Ausgang eines Investitionsschiedsverfahrens folgen diverse Reformvorschläge, die von bisherigen Grundsätzen der Schiedsgerichtsbarkeit abweichen. So wird etwa eine stärkere Berücksichtigung von Präzedenzfällen[110], eine höhere Transparenz des Verfahrens[111] und sogar ein Abweichen vom Grundsatz der Finalität des Schiedsspruchs[112] propagiert.

Wenn Schiedsgerichte auch in der Praxis Entscheidungen zu ähnlichen Sachverhalten berücksichtigen, besteht doch keine Verpflichtung dazu[113]. So ist nicht vorauszusehen, wie ein Schiedsgericht in einem bestimmten Fall eine bestimmte Rechtsnorm auslegen wird. Daran kann sich aber gerade in Investitionsschiedsverfahren der gesamte Streit entscheiden: Fällt eine natürliche oder juristische Person nicht unter den Begriff des Investors, fehlt es dem Schiedsgericht schon an der Zuständigkeit, und die Klage ist abzuweisen. Auch für das Regierungshandeln einzelner Staaten würde eine einheitliche Rechtsprechung zu bestimmten Rechtsnormen in BITs ein deutlich höheres Maß an Rechtssicherheit und Verlässlichkeit bedeuten, wenn bestimmte Maßnahmen die Rechte ausländischer Investoren zu beeinträchtigen drohen. In privaten Streitigkeiten, die nationales Recht eines Staates zugrunde legen, besteht eine Fülle an Auslegungsmaterialien und höchstrichterlicher Rechtsprechung, auf die das Schiedsgericht bei Bedarf zurückgreifen kann. In Investitionsstreitigkeiten, in denen ein Großteil der Entscheidung von völkerrechtlichen Fragestellungen abhängt, fehlt eine letztinstanzliche Autorität. Daher ist die internationale Praxis anderer Schiedsgerichte hier von viel größerer Bedeutung.

---

[109] *Rubins/Hory*, SIAR 2005:1 (o. S.).

[110] *Wälde*, JWIT 2004, 373 (378 f.); *von Mehren/Salomon/Paroutsas*, Dispute Resolution Journal 2004, 69 (76).

[111] *Wälde*, a.a.O; Report of the UNCITRAL Working Group on Arbitration and Conciliation on the work of its forty-eighth session, February 2008, Doc.No. A/CN.9/646; abrufbar unter www.uncitral.org/uncitral/en/commission/working_groups/2Arbitration.html.

[112] UNCTAD, Key Issues I, S. 352.

[113] *Rubino-Sammartano*, S. 78.

Um vorhergehende Entscheidungen stärker berücksichtigen zu können, müssten die Schiedssprüche aus Investitionsstreitigkeiten zunächst einmal veröffentlicht werden. Abgesehen von ICSID-Verfahren, die in aller Regel über die Internet-Seiten des Zentrums[114] zugänglich sind, steht es den Parteien sonstiger Schiedsverfahren vollkommen frei, ob sie einer Veröffentlichung zustimmen oder nicht. Gerade wegen der involvierten öffentlichen Interessen wird häufig gefordert, den Grundsatz der Vertraulichkeit auch schon während des Schiedsverfahrens zu lockern und Dritte als Prozessbeobachter oder „amicus curiae“[115] zuzulassen[116].

Ein weiterer eherner Grundsatz der Schiedsgerichtsbarkeit wird im Zusammenhang mit Investitionsstreitigkeiten in Frage gestellt: Schiedsverfahren werden grundsätzlich in einer Instanz abgeschlossen, und die Schiedssprüche sind in der Regel nur unter sehr engen Voraussetzungen aufhebbar. Zunehmend werden nun Forderungen laut, in Investitionsstreitigkeiten zugunsten der materiellen Richtigkeit der Schiedssprüche ihre Finalität zu lockern und eine materielle Überprüfung durch eine zweite Instanz zuzulassen[117]. Argumentiert wird unter anderem, eine abschließende Entscheidung sei für den Investor weniger wichtig als eine korrekte Lösung des Falles, und auch für den Gaststaat seien Mehrheitsentscheidungen gegen ihn nur schwer erträglich, wenn keine Rechtsmittel zur Verfügung stünden[118]. Zudem erhofft man sich, auf diese Weise den Erlass widersprüchlicher Entscheidungen, die aus der gleichen staatlichen Maßnahme resultieren, aber vor unterschiedlichen Schiedsgerichten verhandelt werden, einzudämmen[119].

Daneben wirft die Investitionsschiedsgerichtsbarkeit noch zwei weitere Fragen auf, für die es keine eindeutige Antwort gibt: Dies betrifft zum einen das „Gemenge“ von zivilrechtlichen und völkerrechtlichen Ansprüchen des Investors. Zum anderen betrifft es die Bestimmung der Nationalität eines Investors als Voraussetzung für die Anwendbarkeit eines bilateralen Investitionsschutzabkommens.

3. Nebeneinander von vertraglichen und völkerrechtlichen Ansprüchen

In Investitionsstreitigkeiten stehen häufig Ansprüche aus einem bilateralen Investitionsschutzabkommen und Ansprüche aus dem individuellen Investitionsvertrag zwischen dem Investor und der zuständigen Behörde bzw. dem zuständigen Rechtsträger des Gaststaates nebeneinander. Hier stellt sich die Frage, ob die Ansprüche

---

[114] www.worldbank.org/icsid.

[115] Lat. „Freund des Gerichts“; diese Personen werden am Verfahren beteiligt und dürfen sich zum Fall äußern, ohne jedoch selbst Partei zu sein. S. dazu *Blackaby*, in: van den Berg (Hrsg.), ICCA International Arbitration Congress 2002, S. 355 (360).

[116] Eine entsprechende Regelung ist in die geänderte ICSID-Verfahrensordnung vom 10. April 2006 aufgenommen worden: Rule 37 regelt nun die Zulassung schriftlicher Beurteilungen durch Dritte, Rule 36 erlaubt die Prozessbeobachtung durch Dritte.

[117] S. dazu unten Abschnitt E. II. 5. b).

[118] *Veeder*, TDM April 2005, 6 (6).

[119] *Franck*, Fordham Law Review 2005, 1521 (1613 ff.).

strikt voneinander getrennt in separaten Verfahren geltend zu machen sind oder ob sie sich im gleichen Verfahren verbinden lassen. Für den Investor kann es von Vorteil sein, auch die rein vertraglichen Ansprüche in einem internationalen Schiedsverfahren geltend machen zu können, im Gegensatz etwa zu einem Verfahren vor den staatlichen Gerichten des Gaststaates. Er braucht sich dann nicht vor möglicherweise befangenen Gerichten des Gaststaates verteidigen.

Zudem bewirkt ein internationales Verfahren und die damit verbundene öffentliche Wahrnehmung einen höheren politischen Druck auf den Gaststaat[120]. Umgekehrt kann es zulässig sein, die völkerrechtlichen Ansprüche zusammen mit den vertraglichen Ansprüchen in einem nationalen Verfahren vorzubringen. Möglicherweise schließt ein solches Vorgehen aber nach den Vorschriften des anwendbaren BIT ein späteres internationales Schiedsverfahren aus. So kann die Verfolgung des einen oder anderen Rechtsweges für den Investor den Verzicht auf einen Teil seiner Ansprüche bedeuten. Diese Fragen lassen sich nur durch eine Interpretation der Vorschriften der jeweils anwendbaren BITs beantworten. Manche BITs enthalten so genannte „umbrella clauses", die nach ihrem Wortlaut vom Gaststaat verlangen, alle Verpflichtungen gegenüber dem Investor zu erfüllen. Hier ist strittig, ob diese Klauseln auch rein vertragliche Pflichten des Staates erfassen, sie gewissermaßen unter den „Schirm" des BIT bringen und damit auch einem auf dessen Grundlage gebildeten Schiedsgericht unterbreitet werden können. Einen einheitlichen Ansatz, wie diese parallelen Ansprüche zu behandeln sind, gibt es bisher jedenfalls weder in der Literatur noch in der schiedsrechtlichen Praxis[121].

4. Nationalität des Investors

Anders als in der Wirtschaftsschiedsgerichtsbarkeit spielt die Nationalität des Investors in der Investitionsschiedsgerichtsbarkeit eine besondere Rolle. Der Besitz einer bestimmten Staatsangehörigkeit ist Voraussetzung, um sich auf den Schutz des jeweiligen bilateralen Investitionsschutzabkommens berufen zu können. Ist der Investor eine einzelne natürliche Person, stellen sich keine besonderen Fragen. Ist aber der Investor ein multinationales Unternehmen, dessen Anteilseigner aus verschiedenen Staaten stammen, lässt sich die Staatsangehörigkeit des Investors kaum eindeutig bestimmen. Dies hat zur Folge, dass je nach Kläger verschiedene BITs zur Anwendung kommen und dass ein Staat sich u. U. in mehreren Verfahren wegen derselben Maßnahme vor verschiedenen Schiedsrichtern verteidigen muss. Auch Minderheitsaktionäre gelten grundsätzlich als Investoren und können unabhängig

---

[120] Vgl. zur Forderung nach verstärkter Transparenz von Investitionsschiedsverfahren *Legum*, Arbitration International 2003, 143 (144 f.).

[121] S. die Debatte auf der Third Investment Treaty Forum Conference des British Institute of International and Comparative Law vom 10. September 2004, wiedergegeben in Transnational Dispute Management, Bd. 2, Ausgabe 4, August 2005, www.transnational-dispute-management.com. S. dazu näher unten Abschnitt E. II. 3. c).

von der jeweils betroffenen Gesellschaft klagen[122]. Durch entsprechende Gestaltungen konnten Investoren so in der Vergangenheit bereits über einen in einem Drittstaat inkorporierten Rechtsträger Schadensersatzansprüche gegen ihren eigentlichen Heimatstaat geltend machen[123]. Denkbar ist auch die Übertragung des Vermögens auf einen Rechtsträger, der in einem Drittstaat inkorporiert ist, mit dem ein bilaterales Schutzabkommen geschlossen wurde[124].

Gegen die missbräuchliche Ausnutzung solcher Strukturen existieren bisher jedenfalls keine effektiven Schutzmechanismen. Die Prinzipien der Rechtshängigkeit und der materiellen Rechtskraft helfen hier nicht recht weiter, da es sich jedenfalls nicht um die gleichen Parteien handelt. Ein erweiterter Parteibegriff, der etwa auch den Mehrheitsaktionär eines Unternehmens erfassen würde, was bereits in der Literatur diskutiert wurde[125], ist von der Praxis bisher nicht aufgenommen worden. Positiv formuliert bedeutet dies, dass einem Investor verschiedene Möglichkeiten zur Verfügung stehen können, seinen Schaden zumindest teilweise ersetzt zu bekommen, wenn seine Klage vor einem Schiedsgericht abgewiesen wurde. Diese Rechtsschutzmöglichkeit, auf die in der Literatur auch verstärkt hingewiesen wird[126], kann einen wichtigen Faktor bei der Entscheidung über eine Investition im Ausland bedeuten. Zudem lässt sich bestreiten, dass es sich beim Ausnutzen verschiedener rechtlicher Möglichkeiten tatsächlich um „Missbrauch“ handelt, wenn der BIT entsprechend weite Definitionen der Begriffe „Investor“ und „Investition“ enthält.

5. Immunität des Staates

Für das Schiedsverfahren selbst ist in den hier untersuchten Rechtsordnungen anerkannt, dass im Abschluss einer Schiedsvereinbarung der Verzicht auf die staatliche Immunität liegt[127]. Das gilt auch für die damit zusammenhängenden staatlichen Gerichtsverfahren wie Benennung der Schiedsrichter, Überprüfung der Schiedsvereinbarung und auch das nachträgliche Aufhebungsverfahren[128].

Schwieriger stellt sich die Lage jedoch bei der Vollstreckung von Schiedssprüchen und auch von einstweiligen Maßnahmen dar. Im Unterschied zu unterstüt-

---

[122] *Alexandrov*, JWIT 2005, 387 (393 ff.).

[123] So bspw. im Fall Tokios Tokeles v. Ukraine, ICSID Case No. ARB/02/18; anders dagegen in The Loewen Group, Inc., and Raymond L. Loewen v. United States of America, ICSID Case No. ARB (AF)/98/3. Weitere Nachweise bei *Wisner/Gallus*, JWIT 2004, 927 (939 ff.).

[124] Beispiel nach *Obadia*, JWI 2001, 219 (220).

[125] *Alexandrov*, JWIT 2005, 387 (402); *Bagner*, JWIT 2004, 31 (34 f.).

[126] *Schäfer*, BB 2004, 1069 (1070); *van Bevern/Littbarski*, Börsen-Zeitung vom 23.12.2004.

[127] Zum schwedischen Recht siehe *Hobér*, Some Comments on the Arbitration Agreement and on State Immunity, S. 6.; zum deutschen Recht *Schwab/Walter*, Kap. 4, Rdnr. 12. Nach *Schlosser*, Rdnr. 348, spielt die Immunität vor dem Schiedsgericht von vorneherein keine Rolle, da es sich hierbei um private, nicht staatliche Rechtsprechung handele.

[128] Zum deutschen Recht: *Lachmann*, 2. A., S. 450, Rdnr. 1334; zum schwedischen Recht *Hobér*, a.a.O.

zenden bzw. kontrollierenden Gerichtsverfahren wird bei der Vollstreckung staatlicher Zwang gegen einen anderen Staat angewandt. Daher wird die Frage, ob im Abschluss einer Schiedsvereinbarung auch ein impliziter Verzicht auf die Immunität von Vollstreckung liegt, deutlich zurückhaltender beantwortet und meist sogar eindeutig verneint[129]. In Anwendung der Grundsätze des Völkergewohnheitsrechts kann ein Schiedsspruch demnach nur insoweit vollstreckt werden wie dabei lediglich auf Wirtschaftsgüter, nicht aber auf Vermögen, das der Staat zur Erfüllung seiner hoheitlichen Aufgaben benötigt, zugegriffen wird[130].

Dass die Vollstreckung dennoch mit fast unüberwindbaren praktischen Schwierigkeiten verbunden sein kann, musste unlängst ein deutscher Investor feststellen, der einen Schiedsspruch gegen die russische Föderation erwirkt hatte, aber mehrere Jahre brauchte, um daraus vollstrecken zu können[131]. Sowohl innerhalb als auch außerhalb des ICSID-Regimes muss die Erfüllung von Verpflichtungen aus einem Investitionsschiedsspruch daher hauptsächlich auf freiwilliger Basis erfolgen[132].

6. Zuständigkeit der staatlichen Gerichte in Investitionsschiedsverfahren

Besondere Regeln über die Zuständigkeit der staatlichen Gerichte in Investitionsschiedsverfahren sind weder in Schweden noch in Deutschland vorgesehen. Daher gelten die allgemeinen Vorschriften grundsätzlich auch für diese Verfahren, sofern eine für die private Schiedsgerichtsbarkeit entwickelte Verfahrensordnung anwendbar ist oder es sich um ein reines Ad-hoc-Verfahren ohne Anwendung einer bestimmten Verfahrensordnung handelt. In vielen Investitionsschiedsverfahren kommt allerdings die ICSID-Verfahrensordnung zur Anwendung, die bestimmte Sonderregeln zum Verhältnis zwischen Schiedsgerichtsbarkeit und staatlicher Gerichtsbarkeit enthält.

Für Aufhebungsanträge aus ICSID-Verfahren schließt Art. 53 (1) S. 1 des Weltbank-Übereinkommens die Zuständigkeit staatlicher Gerichte am Schiedsort aus. Über den Aufhebungsantrag entscheidet allein ein speziell zu diesem Zweck gebildetes Ad-hoc-Tribunal, das so genannte Annullierungskomitee, das den Schiedsspruch vor allem auf Verfahrensfehler überprüft. Voraussetzung für den Ausschluss der staatlichen Gerichte ist, dass beide betroffenen Staaten, also der Gaststaat und der Heimatstaat des Investors, Mitglieder des Weltbank-Übereinkommens von

---

[129] Vgl. *Boivin*, Journal of International Arbitration 2002, S. 285 (295 f.); *Schlosser*, Rdnr. 349.

[130] *Schlosser*, Rdnr. 349.

[131] Vgl. die Beschlüsse des BGH vom 4. Oktober 2005, Az.: VII ZB 08/05 und VII ZB 09/05, SchiedsVZ 2006, S. 44 ff. und S. 47 ff. m. Anm. *Raeschke-Kessler* (51). Ein Antrag der russischen Föderation auf Aufhebung des Schiedsspruchs vor dem Stockholmer Hofgericht wurde mit Datum vom 15. Juni 2005 abgewiesen, Az.: T 525-03. 2006 gelang es dem Investor, das Gebäude der ehemaligen sowjetischen Handelsvertretung in Köln unter Zwangsverwaltung stellen zu lassen. S. zu den näheren Umständen des Falles Süddeutsche Zeitung vom 12. Oktober 2006, S. 3 und unten Abschnitt E.I.1.c).

[132] *Rubins*, in: Weiler, S. 359 (374).

1965 sind. Mit der Wahl dieser Verfahrensart haben die Beteiligten also staatlichen Rechtsschutz für die Überprüfung des Schiedsspruchs ausgeschlossen. Wird ein Verfahren nach der so genannten „additional facility“ durchgeführt, d. h. nur einer der Staaten Mitglied des Weltbank-Übereinkommens ist, sich der Gaststaat aber im Investitionsschutzabkommen der Jurisdiktion des ICSID unterworfen hat und der Investor durch seine Wahl der Verfahrensart dieses Angebot annimmt[133], bleibt die Aufhebungskompetenz staatlicher Gerichte am Schiedsort bestehen[134].

Nach Art. 47 ICSID kann das Schiedsgericht einstweilige Maßnahmen empfehlen. Ob daneben die staatlichen Gerichte für einstweilige Maßnahmen weiter zuständig bleiben, war lange Zeit umstritten. Insbesondere der Wortlaut des Art. 26 ICSID schien dagegen zu sprechen: Danach schließt die Zustimmung der Parteien zu Schiedsverfahren nach dem Abkommen *jedes andere Rechtsmittel* aus[135]. Mit der Einführung des Art. 47 (5) ICSID am 26. September 1984 sollte nun aber zumindest für Schiedsvereinbarungen, die nach diesem Datum geschlossen wurden, Klarheit herrschen. Nunmehr müssen die Parteien in ihrer Schiedsvereinbarung oder in ihrer Zustimmung zur ICSID-Schiedsgerichtsbarkeit ausdrücklich die Zuständigkeit der staatlichen Gerichte für den Erlass einstweiliger Maßnahmen vereinbaren[136]. Die allgemeine Aussage, staatliche Gerichte seien auch in ICSID-Verfahren für den Erlass einstweiliger Maßnahmen zuständig[137], trifft daher so nicht zu.

---

[133] Artt. 2 und 4 der Additional Facility Rules, abrufbar unter www.worldbank.org/icsid/facility/facility.htm.
[134] *Williams*, JWI 2003, 251 (257).
[135] Zur Diskussion s. ausführlich *Schreuer*, Art. 26, Rdnr. 69 ff.
[136] Ein Formulierungsvorschlag findet sich in Klausel 14 der Modellklauseln von 1993.
[137] *Sands*, TDM August 2005, S. 11 (12).

C. Einstweilige Maßnahmen im Schiedsverfahren

Der Bereich einstweiliger Maßnahmen im Schiedsverfahren ist noch überwiegend von nationalen Besonderheiten geprägt[1]. Das UNCITRAL-Modellgesetz enthielt dazu bis zum Jahr 2006 nur wenige, allgemeine Aussagen[2]. Teilweise wird befürchtet, der fehlende einheitliche Ansatz beeinträchtige die Attraktivität der Schiedsgerichtsbarkeit insgesamt[3]. Allerdings sind nun durch die intensiven Reformen der betreffenden Vorschriften des Modellgesetzes langfristig eine größere Rechtsvereinheitlichung und Rechtsanpassung zu erwarten. Im Folgenden werden zunächst die wichtigsten Problemfelder herausgearbeitet (I.). Anschließend werden die nationalen Regelungen des staatlichen einstweiligen Rechtsschutzes (II.) und des schiedsgerichtlichen einstweiligen Rechtsschutzes (III.) in Deutschland und Schweden dargestellt und miteinander verglichen. Sodann soll die Vollziehbarkeit einstweiliger schiedsgerichtlicher Maßnahmen in diesen beiden Rechtsordnungen näher untersucht werden (IV.). An der Schnittstelle zwischen staatlichem und schiedsgerichtlichem Rechtsschutz stellt sich die Frage, inwieweit Entscheidungen des staatlichen Gerichts Bindungswirkung für das Schiedsgericht und ungekehrt entfalten (V.), und ob die Parteien eine dieser Rechtsschutzformen durch Vereinbarung ausschließen können (VI.). Nach einer Darstellung und Bewertung der aktuellen Reformarbeiten zu Artikel 17 des UNCITRAL-Modellgesetzes (VII.) werden die gefundenen Ergebnisse abschließend noch einmal zusammengefasst und bewertet (VIII.).

I. Probleme des einstweiligen Rechtsschutzes im Schiedsverfahren

Den Parteien eines Schiedsverfahrens steht in der Regel einstweiliger Rechtsschutz vor staatlichen Gerichten nach nationalem Prozessrecht offen. Zunehmend wird jedoch auch den Schiedsgerichten eine gewisse Kompetenz zum Erlass einstweiliger Maßnahmen zuerkannt. Die Schiedsrichter haben meist größere Wahlmöglichkeiten und sind nicht auf einzelne, gesetzlich vorgesehene Maßnahmen beschränkt. Staatliche Gerichte sind hingegen enger an gesetzliche Vorgaben gebunden und können nur die im Gesetz vorgesehenen Maßnahmen erlassen.

Einstweiliger Rechtsschutz durch staatliche Gerichte kann unterstützend für das Schiedsverfahren wirken, indem entweder eigenständige staatliche Maßnahmen erlassen oder schiedsgerichtliche Maßnahmen staatlich vollzogen werden. Gleichzeitig ist damit aber auch die Gefahr staatlicher materieller Kontrolle und Einflussnahme gegeben, wenn beispielsweise das Gericht vor einem Vollzug schiedsrichter-

---

[1] *Drahozal*, in: van den Berg, ICCA International Arbitration Congress 2002, S. 179 (179).

[2] Art. 9 des UNCITRAL-Modellgesetzes lautet: „It is not incompatible with an arbitration agreement for a party to request, before or during arbitral proceedings, from a court an interim measure of protection and for a court to grant such measure." Art. 17 betrifft den Erlass einstweiliger Maßnahmen durch das Schiedsgericht und ist 2006 umfassend erweitert worden.

[3] *Donovan*, in: van den Berg, ICCA International Arbitration Congress 2002, S. 82 (84).

licher Maßnahmen umfassend prüft, ob diese rechtmäßig ergangen sind. In der internationalen Literatur wird teilweise die Frage aufgeworfen, ob sich aus Art. II Abs. 3 UNÜ nicht die Unzuständigkeit nationaler staatlicher Gerichte während des Schiedsverfahrens ergibt[4]. Denn obwohl in der Hauptsache allein das Schiedsgericht zu entscheiden hat, besteht im einstweiligen Rechtsschutz immer auch die Gefahr, dass die Hauptsacheentscheidung faktisch vorweggenommen wird. Selbst wenn dies nicht der Fall ist, muss das staatliche Gericht notwendigerweise eine Prognose über die Erfolgsaussichten des geltend gemachten Anspruchs treffen. So kann es die Linie des Schiedsgerichts faktisch entscheidend mit beeinflussen, wenn auch von einer rechtlichen Bindung keine Rede sein kann.

In bestimmten Situationen, etwa bevor sich das Schiedsgericht konstituiert hat, muss notwendigerweise staatlicher einstweiliger Rechtsschutz zur Verfügung stehen, um den Antragsteller in dieser Situation nicht rechtsschutzlos zu stellen. Hier besteht keine eigentliche Zuständigkeitskonkurrenz zwischen staatlichen Gerichten und Schiedsgerichten.

Manche halten den Weg zu staatlichen Gerichten in Fragen des einstweiligen Rechtsschutzes generell für vorteilhafter, da Maßnahmen des Schiedsgerichts meist nicht oder nicht unmittelbar vollstreckbar sind[5]. Dabei wird allerdings verkannt, dass das Schiedsgericht häufig eine größere Sachnähe aufweist und damit u. U. besser in der Lage ist, die Dringlichkeit und Begründetheit einer Maßnahme zu beurteilen. Zudem ist die volle Vertraulichkeit des Schiedsverfahrens nur gewährleistet, wenn die Parteien ganz auf eine Inanspruchnahme staatlicher Gerichte verzichten.

1. Einstweiliger Rechtsschutz nach schwedischem Recht

Das schwedische Schiedsverfahrensrecht trennt streng zwischen der Zuständigkeit des Schiedsgerichts und derjenigen staatlicher Gerichte. Nach § 25 Abs. 4 LSF können die Schiedsrichter nicht vollstreckbare einstweilige Maßnahmen erlassen. Die Vorschrift wurde im Zuge der Reform von 1999 neu in das Gesetz aufgenommen und entspricht fast wörtlich Art. 17 UNCITRAL-Modellgesetz[6].

Parallel dazu besteht die Zuständigkeit staatlicher Gerichte für den Erlass von „Sicherungsmaßnahmen" (*säkerhetsåtgärder*) sowohl vor als auch während und nach Abschluss des Schiedsverfahrens[7]. Die Bezeichnung als „Sicherungsmaßnahme" ist irreführend, denn erfasst werden sowohl sichernde als auch regelnde Maßnahmen[8]. Die „Sicherungsmaßnahme" stellt also gewissermaßen nur den Oberbegriff für einstweilige staatliche Maßnahmen dar und sagt noch nichts über ihren konkreten

---

[4] *Born*, S. 936; diese Sichtweise ist vor allem in den USA verbreitet.

[5] So etwa Stein/Jonas-*Schlosser*, § 1041, Rdnr. 1; *Thümmel*, DZWir 1997, 133 (137); Zöller-*Geimer*, § 1041, Rdnr. 1.

[6] Zur derzeitigen Diskussion um die Reform des Art. 17 Modellgesetz s. u. VIII.

[7] *Cars*, S. 230; s.a. § 4 Abs. 3 LSF.

[8] *Westberg*, Band 1, S. 52, dort Fußnote 3.

Inhalt aus. Insgesamt erscheint die Terminologie in der schwedischen Literatur etwas uneinheitlich[9]. So dient teilweise auch die „interimistische" bzw. „vorläufige Maßnahme" als Oberbegriff für einstweilige Maßnahmen, obwohl das Gesetz selbst diese Bezeichnung nur für Maßnahmen verwendet, die ohne Anhörung des Gegners ergehen (Ex-parte-Maßnahmen).

2. Einstweiliger Rechtsschutz nach deutschem Recht

Nach § 1041 ZPO sind Schiedsrichter in Deutschland ausdrücklich befugt, einstweilige Maßnahmen zu erlassen. Die Regelung geht weit über Art. 17 UNCITRAL-ModellG in seiner ursprünglichen Fassung hinaus. So sind schiedsrichterliche einstweilige Maßnahmen nach deutschem Recht grundsätzlich auch vollziehbar, bedürfen dazu allerdings einer vorherigen gerichtlichen Vollziehbarkeitserklärung. Stellt sich nachträglich heraus, dass die Maßnahme unberechtigterweise angeordnet wurde, so kann der Antragsgegner Schadensersatz verlangen, § 1041 Abs. 4 ZPO.

Die Kompetenz des Schiedsgerichts zum Erlass einstweiliger Maßnahmen besteht parallel zur Zuständigkeit der staatlichen Gerichte, § 1033 ZPO. Es steht einer Partei demnach grundsätzlich frei, staatlichen oder schiedsgerichtlichen einstweiligen Rechtsschutz „in jeder Phase des Verfahrens"[10] in Anspruch zu nehmen. Ist jedoch bereits eine staatliche Maßnahme beantragt, so kann eine entsprechende schiedsgerichtliche Maßnahme nicht mehr für vollziehbar erklärt werden, § 1041 Abs. 2 Satz 1, 2. Halbsatz ZPO. Damit soll eine doppelte Inanspruchnahme staatlichen Rechtsschutzes vermieden werden[11].

Umstritten ist, ob der staatliche dem schiedsgerichtlichen einstweiligen Rechtsschutz generell vorgeht oder beide Rechtsschutzformen gleichwertig nebeneinander stehen. Dementsprechend wird die praktische Bedeutung des schiedsgerichtlichen einstweiligen Rechtsschutzes gegenüber dem staatlichen unterschiedlich bewertet[12]. Die Begründung zum Regierungsentwurf des SchiedsVfG gab ausdrücklich keiner der beiden Rechtsschutzformen den Vorzug[13]. Auf Rechtsprechung kann derzeit kaum unterstützend zurückgegriffen werden, da bislang nur wenige Entscheidungen aus diesem Gebiet veröffentlicht wurden[14].

---

9 S. dazu *Westberg*, a.a.O.

10 BT-Drs. 13/5274, S. 45.

11 BT-Drs. 13/5274, a.a.O.

12 Eher skeptisch zum schiedsgerichtlichen einstweiligen Rechtsschutz z. B. *Lachmann*, S. 695 f., Rdnr. 2933 ff.; *Lionnet/Lionnet*, S. 479 f.; Musielak-*Voit*, § 1033, Rdnr. 1 und § 1041, Rdnr. 1; Stein/Jonas-*Schlosser*, § 1041, Rdnr. 1; *Thümmel*, DZWir 1997, 133 (137); positiv zustimmend *Gottwald/Adolphsen*, DStR 1998, 1017 (1021) und *Schroth*, SchiedsVZ 2003, 102 (106 u. 109); nicht eindeutig Stellung beziehend Zöller-*Geimer*, § 1041, Rdnr. 1.

13 BT-Drs. 13/5274, S. 38 u. 45.

14 Eine Auswertung verschiedener Datenbanken (DIS, juris, westlaw, Handelskammer Hamburg) ergab lediglich sechs Entscheidungen zwischen Anfang 1998 und Ende 2007.

3. Begriff der einstweiligen Maßnahmen

Im Rahmen dieser Arbeit wird unter einstweiligen Maßnahmen der gesamte Bereich gerichtlichen und schiedsgerichtlichen vorläufigen Rechtsschutzes verstanden, der ein Recht oder einen Anspruch des Antragstellers bzw. ein Rechtsverhältnis des Antragstellers bis zur Entscheidung in der Hauptsache sichert oder regelt. Welche Maßnahmen die jeweilige Rechtsordnung zur Verfügung stellt und wie weit die einzelnen Maßnahmen reichen, ist im Folgenden zu untersuchen.

II. Einstweiliger Rechtsschutz durch staatliche Gerichte

In diesem Abschnitt sollen die Voraussetzungen für einstweiligen staatlichen Rechtsschutz, den das schwedische (1.) und das deutsche (2.) Recht parallel zum Schiedsverfahren gewähren, dargestellt werden. Abschließend sollen die Regelungen miteinander verglichen und bewertet werden (3.).

1. Voraussetzungen für einstweiligen Rechtsschutz in Schweden

§ 4 Abs. 3 LSF besagt nur, dass staatliche Gerichte einstweilige Maßnahmen erlassen können. Welche dies sind, ist in anderen Gesetzen geregelt, hauptsächlich in Kapitel 15 des schwedischen Prozessgesetzes (*rättegångsbalk*, RB)[15]. §§ 1 bis 3 sehen verschiedene Sicherungsmaßnahmen vor, wobei der so genannte „Beschlag" (*kvarstad*)[16]praktisch am wichtigsten ist. Ein entsprechender Beschluss des Gerichts hat zur Folge, dass der Antragsgegner über sein Eigentum bis zu einem bestimmten Wert, dem Wert der Forderung entsprechend, nicht mehr verfügen darf[17]. In einigen materiellen Gesetzen finden sich dazu spezielle Sicherungsmaßnahmen, wie etwa das Verbot nach Kapitel 9, § 17 Abs. 4 des Aktiengesetzes (*aktiebolagslagen*), einen Hauptversammlungsbeschluss zu vollziehen. Auch auf solche besonderen Sicherungsmaßnahmen will § 4 Abs. 3 LSF verweisen[18].

Im Bereich einstweiliger Maßnahmen, insbesondere im Zusammenhang mit Beschlüssen über *kvarstad* gibt es eine Fülle veröffentlichter Rechtsprechung. Allerdings befassen sich nur wenige Entscheidungen mit einstweiligen Maßnahmen im Rahmen von Schiedsverfahren. Seit der Einführung der Vorschriften über Siche-

---

[15] Nach *Lindskog*, S. 348, dürften andere als die dort genannten Maßnahmen wie z. B. die Zahlungsaufforderung (*betalningsföreläggande*) oder die Vollstreckungshilfe (*handräckning*) in Schiedsverfahren kaum relevant werden.

[16] Diese Maßnahme ist in der deutschen ZPO wohl am ehesten mit dem dinglichen Arrest vergleichbar, s. a. *Pålsson*, SvJT 1996, 385 (407).

[17] *Ekelöf/Bylund/Boman*, Rättegång III, S. 12.

[18] SOU 1994:81, S. 102, Prop. 1998/99:35, S. 72.

rungsmaßnahmen in der Prozessordnung in ihrer heutigen Form[19] findet sich nur eine Entscheidung, die ausdrücklich im Rahmen eines Schiedsverfahrens erging[20].

Ein Antrag auf Erlass einer einstweiligen Maßnahme ist schriftlich zu stellen, sofern der Rechtsstreit nicht in einem staatlichen Gericht anhängig ist, Kapitel 15, § 5 Abs. 2 Satz 2 RB.

a) Materieller Anspruch

Voraussetzung für einen Beschluss über *kvarstad* ist zunächst, dass der Antragsteller glaubhaft macht (*visar sannolika skäl*), eine Forderung (Kapitel 15, § 1) oder ein dingliches Recht (Eigentums- oder Nutzungsrecht, Kapitel 15, § 2) zu haben, das Gegenstand eines Gerichtsverfahrens oder einer Prüfung gleicher Art[21] sein kann. Weiter muss ein so genanntes Sabotagerisiko bestehen: Es muss hinreichend zu befürchten sein (*skäligen kan befaras*), dass die Gegenpartei sich der Bezahlung der Schuld entziehen bzw. das Eigentumsrecht beeinträchtigen oder vernichten wird. Das Risiko einer Insolvenz oder auch nur von Zahlungsschwierigkeiten muss nicht bestehen. Vielmehr genügt es, dass der Antragsgegner auf treuwidrige (*klandervärd*) Art versucht, seine Einkünfte zu verbergen oder zu verschleiern[22] oder aufgrund seiner schwierigen wirtschaftlichen Lage zu befürchten ist, dass er seine Einkünfte zu einem anderen Zweck verwendet als zur Bezahlung der aktuellen Schuld[23].

Die Vorschriften im 15. Kapitel RB über verfügbare einstweilige Maßnahmen schließen sich nicht gegenseitig aus. So können über § 3 auch die Maßnahmen für Ansprüche aus Forderungen und dinglichen Rechten erlassen werden[24]. Der Antragsteller ist also nicht auf den *kvarstad* nach § 1 und § 2 beschränkt. Bis zu einer Gesetzesänderung im Jahre 2000[25] war § 3 lediglich als Auffangnorm konzipiert.

Dies wurde jedoch in der Praxis als zu einschränkend empfunden und dementsprechend geändert[26].

---

[19] 1982 wurden verschiedene Sicherungsmittel zum *kvarstad* zusammengefasst. Eine Änderung im Jahr 2000 diente vor allem der Erweiterung des Anwendungsbereichs des § 3, der Wortlaut der Vorschriften wurde aber im Wesentlichen beibehalten.

[20] RH 1999:56.

[21] Damit sind u. a. Schiedsverfahren gemeint, s. Prop. 1980/81:84, S. 227.

[22] *Heuman*, Skiljemannarätt, S. 708.

[23] Prop. 1980/81: 84, S. 228.

[24] Prop. 1999/2000:26, S. 124 ff. Nach Ansicht des Gesetzgebers kann ein Bedarf für andere Maßnahmen als einen *kvarstad* auch bei Eigentumsrechten bestehen; *Westberg*, Band 1, S. 56.

[25] Änderungsgesetz (2000:172).

[26] 1987 hatte der Höchste Gerichtshof noch einen entsprechenden Antrag abgewiesen, da sich aus Wortlaut und Vorarbeiten eindeutig ergab, dass der einstweilige Schutz von Eigentumsrechten nur durch *kvarstad* zu erreichen war. Der Antragsteller begehrte die vorläufige Ausübung eines Stimmrechts als Aktionär, da es sich dabei aber um ein Eigentumsrecht handelte, konnte die Maßnahme nicht über § 3, 15. Kapitel RB erlassen werden; NJA 1987, 829.

Relativ weit gefasst ist Kapitel 15, § 3 RB. Danach kann das Gericht unter bestimmten Voraussetzungen eine „angemessene" Maßnahme ergreifen, um ein Recht des Antragstellers zu sichern[27]. Unter Umständen ist es auch möglich, den Anspruch, über dessen Bestehen erst in der Hauptsache zu entscheiden ist, vorläufig zu gewähren, wie etwa die Herausgabe einer dringend benötigten Maschine[28]. Ein Beschluss nach § 3 kann auch die Androhung eines Ordnungsgeldes (*vite*) beinhalten. Voraussetzung für den Erlass einer Maßnahme nach § 3 ist erstens, dass der Antragsteller glaubhaft macht, Inhaber eines Anspruchs zu sein, der Gegenstand eines gerichtlichen Verfahrens oder einer Prüfung gleicher Art ist bzw. wird. Zweitens muss hinreichend zu befürchten sein, dass die Gegenpartei durch die Ausübung einer bestimmten Tätigkeit oder die Vornahme bzw. das Unterlassen einer bestimmten Handlung oder auf andere Weise die Ausübung des Rechts des Antragstellers verhindert bzw. erschwert oder dessen Wert erheblich mindert.

Als ungeschriebene Voraussetzung aller Maßnahmen gilt, dass die beantragte Maßnahme geeignet sein muss, den Anspruch des Antragstellers zu sichern[29]. So wurde beispielsweise einem Antrag auf ein einstweiliges Tätigkeitsverbot für einen Gewerbetreibenden nicht stattgegeben, da damit der geltend gemachte Anspruch auf Schadensersatz wegen Verstoßes gegen ein Wettbewerbsverbot nicht gesichert werden konnte[30].

b) Schutzbedürftigkeit des Antragstellers

Neben der Glaubhaftmachung des Anspruchs muss der Antragsteller seine Schutzbedürftigkeit, d. h. die Gefahr eines so genannten Sabotagerisikos beweisen. Ein Sabotagerisiko wurde beispielsweise bejaht in einem Fall, in dem gegen den Schuldner – eine kleine Einpersonengesellschaft – bereits mehrere erfolglose Zahlungsaufforderungen und Vollstreckungsversuche anderer Gläubiger vorlagen und der Gesellschafter in den vergangenen Jahren mehrfach an Unternehmen beteiligt gewesen war, die Konkurs anmelden mussten, oder solche geleitet hatte[31]. Hinzu kam, dass die Gesellschaft weder über Revisoren verfügte noch jemals Rechenschaftsberichte zur Registrierungsbehörde eingereicht hatte, wozu sie nach dem Akteingesetz verpflichtet gewesen wäre. Dies machte es dem Gläubiger äußerst schwer, verlässliche Informationen über die tatsächliche wirtschaftliche Lage zu erhalten. Diese Umstände deuteten nach Ansicht des Höchsten Gerichtshofes darauf

---

[27] Dies ähnelt der einstweiligen Verfügung im deutschen Recht, geht aber über deren Anwendungsbereich hinaus.

[28] NJA 2003, 613.

[29] *Westberg*, Band 2, S. 137 ff.; RH 2001:5.

[30] RH 2001:5.

[31] NJA 1988, 305.

hin, dass etwaige Einkünfte nicht zur Erfüllung der geltend gemachten Forderung verwendet werden würden, und begründeten demnach ein Sabotagerisiko[32].

c) Sicherheitsleistung

Für gerichtliche Sicherungsmaßnahmen muss der Antragsteller grundsätzlich eine Sicherheit leisten, um Schäden des Antragsgegners zu vermeiden, falls der Antragsteller im Hauptsacheverfahren unterliegt, Kapitel 15, § 6 RB. Als Sicherheiten sind in Kapitel 2, § 25 des Vollstreckungsgesetzes (*utsökningsbalken*, UB) Pfand und Bürgschaft vorgesehen.

Unter bestimmten Voraussetzungen kann dem Antragsgegner nach der Rechtsprechung ein Entschädigungsanspruch gegen den Staat zustehen, wenn die Maßnahme unberechtigterweise erlassen wurde[33]. Voraussetzung dafür sind schuldhafte Versäumnisse auf Seiten des Gerichts, wie z. B. offensichtlich unrichtige Beurteilungen der Tatsachen. Der Antragsgegner kann auch den Erlass einer einstweiligen Maßnahme abwenden bzw. solche Maßnahmen aufheben lassen, wenn er Sicherheit(en) in entsprechender Höhe leistet, Kapitel 15, § 8 Abs. 1, Satz 1 RB. Akzeptiert werden hauptsächlich Bankbürgschaften oder Wertpapiere[34].

d) Rechtliches Gehör

Nach Kapitel 15, § 5 Abs. 3 RB ist dem Antragsgegner grundsätzlich Gelegenheit zu geben, sich zu der beantragten Sicherungsmaßnahme zu äußern. In besonders eiligen Fällen, d. h. bei Gefahr im Verzug (*fara i dröjsmål*), kann eine solche Maßnahme allerdings auch nur „vorläufig" (*interimistisk*) angeordnet werden, ohne dass die Gegenpartei gehört wird[35]. Dies betrifft Fälle, in denen zu befürchten steht, dass der Antragsgegner durch die Anhörung gewarnt und beispielsweise sein Vermögen außer Landes schaffen oder sich sonst der Vollstreckung entziehen wird. Gefordert wird ein so genanntes „qualifiziertes Sabotagerisiko"[36]. Als „klassisches Beispiel" nennt der Höchste Gerichtshof den Fall, dass der Antragsgegner ein Schiff besitze, welches jederzeit die Anker lichten könne[37]. Gefahr im Verzug wird dann zu bejahen sein, wenn der Antragsgegner nicht erreichbar ist, er nicht rechtzeitig gehört

---

[32] NJA 1988, 305.

[33] NJA 1994, 654; NJA 1989, 191; NJA 1990, 137.

[34] RH 1993:103; eine befristete Bankbürgschaft beispielsweise wurde nicht akzeptiert, NJA 1989, 52.

[35] Wie oben bereits ausgeführt, werden die Begriffe „Sicherungsmaßnahme" und „interimistische" bzw. „vorläufige" Maßnahme in der schwedischen Literatur teilweise synonym gebraucht. Das Gesetz bezeichnet mit „interimistischen/vorläufigen" Maßnahmen nur Ex-parte-Maßnahmen, und in diesem Sinne soll der Begriff auch hier verwendet werden.

[36] NJA 2005, 29.

[37] NJA 2005, 29.

werden kann oder die Mitteilung über eine bevorstehende Maßnahme eine entsprechende Sabotagehandlung auslösen bzw. vor verlagern würde[38].

Sobald der Antragsgegner Gelegenheit hatte, sich zu der Sache zu äußern, muss das Gericht erneut über Aufrechterhaltung oder Aufhebung der Maßnahme entscheiden[39]. Teilweise wird vertreten, das Gericht werde schon dann eine Verzögerung für nachteilig halten, wenn die allgemeinen Voraussetzungen für eine Sicherungsmaßnahme gegeben seien[40]. Daher würden in der Praxis häufig zunächst vorläufige, d. h. Ex-parte-Maßnahmen erlassen[41]. Bedenkt man die Bedeutung des Grundsatzes rechtlichen Gehörs[42] und die Forderung nach einem „qualifizierten Sabotagerisiko", so kommt es aber immer auf die Gesamtumstände des Falles, insbesondere auch das tatsächliche oder erwartete Verhalten des Antragsgegners an.

Als ungeschriebene Voraussetzung hat das Gericht zudem eine Verhältnismäßigkeitsprüfung durchzuführen[43]. Dabei müssen der Schutz des Antragstellers und sein Interesse an einer Prüfung ohne Anhörung des Antragsgegners gegen die Unannehmlichkeiten abgewogen werden, die ein sofortiger *kvarstad* für diesen bedeuten kann[44]. Der Höchste Gerichtshof hat solche Verhältnismäßigkeitsprüfungen bisher nur für Maßnahmen nach Kapitel 15, § 3 RB verlangt, zumindest das Stockholmer Hofgericht ist aber der Ansicht, dass sie genauso auch für Maßnahmen nach Kapitel 15, § 1 RB erforderlich sind[45].

e) Zuständigkeit für den Erlass einstweiliger Maßnahmen in Schweden

Die Zuständigkeit für den Erlass einstweiliger Maßnahmen richtet sich in Schweden nach den allgemeinen Vorschriften über die örtliche Zuständigkeit[46]. Besonderheiten gelten im Aufhebungs- oder Vollstreckungsverfahren. Die örtliche Zuständigkeit nach Kap. 10 des schwedischen Prozessgesetzes bedingt auch die sachliche und internationale Zuständigkeit, soweit keine anderen Regeln existieren[47].

Grundsätzlich ist das mit der Hauptsache befasste Gericht auch für den Erlass von Sicherungsmaßnahmen zuständig, Kapitel 15, § 5 Abs. 1 Satz 1 RB. Da es bei Schiedsverfahren aber kein in der Hauptsache zuständiges Gericht gibt, ist grund-

---

38 *Westberg*, Band 3, S. 64.

39 *Ekelöf/Bylund/Boman*, Rättegång III, S. 12.

40 *Bagner*, Swedish and International Arbitration 1985, 24 (25).

41 *Bagner*, a.a.O.

42 S. dazu Prop. 1998/99:35, S. 109.

43 NJA 1993, 182; NJA 2005, 29; *Westberg*, SvJT 1990, 161 (173 ff.).

44 Prop. 1988/89:124, S. 28 f.; NJA 2005, 29.

45 RH 2001:10; krit. zu einer allgemeinen Verhältnismäßigkeitsprüfung auch außerhalb von Ex-parte-Maßnahmen *Westberg*, SvJT 1990, 161 (174 ff.).

46 Kapitel 15, § 5 Abs. 1 S. 2 RB verweist auf die allgemeinen Vorschriften über zivilrechtliche Streitigkeiten (*tvistemål*).

47 *Pålsson*, SvJT 1996, 385 (387 f.); *Hadtzidaki-Dahlström*, S. 35; *Bogdan*, S. 114. Andere Regeln könnten sich z. B. aus der EuGVVO ergeben.

sätzlich das Amtsgericht des Wohnortes oder Unternehmenssitzes des Antragsgegners zuständig, Kapitel 10, § 1 RB. Ist kein Wohnort oder Unternehmenssitz in Schweden bekannt, so ist das Gericht des Ortes zuständig, an dem sich das Vermögen befindet, Kapitel 10, § 3 RB. Auch der Ort eines Vertragsschlusses oder einer deliktischen Handlung begründet die Zuständigkeit, Kapitel 10, §§ 4 und 8 RB.

Die Beweislast dafür, dass sich vollstreckbares Vermögen an einem bestimmten Ort befindet, trägt der Antragsteller[48]. Allerdings wird dafür kein ganz so hoher Maßstab angelegt wie für die Einleitung einer Klage, da es sich nur um einstweiligen Rechtsschutz handelt[49].

Nach der Rechtsprechung kann nicht nur während des Schiedsverfahrens, sondern auch im Rahmen einer Aufhebungsklage ein Antrag auf Erlass von Sicherungsmaßnahmen gestellt werden[50]. Denn der Gegner des Aufhebungsverfahrens, d. h. in der Regel die obsiegende Partei des Schiedsverfahrens, kann ein Interesse daran haben, das Ergebnis des Schiedsspruchs zu sichern, solange die Aufhebungs- oder Ungültigkeitsklage anhängig ist[51]. Zuständig ist dann das Gericht, bei dem die Aufhebungsklage anhängig ist, also eines der sechs Hofgerichte[52]. Dies ist nicht ausdrücklich im LSF geregelt, sondern ergibt sich aus der oben genannten Regel des Kapitel 15, § 5 Abs. 1, Satz 1 RB: Danach ist jeweils das Gericht der Hauptsache zuständig für den Erlass von Sicherungsmaßnahmen, und als „Hauptsache" gilt in diesen Fällen das Aufhebungsverfahren. Nach Ansicht von *Heuman*[53] ist in internationalen Verfahren aber zumindest zu verlangen, dass ein schwedisches Amtsgericht grundsätzlich zuständig wäre, d. h. sich Vermögen oder der Wohnsitz des Gegners in Schweden befindet. Allein die Tatsache, dass das Schiedsverfahren in Schweden stattfand, soll danach nicht ausreichen[54].

Ebenfalls nicht ausdrücklich geregelt, aber durch die Praxis anerkannt ist die Möglichkeit, während eines anhängigen Vollstreckungsverfahrens aus einem

---

48 NJA 1987, 790.

49 S. dazu NJA 1987, 790: Eine Bank wollte sich aus Forderungen befriedigen, die der Schuldner angeblich gegen Dritte in Schweden hatte, was jedoch schwer nachweisbar war. Da die Unannehmlichkeiten, vor schwedischen Gerichten verklagt zu werden, nach Ansicht des Gerichts im einstweiligen Rechtsschutz nicht so groß waren wie im Hauptsacheverfahren und Gefahr im Verzug angenommen wurde, wurde das Interesse der Bank höher eingeschätzt als das des Antragsgegners.

50 NJA 1979, 699: Antrag auf *kvarstad* in Höhe der Summe, die der Antragsgegner (Kläger des Aufhebungsverfahrens) durch Schiedsspruch zu zahlen verurteilt worden war; dem Antrag wurde i. E. nicht stattgegeben, weil nach Ansicht des Gerichts keine Gefahr für die Vollstreckung bestand. Nach Ansicht von *Lindskog*, S. 347, dort Fußnote 74, soll dagegen einstweiliger Rechtsschutz im Aufhebungsverfahren seit der Einführung des LSF nicht mehr möglich sein, da erste Instanz in diesen Fällen ein Hofgericht und kein Amtsgericht (*tingsrätt*) sei.

51 *Cars*, S. 230.

52 *Cars*, S. 232 f.

53 *Heuman*, Practice and Procedure, S. 701.

54 *Heuman*, a.a.O.

Schiedsspruch einstweiligen Rechtsschutz vor staatlichen Gerichten zu erlangen[55]. Soll die Vollstreckung eines ausländischen Schiedsspruchs in Schweden sichergestellt werden, geht die Zuständigkeit für den Erlass bzw. die Aufhebung von Sicherungsmaßnahmen automatisch auf das Stockholmer Hofgericht über, § 60 Abs. 2 LSF. Das ist sinnvoll, denn dieses Gericht ist nach § 56 Abs. 1 LSF für die Anerkennung und Vollstreckbarerklärung ausländischer Schiedssprüche ausschließlich zuständig, so dass es sich auch hier im Grunde um das Gericht der Hauptsache handelt.

f) Fristen nach schwedischem Recht

Gemäß Kapitel 15, § 7 RB ist bei gerichtlichen Sicherungsmaßnahmen innerhalb eines Monats das Schiedsverfahren einzuleiten, anderenfalls wird die Maßnahme unmittelbar aufgehoben. Zur Wahrung der Monatsfrist ist gemäß § 60 Abs. 1 LSF auch die Einleitung eines Schiedsverfahrens im Ausland ausreichend, sofern der zu erwartende Schiedsspruch in Schweden vollstreckbar ist. Die in §§ 54 ff. LSF geregelten Vollstreckungsvoraussetzungen entsprechen den Vorschriften des UNÜ.

Grundlegende Voraussetzung einer einstweiligen Maßnahme ist, dass der Antragsteller in der Hauptsache auf Erfüllung oder Unterlassung klagt – eine reine Feststellungsklage reicht nicht aus. Dies ergibt sich zwar nicht ausdrücklich aus dem Gesetzestext, hat sich aber aus den Vorarbeiten[56], der Rechtsprechung[57] und der Literatur[58] entwickelt. Begründet wird dies mit der Funktion von Sicherungsmaßnahmen, die Vollstreckung zu gewährleisten. Ein Feststellungsurteil oder Feststellungsschiedsspruch lasse sich aber kaum vollstrecken[59]. Hinzu kommen Rechtsschutzgesichtspunkte: Der Antragsgegner müsste bei einem reinen Feststellungsurteil in der Hauptsache möglicherweise geraume Zeit warten, bis endgültig Klarheit über die genaue Höhe der von ihm zu zahlenden Summe besteht, und während dieser Phase kann auch die Sicherungsmaßnahme bestehen bleiben. Eine solche Verzögerung soll der Beklagte bzw. der Antragsgegner nicht hinnehmen müssen[60].

Nach schwedischem Recht kann ein Schiedsverfahren ähnlich wie nach § 1044 der deutschen ZPO ohne konkrete Anträge eingeleitet werden. § 19 LSF verlangt, dass eine Partei das Begehren der Gegenseite auf Durchführung eines Schiedsverfahrens entgegennimmt. Dieses „Begehren" muss ausdrücklich, schriftlich und unbedingt formuliert sein, sowie die Frage, über die zu entscheiden ist, und die Benennung eines Schiedsrichters enthalten. Zur Fristwahrung nach Kapitel 15,

---

55 *Kvart/Olsson*, S. 158 f.

56 Regierungsbegründung zur Reform des *rättegångsbalk* von 1982: Prop. 1980/81: 84, S. 235.

57 NJA 1991, 200; RH 1994:62; NJA 1988, 541; NJA 1988, 13; NJA 1964, 422.

58 *Ekelöf/Bylund/Boman*, Rättegång III, S. 12 f.

59 Ausnahmsweise hat der Höchste Gerichtshof auch Feststellungsklagen für ausreichend gehalten: NJA 1991, 200.

60 *Heuman*, JT 1997/98, 230 (231).

§ 7 RB reicht ein unbestimmter Antrag aber keinesfalls aus[61]. Denn in dieser Situation ist nicht zweifelsfrei feststellbar, ob die Klage auf Erfüllung oder auf Feststellung gerichtet ist. Demnach kann zwar ein Schiedsverfahren wirksam eingeleitet werden, ohne die Anträge zu konkretisieren, zur Aufrechterhaltung der Sicherungsmaßnahme ist jedoch eine Klarstellung des Rechtsschutzziels innerhalb eines Monats nötig. *Heuman* fordert aus diesem Grund eine entsprechend eindeutige Formulierung des Kapitels 15, § 7 RB[62].

Die Frist beginnt nach Erlass einer Sicherungsmaßnahme i. S. v. Kapitel 15, §§ 1 bis 3 RB zu laufen, nicht bereits nach Erlass einer vorläufigen Maßnahme (Exparte-Maßnahme) nach Kapitel 15, § 5 Abs. 3 RB[63]. Erklären sich die Schiedsrichter für unzuständig, oder weisen sie das Verfahren aus anderen Gründen ab, so muss der Antragsteller innerhalb von 30 Tagen erneut Schiedsklage oder eine Klage vor Gericht erheben, wenn die Sicherungsmaßnahme weiter bestehen soll, § 45 Abs. 2, 1. Alt. LSF. Erhebt der Antragsteller dagegen Klage auf Überprüfung der Abweisung bzw. der Einstellung des Verfahrens durch die Schiedsrichter nach § 36 LSF[64], so beginnt die 30-Tages-Frist erst zu laufen, wenn das gerichtliche Urteil aus diesem Verfahren rechtskräftig ist, § 45 Abs. 2, 2. Alt. LSF.

2. Einstweiliger staatlicher Rechtsschutz nach deutschem Recht

In Deutschland kann einstweiliger Rechtsschutz in Form von Arrest und einstweiliger Verfügung erlangt werden. Welche Form des staatlichen einstweiligen Rechtsschutzes beantragt werden kann, richtet sich nach der Art der zu sichernden Forderung. Zur Sicherung der Zwangsvollstreckung in Geldforderungen oder Forderungen, die in einen Geldanspruch übergehen können, ist Arrest zu beantragen. Alle anderen Ansprüche können durch einstweilige Verfügungen gesichert werden.

a) Arrest gemäß §§ 916 ff. ZPO

Die deutsche ZPO unterscheidet zwischen dinglichem und persönlichem Arrest. Der Arrestbefehl enthält die Anordnung des Arrests, den gesicherten Anspruch nach Grund und Betrag, sowie die Lösungssumme, d. h. die Geldsumme, die der Antragsgegner hinterlegen muss, um die Vollziehung des Arrests zu hemmen. Nach Zahlung dieser Summe kann der Antragsgegner Aufhebung des Arrests verlangen.

Für den Erlass eines Arrests müssen Arrestanspruch und Arrestgrund vorliegen. Der Arrestanspruch entspricht dem materiellen Anspruch in der Hauptsache und muss vom Antragsteller wenigstens glaubhaft gemacht werden. Ein Arrestgrund

---

[61] *Heuman*, a.a.O.

[62] *Heuman*, a.a.O., (236).

[63] *Madsen*, s. 93, Fn. 266 unter Hinweis auf den Wortlaut des § 7, Kapitel 15 RB; RH 1999:131.

[64] S. dazu unten Abschnitt D. V.

beim dinglichen Arrest liegt vor, wenn zu besorgen ist, dass ohne Verhängung des Arrests die Vollstreckung des Urteils vereitelt oder wesentlich erschwert werden würde, § 917 Abs. 1 ZPO. Dies ist typischerweise der Fall, wenn die Vermögensmasse des Schuldners gemindert wird[65]. Dafür ist es nicht entscheidend, ob der Schuldner diese Vermögensminderung zu vertreten hat – ein Verschulden des Antragsgegners ist keine Voraussetzung für die Anordnung des Arrests[66]. Eine allgemein schlechte Vermögenslage oder der drohende Zusammenbruch des Unternehmens sind für sich genommen nicht ausreichend. Auch die Gefahr, dass andere Gläubiger dem Antragsteller mit Vollstreckungsmaßnahme zuvorkommen, stellt nach h. M. keinen Arrestgrund dar[67].

Der in der Praxis seltene persönliche Arrest findet ebenfalls statt, um die Zwangsvollstreckung in das Vermögen des Schuldners zu sichern und soll den Antragsgegner mittels Haft oder sonstigen Freiheitsbeschränkungen daran hindern, Vermögensgegenstände beiseite zu schaffen.

b) Einstweilige Verfügung

Das Gericht kann einstweilige Verfügungen zur Sicherung von nicht auf Geld gerichteten Ansprüchen (Sicherungsverfügung, § 935 ZPO), zur Regelung streitiger Rechtsverhältnisse (Regelungsverfügung, § 940 ZPO) oder zur vorläufigen Befriedigung des Gläubigers erlassen (Leistungsverfügung). Die Voraussetzungen entsprechen im Wesentlichen denjenigen des Arrests. In allen Formen des einstweiligen Rechtsschutzes darf die Hauptsache grundsätzlich nicht vorweggenommen werden.

c) Sicherheitsleistung

Nach § 921 ZPO kann das staatliche Gericht den Erlass einer einstweiligen Maßnahme von einer Sicherheitsleistung des Antragstellers abhängig machen. Sind Antragsgrund oder Antragsanspruch nicht glaubhaft gemacht, so darf das Gericht die Maßnahme nur erlassen, wenn der Antragsteller ausreichend Sicherheit leistet. Das Gericht bestimmt Art und Höhe der Sicherheitsleistung nach eigenem Ermessen, wobei insbesondere Geld und Wertpapiere in Betracht kommen, § 108 ZPO. Zudem wird gemäß § 923 ZPO im Arrestbefehl ein Geldbetrag festgesetzt, durch dessen Hinterlegung die Vollziehung der Maßnahme gehemmt wird.

---

[65] *Walker*, Rdnr. 1497.
[66] MüKo-*Heinze*, § 917, Rdnr. 4 m. w. N.
[67] *Musielak*, Grundkurs ZPO, S. 441, Rdnr. 750 m. w. N.; krit. dazu *Walker*, Rdnr. 1499.

d) Rechtliches Gehör

Aus § 922 Abs. 1 S. 1 ZPO ergibt sich, dass das Gericht durch Beschluss, also ohne mündliche Verhandlung entscheiden kann. In der Regel wird aber wegen der Bedeutung des in Art. 103 Abs. 1 GG verankerten Rechts auf rechtliches Gehör mündlich zu verhandeln sein, und der Antragsgegner nur dann von der Verhandlung ausgeschlossen werden dürfen, wenn die Gefahr besteht, dass er durch eine entsprechende Mitteilung gewarnt oder die Entscheidung verzögert würde, so dass der Arresterfolg vereitelt würde[68]. Im Widerspruchsverfahren nach § 924 ZPO ist zwingend mündlich zu verhandeln[69].

e) Zuständigkeit für den Erlass einstweiliger Maßnahmen

Für den Erlass eines Arrestbefehls ist normalerweise das Gericht der Hauptsache zuständig oder, nach Wahl des Antragstellers, das Amtsgericht an dem Ort, an dem sich das Vermögen des Antragsgegners befindet, § 919 ZPO. Einstweilige Verfügungen kann das Amtsgericht nur in Ausnahmefällen erlassen, grundsätzlich ist dafür das Gericht der Hauptsache zuständig, § 937 Abs. 1 ZPO. Im Schiedsverfahren entscheidet in der Hauptsache jedoch das Schiedsgericht, so dass es ein staatliches Hauptsachegericht jedenfalls nicht gibt. Um dennoch das zuständige Gericht ermitteln zu können und nicht auf das Gericht am Ort des Vermögens beschränkt zu sein, wird häufig auf das so genannte hypothetische Hauptsachegericht zurückgegriffen, also das Gericht, das zuständig wäre, gäbe es keine Schiedsvereinbarung[70].

aa) Örtliche und sachliche Zuständigkeit

Bestimmt man das örtlich zuständige Gericht mit Hilfe des „hypothetischen Hauptsachegerichts", so sind die allgemeinen Regeln in §§ 12 ff. ZPO maßgeblich. Die Zuständigkeit richtet sich dann in erster Linie nach dem Wohnort bzw. Sitz des Antragsgegners. Alternativ wird vorgeschlagen, die Gerichte am Ort des Schiedsverfahrens für zuständig zu erklären, zumindest dann, wenn die Parteien den Schiedsort selbst bestimmt haben[71]. Gerade in internationalen Verfahren dürfte es dem Willen der Parteien entsprechen, alle Verfahrensfragen am selben Ort entscheiden zu lassen[72]. Nicht überzeugen kann jedenfalls die Aussage, die Bestimmung des zuständigen Gerichts nach der Wahl des Schiedsortes sei mit dem Übergang zur OLG-Zuständigkeit obsolet geworden[73]. Denn eine allgemeine OLG-

---

[68] BVerfG, Beschluss vom 8. Januar 1959, BVerfGE 9, 89 (98); *Walker*, Rdnr. 1514.

[69] Thomas/Putzo-*Reichold*, § 924, Rdnr. 1.

[70] *Thümmel*, DZWir 1997, 133 (134 f.).

[71] MüKo-*Münch*, § 1033, Rdnr. 15; Musielak-*Voit*, § 1033, Rdnr. 3; *Schwab/Walter*, Kap. 17 a, Rdnr. 25; OLG Hamburg, NJW 1997, 749 (749).

[72] S. aber sogleich bb).

[73] Stein/Jonas-*Schlosser*, § 1033, Rdnr. 3.

Zuständigkeit für Fragen des einstweiligen Rechtsschutzes sieht die ZPO gerade nicht vor[74]. Auch sagt die Bestimmung des zuständigen Gerichts nach der Wahl des Schiedsortes nur etwas über die örtliche, nicht aber über die sachliche Zuständigkeit aus. Bestimmt man das sachlich zuständige Gericht nach dem „hypothetischen Hauptsachegericht", so kommt es nach den allgemeinen Regeln des GKG auf den Streitwert an. Im Regelfall wird daher das Landgericht zuständig sein, da meist erhebliche Streitwerte zu verhandeln sind[75].

bb) Internationale Zuständigkeit

Die internationale Zuständigkeit deutscher Gerichte kann sich aus den Vorschriften der EuGVVO[76] ergeben. Bestehen sonst keine Spezialvorschriften, richtet sich die internationale Zuständigkeit grundsätzlich nach den Regeln über die örtliche Zuständigkeit[77]. Im Zusammenhang mit internationalen Schiedsverfahrens ist umstritten, ob schon die Vereinbarung eines ausländischen Schiedsortes zur Derogation, d. h. zur Unzuständigkeit deutscher Gerichte führt. Die bisher dazu veröffentlichten Gerichtsentscheidungen weisen in unterschiedliche Richtungen.

Das OLG Köln entschied am 12.4.2002 in einem Rechtsstreit zwischen einem deutschen und einem chinesischen Unternehmen, dass nicht nur die staatlichen Gerichte am Schiedsort Stockholm, sondern auch diejenigen staatlichen Gerichte für einstweiligen Rechtsschutz zuständig seien, die ohne Vereinbarung der Schiedsklausel zuständig wären[78]. Das chinesische Unternehmen hatte Produkte einer bestimmten Marke auf einer Kölner Messe vorgestellt, und das deutsche Unternehmen erwirkte hiergegen eine einstweilige Verfügung, die vom OLG bestätigt wurde. Das Gericht begründete seine Entscheidung damit, dass die Effektivität des einstweiligen Rechtsschutzes gefährdet sei, wenn die Schiedsvereinbarung zugleich eine Derogation bedeutete und die Parteien Rechtsschutz in einem möglicherweise weit entfernten Land beantragen müssten.

Das OLG Nürnberg dagegen verneinte in einer Entscheidung vom 30.11.2004 die Zuständigkeit deutscher Gerichte[79]. Ein deutsches und ein algerisches Unternehmen hatten Genf als Schiedsort und die Anwendbarkeit schweizerischen materiellen Rechts vereinbart. Aus diesen Vertragsbestimmungen entnahm das OLG Nürnberg eine Gerichtsstandsvereinbarung mit dem Inhalt der Derogation deut-

---

[74] So aber offenbar Stein/Jonas-*Schlosser*, § 1033, Rdnr. 3.

[75] Zur Höhe der Streitwerte s. z. B. die Statistiken des ICC Court of Arbitration: 2004 lag der Streitwert in etwa 60% der Fälle über 1 Mio. US-Dollar.

[76] Zur Anwendbarkeit der EuGVVO auf Maßnahmen, die zur Unterstützung eines Schiedsverfahrens ergehen, s. die Entscheidung des EuGH in der Rechtssache C- 391/95; Slg. 1998 I, 7091 („van Uden").

[77] *Musielak*, Grundkurs ZPO, Rdnr. 116.

[78] OLG Köln, 12. April 2002, Az.: 6 U 142/01, GRUR 2002, 309.

[79] OLG Nürnberg, 30. November2004, Az.: 12 U 2881/04, SchiedsVZ 2005, 50.

scher Gerichte. Die Parteien hätten eine Entscheidung durch ein „neutrales" Gericht nach „neutralem" Recht gewollt. Die Vereinbarung könne damit auch nur das Ziel verfolgt haben, dass über etwaige Streitigkeiten ausschließlich in der Schweiz entschieden werden solle.

Die Entscheidung wird scharf kritisiert von *Geimer*[80] und *Kröll*[81]. Nach Ansicht dieser Autoren beseitigt allein die Vereinbarung eines ausländischen Schiedsortes nicht die aus § 1033 ZPO resultierenden Befugnisse der deutschen staatlichen Gerichte. So müsse eine einstweilige Maßnahme meist an dem Ort beantragt und vollstreckt werden, an dem sich Vermögen des Antragsgegners befinde, der Schiedsort werde aber unabhängig davon gewählt[82].

Folgt man der Auffassung des OLG Nürnberg, besteht in der Tat die Gefahr, dass sich letztlich kein staatliches Gericht für zuständig hält, wenn die Parteien über die Vereinbarung des Schiedsortes hinaus keine weitere Anknüpfung zu dem jeweiligen Staat vorweisen können. Schiedsrichterlicher Rechtsschutz ist, soweit er denn überhaupt für zulässig erachtet wird, nicht immer gleich effektiv. Eine Verfestigung der Linie des OLG Nürnberg hätte also u.U. ganz erhebliche Rechtsschutzeinbußen für die Parteien zur Folge[83].

f) Fristen zur Einleitung des Schiedsverfahrens

Nach § 926 Abs. 1 ZPO kann das staatliche Gericht dem Antragsteller aufgeben, innerhalb einer bestimmten Frist Klage zu erheben, wenn die Hauptsache noch nicht anhängig ist[84]. Hier soll kurz untersucht werden, ob die Vorschrift auch anwendbar ist, wenn in der Hauptsache ein Schiedsgericht zuständig ist. Die Mehrheit der Literatur, soweit sie sich mit dieser Frage befasst, spricht sich für eine direkte Anwendung des § 926 Abs. 1 ZPO aus[85]. Die Klage sei in diesem Fall vor dem Schiedsgericht zu erheben, wobei es zur Fristwahrung ausreiche, den einleitenden Schriftsatz nach § 1044 ZPO zuzustellen[86].
Vorsichtiger äußert sich *Lachmann*[87], der eine Anordnung gemäß § 926 Abs. 1 ZPO zwar auch für möglich hält, wenn eine Schiedsvereinbarung besteht. Die Anordnung könne aber nur darauf gerichtet sein, das schiedsrichterliche Verfahren innerhalb einer bestimmten Frist einzuleiten und an der Bildung des

---

[80] *Geimer*, SchiedsVZ 2005, 52.
[81] *Kröll*, IHR 2005, 142.
[82] *Kröll*, a.a.O. (146).
[83] So auch *Geimer*, a.a.O.
[84] Die Hauptsache darf auch nicht vor einem Schiedsgericht anhängig sein, vgl. Musielak-*Huber*, § 926, Rdnr. 7.
[85] Musielak-*Voit*, § 1033, Rdnr. 4; Zöller-*Vollkommer*, § 926, Rdnr. 32; Stein/Jonas-*Grunsky*, § 926, Rdnr. 11.
[86] Musielak-*Voit*, § 1033, Rdnr. 4.
[87] *Lachmann*, S. 681, Rdnr. 2884

Schiedsgerichts im erforderlichen Umfang mitzuwirken[88]. Denn erstens könne es sein, dass das Schiedsgericht noch gar nicht gebildet sei, und zweitens obliege die Fristsetzung dem Schiedsgericht, nicht dem staatlichen Gericht. Sei das Schiedsgericht schon gebildet, könne die Anordnung lauten, dass die Klage zur Hauptsache innerhalb einer von diesem zu bestimmenden Frist im schiedsrichterlichen Verfahren einzureichen sei[89]. Dementsprechend empfiehlt *Lachmann* auch eine großzügige Bemessung der Frist[90].

Andere Autoren unterscheiden nicht zwischen der Einleitung eines staatlichen Hauptverfahrens und der Einleitung eines Schiedsverfahrens, sondern schlagen eine einheitliche Frist von zwei Wochen bis zu einem Monat vor[91].

3. Vergleich und Bewertung der Rechtsordnungen

Die Arten des einstweiligen Rechtsschutzes und ihre Voraussetzungen sind im nationalen deutschen und schwedischen Prozessrecht geregelt. Sie sind nur schwer miteinander vergleichbar. Voraussetzung ist jeweils ein Anspruch oder Rechtsverhältnis, dessen Durchsetzung oder Bewahrung gefährdet ist. Die Art der zu beantragenden Maßnahme richtet sich nach der Art des Anspruchs. Eine Besonderheit des schwedischen Rechts ist es, dass sich die Vorschriften über *kvarstad* und andere Maßnahmen nicht gegenseitig ausschließen, wie es etwa im deutschen Recht bei den Regelungen über Arrest und einstweilige Verfügung der Fall ist. Eine Sicherheitsleistung des Antragstellers ist nach schwedischem Recht grundsätzlich erforderlich, nach deutschem jedenfalls dann, wenn er Antragsgrund oder -anspruch nicht hinreichend glaubhaft machen kann. Die Möglichkeit, den Erlass einer einstweiligen Maßnahme durch Sicherheitsleistung abzuwenden, sehen beide Rechtsordnungen vor. Im schwedischen Recht ist nach Erlass einer Ex-parte-Maßnahme dem Antragsgegner rechtliches Gehör zu gewähren und anschließend eine erneute Entscheidung zu fällen. Die Lösung des deutschen Rechts, dem Antragsgegner im Widerspruchsverfahren Gehör zu gewähren, erscheint hier ökonomischer, da sie nicht in jedem Fall eine erneute Befassung des Gerichts verlangt. Eine feste Frist von einem Monat bis zur Einleitung des Schiedsverfahrens sieht das schwedische Recht vor. Im deutschen Recht ist strittig, ob den Parteien überhaupt eine feste Frist vorgegeben werden kann. Soweit dies bejaht wird, soll die Dauer der Frist im Ermessen der staatlichen Richter liegen. Das schwedische Recht erscheint mit der festen Frist und der Beschränkung des Rechtsschutzziels, das Feststellungsklagen ausnimmt, insgesamt strenger, aber in diesem Punkt auch besser geeignet, das Verfah-

---

[88] *Lachmann*, a.a.O.

[89] *Lachmann*, a.a.O.

[90] *Lachmann*, a.a.O.; ebenso MüKo-*Münch*, § 1033, Rdnr. 17; *Schwab/Walter*, Kap. 17 a, Rdnr. 36.

[91] MüKo-*Heinze*, § 926, Rdnr. 12; Musielak-*Huber*, § 926, Rdnr. 11; Stein/Jonas-*Grunsky*, § 926, Rdnr. 9; Zöller-*Vollkommer*, § 926, Rdnr. 16.

ren zu straffen. In Bezug auf die internationale Zuständigkeit deutscher Gerichte wäre es sinnvoll gewesen, eine eindeutige Regelung ins Gesetz aufzunehmen. Dies hätte die stark gegensätzlichen Interpretationen in Rechtsprechung und Literatur eingeschränkt oder ganz vermieden. So bleibt zu hoffen, dass die Frage nach der internationalen Zuständigkeit staatlicher Gerichte für den Erlass einstweiliger Maßnahmen trotz Vereinbarung eines ausländischen Schiedsortes und/oder der Wahl ausländischen materiellen Rechts alsbald höchstrichterlich entschieden wird.

III. Einstweiliger Rechtsschutz durch das Schiedsgericht

Schon die in Schweden und Deutschland zur Verfügung stehenden einstweiligen staatlichen Maßnahmen haben Unterschiede aufgewiesen. Im Folgenden sollen die einstweiligen Maßnahmen, die vor einem Schiedsgericht beantragt werden können, und ihre Voraussetzungen näher untersucht werden (1.). Zudem sollen die Zuständigkeit innerhalb des Schiedsgerichts (2.), die Möglichkeit, Ex-parte-Maßnahmen zu erlassen (3.), die Voraussetzungen für Sicherheitsleistungen (4.) und die zur Verfügung stehenden Rechtsbehelfe (5.) untersucht werden. Ein Vergleich und die Bewertung der Regelungen (6.) bilden den Abschluss dieses Teils.

1. Maßnahmen und Voraussetzungen

In beiden Rechtsordnungen darf das Schiedsgericht einstweilige Maßnahmen erlassen. Die Reichweite dieser Kompetenz unterscheidet sich aber schon auf den ersten Blick erheblich.

a) Schiedsgerichtliche Maßnahmen nach schwedischem Recht

Bereits vor der Reform galt in Schweden ganz allgemein die Ansicht, dass Schiedsrichter auch ohne eine ausdrückliche gesetzliche Ermächtigung zum Erlass nicht vollziehbarer einstweiliger Maßnahmen befugt seien[92]. Der heutige § 25 Abs. 4 LSF wurde lediglich zur Klarstellung eingefügt[93]. Soweit die Parteien nichts anderes vereinbart haben, können die Schiedsrichter danach auf Antrag einer Partei bestimmen, dass die Gegenpartei eine bestimmte Maßnahme zu ergreifen habe, um den zu prüfenden Anspruch sicherzustellen.

Der vom Gesetzesrat (*lagrådet*)[94] vorgebrachte Einwand gegen die Vorschrift des § 25 Abs. 4 LSF, die Schiedsrichter würden an Autorität verlieren, wenn sie eine

---

[92] SOU 1994:81, S. 102; Stockholm Chamber of Commerce, Arbitration in Sweden, S. 99 f.; a. A. offenbar *Hassler/Cars*, S. 168.

[93] Diese Klarstellungsabsicht findet sich an vielen Punkten des LSF, sie erklärt sich vor allem aus dem Wunsch, das LSF für internationale Anwender informativer und leicht verständlich zu gestalten, vgl. dazu Prop. 1998/99:35, S. 72.

[94] S. zu dessen Funktion im Gesetzgebungsverfahren *Carsten*, ZEuP 1996, 541 (546).

Maßnahme zwar verhängen, aber nicht vollstrecken können, wurde in der Regierungsbegründung als praktisch unbedeutend zurückgewiesen, da mit der bis dahin herrschenden Rechtspraxis offenbar auch kein nennenswerter Autoritätsverlust einhergegangen war[95].

Die Schiedsrichter sind in der Auswahl der Maßnahmen relativ frei[96]. Die Voraussetzungen für eine schiedsrichterliche einstweilige Maßnahme sind nicht ausdrücklich im LSF geregelt, aber der Antragsteller wird glaubhaft machen müssen, dass er bereits während des Schiedsverfahrens besonderen Rechtsschutzes bedarf[97], und die jeweilige Maßnahme muss geeignet sein, das Rechtsschutzziel des Antragstellers zu erreichen[98]. Manche Autoren gehen davon aus, dass die Schiedsrichter sich an den Grundvoraussetzungen für gerichtliche Sicherungsmaßnahmen orientieren[99]. Bei internationalen Verfahren wird sich das Schiedsgericht in der Regel dagegen eher an der jeweiligen Verfahrensordnung, am Recht des Staates, in dem die Partei voraussichtlich einen Antrag auf Anerkennung und Vollstreckung der Maßnahme stellen wird, und vor allem am anwendbaren materiellen Recht orientieren[100]. Demnach haben sie weite Möglichkeiten, Beschlüsse zur Sicherung der Vollstreckung eines kommenden Schiedsspruchs zu fassen. So können sie zum Beispiel die Hinterlegung des fraglichen Eigentums bei einem Dritten anordnen, ein Verfügungsverbot erlassen oder einer Partei die Eröffnung eines Akkreditivs (*letter of credit*) auferlegen[101]. Die Maßnahme nach § 25 Abs. 4 LSF darf der materiellen Entscheidung zwar nicht vorgreifen, die Zahlung eines bestimmten Betrags auf ein Treuhandkonto ist aber möglich[102]. Teilweise wird allerdings empfohlen, möglichst zurückhaltend zu agieren, da eine Sicherungsanordnung durch die Schiedsrichter „völlig zahnlos" sei und Unterbrechungen des Verfahrens mit sich bringen könne[103].

Neben Beschlüssen zur Sicherstellung eines künftigen Schiedsspruchs können die Schiedsrichter auch Beschlüsse zur Sicherung von Beweismaterial fassen[104]. Schwedische staatliche Gerichte können demgegenüber die Sicherung von Beweismitteln nicht anordnen, wenn die Hauptsache von einem Schiedsgericht zu prüfen ist, und

---

95 Prop. 1998/99:35, S. 73.

96 *Cars*, S. 128; *Lindskog*, S. 738.

97 *Heuman*, Skiljemannarätt, S. 352 (*göra sannolikt*).

98 Dieser Grundsatz gilt (ungeschrieben) vor allem im staatlichen Rechtsschutz, s. *Westberg*, Band 2, S. 137 ff. Er hat aber auch im Schiedsverfahren seinen Platz, wenn man bedenkt, dass ein Schiedsverfahren nach § 21 LSF zügig und zweckmäßig durchzuführen ist. Diesem Ziel dienen auch einstweilige Maßnahmen, vorausgesetzt, sie werden entsprechend formuliert. S. a. *Lindskog*, S. 739.

99 *Heuman*, a.a.O., S. 351 f.

100 Vgl. dazu *Bösch*, S. 6 f.

101 Beispiele bei *Heuman*, Skiljemannarätt, S. 350 f.

102 *Heuman*, a.a.O., S. 351.

103 *Lindskog*, S. 739.

104 *Cars*, S. 128; Prop. 1998/99:35, S. 225 f.

auch keinen unabhängigen Experten zu diesem Zweck bestellen[105]. Ein selbstständiges Beweisverfahren außerhalb eines Zivilverfahrens ist in Schweden im Allgemeinen nicht vorgesehen[106]. Hier geht also die Befugnis der Schiedsgerichte deutlich weiter als die der staatlichen Gerichte. Die Parteien können den Schiedsrichtern im Rahmen der Parteiautonomie auch Beschränkungen auferlegen[107].

b) Schiedsgerichtliche Maßnahmen nach deutschem Recht

§ 1041 Abs. 1 ZPO bestimmt, dass das Schiedsgericht auf Antrag einer Partei vorläufige oder sichernde Maßnahmen anordnen kann, die es in Bezug auf den Streitgegenstand für erforderlich hält. Welche Maßnahmen dies sind, wie das Verfahren im Einzelnen ablaufen soll und ob besondere Voraussetzungen zu erfüllen sind, sagt das Gesetz nicht. So ist strittig, ob das Schiedsgericht an die Formen und die Voraussetzungen des deutschen Prozessrechts, also Arrest und einstweilige Verfügung, gebunden ist oder ob es auch dem deutschen Recht unbekannte Maßnahmen erlassen kann. Beispielhaft wird hier häufig die so genannte „Mareva injunction" oder „freezing order" des anglo-amerikanischen Rechts genannt.

aa) Maßnahmen des schiedsgerichtlichen einstweiligen Rechtsschutzes

Die Regierungsbegründung zum Gesetzesentwurf beschränkt sich auf den Hinweis, dass die Anordnung eines Arrests „angesichts seiner weit reichenden Auswirkungen" in den seltensten Fällen als erforderlich angesehen werden dürfte[108]. Daraus wird teilweise geschlossen, dass im Schiedsverfahren auch andere, weniger einschneidende Maßnahmen bereitstehen, die ein staatliches Gericht nicht erlassen kann[109]. Ein Teil der Literatur geht noch darüber hinaus und akzeptiert weiterreichende Maßnahmen. So weisen *Schwab/Walter* darauf hin, dass die lex fori des Vollstreckungsstaates zum Zeitpunkt der Anordnung noch gar nicht feststehe und es daher eine unnötige Einschränkung wäre, wenn das Schiedsgericht bestimmte Maßnahmen nur deshalb nicht erlassen dürfe, weil sie nach deutschem Recht unzulässig seien[110]. Das Schiedsgericht könne demnach Sicherungsmaßnahmen zur Sicherstellung des künftigen Urteilsvollzugs durch Aufrechterhaltung eines bestehenden Zustands[111] oder Regelungsmaßnahmen zur vorläufigen rechtlichen Regelung des strittigen Rechtsverhältnisses für die Dauer des laufenden Verfahrens[112] erlassen. Auch Leis-

---

[105] *Heuman*, Skiljemannarätt, S. 349 u. 351; JO 1953, 61; a. A. *Lindskog*, S. 350.
[106] *Pålsson*, SvJT 1996, 385 (400).
[107] *Madsen*, S. 94.
[108] BT-Drs. 13/5274, S. 45.
[109] So könnte beispielsweise der Arrest auf einzelne Vermögensgegenstände beschränkt werden; *Wagner*, in: Weigand, S. 772, Rdnr. 284.
[110] *Schwab/Walter*, Kapitel 17a, Rdnr. 5.
[111] *Schwab/Walter*, a.a.O., Rdnr. 7
[112] *Schwab/Walter*, a.a.O., Rdnr. 8.

tungsverfügungen zur vorläufigen Vollstreckung eines behaupteten Rechtsanspruchs auf positive Leistung, Beseitigung, Unterlassung oder Duldung für die Dauer des Rechtsstreits sollen möglich sein, wobei allerdings besondere Zurückhaltung wegen der Gefahr einer Vorwegnahme der Hauptsache geboten sei[113].

Nach anderer Ansicht hat das Schiedsgericht lediglich dieselben Befugnisse wie ein staatliches Gericht[114]. Begründet wird dies mit der Parallelität von staatlichem und schiedsgerichtlichem einstweiligen Rechtsschutz[115]. Eine vermittelnde Ansicht will dem Schiedsgericht bei der inhaltlichen Gestaltung der einstweiligen Maßnahme zwar eine größere Freiheit als dem staatlichen Gericht zugestehen, es im Hinblick auf die Vollziehbarkeit durch staatliche Gerichte aber gewissen Einschränkungen unterwerfen[116].

Als herrschend wird man wohl die Auffassung bezeichnen dürfen, nach der das Schiedsgericht nicht an die Formen von Arrest und einstweiliger Verfügung gebunden ist[117]. Dafür, dass nicht nur die Ausprägungen einstweiligen Rechtsschutzes der ZPO, sondern auch andere geeignet erscheinende Maßnahmen gemeint sind, spricht zunächst die Terminologie[118]: § 1041 Abs. 1 Satz 1 ZPO nennt nur erforderliche vorläufige oder sichernde Maßnahmen. Hätte der Gesetzgeber die Befugnisse des Schiedsgerichts denen des staatlichen Gerichts angleichen wollen, so hätte leicht ein entsprechender Verweis auf die §§ 916 ff. in § 1041 ZPO aufgenommen werden können. Dass dies unterlassen wurde und man sich stattdessen an der Ausdrucksweise des Modellgesetzes orientierte, spricht für eine weitergehende Befugnis des Schiedsgerichts. Indirekt ergibt sich auch aus § 1041 Abs. 2 Satz 2 ZPO, dass das Schiedsgericht befugt sein muss, andere Maßnahmen als Arrest und einstweilige Verfügung zu erlassen. Danach kann das anerkennende staatliche Gericht die schiedsrichterliche Maßnahme abweichend fassen, wenn es zur Vollziehung der Gesetze notwendig ist. Eine solche abweichende Fassung ist aber nur dann notwendig, wenn das Schiedsgericht auch Maßnahmen erlassen kann, die nicht in der ZPO vorgesehen sind. Für eine größere Flexibilität des Schiedsgerichts spricht weiter, dass die Vollziehung der Maßnahme zumindest bei internationalen Schiedsverfahren häufig im Ausland stattfinden wird und damit ohnehin nicht an deutsches Vollstreckungsrecht gebunden ist. Auch muss nicht in jedem Fall staatliche Hilfe zur Vollziehung der Maßnahme in Anspruch genommen werden.

---

[113] *Schwab/Walter*, a.a.O., Rdnr. 9.

[114] *Schütze*, BB 1998, 1650 (1651).

[115] *Schütze*, a.a.O., dort Fußnote 15.

[116] *Thümmel*, DZWir 1997, 133 (135); MüKo-*Münch*, § 1041, Rdnr. 14

[117] Dafür z. B. *Bandel*, S. 133 f.; *Wagner*, in: Weigand, S. 772, Rdnr. 284; Zöller-*Geimer*, § 1041, Rdnr. 8; *Gottwald/Adolphsen*, DStR, 1017 (1020); *Kronke*, RIW 1998, 257 (246); Stein/Jonas-*Schlosser*, § 1041 Rdnr. 2; *Schroth*, SchiedsVZ 2003, 102 (103); Musielak-*Voit*, § 1041, Rdnr. 3.

[118] *Kronke*, RIW 1998, 257 (264).

Die Parteien können schiedsgerichtlichen einstweiligen Rechtsschutz durch Vereinbarung ganz ausschließen, § 1041 Abs. 1 Satz 1, 1. Halbsatz. Daher muss es ihnen auch möglich sein, die Befugnis der Schiedsrichter auf bestimmte Maßnahmen zu beschränken[119]. Zwar wird dadurch das Ermessen des Schiedsgerichts eingeschränkt[120], wenn aber schon ein kompletter Ausschluss möglich ist, muss als Minus ein nur teilweiser Ausschluss ebenfalls möglich sein. Im Übrigen gebietet es die Anerkennung der Parteiautonomie, solche Festlegungen zu respektieren. Haben die Parteien die Anwendung einer bestimmten Schiedsordnung vereinbart, die keine Vorschriften zu einstweiligen Maßnahmen enthält, sollte dies nicht als Einschränkung der schiedsrichterlichen Kompetenz gewertet werden[121].

Umstritten ist weiter, ob das Schiedsgericht Maßnahmen zur Beweissicherung anordnen kann[122]. Dagegen könnte sprechen, dass damit die Kompetenzverteilung in § 1050 ZPO umgangen würde, wonach das Schiedsgericht Unterstützung des staatlichen Gerichts bei der Beweisaufnahme und sonstigen Handlungen, zu denen es selbst nicht befugt ist, in Anspruch nehmen kann[123]. Die Regierungsbegründung beschränkt sich auf den Hinweis, dass für einstweiligen Rechtsschutz durch die staatlichen Gerichte „etwa zur Beweissicherung" häufig gerade in der Phase vor Konstituierung des Schiedsgerichts ein Bedürfnis bestehe[124]. Aus dieser Aussage lässt sich aber kaum ein Argument für oder gegen die Zulässigkeit von schiedsrichterlichen Maßnahmen zur Beweissicherung ableiten.

bb) Voraussetzungen des schiedsgerichtlichen einstweiligen Rechtsschutzes

Zu klären bleibt, welche Voraussetzungen für den Erlass schiedsrichterlicher einstweiliger Maßnahmen vorliegen müssen. Die Unterscheidung im Gesetzestext zwischen sichernden und vorläufigen Maßnahmen bedeutet keinen Unterschied in den Voraussetzungen[125]. Sie sollte lediglich der Anpassung an Artikel 17 UNCITRAL-Modellgesetz dienen, der von „interim measures of protection" spricht.

---

[119] *Schroth*, SchiedsVZ 2003, 102 (103); *Schwab/Walter*, Kapitel 17 a, Rndr. 6.

[120] MüKo-*Münch*, § 1041, Rdnr. 6, spricht sich gegen eine Beschränkung der schiedsrichterlichen Befugnisse aus, da eine Festlegung auf bestimmte Maßnahmen das Auswahlermessen des Schiedsgerichts aufheben oder beschränken würde, was nicht zum vorgegebenen Wechselspiel zwischen Antragserfordernis und Gestaltungsmacht des Schiedsgerichts passe.

[121] *Schroth*, SchiedsVZ 2003, 102 (103).

[122] Dafür: MüKo-*Münch*, § 1033, Rdnr. 7, der allein das Schiedsgericht für befugt hält, über beweissichernde Maßnahmen zu entscheiden; *Schwab/Walter*, Kapitel 17 a, Rdnr. 12; *Wagner*, in: Weigand, S. 772, Rdnr. 284; dagegen: *Lachmann*, S. 683, Rdnr. 2892, der nur die Beweisanordnung durch das Schiedsgericht zulassen und eine Weigerung ggf. im Rahmen der Beweiswürdigung berücksichtigen will.

[123] MüKo-*Münch*, § 1033, Rdnr. 7.

[124] BT-Drs. 13/5274, S. 38.

[125] *Bandel*, S. 132.

Will das Schiedsgericht Arrest oder einstweilige Verfügung anordnen, sind die Voraussetzungen dieselben wie im staatlichen Gerichtsverfahren[126]. Wie soeben festgestellt, gibt es aber auch gute Gründe für eine darüber hinaus gehende Befugnis des Schiedsgerichts. Für solche weitergehenden Maßnahmen schreibt das Gesetz keine Bedingungen vor. Eine einheitliche Auffassung scheint sich auch in der Literatur noch nicht gebildet zu haben. *Münch* fordert lediglich einen „Sachzusammenhang", aber keinen strengen Dualismus von Anspruch und Grund, engere Grenzen sollen bei vollzugsbedürftigen Maßnahmen gelten[127]. Das bei der Vollziehbarkeitserklärung ausgeübte Ermessen des staatlichen Gerichts führe insoweit wieder zu den allgemeinen Kriterien zurück[128]. Nach *Schwab/Walter* sollen Verfügungsanspruch und -grund bzw. die Arrestvoraussetzungen vorliegen, wenn deutsches Verfahrensrecht anwendbar ist[129]. Unabhängig vom anwendbaren Verfahrensrecht müssten eine wirksame Schiedsvereinbarung und ein schiedsfähiger Streitgegenstand gegeben und außerdem das Schiedsgericht wirksam bestellt sein[130]. *Bandel* setzt eine prima-facie-Zuständigkeit des Schiedsgerichts voraus, d. h. es soll eine wirksame Schiedsvereinbarung vorliegen, und die Parteien dürfen keine Ausschlussvereinbarung i. S. v. § 1041 Abs. 1 Satz 1, 1. Halbsatz ZPO getroffen haben[131]. Außerdem müssten die Verfahrensgarantien wie Gleichbehandlung, anwaltliche Vertretung und rechtliches Gehör beachtet werden[132].

Gesteht man dem Schiedsgericht zu, auch andere Maßnahmen als Arrest und einstweilige Verfügung zu erlassen, dann kann es auf deren Voraussetzungen nicht ankommen. Dies gilt umso mehr in internationalen Verfahren. Die von *Bandel* vorgeschlagene prima-facie-Zuständigkeit müsste demnach ausreichen.

(1) Antragserfordernis und Form der Maßnahme

Nach § 1041 Abs. 1 Satz 1 werden die Schiedsrichter nur auf Antrag tätig. Besondere Voraussetzungen sind an diesen Antrag nicht geknüpft. Ausreichend muss demnach ein hinreichend bestimmter Antrag sein, aus dem das Rechtsschutzziel eindeutig hervorgeht[133], und der schiedsrichterliche Hilfe schon vor der Hauptsacheentscheidung verlangt[134].

---

126 Zöller-*Geimer*, § 1041, Rdnr. 1.
127 MüKo-*Münch*, § 1041, Rdnr. 13.
128 MüKo-*Münch*, a.a.O.
129 *Schwab/Walter*, Kapitel 17 a, Rdnr. 18.
130 *Schwab/Walter*, a.a.O. Rdnr. 19
131 *Bandel*, S. 89.
132 *Bandel*, S. 90 ff.
133 *Bandel*, S. 83; MüKo-*Münch*, § 1041, Rdnr. 5, verlangt „eine hinreichend artikulierte Anregung", die ihr Ziel grob absteckt.
134 *Bandel*, S. 82.

Teilweise wird für eine Entscheidung der Schiedsrichter über einstweiligen Rechtsschutz die Erfüllung bestimmter formaler Anforderungen des § 1054 ZPO analog verlangt[135]. Dagegen wird vorgebracht, eine entsprechende Anwendung des § 1054 ZPO sei eine unnötige Belastung des Verfahrens und daher abzulehnen[136].

(2) Ermessen

Nach § 1041 Abs. 1 ZPO „kann" ein Schiedsgericht eine einstweilige Maßnahme anordnen, wenn es diese für „erforderlich" hält. Aus dieser Wortwahl wird größtenteils geschlossen, dass sowohl der Erlass als auch die Auswahl der Maßnahme im schiedsrichterlichen Ermessen steht. Das Schiedsgericht soll selbst dann nicht zum Erlass einstweiliger Maßnahmen verpflichtet sein, wenn die gesetzlichen Voraussetzungen für staatliche Maßnahmen, also Arrest oder einstweilige Verfügung vorliegen[137]. Nach anderer Ansicht ist die Verwendung des Wortes „kann" in § 1041 lediglich als Kompetenzzuweisung zu verstehen[138]. Danach würde durch die Einräumung einer Ermessensentscheidung das schiedsrichterliche Eilverfahren weitgehend wertlos und die Befugnis des staatlichen Gerichts, die Maßnahme abweichend zu fassen, überflüssig[139].

Ob man dem Schiedsgericht ein weitergehendes Ermessen einräumt, hängt sicherlich davon ab, welche Maßnahmen man überhaupt für zulässig hält. Orientiert man sich entsprechend einem Teil der Literatur an Arrest und einstweiliger Verfügung oder hält diese sogar für die einzig möglichen Anordnungen, sollte es allein auf deren gesetzliche Voraussetzungen ankommen. Lässt man aber auch andere, weitergehende Maßnahmen zu, dann kann und soll das Schiedsgericht die Maßnahme ergreifen, die aus seiner Sicht in der gegebenen Situation den Interessen der Parteien am ehesten entspricht – was auch bedeuten kann, eine Maßnahme nicht zu erlassen. Denn für solche gesetzlich nicht geregelte Maßnahmen gibt es teilweise gar keine festen Voraussetzungen, an die sich das Schiedsgericht halten muss. Sind die Voraussetzungen für Arrest oder einstweilige Verfügung gegeben, wird ein Schiedsgericht den Erlass der Maßnahme ohnehin meist für erforderlich halten. Für das hier gefundene Ergebnis spricht auch die Gesetzesbegründung zum SchiedsVfG. Danach besteht ein wichtiger Unterschied zwischen schiedsgerichtlichem und staatlichem einstweiligen Rechtsschutz darin, dass das Schiedsgericht auf Antrag einer Partei einstweilige Maßnahmen anordnen kann, aber nicht muss, wäh-

---

135 *Bandel*, S. 67 ff.

136 Musielak-*Voit*, § 1041, Rdnr. 3.

137 MüKo-*Münch*, § 1041, Rdnr. 5; Stein/Jonas-*Schlosser*, § 1041, Rdnr. 11; MüKo-*Münch*, § 1041, Rdnr. 5; *Wagner*, in: Weigand, S. 774, Rdnr. 289.

138 *Lachmann*, S. 690, Rdnr. 2917.

139 *Lachmann*, a.a.O; *Schütze*, BB 1998, 1650 (1651), sieht in der Einräumung von Ermessen sogar eine Billigkeitsentscheidung.

rend das staatliche Gericht solche Maßnahmen zu erlassen hat, sofern die gesetzlichen Voraussetzungen dafür vorliegen[140].

Die Grenzen des freien schiedsrichterlichen Ermessens liegen sicher dort, wo die Entscheidung willkürlich wird oder keine Möglichkeit mehr besteht, eine Vollziehbarkeitserklärung zu erreichen[141]. Auch sonst darf die angeordnete Maßnahme keinen Rechtsverstoß darstellen, sonst könnte sie zwar tatsächlich, nicht aber rechtlich erfüllt werden. Eine Anordnung einstweiliger Maßnahmen, die sich an diesen Grundsätzen orientiert, ist noch längst keine Billigkeitsentscheidung[142]. Denn das Schiedsgericht wird immer auch die Erfolgsaussichten in der Hauptsache berücksichtigen müssen, soll die Entscheidung nicht willkürlich sein. Diese Erfolgsaussichten aber richten sich nach dem anwendbaren Recht. Letztlich orientiert sich also auch eine Ermessensentscheidung des Schiedsgerichts im einstweiligen Rechtsschutz an materiellem Recht und nicht an Billigkeitserwägungen.

Wann die Anordnung einer einstweiligen Maßnahme erforderlich ist, muss sich nach den Umständen des Einzelfalls beurteilen. Dabei ist auf die widerstreitenden Interessen der Parteien angemessen Rücksicht zu nehmen. Eine Maßnahme wird daher erforderlich sein, wenn unter Berücksichtigung der Interessen beider Parteien ein sachlicher Grund besteht, trotz Ungewissheit der Rechtslage zugunsten des Antragstellers in die Rechtsposition des Antragsgegners einzugreifen[143].

2. Zuständigkeit innerhalb des Schiedsgerichts

Nach § 1041 der deutschen ZPO ist „das Schiedsgericht" zuständig für den Erlass einer einstweiligen Maßnahme. Bei einem Schiedsrichterkollegium wirft dies die Frage auf, ob auch der Vorsitzende allein eine entsprechende Maßnahme erlassen kann. Dies hätte den Vorteil, dass in bestimmten Fällen besonders zügig entschieden werden könnte und mit dem Erlass der Maßnahme kein großer Zeitverlust einherginge. Tatsächlich wird immer wieder die Dauer des schiedsgerichtlichen einstweiligen Rechtsschutzes als Nachteil gegenüber dem staatlichen einstweiligen Rechtsschutz genannt[144].

Die Befugnis zur Ermächtigung des Vorsitzenden durch das Schiedsrichterkollegium könnte sich aus § 1052 Abs. 3 ZPO ergeben, wonach der vorsitzende Schiedsrichter über einzelne Verfahrensfragen allein entscheiden kann, wenn die Parteien oder die anderen Mitglieder des Schiedsgerichts ihn dazu ermächtigt ha-

---

140 BT-Drs. 13/5274, S. 38 f.

141 *Gottwald/Adolphsen*, DStR 1998, 1017 (1020), die daher zu dem Ergebnis kommen, auch das Schiedsgericht habe die Maßnahme zu erlassen, wenn ein staatliches Gericht dazu verpflichtet wäre.

142 So aber *Schütze*, BB 1998, 1650 (1651).

143 *Bandel*, S. 102.

144 *Schroth*, SchiedsVZ 2003, 102 (104); *Lachmann*, S. 695, Rdnr. 2934; Musielak-*Voit*, § 1041, Rdnr. 1.

ben. Dann müsste es sich beim Erlass einstweiliger Maßnahmen nach § 1041 ZPO um „einzelne Verfahrensfragen" handeln. Dies wird größtenteils bestritten[145]. Eine entsprechende Parteivereinbarung wird jedoch für zulässig gehalten[146] und ist aus Gründen der Verfahrensbeschleunigung auch empfehlenswert.

Im schwedischen Recht finden sich zu dieser Frage weder im Gesetz noch in Rechtsprechung oder Literatur konkrete Aussagen. Man wird aber aus der grundsätzlich rein administrativen Funktion des Vorsitzenden[147] schließen dürfen, dass dieser nicht durch interne Absprachen des Schiedsgerichts allein zum Erlass einstweiliger Maßnahmen ermächtigt werden kann. Nach Art. 20 Abs. 2 der SCC-Verfahrensordnung kann das Schiedsgericht bestimmen, dass „the Chairman alone may make procedural rulings." Auch diese Regelung scheint aber nicht über den Inhalt des § 1052 Abs. 3 der deutschen ZPO hinauszugehen.

3. Rechtliches Gehör

Eines der umstrittensten Probleme in der internationalen und nationalen Schiedsgerichtsbarkeit ist der Erlass einstweiliger Maßnahmen ohne vorherige Anhörung des Antragsgegners.
Die ursprüngliche Fassung des Artikel 17 UNCITRAL-Modellgesetz schwieg dazu, in die aktuelle Fassung wurde eine entsprechende Vorschrift gegen erheblichen Widerstand einiger Delegationen aufgenommen[148].

a) Ex-parte-Maßnahmen im schwedischen Schiedsverfahrensrecht

§ 25 Abs. 4 LSF geht davon aus, dass der Antragsgegner vor dem Erlass schiedsrichterlicher Maßnahmen grundsätzlich gehört werden soll[149]. Die schwedische Literatur setzt sich, soweit ersichtlich, kaum mit der Frage auseinander, ob auch Schiedsrichter einstweilige Maßnahmen ohne vorherige Anhörung des Gegners erlassen dürfen. Die Ausführungen beschränken sich meist auf die Bemerkung, es sei ein Vorteil der staatlichen Gerichte, Ex-parte-Maßnahmen erlassen zu können[150]. Dar-

---

[145] *Lachmann*, S. 686, Rdnr. 2899; Musielak-*Voit*, § 1041, Rdnr. 3; *Bandel*, S. 76 ff. *Schwab/Walter*, Kap. 17 a, Rdnr. 17, wollen eine Ermächtigung durch das Schiedsgericht dann zulassen, wenn keine abweichende Parteivereinbarung besteht.

[146] *Lachmann*, a.a.O.; Musielak-*Voit*, a.a.O.; *Bandel*, a.a.O.

[147] *Madsen*, S. 165 f.

[148] Artikel 17 B n.F., angenommen auf der 39. Kommissionssitzung der UNCITRAL vom 19.6. bis 7.7.2006, vgl. UN General Assembly Offical Records, 61st session, Supplement No. 17 (Dokument A/61/17); zu den Vorarbeiten s. die Berichte der Arbeitsgruppe „International Arbitration and Conciliation" vom 4. Oktober 2004 (A/CN.9/569), 27. Januar 2005 (A/CN.9/573), 12. Oktober 2005 (A/CN.9/589) und 27. Februar 2006 (A/CN.9/592). Alle Dokumente sind abrufbar unter www.uncitral.org.

[149] *Heuman*, Skiljemannarätt, S. 346.

[150] Vgl. *Heuman*, Practice and Procedure, S. 329.

aus wird man schließen dürfen, dass die herrschende Lehre schiedsrichterlichen Ex-parte-Maßnahmen eher ablehnend gegenüber steht.

b) Ex-parte-Maßnahmen im deutschen Schiedsverfahrensrecht

Im deutschen Recht ist diese Frage bisher nicht geregelt. Grundsätzlich gilt für das schiedsrichterliche Verfahren § 1042 Abs. 1 ZPO, wonach die Parteien gleich zu behandeln sind und jeder Partei rechtliches Gehör zu gewähren ist. Im Verfahren des einstweiligen Rechtsschutzes vor staatlichen Gerichten kann rechtliches Gehör unter bestimmten Voraussetzungen auch nachträglich gewährt werden, vgl. §§ 922 Abs. 1, 924 ZPO. Wenn diese Grundsätze auf das schiedsgerichtliche Verfahren übertragen werden können und die Prinzipien und Besonderheiten des Schiedsverfahrens dem nicht entgegenstehen, muss auch schiedsrichterlicher einstweiliger Rechtsschutz ohne vorherige Anhörung des Antragsgegners zulässig sein. In der Literatur scheinen sich zustimmende und ablehnende Ansichten zu dieser Frage in etwa die Waage zu halten[151].

Vor staatlichen Gerichten kann auf die Anhörung des Antragsgegners vor dem Erlass der Maßnahme verzichtet werden, wenn zu befürchten steht, dass dieser sich bei entsprechender Kenntnis dem Vollzug der Maßnahme entziehen wird, man also einen gewissen Überraschungseffekt sicherstellen will[152]. Demselben Ziel, nämlich der Überraschung des Antragsgegners, dienen auch Ex-parte-Maßnahmen von Schiedsgerichten. Die Vorschrift des § 1041 ZPO sieht zumindest keine Einschränkungen gegenüber dem einstweiligen Rechtsschutz vor staatlichen Gerichten vor. Daher erscheint der Erlass von Ex-parte-Maßnahmen legitim, sofern dem Antragsgegner entsprechend dem Widerspruchsverfahren vor staatlichen Gerichte nach §§ 924 f. ZPO nachträglich Gelegenheit zur Äußerung gegeben wird.

Bei näherer Betrachtung lassen sich die Grundsätze des staatlichen Verfahrens aber nicht so einfach auf das Schiedsverfahren übertragen. Das Schiedsgericht muss auch nach seiner Konstituierung jeweils erneut zusammentreten, um eine Entscheidung zu treffen. Teilen die Schiedsrichter den Parteien ihr Vorhaben mit, so geht ein etwa beabsichtigter Überraschungseffekt verloren. Erfolgt aber die Beratung ohne entsprechende Mitteilung an den Antragsgegner, setzt sich das Schiedsgericht leicht dem Verdacht der Parteilichkeit aus. Es tritt dann zusammen, mindestens eine Partei erhält aber keine Kenntnis vom Inhalt der Verhandlungen während dieses Verfahrensteils. Selbst wenn ihr später das Ergebnis mitgeteilt wird, so bleibt die Gefahr, dass bereits eine „Tendenzentscheidung" für die Hauptsache getroffen

---

[151] Für die Zulässigkeit sprechen sich u. a. aus: *Schwab/Walter*, Kapitel 17a, Rdnr. 20; Stein/Jonas-*Schlosser*, § 1041, Rdnr. 11; *Wagner*, in: Weigand, S. 775, Rdnr. 290; Zöller-*Geimer*, § 1041, Rdnr. 1. Dagegen: *Gottwald/Adolphsen*, DStR 1998, 1017 (1020); MüKo-*Münch*, § 1041, Rdnr. 16; *Thümmel*, DZWir 1997, 133 (135), *Wolf*, DB 1999, 1101 (1102). Zurückhaltend *Lachmann*, S. 687 f., Rdnr. 2906 f.

[152] *Walker*, Rdnr. 1514.

wurde. Aus diesem Dilemma ziehen manche den Schluss, dass überraschende Zugriffe im Schiedsverfahren per se ausgeschlossen seien[153]. Die meisten ablehnenden Stimmen stützen sich jedoch eher auf die Bedeutung des rechtlichen Gehörs. So gelte § 1042 ZPO ebenso für das Verfahren einstweiligen Rechtsschutzes wie für das Hauptverfahren[154], und mangels abweichender ausdrücklicher Ermächtigung könne einstweiliger Rechtsschutz nur im zweiseitigen Verfahren ergehen[155]. Tatsächlich fehlt es an einer § 922 Abs. 1 Satz 1 ZPO entsprechenden Regelung, aus der man schließen könnte, dass auch eine Entscheidung vor Anhörung des Gegners anerkannt ist. Manche Autoren nehmen aber an, dass die Anordnung von Ex-parte-Maßnahmen zulässig ist, wenn die Parteien dies ausdrücklich bestimmt haben[156].

Für die Befürworter eines Ex-parte-Verfahrens ist die mangelnde gesetzliche Regelung nicht ausschlaggebend. Vielmehr zeige die Möglichkeit nachträglicher Gehörsgewährung im staatlichen Verfahren, dass der Grundsatz des rechtlichen Gehörs nicht immer zu einer Anhörung vor Erlass der Maßnahme zwinge[157]. Ein Überraschungseffekt könne im Schiedsverfahren ebenso wünschenswert sein wie vor dem staatlichen Gericht[158]. In Fällen dringender Gefahr solle daher auch ein Erlass ohne Anhörung des Antragsgegners möglich sein, jedoch nur unter der Voraussetzung, dass sich der Antragsgegner unmittelbar nach Anordnung der Maßnahme zur Sache äußern dürfe[159].

4. Sicherheitsleistung

Nach § 1041 Abs. 1 Satz 2 ZPO kann das Schiedsgericht im Zusammenhang mit einer Maßnahme nach Satz 1 „von jeder Partei angemessene Sicherheit verlangen." Teilweise wird dieser Regelung nur deklaratorische Bedeutung beigemessen, da eine Sicherheitsleistung selbst eine Maßnahme nach Satz 1 sei[160]. Richtig ist, dass eine Sicherheitsleistung, die dem Antragsgegner auferlegt wird, häufig zur Abwendung der einstweiligen Maßnahme dienen wird[161]. Eine Sicherheitsleistung dagegen, die dem Antragsteller auferlegt wird, dürfte meist eher die Funktion haben, unberechtigte Eingriffe und Schäden auf Seiten des Antragsgegners zu kompensieren oder solchen Schäden vorzubeugen.

Nach schwedischem Recht kann eine Sicherheitsleistung auch bei schiedsrichterlichen Maßnahmen gefordert werden, § 25 Abs. 4 Satz 2 LSF. Im Gegensatz zu

---

153 MüKo-*Münch*, § 1041, Rdnr. 16.
154 *Wolf*, DB 1999, 1101 (1102); MüKo-*Münch*, a.a.O.
155 *Thümmel*, DZWir 1997, 133 (135).
156 *Gottwald/Adolphsen*, DStR 1998, 1017 (1020); insoweit unklar *Thümmel*, a.a.O.
157 *Bandel*, S. 97 ff.
158 Stein/Jonas-*Schlosser*, § 1041, Rdnr. 11; *Schwab/Walter*, Kapitel 17 a, Rdnr. 20.
159 *Lachmann*, S. 687 f., Rdnr. 2907; *Schwab/Walter*, a.a.O.
160 MüKo-*Münch*, § 1041, Rdnr. 18
161 Musielak-*Voit*, § 1041, Rdnr. 4; zur Höhe der Sicherheitsleistung s. *Schütze*, Rdnr. 238.

staatlichen einstweiligen Maßnahmen steht sie zwar im Ermessen des Schiedsgerichts, meist wird sie aber aus praktischen Gründen empfehlenswert sein. Anderenfalls machen sich die Schiedsrichter eventuell selbst schadensersatzpflichtig, wenn sich die Maßnahme später als unberechtigt erweist und der ehemalige Antragsteller sich weigert oder nicht in der Lage ist, den Schaden zu ersetzen[162].

5. Rechtsbehelfe gegen Maßnahmen des Schiedsgerichts

Nach deutschem Recht kann das Schiedsgericht seine eigenen Maßnahmen jederzeit aufheben[163]. Dem staatlichen Gericht steht zwar eine Kontrollbefugnis[164] im Rahmen der Vollziehbarkeitserklärung nach § 1041 Abs. 2 ZPO zu, die schiedsgerichtliche Maßnahme könnte es jedoch nur aufheben, wenn eine entsprechende Eingriffsbefugnis gesetzlich vorgesehen wäre. Dies ergibt sich aus § 1026 ZPO. Die Aufhebung einer schiedsgerichtlichen Maßnahme durch staatliche Gerichte ist darin nicht vorgesehen. Das nach § 1062 Abs. 1 Nr. 3 ZPO zuständige Oberlandesgericht kann sich daher zwar weigern, eine Maßnahme für vollziehbar zu erklären, aufheben darf es sie aber nicht.

Das schwedische Recht geht von einer strikten Trennung zwischen staatlichem und schiedsgerichtlichem einstweiligen Rechtsschutz aus. Da es jedenfalls nicht zu einer Vollstreckung der schiedsgerichtlichen Maßnahme kommen kann, ist kaum eine Situation denkbar, in der ein staatliches Gericht über die schiedsrichterliche Maßnahme urteilen wird. Davon ging auch die Gesetzeskommission aus, die meinte, zur Vollstreckbarkeit einstweiliger schiedsrichterlicher Maßnahmen müsse eine staatliche Kontrollmöglichkeit erst geschaffen werden[165].

6. Vergleich und Bewertung der Rechtsordnungen

Ein erster Unterschied zeigt sich schon bei der Frage, welche Maßnahmen ein Schiedsgericht erlassen kann. In der schwedischen Literatur wird allerhöchstens eine Orientierung an den Maßnahmen eines staatlichen Gerichts für zulässig gehalten, während in Deutschland umgekehrt diskutiert wird, ob neben den staatlichen Maßnahmen Arrest und einstweilige Verfügung überhaupt andere Maßnahmen denkbar sind. Hier wird schwedischen Schiedsgerichten offenbar eine größere Flexibilität bei der Auswahl der Maßnahmen eingeräumt. Dies erscheint auch sinnvoll, da eine Kontrolle entweder aufgrund der staatlichen Vollziehbarkeitserklärung gewährleistet ist oder die Maßnahme bei Weigerung des Antragsgegners ohnehin erneut vor einem staatlichen Gericht beantragt werden muss, worin wiederum eine

---

[162] S. allgemein zu den Schadensersatzpflichten eines Schiedsrichters *Schöldström*, S. 146 ff.
[163] *Schwab/Walter*, Kap. 17a, Rdnr. 38; OLG Thüringen, 24. November 1999, Az.: 4 Sch 03/99; BB Beilage 12 zu Heft 50/2000, S. 22.
[164] S. u. IV. 1. a) aa).
[165] SOU 1994:81, S. 101.

gewisse Kontrolle liegt. Der Erlass einer Maßnahme steht in beiden Rechtsordnungen allein im Ermessen der Schiedsrichter, ebenso wie die Sicherheitsleistung einer Partei. Der Ausschluss des einstweiligen schiedsgerichtlichen Rechtsschutzes durch Parteivereinbarung wird in Schweden und Deutschland gleichermaßen akzeptiert.

Ein weiterer Unterschied besteht darin, dass für Maßnahmen der Beweissicherung in Schweden ausschließlich das Schiedsgericht zuständig ist, während im deutschen Recht umstritten ist, ob das Schiedsgericht neben dem staatlichen Gericht solche Maßnahmen selbstständig anordnen darf. Vergleicht man die geltenden Rechtslagen, so ist nicht recht einsichtig, warum für die Beweissicherung nach deutschem Recht ein staatliches Gericht in Anspruch zu nehmen ist. Soweit es um die Ausübung von Zwang geht, etwa weil eine Partei ihre Mitwirkung verweigert, wird zwar die Hilfe des staatlichen Gerichts benötigt. Das allein begründet aber noch nicht, warum der Beschluss als solcher nicht vom Schiedsgericht gefasst werden könnte. Dieser könnte zudem von einem staatlichen Gericht für vollziehbar erklärt und anschließend vollstreckt werden.

Ob ein Schiedsgericht Ex-parte-Maßnahmen erlassen kann, ist in beiden Rechtsordnungen umstritten. Selbst wenn man eine solche Anordnung für grundsätzlich zulässig hält, fragt sich aber, inwieweit solche Maßnahmen auch ratsam und zweckmäßig sind[166]. Denn das Schiedsverfahren baut trotz allem mehr auf die Mitwirkung und Kooperationsbereitschaft der Parteien als ein staatliches Gerichtsverfahren. Eine Partei, die sich im Verfahren zu einer bevorstehenden Anordnung äußern durfte, wird viel eher bereit sein, dieser Anordnung auch nachzukommen. Besteht tatsächlich einmal die Gefahr, dass der Antragsgegner durch die Anhörung gewarnt wird und Vermögen fortschafft, so ist der Weg zu staatlichen Gerichten Erfolg versprechender. Denn dann besteht ohnehin nur wenig Anlass zu glauben, der Antragsgegner werde die Anordnung freiwillig erfüllen. Muss aber erst die Entscheidung des Schiedsgerichts und die anschließende gerichtliche Vollziehbarkeitserklärung abgewartet werden, wird der Überraschungseffekt wegen Zeitablaufs nur gering sein. Insofern besteht tatsächlich kaum ein Bedürfnis für die Anerkennung einer entsprechenden Kompetenz des Schiedsgerichts[167]. Das Schiedsgericht und der Antragsteller sind auf einen freiwilligen Vollzug der Maßnahme angewiesen, daher scheint es wenig effektiv, über die zu ergreifende Maßnahme in Abwesenheit einer Partei zu entscheiden.

[166] Aufgeworfen von *Bandel*, S. 98.

[167] So *Schroth*, SchiedsVZ 2003, 102 (109); *Bandel*, S. 98.

IV. Die Vollziehbarkeit einstweiliger schiedsgerichtlicher Maßnahmen

In der Praxis hängt die Effektivität des Rechtsschutzes auch davon ab, ob eine erlassene einstweilige Maßnahme durchgesetzt, d. h. vollzogen werden kann. Hierbei geht es um die Vollziehbarkeit im Inland, d. h. im Land des Schiedsverfahrens (1.), aber auch um Vollziehbarkeit im Ausland (2.), wenn sich dort Vermögen des Antragsgegners befindet. In diesem Zusammenhang wird teilweise vorgeschlagen, einstweilige Maßnahmen in Form eines Teilschiedsspruchs zu erlassen, um so die Vollstreckbarkeit herbeizuführen. Diese Diskussion wurde und wird auch in Deutschland und Schweden (noch) geführt (3.).

1. Vollziehbarkeit im Inland

In Deutschland können einstweilige Maßnahmen eines Schiedsgerichts durch staatlichen Hoheitsakt für vollziehbar erklärt werden. In Schweden sind einstweilige Maßnahmen grundsätzlich nicht staatlich vollziehbar.

a) Die Vollziehbarkeit einstweiliger Maßnahmen in Schweden

Wie bereits angesprochen, können Schiedsrichter in Schweden zwar einstweilige Maßnahmen erlassen, diese sind aber nicht staatlich durchsetzbar. Im Gesetzgebungsverfahren wurde überlegt, den Schiedsrichtern eine Befugnis zum Erlass vollstreckbarer einstweiliger Maßnahmen zu geben[168]. Dagegen sprach aber aus Sicht der Kommission, dass damit jegliche gerichtliche Kontrolle der Maßnahme wegfiele[169]. Von einem staatlichen Gericht erlassene einstweilige Maßnahmen werden in Schweden ebenso wie gerichtliche Urteile und Schiedssprüche ohne weitere inhaltliche Kontrolle von der staatlichen Vollstreckungsbehörde (*kronofogdemyndigheten,* KFM) vollstreckt[170].

Würde man also schiedsgerichtliche einstweilige Maßnahmen den staatlichen gleichstellen und direkt für vollstreckbar erklären, gäbe es nach der schwedischen Systematik keine effizienten Kontrollmöglichkeiten, um ein rechtsstaatliches Verfahren auch im Schiedsverfahren zweifelsfrei zu gewährleisten. Die Einführung eines kontrollierenden Zwischenschritts nach Art der deutschen Regelung wurde offenbar nicht näher erwogen.

Um diesen (vorgegebenen) Mangel an Kontrolle auszugleichen, hätte nach Ansicht der Kommission eine Aufhebungsmöglichkeit ähnlich wie für Schiedssprüche geschaffen werden müssen[171]. Damit aber wäre die gewonnene Flexibilität sogleich wieder aufgegeben worden. Ein böswilliger Antragsgegner könnte in Verzögerungsabsicht zunächst ein langwieriges Aufhebungsverfahren anstrengen, bevor die

[168] SOU 1994:81, S. 101.
[169] SOU 1994:81, a.a.O.
[170] Vgl. dazu *v. Pachelbel-Gehag*, S. 204 ff.
[171] SOU 1994:81, a.a.O.

einstweilige Maßnahme überhaupt Wirkung entfaltet. Dann aber ist schon der Erlass einer solchen Maßnahme wenig sinnvoll. Man meinte zwar, die genannten Probleme bewältigen zu können, erkannte aber keinen größeren Bedarf für eine entsprechende Änderung[172].

b) Die Vollziehbarkeit einstweiliger Maßnahmen in Deutschland

Nach § 1041 Abs. 2 ZPO kann das staatliche Gericht auf Antrag einer Partei die Vollziehung einer schiedsgerichtlichen Maßnahme zulassen. Ausdrückliche Voraussetzung ist nur, dass nicht bereits eine entsprechende staatliche Maßnahme beantragt wurde. Damit will der Gesetzgeber eine Überschneidung von staatlichem und schiedsgerichtlichem Rechtsschutz vermeiden[173]. Das Gericht kann eine Maßnahme abweichend fassen, wenn dies „zur Vollziehung notwendig ist". Nach § 1041 Abs. 3 ZPO kann der staatliche Vollziehungsbeschluss nachträglich wieder geändert oder aufgehoben werden.

aa) Zuständigkeit, Verfahren und Prüfungsumfang

Zuständig für die Zulassung der Vollziehung ist nach § 1062 Abs. 1 Nr. 3 ZPO das in der Schiedsvereinbarung bezeichnete Oberlandesgericht bzw. das Oberlandesgericht am Ort des Schiedsverfahrens. Liegt der Verfahrensort im Ausland, so ist nach § 1062 Abs. 2 ZPO das Oberlandesgericht des Bezirks zuständig, in dem der Antragsgegner seinen Sitz oder gewöhnlichen Aufenthaltsort hat oder in dem sich dessen Vermögen befindet.

Das Verfahren zur Vollziehbarerklärung nach § 1041 Abs. 2 ZPO birgt die Gefahr einer zu weitgehenden Kontrolle der schiedsgerichtlichen Entscheidung durch das staatliche Gericht. Das Gericht „kann" die Vollziehung zulassen, und es kann die Maßnahme „abweichend" fassen, wenn dies zur Vollziehung „notwendig" ist. Es stellt sich also zum einen die Frage, ob dem staatlichen Gericht bei der Vollziehbarkeitserklärung ein eigenes Ermessen eingeräumt wird oder ob die Verwendung des Wortes „kann" in Satz 1 der Vorschrift lediglich als Kompetenzzuweisung zu verstehen ist. Zum anderen ist zu klären, wie weit die Kompetenz des Gerichts aus Satz 2 geht, Maßnahmen abweichend zu fassen. Darf das Gericht die Maßnahmen lediglich anders formulieren oder kann es auch die Rechtmäßigkeit der schiedsgerichtlichen Maßnahme nachprüfen?

---

[172] SOU 1994:81, a.a.O.
[173] BT-Drs. 13/5274, S. 45.

Die Einräumung eines freien Ermessens durch § 1041 Abs. 2 Satz 1 ZPO wird ganz überwiegend abgelehnt[174]. Vielmehr soll das staatliche Gericht nur überprüfen können, ob elementare Rechtsgrundsätze verletzt wurden oder die Vollziehung gegen den *ordre public* verstieße[175] und ob die Maßnahme grundsätzlich geeignet ist, das schiedsrichterliche Rechtsschutzziel zu erreichen[176]. Überzogene, grundlos verhängte und rechtssystemfremde Maßnahmen sollen nicht vollzogen werden[177]. So fordert auch die Regierungsbegründung die Ausübung „pflichtgemäßen Ermessens", wobei insbesondere die Gültigkeit der Schiedsvereinbarung überprüft und die Vollziehbarkeit unverhältnismäßiger Anordnungen verweigert werden könne[178].

Insgesamt erscheint es richtig, die Kontrolle des staatlichen Gerichts bei der Vollziehbarkeitserklärung weitgehend einzuschränken. Denn der schiedsgerichtliche einstweilige Rechtsschutz hätte sonst kaum noch eine eigenständige Funktion. Die Flexibilität, die mit der Einführung des § 1041 ZPO geschaffen wurde, würde schnell wieder zunichte gemacht. Dementsprechend kann die Befugnis, eine Maßnahme abweichend zu fassen, auch nur als Formulierungshilfe[179] zu verstehen sein. Die Maßnahme muss in das System, die Typologie[180] und die Prinzipien[181] des deutschen Zwangsvollstreckungsrechts passen – was jedoch nicht zwingend eine Umwandlung in Arrest oder einstweilige Verfügung bedeutet[182]. Das staatliche Gericht darf nur dann seine Hoheitsgewalt nicht zur Verfügung stellen, wenn die von ihm erbetene Maßnahme nach deutschem Recht klar unzulässig[183] oder zu unbestimmt[184] wäre. Grundsätzlich sollte daher eine einstweilige Maßnahme des Schiedsgerichts auch dann für vollstreckbar erklärt werden, wenn das staatliche Gericht eine entsprechende Maßnahme selbst nicht anordnen würde bzw. die Voraussetzungen nicht als gegeben ansieht. Eine Vollziehbarkeitserklärung kann auch sinnvoll sein, wenn nur eine Vollstreckung im Ausland angestrebt wird, aber damit zu

---

174 *Bandel*, S. 215 ff (221); *Lachmann*, S. 690, Rdnr. 2917; MüKo-*Münch*, § 1041, Rdnr. 19 ff.; Musielak-*Voit*, § 1033, Rdnr. 8; Stein/Jonas-*Schlosser*, § 1041, Rdnr. 14; *Schwab/Walter*, Kap. 17 a, Rdnr. 30; *Thümmel*, DZWir 1997, 133 (136); a. A.: *Wolf*, DB 1999, 1101 (1102), der zwar keine Pflicht, wohl aber ein Recht des staatlichen Gerichts auf umfassende Prüfung „im Rahmen des Ermessensspielraums" anerkennt, und Zöller-*Geimer*, § 1041, Rdnr. 3.

175 *Schwab/Walter*, Kap. 17 a, Rdnr. 30; *Lachmann*, S. 690, Rdnr. 2917; Musielak-*Voit*, § 1033, Rdnr. 8.

176 MüKo-*Münch*, § 1041, Rdnr. 25.

177 Stein/Jonas-*Schlosser*, § 1041, Rdnr. 14.

178 BT-Drs. 13/5274, S. 45.

179 MüKo-*Münch*, § 1041, Rdnr. 20.

180 BT-Drs. 13/5274, S. 45.

181 MüKo-*Münch*, § 1041, Rdnr. 20.

182 *Wagner*, in: Weigand, S. 773, Rdnr. 286; *Gottwald/Adolphsen*, DStR 1998, 1017 (1020), halten es zumindest für zweifelhaft, ob das Gericht zusätzlich zu prüfen hat, ob ein Verfügungs- oder Arrestgrund besteht.

183 *Schwab/Walter*, Kap. 17 a, Rdnr. 30.

184 *Lachmann*, S. 690 , Rdnr. 2917.

rechnen ist, dass dem Antragsteller eine Anerkennung durch ein deutsches Gericht nützen würde[185]. Teilweise wird zum Schutz des Vollziehungsgegners eine Vollziehungsfrist von einem Monat entsprechend § 929 Abs. 2 ZPO gefordert[186].

Der Antragsteller soll durch die Vollziehung einstweiliger Maßnahmen nur gesichert, aber nicht befriedigt werden[187]. Im Einzelfall kann aber eine Maßnahme auch dann vollzogen werden, wenn dies zur Erfüllung des behaupteten Anspruchs führen würde. Voraussetzung ist, dass eine Sicherung des Antragstellers nur durch die sofortige Vollziehung erreicht werden kann[188].

bb) Aufhebung der Vollziehbarkeit

Gemäß § 1041 Abs. 3 ZPO kann das Gericht seinen Beschluss nach Absatz 2 ändern oder aufheben. Zu den Voraussetzungen einer solchen Entscheidung schweigt das Gesetz allerdings. Unklar ist, ob eine Änderung der Umstände i. S. v. § 927 ZPO eingetreten sein muss oder ob es ausreicht, dass sich die Maßnahme bloß als unzweckmäßig erweist[189]. Umstritten ist auch, ob das staatliche Gericht tätig werden darf, ohne dass eine neue Entscheidung des Schiedsgerichts vorliegt[190].

Laut Regierungsbegründung entspricht § 1041 Abs. 3 ZPO „im Kern" § 927 ZPO[191]. Eine Änderung oder Aufhebung sei geboten, wenn der Grund für die Maßnahme entfalle oder veränderte Umstände eingetreten seien[192].

Nach Ansicht des OLG Thüringen ist § 1041 Abs. 3 ZPO eng auszulegen[193]. Das staatliche Gericht dürfe seinen Beschluss nur in der Weise ändern, wie es auch bei einem Verfahren nach Abs. 2 zulässig wäre. Es dürfe nur hinter dem vom Schiedsgericht Angeordneten zurückbleiben oder die Anordnung umformulieren, nicht aber etwas anderes anordnen. Das Schiedsgericht sei befugt, seine Anordnung aufzuheben oder abzuändern. Geschehe dies vor Vollziehbarerklärung, so werde die Vollziehbarerklärung unzulässig, geschehe dies nach Vollziehbarerklärung, so sei die Vollziehbarerklärung auf Antrag durch das OLG aufzuheben. Veränderte Umstände i. S. d. § 1041 Abs. 3 ZPO, die zur Aufhebung oder Abänderung der Vollzieh-

---

185 Stein/Jonas-*Schlosser*, § 1041, Rdnr. 14.

186 MuKo-*Münch*, § 1041, Rdnr. 27.

187 *Walker*, Rdnr. 1541.

188 OLG Frankfurt/Main vom 5. April 2001, Az.: 24 Sch 1/01, NJW-RR 2001, 1078.

189 Musielak-*Voit*, § 1041, Rdnr. 11.

190 Für die Befugnis, ohne einen neuen Beschluss des Schiedsgerichts entscheiden zu können: MüKo-*Münch*, § 1041, Rdnr. 28, wonach die „Vollzugskorrektur" nach Abs. 3 Raum für die Berücksichtigung veränderter Sacheinschätzung durch das Schiedsgericht lasse, ohne dass das Staatsgericht darauf beschränkt bleibe; dagegen: *Thümmel*, DZWir 1997, 133 (137), der einen deutlichen Systembruch bei der gesetzlichen Regelung bemängelt.

191 BT-Drs. 13/5274, S. 45.

192 BT-Drs. 13/5274, S. 46.

193 OLG Thüringen, 24. November 1999, Az.: 4 Sch 3/99, BB-Beilage 12 zu Heft 50/2000, S. 22.

barerklärung führen, lägen also nur vor, wenn das Schiedsgericht seine Entscheidung aufgehoben oder abgeändert habe oder wenn es trotz entsprechenden Antrags einer Partei nicht erneut tätig geworden sei[194].

Die letzte Einschränkung, veränderte Umstände lägen auch vor, wenn das Schiedsgericht trotz Antrags einer Partei nicht erneut tätig geworden sei, lässt sich kritisieren[195]. Denn in der Entscheidung, nicht erneut tätig zu werden, kann auch eine Bewertung liegen, wonach sich die Umstände zwar geändert haben, dies aber keine Aufhebung oder Änderung des ursprünglichen Beschlusses rechtfertigt. In dieser Situation eine Aufhebung oder Änderung der Vollziehbarerklärung zuzulassen, käme einer Missachtung der schiedsgerichtlichen Entscheidung gleich[196]. Im Übrigen aber ist der Lösung des OLG Thüringen zuzustimmen. Denn immerhin wurde das staatliche Gericht ursprünglich auch nur zur Vollziehbarerklärung eines vorherigen Schiedsrichterbeschlusses angerufen. Wie soeben festgestellt, soll sich das Gericht im Wesentlichen auf die Vollziehbarerklärung beschränken, eine eigene Ermessensentscheidung des Gerichts ist nicht vorgesehen. Genau darauf würde aber eine Änderung oder Aufhebung des Beschlusses hinauslaufen, wenn nicht zuvor eine erneute Entscheidung des Schiedsgerichts abgewartet wird.

cc) Vollziehung von Maßnahmen ausländischer Schiedsgerichte

Werden einstweilige Maßnahmen von Schiedsgerichten mit Sitz im Ausland erlassen, so kann es für den Antragsteller unter Umständen von Bedeutung sein, diese Maßnahmen auch in Deutschland vollstrecken zu können. Aber es ist fraglich, ob Maßnahmen eines ausländischen Schiedsgerichts nach § 1041 Abs. 2 ZPO von deutschen Gerichten für vollziehbar erklärt werden können.

Der Wortlaut und die Systematik des Gesetzes sprechen dagegen. § 1041 Abs. 2 ZPO erklärt Maßnahmen „nach Absatz 1" für grundsätzlich vollziehbar. In § 1041 Abs. 1 ZPO ist zwar nur von „Maßnahmen des Schiedsgerichts" die Rede, und darunter könnten theoretisch auch Maßnahmen eines ausländischen Schiedsgerichts fallen. Nach § 1025 Abs. 1 ZPO sind die Vorschriften des 10. Buches aber nur anzuwenden, wenn der Ort des Schiedsverfahrens in Deutschland liegt. Manche Bestimmungen sind nach § 1025 Abs. 2 ZPO auch auf im Ausland stattfindende Schiedsverfahren anwendbar, § 1041 ZPO gehört jedoch nicht dazu.

---

[194] Ähnlich *Thümmel*, DZWir 1997, 133 (137); *Lachmann*, S. 693, Rdnr. 2925, hält die Lösung des OLG Thüringen für praktikabel, kritisiert jedoch, dass sich dafür keine feste Grundlage im Gesetz findet.

[195] So auch *Lachmann*, a.a.O.

[196] Musielak-*Voit*, § 1041, Rdnr. 12, unterscheidet zwischen der Situation, dass das Schiedsgericht trotz veränderter Umstände nicht erneut tätig wird und derjenigen, dass das Schiedsgericht eine Änderung oder Aufhebung ablehnt. In letzterem Fall soll eine Änderung oder Aufhebung durch das staatliche Gericht nicht in Betracht kommen. Es ist allerdings fraglich, ob diese Unterscheidung in jedem Fall so eindeutig zu treffen ist.

Einige Autoren folgern daraus, dass § 1041 Abs. 2 ZPO nur auf Maßnahmen deutscher Schiedsgerichte anwendbar ist[197].

Für die Möglichkeit, Maßnahmen ausländischer Schiedsgerichte in Deutschland für staatlich vollziehbar zu erklären, spricht aber das Ziel der Schiedsverfahrensreform, die Schiedsgerichtsbarkeit insgesamt zu fördern[198]. Gerade in internationalen Verfahren kann es schwierig werden, staatlichen einstweiligen Rechtsschutz am Verfahrensort oder am Ort des Wohnortes bzw. Unternehmenssitzes oder des Vermögens zu erlangen[199]. Der Antragsteller kann schiedsrichterlichen einstweiligen Rechtsschutz schon deshalb vorziehen, um unerwünschte Veröffentlichungen im Zusammenhang mit dem Schiedsverfahren zu vermeiden. Dann aber ist es von elementarer Bedeutung, die Maßnahmen des Schiedsgerichts im Notfall auch vollstrecken lassen zu können.

Schlosser meint, es bestehe kein sachlicher Grund, sich gegenüber Maßnahmen des einstweiligen Rechtsschutzes, den ausländische Schiedsgerichte verfügt haben, zu versagen[200]. Die Begründung des Regierungsentwurfs offenbare nicht, man habe das bei grammatikalischer Interpretation indizierte Ergebnis, die Zuständigkeit deutscher Gerichte abzulehnen, gewollt[201]. Teilweise wird in der Literatur wenigstens ein „genügender Bezug" zu Deutschland gefordert[202]. Ein weiteres Argument für die (analoge) Anwendbarkeit des § 1041 Abs. 2 ZPO auf Maßnahmen ausländischer Schiedsgerichte ergibt sich aus der Zuständigkeitsregelung in § 1062 Abs. 2 ZPO. Danach ist das Oberlandesgericht, in dessen Bezirk der Antragsgegner seinen Sitz oder gewöhnlichen Aufenthaltsort hat oder sich Vermögen des Antragsgegners befindet, für Entscheidungen nach § 1041 ZPO zuständig, wenn kein deutscher Schiedsort besteht. Diese Regelung wäre weitgehend sinnlos, wenn § 1041 Abs. 2 ZPO nur auf Maßnahmen eines deutschen Schiedsgerichts anwendbar wäre. Die einzige andere denkbare Begründung wäre, dass § 1062 Abs. 2 ZPO eine Auffangregelung für die Fälle bereitstellen soll, in denen ein ausländisches Schiedsgericht deutsches Verfahrensrecht anwendet.

2. Der Erlass einstweiliger Maßnahmen als Teilschiedsspruch in Deutschland und in Schweden

Vor Inkrafttreten der deutschen Reform wurde diskutiert, ob durch den Erlass einstweiliger Maßnahmen als Teilschiedsspruch die Vollstreckbarkeit einstweiliger schiedsgerichtlicher Maßnahmen erreicht werden könnte. Voraussetzung sollte sein,

---

[197] *Gottwald/Adolphsen*, DStR 1998, 1017 (1020); Musielak-*Voit*, § 1041, Rdnr. 6.

[198] *Berger*, RIW 2001, 7 (8); allgemein zur Vorbildfunktion neuer Schiedsgesetze *Berger*, S. 9.

[199] S. dazu *Redfern/Hunter*, S. 338, Rdnr. 7-23.

[200] *Schlosser*, in: Gottwald, Revision des EuGVÜ, S. 163 (201); zustimmend auch *Thümmel*, DZWir 1997, 133 (136).

[201] *Schlosser*, a.a.O.

[202] *Schwab/Walter*, Kap. 31, Rdnr. 6.

dass sich die in der Maßnahme enthaltenen Verpflichtungen aus dem Vertrag selbst ergaben[203]. Eine entsprechende Vereinbarung wurde mit zum Teil sehr weit gehenden ergänzenden Vertragsauslegungen begründet[204]. Ob für diese eher gekünstelt wirkende Konstruktion heute noch ein Bedürfnis besteht, wird bezweifelt[205].

In Schweden ist diese Variante hingegen durchaus aktuell. Grundsätzlich können Schiedsrichter in Schweden sowohl Teil- als auch Zwischenschiedssprüche erlassen, wie sich aus § 29 LSF ergibt. Ob auch einstweilige Maßnahmen in dieser Form erlassen werden können, ist aber umstritten[206]. Voraussetzung dafür ist jedenfalls eine entsprechende Parteivereinbarung: „A request for a provisional measure, however, may be decided through an award if there is contractual support for the claim“[207].

Ein Teilschiedsspruch setzt zudem voraus, dass damit ein abgrenzbarer Teil des Streits abschließend entschieden wird[208]. Das ist normalerweise bei einstweiligen Sicherungsmaßnahmen nicht der Fall. Denn es macht gerade das Wesen einstweiligen Rechtsschutzes aus, dass die Sachlage noch nicht hinreichend aufgeklärt ist, um einen endgültigen Schiedsspruch oder ein endgültiges Urteil erlassen zu können. Ist aber ein Teil des Streits hinreichend geklärt und zur Entscheidung reif, wird in der Regel auch ein „echter“ Teilschiedsspruch ergehen können. Für eine verdeckte einstweilige Maßnahme in Form eines Teilschiedsspruchs besteht damit kein Bedarf[209]. Gegen den Erlass einer einstweiligen Maßnahme in Form eines (Teil-) Schiedsspruchs spricht auch die gesetzliche Konzeption. Der Gesetzgeber entschied sich ausdrücklich dagegen, schiedsrichterliche Maßnahmen für vollstreckbar zu erklären. Wollte man zulassen, dass schiedsrichterliche Maßnahmen in Form eines Teilschiedsspruchs ergehen können, würde man damit die erklärte Absicht des Gesetzgebers konterkarieren. Man würde genau das Ergebnis erreichen, das die Kommission und der Gesetzgeber mit guten Gründen ausdrücklich vermeiden wollten.

Daher lehnt *Madsen* den Erlass einstweiliger Maßnahmen als Teilschiedsspruch auch dann ab, wenn die Parteien eine entsprechende Vereinbarung getroffen haben: „Under the Act, there is probably no possibility to issue a decision on security measures in the form of an arbitral award or separate arbitral award in accordance with section 29. This is so even where the parties were to agree that such a decision might be issued in the form of an award. The aforesaid is due, inter alia, to the fact

---

[203] BT-Drs. 13/5274, S. 45.

[204] Vgl. zur Konstruktion über §§ 317 ff. BGB *Bandel*, S. 53.

[205] MüKo-*Münch*, § 1033, Rdnr. 3; Stein/Jonas-*Schlosser*, § 1041, Rdnr. 8; *Thümmel*, DZWir 1997, 133 (136); *Wolf*, DB 1999, 1101 (1102) ; a.A. Musielak-*Voit*, § 1041, Rdnr. 5.

[206] Dafür: *Heuman*, Practice and Procedure, S. 531; *Hanqvist*, SvJT 1998, 110 (130 f.); *Lindskog*, S. 741; dagegen: *Madsen*, S. 94, 203 f.

[207] *Heuman*, Practice and Procedure, a.a.O.; *Lindskog*, a.a.O.

[208] Prop. 1998/99:35, S. 129 f.

[209] Eine Diskussion, wie sie in Deutschland über die Existenz bzw. Schaffung von „materiellem Zwischenrecht“ geführt wurde, scheint es in Schweden kaum zu geben.

that courts have been deemed to possess exclusive jurisdiction to order enforceable security measures[210]."

Eine Besonderheit ergibt sich in ICC- oder UNCITRAL-Verfahren. Nach beiden Verfahrensordnungen können einstweilige Maßnahmen ausdrücklich in Form eines Schiedsspruchs ergehen. Die Verfahrensordnungen bewirken hier, soweit es das jeweilige Gesetz zulässt, eine Modifikation des rechtlichen Rahmens. Vereinzelt wird in Schweden auch die Möglichkeit hervorgehoben, einstweilige Maßnahmen in Form eines Zwischenschiedsspruchs zu erlassen[211]. Im Gegensatz zum Teilschiedsspruch handelt es sich dabei jedoch nur um eine vorläufige Entscheidung bis zum Abschluss des Schiedsverfahrens.

3. Vergleich und Bewertung der Rechtsordnungen

Die deutsche Regelung, einstweilige Maßnahmen auf Antrag für staatlich vollziehbar zu erklären, stellt eine sinnvolle Ergänzung zur grundsätzlichen Kompetenz der Schiedsrichter dar, solche Maßnahmen zu erlassen. Mit der gebotenen Zurückhaltung bei der Kontrolle der schiedsrichterlichen Maßnahme sollte auch die Balance zwischen rein formeller und inhaltlicher Überprüfung gewahrt bleiben. Dieser Linie entspricht die hier vertretene Auffassung, die Aufhebung des Vollziehbarkeitsbeschlusses nur zuzulassen, wenn das Schiedsgericht seinen zugrunde liegenden Beschluss abgeändert oder aufgehoben hat. Das staatliche Gericht soll keine eigene Ermessensentscheidung an die Stelle der schiedsgerichtlichen Maßnahme setzen.

Durch die Vollziehbarkeit erhält eine deutsche schiedsgerichtliche Maßnahme zumindest formal deutlich mehr Autorität als eine schwedische. Manch schwedische Autoren betonen sogar, dass die Schiedsrichter noch nicht einmal Maßnahmen *anordnen*, sondern die betreffende Partei lediglich *auffordern* können, eine entsprechende Maßnahme zu ergreifen[212]. Trotz allem darf jedoch nicht vergessen werden, dass die Autorität der Schiedsrichter rein faktisch meist genauso groß sein dürfte wie die eines staatlichen Gerichts. Denn eine unkooperative Partei, die einer schiedsrichterlichen Anordnung nicht Folge leistet, muss damit rechnen, eventuelle zusätzliche Kosten im Endschiedsspruch auferlegt zu bekommen oder einen negativen Eindruck beim Schiedsgericht zu hinterlassen, so dass es im Ergebnis eher zugunsten der anderen Partei entscheidet[213]. Ist aber dem Antragsgegner die Vertraulichkeit des Verfahrens besonders wichtig, so wird er in der Regel alles tun, um ein staatliches Verfahren zu vermeiden und sich den schiedsrichterlichen Anordnungen so weit wie möglich freiwillig fügen.

---

210 *Madsen*, S. 203, Fn. 598.

211 *Hanqvist*, SvJT 1998, 110 (131); *Heuman*, Practice and Procedure, S. 533.

212 *Heuman*, Practice and Procedure, S. 333.

213 *Lindskog*, S. 742; s. für das deutsche Recht *Wolf*, DB 1999, 1101 (1103), der dies die „Lieb-Kind-Erwägung" nennt.

Die Frage nach der Vollziehung ausländischer Maßnahmen stellt sich im schwedischen Recht nicht. Deutschland ist mit der Möglichkeit, einstweilige schiedsrichterliche Maßnahmen staatlich für vollziehbar erklären zu lassen, weit über die bisherige Fassung des UNCITRAL-Modellgesetzes hinausgegangen. Würden auch Maßnahmen ausländischer Schiedsgerichte für grundsätzlich anerkennungsfähig gehalten, so würde Deutschland auf diesem Gebiet eine Vorreiterrolle einnehmen und insgesamt einen Beitrag zur Förderung und weiteren Aufwertung der internationalen Schiedsgerichtsbarkeit leisten. Mit den oben[214] genannten Argumenten der allgemeinen Förderung der Schiedsgerichtsbarkeit, der Vertraulichkeit des Verfahrens und der systematischen Auslegung des § 1062 Abs. 2 ZPO sowie des fehlenden Hinweises in der Regierungsbegründung lässt sich § 1041 Abs. 2 ZPO zumindest analog auch auf Maßnahmen ausländischer Schiedsgerichte anwenden.

Der Erlass eines Teilschiedsspruchs als Alternative zur „echten" einstweiligen Maßnahme wurde bzw. wird in beiden Rechtsordnungen diskutiert. Dabei besteht in Deutschland m. E. kein Bedarf mehr für eine solche Diskussion, denn das Vorgehen wird zu Recht überwiegend abgelehnt. Ein Teilschiedsspruch ist zwar nicht an die Voraussetzungen des § 1041 ZPO gebunden. Diese sind aber nicht so streng, als dass der Erlass eines Teilschiedsspruchs gegenüber dem Erlass einer einstweiligen Maßnahme nach § 1041 Abs. 1 ZPO Vorteile aufweist. Auch Teilschiedssprüche müssen vor ihrer Vollstreckung in Deutschland zunächst gerichtlich anerkannt werden. Insgesamt dürfte es daher nicht mehr nötig sein, Teilschiedssprüche zu erlassen, wenn das gleiche Ergebnis auch durch den Erlass einstweiliger Maßnahmen zu erreichen ist. In der schwedischen Literatur lehnt man den Erlass eines Teilschiedsspruchs mit dem Hinweis auf die vom Gesetzgeber gewollte Exklusivität des staatlichen Rechtsschutzes ebenfalls überwiegend ab. Auch der an sich eher in Frage kommende Zwischenschiedsspruch sieht sich diesem Einwand ausgesetzt. Damit bietet allein das deutsche Recht zwar einen etwas umständlichen, aber rechtlich einwandfreien Weg zum Erlass vollstreckbarer einstweiliger Maßnahmen.

In praktischer Hinsicht darf aber der Unterschied zwischen der schwedischen und der deutschen Regelung nicht überschätzt werden. In keiner der beiden Rechtsordnungen ist eine schiedsrichterliche einstweilige Maßnahme unmittelbar vollstreckbar. In dringenden Fällen werden die Parteien daher weiterhin in beiden Ländern auf staatlichen einstweiligen Rechtsschutz zurückgreifen müssen.

V. Auswirkungen des parallelen einstweiligen Rechtsschutzes

Sowohl im deutschen als auch im schwedischen Recht ist einstweiliger Rechtsschutz parallel bei staatlichen Gerichten und dem Schiedsgericht verfügbar. So stellt sich die Frage, wie sich die Rechtshängigkeit eines Antrags auf das jeweils andere Ver-

---

[214] Abschnitt IV. 1. a) cc).

fahren auswirkt und inwieweit Entscheidungen des einen Gerichts Bindungswirkung für das jeweils andere entfalten.

1. Paralleler einstweiliger Rechtsschutz in Schweden

In Schweden sah der Gesetzgeber keinen Widerspruch zwischen dem Abschluss einer Schiedsvereinbarung und einstweiligem Rechtsschutz durch staatliche Gerichte, wie die ausdrückliche Formulierung in § 4 Abs. 3 LSF zeigt. Die Vorschrift basiert auf Art. 9 des UNCITRAL- Modellgesetzes und lautet: „Während oder bevor der Streit durch Schiedsrichter verhandelt wird, darf ein Gericht ungeachtet der Schiedsvereinbarung solche Sicherungsmaßnahmen erlassen, für die es gesetzlich zuständig ist."

Begründet wird diese parallele Zuständigkeit damit, dass schiedsrichterliche Maßnahmen nach schwedischem Recht nicht staatlich vollziehbar sind[215]. Kommt die verpflichtete Partei einer schiedsrichterlichen Anordnung also nicht freiwillig nach, bleibt der Gegenpartei nur der Gang zum staatlichen Gericht, wenn sie ihre Ansprüche sichern will. Vor Gericht wird der Antrag erneut geprüft. Es ist ein selbständiger Antrag, meist auf Erlass einer der in Kapitel 15 des schwedischen Prozessgesetzes vorgesehenen Maßnahmen, zu stellen. An die Einschätzung des Schiedsgerichts ist das Gericht dabei nicht gebunden, beispielsweise was die Dringlichkeit der Maßnahme oder die Wahrscheinlichkeit eines Obsiegens des Antragstellers in der Hauptsache angeht[216]. Wegen der fehlenden Vollstreckbarkeit einstweiliger schiedsrichterlicher Maßnahmen wird es teilweise für vorteilhafter gehalten, sich direkt an ein staatliches Gericht zu wenden[217].

Soweit ersichtlich, sind weder die Schiedsrichter an eine staatliche Maßnahme noch die staatlichen Richter an eine Maßnahme des Schiedsgerichts rechtlich gebunden[218]. Im Grunde besteht aber kein Anlass für das Schiedsgericht, eine einstweilige Maßnahme anzuordnen, wenn dies schon durch das staatliche Gericht geschehen ist. Ein entsprechender Antrag wäre nach teilweise vertretener Ansicht sogar abzuweisen, sofern nicht besondere Umstände vorliegen[219].

2. Paralleler einstweiliger Rechtsschutz in Deutschland

Die gesetzlich verankerte Parallelität des einstweiligen Rechtsschutzes im Schiedsverfahren nach § 1033 ZPO birgt einige Probleme. So sieht beispielsweise *Voit* die Gefahr wechselseitiger Blockaden[220].

---

[215] SOU 1994:81, S. 101 f.; *Heuman*, Skiljemannarätt, S. 346.

[216] *Kvart/Olsson*, S. 60.

[217] *Heuman*, Specialprocess, S. 33.

[218] *Lindskog*, S. 347.

[219] *Lindskog*, S. 738.

[220] Musielak-*Voit*, § 1041, Rdnr. 1.

Insgesamt finden sich in der Literatur nur wenige Aussagen zu dieser Frage. Wurde zuerst der Antrag beim Schiedsgericht gestellt und anschließend, bevor dieses entschieden hat, ein zweiter Antrag beim Staatsgericht, so fehlt dem zweiten Antrag jedenfalls nicht das Rechtsschutzbedürfnis[221]. Denn die schiedsgerichtliche Maßnahme wäre nicht unmittelbar vollstreckbar, so dass darin kein einfacherer und schnellerer Weg gegenüber dem staatlichen Rechtsschutz zu sehen ist. Wurde umgekehrt zuerst der Antrag beim Staatsgericht gestellt und anschließend auch vor dem Schiedsgericht, so stellt sich die Lage etwas komplizierter dar. Zumindest die Vollziehbarkeitserklärung der schiedsgerichtlichen Maßnahme ist nach § 1041 Abs. 2 Satz 1, 2. Halbsatz ZPO nicht mehr möglich, wenn ein entsprechender Antrag bereits vor dem Staatsgericht gestellt wurde. Dann erscheint ein zweiter Antrag beim Schiedsgericht kaum sinnvoll. Teilweise wird in der Literatur auch angenommen, allein der Antrag vor staatlichen Gerichten begründe die Priorität dieser Rechtsschutzform – unabhängig vom Zeitpunkt der Antragstellung[222].

Wegen § 1033 ZPO muss man das staatliche Gericht für berechtigt halten, einstweilige Maßnahmen auch dann zu erlassen, wenn das Schiedsgericht bereits über eine entsprechende Maßnahme entschieden hat. Der Entscheidung des Schiedsgerichts kann hier allenfalls eine gewisse „Indizwirkung" zukommen[223].

Hat das staatliche Gericht bereits eine einstweilige Maßnahme erlassen, so ist ein zweiter entsprechender Antrag vor dem Schiedsgericht unnötig – eine Vollstreckbarerklärung nach § 1041 Abs. 2 ZPO ist nicht mehr erreichbar. Nach einigen Autoren kann das Schiedsgericht aber immerhin beschließen, dass es die Aufrechterhaltung der staatsgerichtlichen Maßnahme nicht mehr für berechtigt hält[224]. Damit soll die Koordination des einstweiligen Rechtsschutzes mit der Entwicklung des Hauptverfahrens vor dem Schiedsgericht sichergestellt werden[225].

Komplizierter wird es, wenn das staatliche Gericht einen Antrag auf einstweiligen Rechtsschutz abgelehnt hat. Gewährt das Schiedsgericht dann eine entsprechende Maßnahme, müsste nach dem Wortlaut des § 1041 Abs. 2 ZPO ihre Vollziehbarkeit abgelehnt werden. Sinn und Zweck der Vorschrift sprechen jedoch eher dafür, auch in dieser Situation die Vollziehbarkeit einer schiedsgerichtlichen Maßnahme zuzulassen, denn die Parteien sollen in jedem Stadium des Verfahrens frei zwischen staatlichem und schiedsgerichtlichem Rechtsschutz wählen dürfen[226]. Beide Spruch-

---

[221] *Schroth*, SchiedsVZ 2003, 102 (105); MüKo-*Münch*, § 1041, Rdnr. 26; Musielak-*Voit*, § 1033, Rdnr. 5.

[222] MüKo-*Münch*, § 1041, Rdnr. 26.

[223] *Schwab/Walter*, Kap. 17 a, Rdnr. 2; dazu auch OLG Frankfurt vom 17. Juli 2002, Az.: 23 W 53/02, NJW-RR 2003, 498.

[224] Stein/Jonas-*Schlosser*, § 1033, Rdnr. 6.

[225] Stein/Jonas-*Schlosser*, a.a.O.

[226] *Schroth*, SchiedsVZ 2003, 102 (107).

körper können auch Kontakt miteinander aufnehmen, müssen dann allerdings den Parteien vom Inhalt ihrer Kommunikation berichten[227].

3. Vergleich und Bewertung der Rechtsordnungen

Im schwedischen Recht betstehen zwischen staatlichem und schiedsgerichtlichem einstweiligen Rechtsschutz keine eigentlichen Überschneidungen. Beide Rechtsschutzformen fungieren völlig unabhängig voneinander und bewirken unterschiedliche Rechtsfolgen. Anregungen für das deutsche Recht ergeben sich daher in diesem Bereich nicht.

Im deutschen Recht sind aufgrund der – zumindest theoretischen – Gleichwertigkeit der Rechtsschutzformen zahlreiche Überschneidungen denkbar, die m. E. nicht pauschal zugunsten eines Vorrangs des staatlichen Gerichts aufgelöst werden sollten. Vielmehr sollte in jedem Einzelfall abhängig von Zeitpunkt und Inhalt der zuerst getroffenen Entscheidung überlegt werden, welchem Beschluss der Vorrang zu geben ist. Im Rahmen der oben aufgeführten gesetzlichen Einschränkungen sollte der Inhalt der ersten Entscheidung in jedem Fall mit berücksichtigt werden.

VI. Der Ausschluss staatlichen Rechtsschutzes

Im Zusammenhang mit der Reform des Art. 17 UNCITRAL-Modellgesetz wie auch in nationalen Rechtsordnungen wird diskutiert, ob der staatliche einstweilige Rechtsschutz nicht ebenso wie der schiedsrichterliche durch Parteivereinbarung ausgeschlossen werden kann.

1. Ausschluss staatlichen Rechtsschutzes in Schweden

Ein Ausschluss staatlicher einstweiliger Maßnahmen wird in der schwedischen Literatur mangels Vollstreckbarkeit schiedsrichterlicher Maßnahmen und der damit verbundenen Rechtsschutzverweigerung überwiegend abgelehnt[228]. Zu einem anderen Ergebnis könnte höchstens der Vergleich mit § 51 LSF führen[229]. Denn wenn der Staat einen freiwilligen Verzicht auf die Aufhebbarkeit eines Schiedsspruchs zulässt, warum soll dann, zumindest unter Kaufleuten, nicht auch ein freiwilliger Verzicht auf staatlichen einstweiligen Rechtsschutz erlaubt werden? Die Argumente erscheinen zumindest auf den ersten Blick ganz ähnlich: Erfahrung und Sachkenntnis der Parteien mindern das Schutzbedürfnis, in internationalen Schiedsverfahren fehlt eine Anbindung an den Verfahrensort, so dass den staatlichen Gerichten am Schiedsort auch keine besondere Verantwortung zukommt.

---

[227] Stein/Jonas-*Schlosser*, § 1033, Rdnr. 2.
[228] *Heuman*, Skiljemannarätt, S. 346; *v. Pachelbel-Gehag*, S. 128; *Lindskog*, S. 331.
[229] Vgl. dazu unten Abschnitt D. III. 7. a).

Bei näherem Hinsehen geht die Argumentation aber fehl. Im Verfahren des einstweiligen Rechtsschutzes findet keine Kontrolle im Vollstreckungsstadium statt. Diese nachträgliche Kontrolle war ein ganz wesentliches Argument für die Einführung des § 51 LSF[230]. Hinzu kommt, dass ein Antrag auf einstweiligen Rechtsschutz im Verfahrensstaat nur dann gestellt wird, wenn dort auch Vermögen vorhanden ist oder vermutet wird. Somit besteht aber in dieser Situation eine Anbindung an den Verfahrensstaat, der seine staatlichen Organe zur Verfügung stellt. Vor allem aber dient das Aufhebungsverfahren einer nachträglichen Kontrolle des Verfahrens, der einstweilige Rechtsschutz hingegen der Sicherung eines materiellen Anspruchs. Der staatliche Rechtsschutz verfolgt also in beiden Fällen ganz unterschiedliche Ziele, und die Sachlagen sind nicht vergleichbar. Die Argumente, die für die Einführung des § 51 LSF vorgebracht wurden, sind demnach für die Frage des Ausschlusses staatlichen einstweiligen Rechtsschutzes nicht verwertbar. Die Parteien sind daher lediglich in der Lage, eine Absichtserklärung in die Schiedsvereinbarung aufzunehmen, keinen staatlichen Rechtsschutz in Anspruch zu nehmen, und sich schiedsrichterlichen einstweiligen Maßnahmen freiwillig zu unterwerfen.

2. Ausschluss staatlichen Rechtsschutzes in Deutschland

Nach § 1041 Abs. 1, 1. Halbsatz ZPO steht es den Parteien frei, einstweiligen Rechtsschutz durch das Schiedsgericht auszuschließen. Aus der gesetzlichen Regelung geht aber nicht hervor, ob die Parteien auch im Voraus auf staatlichen einstweiligen Rechtsschutz verzichten können. Dies wäre grundsätzlich denkbar, wenn mit dem schiedsgerichtlichen einstweiligen Rechtsschutz nach § 1041 Abs. 1 ZPO ein gleichwertiger Schutz zur Verfügung steht. Das wird jedoch bezweifelt[231].

Solange einstweilige Maßnahmen freiwillig vollzogen werden, besteht im Grunde kein Unterschied zwischen schiedsgerichtlichem und staatlichem Rechtsschutz. Schiedsgerichtlicher Rechtsschutz kann sogar mitunter vorteilhafter sein, da die Schiedsrichter in der Auswahl und Gestaltung der Maßnahmen freier sind als ein staatliches Gericht. Sobald aber zu befürchten ist, der Antragsgegner werde sich weigern, einer angeordneten Maßnahme nachzukommen, muss die Hilfe eines staatlichen Gerichts in Anspruch genommen werden. Bevor eine schiedsgerichtliche einstweilige Maßnahme vollzogen werden kann, muss sie zunächst vom zuständigen Oberlandesgericht für vollziehbar erklärt werden. Gegenüber einer staatlichen einstweiligen Maßnahme erfordert die Vollziehung des schiedsgerichtlichen Rechtsschutzes also einen weiteren Zwischenschritt. Dies kann u. U. zu einer ganz erheblichen Zeitverzögerung oder sogar zur Ablehnung des Antrags führen, so dass der Antragsteller schließlich „mit leeren Händen da steht". Der schiedsgerichtliche einstweilige Rechtsschutz ist also nicht immer so effektiv wie der staatsgerichtliche.

---

230 SOU 1994:81, S. 190.

231 *Schroth*, SchiedsVZ 2003, 102 (104).

Eine eindeutig vorherrschende Meinung hat sich zu der Frage, ob einstweiliger staatlicher Rechtsschutz durch Parteivereinbarung ausgeschlossen werden kann, in der Literatur bislang nicht gebildet[232]. Nicht überzeugen kann das teilweise vorgebrachte Argument, schiedsgerichtlicher Rechtsschutz sei schon deshalb nicht gleichwertig, weil sich das Schiedsgericht erst konstituieren müsse. Vor Konstituierung des Schiedsgerichts kann der Ausschluss staatlichen Rechtsschutzes nicht zulässig sein, denn dann stünde gar kein einstweiliger Rechtsschutz zur Verfügung und auf die Garantie effektiven Rechtsschutzes kann nicht im Voraus verzichtet werden[233]. Die folgenden Ausführungen beziehen sich dementsprechend nur auf den Zeitraum, in dem schiedsgerichtlicher und staatlicher einstweiliger Rechtsschutz grundsätzlich nebeneinander verfügbar sind.

Gegen den Ausschluss staatlichen Rechtsschutzes könnte die Regelung in § 1033 ZPO sprechen, wonach eine Schiedsvereinbarung nicht ausschließt, dass ein Gericht in Bezug auf den Streitgegenstand einstweilige Maßnahmen anordnet[234]. Bei näherer Betrachtung sagt die Regelung aber nichts darüber aus, ob ein expliziter Ausschluss staatlichen Rechtsschutzes möglich ist. Fest steht nur, dass allein die Schiedsvereinbarung den staatlichen einstweiligen Rechtsschutzes nicht ausschließt.

Für die Zulässigkeit einer Ausschlussvereinbarung könnte § 1042 Abs. 3 ZPO angeführt werden, der es den Parteien überlässt, das Verfahren selbst oder durch Bezugnahme auf eine schiedsrichterliche Verfahrensordnung zu regeln[235]. Diese Regelung ist aber letztlich nichts anderes als die Normierung der im Schiedsverfahren geltenden Parteiautonomie. Parteiautonomie kann jedoch immer nur so weit reichen, wie verfassungsrechtliche Grenzen es zulassen. Wenn die Parteien über ihr Recht auf effektiven Rechtsschutz aus Art. 19 Abs. 4 GG verfügen können, steht es ihnen auch frei, den Verzicht darauf durch einen Prozessvertrag zu regeln[236]. Nach h. A. fällt es grundsätzlich in die Eigenverantwortung des Betroffenen, Rechtsschutz durch die Gerichte in Anspruch zu nehmen, weshalb ein Verzicht auf den Rechtsschutz zulässig ist, wenn dem Berechtigten Umfang und Bedeutung des Verzichts bekannt sind[237]. Ob dies der Fall ist, wird allerdings im Zusammenhang mit Schiedsverfahren unterschiedlich bewertet.

---

[232] Für die Möglichkeit eines Ausschlusses: *Bandel*, S. 309 ff. (326); *Schütze*, S. 110; *Schwab/Walter*, Kap. 17 a, Rdnr. 24; *Wagner*, in: Weigand, S. 771, Rdnr. 279; Zöller-*Geimer*, § 1033, Rdnr. 6. Gegen die Zulässigkeit eines Ausschlusses: *Lachmann*, S. 674; Rdnr. 2853; Musielak-*Voit*, § 1033, Rdnr. 3; *Thümmel*, DZWir 1997, 133 (135). Zweifelnd *Gottwald/Adolphsen*, DStR 1017 (1020); *Wolf*, DB 1999, 1101 (1103).

[233] Stein/Jonas-*Schlosser*, § 1033, Rdnr. 1.

[234] So *Lachmann*, S. 674, Rdnr. 2853.

[235] Zöller-*Geimer*, § 1033, Rdnr. 6.

[236] Zur grundsätzlichen Zulässigkeit eines Grundrechtsverzichts s. Schmidt-Bleibtreu/Klein-*Hofmann*, Art. 19, Rdnr. 81.

[237] v. Münch/Kunig-*Krebs*, Art. 19, Rdnr. 64, m.w.N.; Baumbach/Lauterbach/Albers/Hartmann-*Hartmann*, Grdz. § 253, Rdnr. 28 f.

Münch[238] und *Reichold*[239] halten § 1033 ZPO für zwingend und schließen daraus, eine Parteivereinbarung, durch die staatlicher Rechtsschutz im Voraus ausgeschlossen wird, sei unzulässig. Ob die Rechtsprechung eine solche Parteivereinbarung akzeptieren würde, ist bislang unklar. Das OLG Frankfurt ließ in einem Fall aus dem Jahr 2000 den Antrag auf gerichtlichen einstweiligen Rechtsschutz zu, da die vertragliche Regelung jedenfalls nicht „mit der gebotenen Klarheit und Eindeutigkeit" bestimmte, dass auch für den einstweiligen Rechtsschutz *ausschließlich* das Schiedsgericht zuständig sein solle[240]. Welche Anforderung das Gericht an eine „klare und eindeutige Regelung" stellen würde, blieb zwar offen. Immerhin deutet die Entscheidung jedoch an, dass der vertragliche Ausschluss des staatlichen einstweiligen Rechtsschutzes unter bestimmten Umständen möglich sein könnte.

Dem ist zuzustimmen. Es ist kein Grund ersichtlich, warum den Parteien bei einer klar und eindeutig formulierten Ausschlussvereinbarung der Umfang und die Bedeutung ihres Verzichts nicht bekannt sein sollten.

3. Vergleich und Bewertung der Rechtsordnungen

Die Literatur lehnt in beiden Rechtsordnungen einen Ausschluss des staatlichen einstweiligen Rechtsschutzes ab. Die deutsche obergerichtliche Rechtsprechung hat dagegen zu verstehen gegeben, dass eine solche Vereinbarung bei entsprechender Deutlichkeit u. U. akzeptiert werden könnte. In jedem Fall kann ein Ausschluss m. E. nur nach Konstituierung gelten und sollte nur dann zulässig sein, wenn der schiedsrichterliche Rechtsschutz annähernd gleichwertig ist. Dies lässt sich aufgrund der Vollziehbarkeit aber nur für die deutsche Regelung vertreten. Im schwedischen Recht wäre ein Ausschluss staatlicher einstweiliger Maßnahmen mit erheblichen Rechtsschutzeinbußen verbunden.

VII. Die Reform des Artikel 17 UNCITRAL-Modellgesetz

Die bis 2006 geltenden Artikel 9 und Artikel 17 des UNCITRAL-Modellgesetzes zu einstweiligen Maßnahmen enthielten nur rudimentäre Regelungen. Sie besagten nicht, welche Maßnahmen Schiedsrichter erlassen dürfen, an welche Voraussetzungen diese geknüpft sind und ob, und wenn ja, wie einstweilige Maßnahmen vollstreckbar sind. Mitte 2006 legte daher eine Arbeitsgruppe der UNCITRAL Vorschläge für eine neue Fassung des Artikel 17 Modellgesetz vor, die anschließend von

---

238 MüKo-*Münch*, § 1033, Rdnr. 14.

239 Thomas/Putzo-*Reichold*, § 1033, Rdnr 2.

240 OLG Frankfurt, 18. Mai 2000, Az.: 13 W 29/00, NJW-RR 2000, 1117 (1119), Hervorhebung durch das Gericht.

der Kommission angenommen wurden[241]. Die neuen Vorschriften wurden als Artikel 17 A. ff. in ein neues Kapitel IV. des Modellgesetzes eingefügt.

Das Gesetz ist vor allem in drei Punkten wesentlich reformiert worden: Zum einen wird in Art. 17 Nr. 2 n. F. genauer beschrieben, welche Arten von Maßnahmen ein Schiedsgericht erlassen kann. Zum zweiten enthält die Neufassung in Art. 17 H und 17 I eine Vorschrift über die Vollstreckung einstweiliger Maßnahmen. Bis auf Ex-parte-Maßnahmen sollen nunmehr alle schiedsgerichtlichen Maßnahmen von nationalen Gerichten oder den sonst zuständigen Behörden vollstreckt werden können, sofern bestimmte Voraussetzungen erfüllt sind. Eine Inhaltskontrolle findet nicht statt. Die Vollstreckung soll unabhängig davon möglich sein, wo die Maßnahme erlassen wurde, d. h. auch ausländische schiedsrichterliche Maßnahmen erfassen. Dies ergibt sich aus Art. 17 H Nr. 1 n. F.[242].

Der dritte Reformansatz betrifft das Verhältnis zwischen staatlichen Gerichten und Schiedsgerichten. Besonders geregelt wurde in Art. 17 J n. F. die parallele Zuständigkeit staatlicher Gerichte für einstweilige Maßnahmen in Unterstützung des Schiedsverfahrens. Den Unterschied zu Artikel 9 Modellgesetz sah die Arbeitsgruppe darin, dass Artikel 9 vor allem das Recht dritter Parteien betreffe, einstweilige Maßnahmen vor staatlichen Gerichten zu beantragen[243]. Dies geht zwar nicht aus dem Wortlaut hervor, und zumindest der deutsche Gesetzgeber erkannte in Artikel 9 die Grundlage für eine parallele Zuständigkeit von Schiedsgericht und staatlichem Gericht[244]. Die UNCITRAL-Arbeitsgruppe hielt Artikel 9 in seiner ursprünglichen Fassung aber offenbar nicht für ausreichend. Zudem wurde in Art. 17 J ausdrücklich festgehalten, dass der Erlass einstweiliger Maßnahmen durch ein Staatsgericht zur Unterstützung eines Schiedsverfahrens an dieselben Voraussetzungen geknüpft ist wie zur Sicherung oder Unterstützung eines staatlichen Verfahrens.

Angesichts der weit reichenden Unklarheiten in der internationalen Schiedsgerichtsbarkeit ist es zu begrüßen, dass den Schiedsrichtern damit insgesamt konkretere Vorgaben für den Erlass einstweiliger Maßnahmen gemacht werden. Nunmehr obliegt es den nationalen Gesetzgebern, diese ausgearbeiteten Gesetzesvorschläge in ihr einzelstaatliches Recht zu übernehmen. Nähere Betrachtung verdienen insbesondere die Möglichkeit, Ex-parte-Maßnahmen anzuordnen, sowie die Vollstreckbarkeit schiedsgerichtlicher einstweiliger Maßnahmen in grundsätzlich jedem Staat.

Gegen die Vollstreckung einstweiliger Maßnahmen im Ausland könnte das Rechtsschutzbedürfnis der Parteien, insbesondere des Antragsgegners, sprechen. Allerdings: Lässt man die Vollstreckung endgültiger Schiedssprüche zu, warum soll-

---

241 S. die Nachweise in Fußnote 148 dieses Abschnitts. Das neu gefasste Modellgesetz ist abrufbar unter www.uncitral.org/uncitral/en/uncitral_texts/arbitration/1985Model_arbitration.html.

242 Der betreffende Halbsatz des Art. 17 H Nr. 1 lautet: „...shall be enforced [...] irrespective of the country in which it was issued [...]."

243 Bericht der Arbeitsgruppe vom 27. Januar 2005 (Dokument Nr. A/CN.9/573), S. 21, Rdnr. 93; abrufbar unter www.uncitral.org.

244 BT-Drs. 13/5274, S. 38.

te dann die Vollstreckung einstweiliger Maßnahmen nicht ebenfalls zulässig sein? Es ließe sich einwenden, im einstweiligen Rechtsschutz erfolge zunächst nur eine summarische Prüfung der Tatsachen, und Rechte des Antragsgegners könnten unter Umständen erheblich beeinträchtigt werden, wenn der Antragsteller im Hauptsacheverfahren unterliege. Das Schiedsgericht hat aber nach Art. 17 A 1 (a) n. F. gerade auch die möglichen Nachteile des Antragsgegners mit in Betracht zu ziehen und eine verhältnismäßige, also möglichst wenig einschneidende Maßnahme zu ergreifen. Auch besteht nach Art. 17 E die Möglichkeit der Sicherheitsleistung, um solche Schäden des Antragsgegners abzuwenden bzw. finanziell aufzufangen. Hinzu kommt, dass die Vollstreckung einstweiliger Maßnahmen meist leichter rückgängig zu machen ist als die Vollstreckung eines endgültigen Schiedsspruchs.

Ein weiteres Problem stellt sich aber, wenn das Schiedsverfahren in einem Staat stattfindet, der das Modellgesetz nicht oder nicht in seiner neuen Form übernommen hat und sich die Schiedsrichter auch nicht an den darin normierten Voraussetzungen für einstweilige Maßnahmen orientieren. In dieser Situation ist zumindest fraglich, ob das jeweilige staatliche Gericht in einem Modellgesetzstaat zur Anerkennung bzw. Vollstreckung dieser Maßnahme verpflichtet bleibt. Letztlich dürfte die Einhaltung gewisser Mindeststandards aber durch die Anerkennungsvoraussetzungen des Art. 17 I des Entwurfs hinreichend abgesichert sein.

Weniger positiv ist die Regelung zum Erlass von staatlich nicht vollziehbaren Ex-parte-Maßnahmen zu bewerten. Der erreichte Kompromiss blieb bis zum Ende umstritten, so dass fraglich ist, inwieweit er überhaupt Grundlage zukünftiger nationaler Gesetzgebung werden wird. Auch dürfte aufgrund der mangelnden Vollstreckbarkeit solchen Maßnahmen ein nur geringer praktischer Anwendungsbereich verbleiben. Weigert sich eine Partei tatsächlich, am Schiedsverfahren teilzunehmen, wird auch eine nicht vollstreckbare Ex-parte-Maßnahme das Verfahren im Zweifel nicht weiterbringen. Dem Entwurf ist aber zuzugestehen, dass immerhin eine eindeutige Stellungnahme zu dieser international umstrittenen Frage erfolgt ist. Auch zeigt die Einigung, die im Übrigen innerhalb der Arbeitsgruppe erzielt werden konnte, dass es im Bereich einstweiliger Maßnahmen inzwischen einen gewissen internationalen Konsens gibt. Insgesamt bedeutet die Übernahme der neuen Version der Artikel 17 ff. Modellgesetz daher eine Stärkung des schiedsrichterlichen Entscheidungsspielraums und wäre demnach grundsätzlich zu befürworten.

VIII. Zusammenfassung

Der Erlass einstweiliger Maßnahmen im Zusammenhang mit Schiedsverfahren ist nach wie vor eine der umstrittensten Fragen im internationalen Schiedsverfahrensrecht. Dabei variieren die Gestaltungen nationaler Gesetze ebenso wie die Literaturansichten. Auch die Berichte der UNCITRAL-Arbeitsgruppe zur Reform des Art. 17 Modellgesetz zeigen, wie verschieden die Auffassungen sein können.

1. Rechtslage in Schweden

Der schwedische Gesetzgeber hat sich für einen eher traditionellen Ansatz entschieden, indem er sowohl das Schiedsgericht als auch staatliche Gerichte für zuständig erklärt, beide Foren aber strikt voneinander trennt. Die Entscheidungen des Schiedsgerichts haben keinen direkten Einfluss auf die Entscheidungen des staatlichen Gerichts, umgekehrt ist aber auch das Schiedsgericht nicht unmittelbar an die Maßnahmen des staatlichen Gerichts gebunden.

Es fragt sich, ob eine so strikte Trennung sinnvoll ist. Denn hat sich das Schiedsgericht erst einmal konstituiert, so ist eine Zusammenarbeit oder sogar Bindung des staatlichen Gerichts an Entscheidungen oder Beschlüsse des Schiedsgerichts durchaus denkbar. In dieser Phase hat das Schiedsgericht bereits mit der Sachverhaltsermittlung begonnen und sich möglicherweise auch schon ein Bild von den Erfolgsaussichten des Klägers (oder des Beklagten im Falle einer Aufrechnung oder Widerklage) machen können. Ob die Voraussetzungen für bestimmte einstweilige Maßnahmen gegeben sind, kann das Schiedsgericht also in manchen Fällen besser und schneller beurteilen als ein staatliches Gericht, das sich erst einmal in den Fall einarbeiten muss. Auch bleibt eine größere Konformität der Entscheidungen gewährleistet, wenn das gleiche Organ über einstweilige Maßnahme und endgültiges Urteil bzw. Schiedsspruch entscheidet. Nicht zu unterschätzen ist auch die faktische Wirkung einstweiliger Maßnahmen, die häufig den Spielraum der endgültigen Entscheidung erheblich einschränken können. Die Parteien dürften daher in vielen Fällen daran interessiert sein, dieselben Personen, die endgültig über den Streit entscheiden, auch die Maßnahmen des einstweiligen Rechtsschutzes treffen zu lassen.

Hinzu kommt, dass die Vertraulichkeit des Schiedsverfahrens, die einen wichtigen Grund für die Wahl dieser Prozessform darstellt, nur gewahrt bleibt, wenn die Schiedsrichter allein über einstweilige Maßnahmen entscheiden. Gerichtsverhandlungen, d. h. auch Beschlüsse über einstweilige Maßnahmen, sind in Schweden ebenso wie in anderen modernen Rechtsstaaten grundsätzlich öffentlich. Nur wenn die begründete Gefahr besteht, dass Unternehmensgeheimnisse publik werden, können die Parteien eine Verhandlung „hinter verschlossenen Türen" verlangen. Die Voraussetzungen sind sehr eng und dürften im Regelfall nicht gegeben sein, da das Öffentlichkeitsprinzip in Schweden traditionell einen besonderen Stellenwert einnimmt[245]. Nach Kapitel 8, § 17 Abs. 3 des Geheimhaltungsgesetzes (*Sekretesslag*, SekrL), werden besonders sensible Informationen, die ein Zeuge oder Sachverständiger während der Beweisaufnahme in einem Schiedsverfahren vor staatlichen Ge-

[245] Dieses Prinzip erstreckt sich anders als in Deutschland auf alle Bereiche des öffentlichen Lebens. So hat z. B. jeder Bürger das Recht, alle Akten und Dokumente bei Behörden einzusehen, auch die anderer Personen. S. dazu *Edelstam*, S. 28 f. u. 127 f.; *Nordh*, in: Strömholm, S. 655 (657); *Törnblom*, S. 7 u. 9; *Holstad*, S. 11 u. 168; zu geplanten Änderungen im Geheimhaltungsgesetz s. SOU 2003:99 und SOU 2004: 75.

richten mitteilt[246], auf Antrag vertraulich behandelt. Hierzu reicht schon aus, dass nicht zu klären ist, ob die betroffene Person bei Veröffentlichung der Informationen einen Schaden erleiden wird oder nicht[247]. Diese Vorschrift ist jedoch nicht analog auf andere Situationen anwendbar, in denen ein staatliches Gericht am Schiedsverfahren mitwirkt[248]. Auf der anderen Seite ist in dringenden Fällen einstweiliger bzw. „vorläufiger" Rechtsschutz vor staatlichen Gerichten innerhalb weniger Stunden zu erlangen, während das Schiedsgericht meist erst ein Treffen, teilweise über weite Entfernungen hinweg, organisieren muss. Es erscheint nicht besonders praxisrelevant, dass ein nach schwedischem Recht verfahrendes Schiedsgericht einstweilige Maßnahmen erlassen wird, ohne vorher den Antragsgegner zu hören. Die Maßnahme wäre nicht vollstreckbar und könnte auch nicht für vollstreckbar erklärt werden. Alle Beteiligten, der Antragsteller und letztlich auch das Schiedsgericht sind also auf die freiwillige Mitwirkung des Antragsgegners angewiesen. Die Bereitschaft zur freiwilligen Erfüllung bestimmter Anordnungen wird jedoch um ein Vielfaches größer sein, wenn der Verpflichtete sich zuvor zu der Sache äußern durfte. Ist es schon rechtlich umstritten, ob die Schiedsrichter überhaupt solche Maßnahmen erlassen dürfen, so scheinen sie auch praktisch wenig sinnvoll.

Beide Formen einstweiligen Rechtsschutzes weisen also Vor- und Nachteile auf. Schiedsrichterliche Maßnahmen sind nicht vollstreckbar, sie können nicht einmal für vollstreckbar erklärt werden. Dafür bleibt aber die Vertraulichkeit des Verfahrens gewährleistet. Staatliche Maßnahmen sind hingegen zwar ohne weiteres vollstreckbar und innerhalb weniger Stunden zu erlangen, ein Teil des Streits gelangt aber regelmäßig an die Öffentlichkeit.

Diese Situation ist nicht ganz befriedigend. Eine Partei entscheidet sich vielleicht zunächst im Interesse der Vertraulichkeit, nur schiedsrichterliche Maßnahmen zu beantragen. Befolgt die Gegenpartei diese Maßnahmen nicht freiwillig, ist der Antragsteller gezwungen, ein neues Verfahren vor staatlichen Gerichten anzustrengen. Dann hat sie aber schon wertvolle Zeit verloren. Wären schiedsrichterliche Maßnahmen vollstreckbar, könnte dieser Konflikt vermieden werden. Die Vollstreckung einstweiliger Maßnahmen erscheint gegenüber der Vollstreckung eines endgültigen Schiedsspruchs auch weniger einschneidend. Der Antragsgegner kann zwar wirtschaftliche Verluste erleiden, insbesondere wenn sich nachträglich herausstellt, dass er sich im Recht befand. Dem kann aber mit einer Sicherheitsleistung des Antragstellers Rechnung getragen werden. Im geltenden schwedischen Recht finden sich allerdings keine ausdrücklichen Voraussetzungen oder Grenzen für einstweilige Maßnahmen durch Schiedsrichter. Schiedssprüche müssen dagegen bestimmte Verfahrens- und Formvorschriften einhalten, und die Einhaltung dieser Vorschriften

---

[246] Etwa weil die Zeugen vereidigt werden sollen, wozu das Schiedsgericht nicht befugt ist, § 26 LSF.

[247] Im Zivilprozess muss es dagegen überwiegend wahrscheinlich sein, dass die betroffene Person einen bedeutenden Schaden erleidet, Kapitel 18, § 17 Abs. 1SekrL.

[248] *Edelstam*, S. 142.

ist gerichtlich kontrollierbar. Auch kann die Vollstreckungsbehörde bei Zweifeln an der Gültigkeit des Schiedsspruchs bzw. beim Verdacht des Vorliegens von Ungültigkeitsgründen nach § 33 LSF den Schiedsspruch einem staatlichen Gericht vorlegen. Es wären also zumindest bestimmte Verfahrensvorschriften für den Erlass einstweiliger Maßnahmen einzuführen.

Ein anderer denkbarer Weg wäre die Anerkennung und Vollziehbarerklärung einstweiliger Maßnahmen durch ein staatliches Gericht, ähnlich wie im neuen deutschen Schiedsverfahrensrecht. Dieses Verfahren ist auch dem schwedischen Prozessrecht nicht fremd. So sehen die §§ 54 ff. LSF die Anerkennung und Vollstreckbarerklärung ausländischer Schiedssprüche durch das Stockholmer Hofgericht vor. Ein entsprechendes Verfahren ist auch für schiedsgerichtliche einstweilige Maßnahmen vorstellbar. Allerdings wäre auch dafür eine Gesetzesänderung nötig.

Vor diesem konzeptionellen Hintergrund ist davon auszugehen, dass Schweden voraussichtlich auf längere Zeit an der Trennung zwischen staatlichen und schiedsrichterlichen Maßnahmen festhalten wird. Demnach scheint das schwedische Schiedsverfahrensrecht zumindest in diesem Bereich hinter der internationalen Entwicklung zurückzubleiben. Bei näherer Betrachtung wird aber deutlich, dass sich die Gesetzgebung im Bereich einstweiliger Maßnahmen praktisch nicht so sehr auf die Wahl oder die Meidung Schwedens als Schiedsort auswirken wird. Die nationalen schwedischen Regelungen über die Vollstreckbarkeit einstweiliger Maßnahmen sind nur dann relevant, wenn eine Partei auch vollstreckbares Vermögen in Schweden hat. Dies dürfte bei den wenigsten internationalen Schiedsverfahren der Fall sein. Denn in der Regel wird Schweden für internationale Schiedsverfahren ausgewählt, wenn keine der Parteien eine Anknüpfung zu diesem Land aufweist, sozusagen als „neutraler" dritter Staat. Dann aber ist nur entscheidend, ob die Schiedsrichter nach dem Verfahrensrecht berechtigt sind, einstweilige Maßnahmen zu erlassen. Dass dies schon seit langem möglich ist, wurde oben bereits gezeigt. Inwieweit solche einstweiligen Maßnahmen im Ausland vollziehbar sind, ist eine Frage des dortigen nationalen Rechts und kann sich kaum auf die Wahl eines Schiedsortes auswirken.

Insgesamt ist zu konstatieren, dass das „deutsche Modell" nach seiner Ausgestaltung jedenfalls wesentlich moderner ist. Ob es sich auch in der Praxis bewährt, muss sich jedoch erst noch zeigen.

2. Rechtslage in Deutschland

Das deutsche Schiedsverfahrensrecht enthält relativ weit gehende Befugnisse des Schiedsgerichts. Damit ist die deutsche Regelung auch Vorbild für andere Rechtsreformen, z. B. in Österreich. Die Neuregelung des § 593 der österreichischen ZPO geht allerdings noch weiter als § 1041 der deutschen ZPO. So sind einstweilige Maßnahmen eines österreichischen Schiedsgerichts unmittelbar durch die staatlichen Gerichte vollstreckbar, d. h. auf den Zwischenschritt einer Vollziehbarkeitserklärung hat man dort verzichtet. Zudem können ausdrücklich auch Maßnahmen eines ausländischen Schiedsgerichts vollstreckt werden[249]. Die Regelung, den Schiedsrichtern die Befugnis zum Erlass vollziehbarer einstweiliger Maßnahmen einzuräumen, entspricht einer internationalen Tendenz[250] und den Ergebnissen der UNCITRAL-Arbeitsgruppe zur Reform des Modellgesetzes. Nach dem Willen des deutschen Gesetzgebers soll der einstweilige Rechtsschutz durch staatliche Gerichte ausdrücklich nicht subsidiär zu einstweiligem Rechtsschutz durch das Schiedsgericht sein[251]. Es stellt sich aber die Frage, ob diese Parallelität der Rechtsschutzformen immer so sinnvoll ist und auch, welcher Rechtsweg im Einzelfall größere Vorteile für die Parteien aufweist.

Zunächst ist zu berücksichtigen, dass ausschließlich das Schiedsgericht in der Hauptsache entscheiden und sich entsprechend intensiv mit den Tatsachen und Rechtsfragen auseinandersetzen wird. Eine einstweilige Maßnahme des Schiedsgerichts kann durchaus Hinweise auf die endgültige Streitentscheidung enthalten. Wegen dieses engen Zusammenhangs zwischen einstweiliger und endgültiger Entscheidung entscheidet im staatlichen Gerichtsverfahren das Gericht der Hauptsache über den einstweiligen Rechtsschutz. Wird nun ein Staatsgericht während eines laufenden Schiedsverfahrens um einstweiligen Rechtsschutz ersucht, so muss es sich erst in den Sachverhalt einarbeiten und kann, da es die Ansichten der Schiedsrichter in der Regel nicht kennt, die Erfolgsaussichten in der Hauptsache nur soweit beachten, wie es für die Entscheidung über den Anordnungsanspruch nötig erscheint.

Die Bereitstellung staatlichen Rechtsschutzes ist vor allem dann wichtig, wenn zügig eine Entscheidung und ihre Vollstreckung herbeigeführt werden sollen. Ist dies jedoch nicht der Fall, hat der einstweilige Rechtsschutz durch Schiedsrichter viele Vorteile gegenüber dem staatlichen Rechtsschutz. Die Schiedsrichter können wie ausgeführt „sachnäher" entscheiden, sie sind auch flexibler in der Auswahl der Maßnahmen. Ein staatliches Gericht bleibt auf Arrest und einstweilige Verfügung beschränkt und hat die Maßnahmen bei Vorliegen der Voraussetzungen zu erlassen. Die Schiedsrichter dagegen können im Rahmen ihrer Ermessensausübung auf den Erlass einer Maßnahme verzichten, wenn sie sie nicht für sachdienlich halten.

In internationalen Verfahren können im staatlichen Rechtsschutzverfahren Zuständigkeitsprobleme entstehen, und es kann überaus schwierig sein, die Erfolgsaussichten in der Hauptsache zu beurteilen, wenn dabei ausländisches materielles Recht anzuwenden ist. Diese Probleme kann ein Schiedsgericht besser bewältigen, sofern sie sich ihm überhaupt stellen. Das teilweise angeführte Argument, staatlicher einstweiliger Rechtsschutz sei schneller zu erreichen und daher vorzuziehen, greift demnach insbesondere in internationalen Schiedsverfahren nicht durch.

---

[249] Vgl. zur neuen Rechtslage in Österreich *Zeiler*, SchiedsVZ 2006, 79.
[250] Vgl. *v. Saucken*, S. 177.
[251] BT-Drs. 13/5274, S. 38 f.

Mit der Möglichkeit, schiedsrichterliche Maßnahmen im Notfall auch vollziehen zu können, ist diese Rechtsschutzform erheblich aufgewertet worden. Sie ist also sicherlich mehr als ein „(Papier)tiger mit stumpfen Krallen"[252]. Indem der Antragsteller nicht gezwungen ist, zur Erreichung vollstreckbarer einstweiliger Maßnahmen ein staatliches Gericht in Anspruch zu nehmen, kann auch die Vertraulichkeit des Schiedsverfahrens stärker bewahrt werden. Die Vollziehbarkeitserklärung nach § 1041 Abs. 2 ZPO muss zwar durch ein Staatsgericht erfolgen, hierbei findet jedoch nur eine grobe Überprüfung der schiedsrichterlichen Maßnahme im Sinne einer Angemessenheits- und Zuständigkeitsprüfung statt. Es müssen nicht sämtliche Umstände, die Voraussetzung für den Erlass einer einstweiligen staatlichen Maßnahme wären, offen gelegt werden. Außerdem muss nicht in jedem Fall ein staatliches Gericht eingeschaltet werden.

Unklarheiten bestehen im deutschen Recht vor allem im Zusammenhang mit dem Erlass von schiedsrichterlichen Ex-parte-Maßnahmen. Hier wäre eine klare Linie in Rechtsprechung und Literatur wünschenswert. Der neue Artikel 17 B des UNCITRAL-Modellgesetzes bietet aufgrund seines geringen praktischen Anwendungsbereiches nur eine eingeschränkte Lösung: Danach sollen schiedsrichterliche Maßnahmen auch ohne Anhörung des Gegners zulässig sein, diese Maßnahmen dürfen dann allerdings nicht mit Hilfe staatlichen Zwangs vollzogen werden.

Insgesamt ist es vorteilhaft zu bewerten, dass mit dem staatlichen und dem schiedsrichterlichen einstweiligen Rechtsschutz dem Antragsteller zwei Foren offen stehen, die er – je nach den Umständen des Falles – in Anspruch nehmen kann. Der Gesetzgeber hat bei der Reform eine angemessene Kompetenzverteilung zwischen Schiedsgericht und staatlichem Gericht vorgenommen. Eine pauschale Antwort, welche Rechtsschutzform vorzuziehen ist, kann es jedoch nicht geben.

[252] *Schütze*, BB 1998, 1650 (1653).

D. Die Aufhebung und Ungültigkeit von Schiedssprüchen

Die Handhabung des Aufhebungsprozesses ist neben dem Erlass einstweiliger Maßnahmen ein weiteres wichtiges Indiz für das Verhältnis zwischen staatlichen Gerichten und der Schiedsgerichtsbarkeit. Nach einer kurzen Einführung und Begriffsklärung (I.) sollen die von Amts wegen zu berücksichtigenden Aufhebungsgründe (II.) und die nur auf Parteiantrag zu prüfenden Aufhebungsgründe (III.) nach schwedischem und deutschem Recht dargestellt und miteinander verglichen werden. Anschließend wird untersucht, unter welchen Voraussetzungen ein Streit an das Schiedsgericht zurückverwiesen werden kann (IV.). Weiter soll geprüft werden, inwieweit staatliche Gerichte Entscheidungen eines Schiedsgerichts, das Schiedsverfahren ohne Sachentscheidung zu beenden, aufheben oder abändern können (V.). Abschließend werden die gefundenen Ergebnisse noch einmal zusammengefasst (VI.).

I. Einführung und Begriffsklärung

Schiedssprüche können im staatlichen Verfahren grundsätzlich nur wegen bestimmter Verfahrensfehler aufgehoben werden. Eine materielle Überprüfung des Schiedsspruchs findet weder im schwedischen noch im deutschen Recht statt. In der Einführung sollen zunächst der Begriff des Schiedsspruchs (1.) und der Aufhebbarkeit bzw. Ungültigkeit (2.) geklärt und anschließend das Aufhebungsverfahren (3.) dargestellt werden.

1. Qualifikation einer Entscheidung als Schiedsspruch

Von Amts wegen zu prüfende Prozessvoraussetzung des Aufhebungsverfahrens ist ein durch ein privates Schiedsgericht erlassener endgültiger Schiedsspruch[1]. Vereins- oder verbandsinterne Entscheidungen gelten nach deutschem und schwedischem Recht nur als Schiedsspruch, wenn das als „Schiedsgericht“ bezeichnete Entscheidungsorgan unabhängig besetzt ist und nicht in Wirklichkeit ein Vereins- oder Verbandsorgan darstellt oder repräsentiert. Solche „Scheinschiedssprüche“ können nach deutscher höchstrichterlicher Rechtsprechung nicht im Aufhebungsverfahren beseitigt werden[2]. Die schwedische Literatur will aus Gründen der Rechtssicherheit ein Aufhebungsverfahren zumindest in solchen Fällen zulassen, in denen die Ab-

---

[1] *Schwab/Walter*, Kap.25, Rdnr. 3; Zöller-*Geimer*, § 1059, Rdnr. 1.

[2] BGH, Beschluss vom 27.5.2004, Az.: III ZB 53/03, NJW 2004, 2266; zustimmend Musielak-*Voit*, § 1059, Rdnr. 3; Zöller-*Geimer*, § 1059, Rdnr. 1. A. A.: OLG Frankfurt, 6. September 2001, Az.: 3 Sch 2/00 (Entscheidungen ohne Angabe einer Fundstelle sind der Datenbank der DIS entnommen); OLG Naumburg, 20. Mai 2005, Az.: 10 Sch 01/05; *Schroeder*, SchiedsVZ 2005, 244 (245 f.).

grenzung zwischen echtem Schiedsspruch und Scheinschiedsspruch schwierig ist[3]. Ein echtes Schiedsverfahren war bis vor kurzem in Verfahren über Anwaltskosten nach § 33 der Satzung der schwedischen Anwaltskammer (*advokatsamfundet*) vorgesehen. Diese inzwischen nicht mehr gültige Regelung erlaubte auch ein anschließendes gerichtliches Aufhebungsverfahren[4].

In der deutschen und schwedischen Literatur wird zudem der Fall des unverständlichen oder absolut unwirksamen bzw. nichtigen Schiedsspruchs diskutiert[5]. Hiermit sind Schiedssprüche gemeint, die entweder so undeutlich formuliert sind oder bei deren Zustandekommen so erhebliche Fehler unterliefen, dass sie schon keine Rechtswirkung entfalten und daher auch keiner Aufhebung bedürfen. Soweit aber eine Klage auf Feststellung der Wirksamkeit des Schiedsspruchs für unstatthaft gehalten wird[6], sollte das Aufhebungsverfahren auch für solche Schiedssprüche zur Verfügung stehen – zumal anderenfalls der unterlegenen Partei das Risiko der Rechtswirksamkeit des Schiedsspruchs aufgebürdet würde.

Fehlt es an der in § 1054 ZPO vorgeschriebenen Schriftform oder der Unterschrift der Schiedsrichter, liegt nach deutschem Recht kein wirksamer Schiedsspruch vor[7]. Streitig ist, ob das Fehlen von Orts- und Datumsangabe zur Nichtigkeit führt[8] oder ob es sich hierbei um reine Ordnungsvorschriften handelt, die zur Identifizierung des Schiedsspruchs dienen sollen[9]. Das schwedische Recht ordnet für das Fehlen der Unterschrift und bei mangelnder Schriftform die Ungültigkeit[10] des Schiedsspruchs nach § 33 LSF an. Diese Lösung überzeugt angesichts der Möglichkeit, formelle Fehler nach § 32 LSF korrigieren zu lassen, nicht ganz. So wird die Ungültigkeit des Schiedsspruchs aus Zeit- und Kostengründen kaum den Interessen der Beteiligten entsprechen, wenn der Fehler relativ leicht zu beheben ist. Eine Korrekturmöglichkeit besteht auch im deutschen Recht über § 1058 ZPO, sie

---

3 *Heuman*, Practice and Procedure, S. 586; *Madsen*, S. 238 (für Anwendung des § 33 LSF).

4 Zwölf von insgesamt 57 untersuchten Aufhebungsklagen vor dem Stockholmer Hofgericht zwischen Januar 1999 und Dezember 2006 hatten die Aufhebung eines solchen Schiedsspruchs zum Gegenstand. Grundlage der in diesem Abschnitt genannten Zahlen ist zum Teil eine frühere Untersuchung von *Ruotsi*, der für den Zeitraum von 1999 bis 2003 insgesamt 22 Entscheidungen des Stockholmer Hofgerichts in Aufhebungsverfahren ermittelt hat. Für den Zeitraum von 2004 bis 2006 konnte zusätzlich mit Hilfe der Datenbank des Hofgerichts eine Zahl von 35 Entscheidungen ermittelt werden.

5 Zum schwedischen Recht: *Lindskog*, S. 925. Zum deutschen Recht: Musielak-*Voit*, § 1059, Rdnr. 26.

6 Im deutschen Recht entspricht dies der h. M., vgl. Zöller-*Geimer*, § 1059, Rdnr. 24. Im schwedischen Recht ist eine Feststellungsklage jedenfalls in Bezug auf das Vorliegen von Ungültigkeitsgründen nach § 33 LSF zulässig, vgl. *Cars*, S. 160.

7 Stein/Jonas-*Schlosser*, § 1054, Rdnr. 2; Zöller-*Geimer*, § 1054, Rdnr. 1.

8 So Stein/Jonas-*Schlosser*, a.a.O.; MüKo-*Münch*, § 1054, Rdnr. 21.

9 So Musielak-*Voit*, § 1054, Rdnr. 7; Zöller-*Geimer*, § 1054, Rdnr. 9 (fehlende Datumsangabe); Thomas/Putzo-*Reichold*, § 1054, Rdnr. 8 (fehlende Ortsangabe).

10 S. zum Begriff der Ungültigkeit sogleich Ziff. 2.

setzt aber bereits begrifflich wenigstens einen existenten Schiedsspruch voraus. Im Ergebnis sehen also beide Rechtsordnungen die Nichtigkeit bzw. Ungültigkeit bei fehlender Schriftform oder Unterschrift vor.

2. Verwendung der Begriffe „Aufhebbarkeit" und „Ungültigkeit"

Anders als die deutsche ZPO unterscheidet das schwedische Recht zwischen Aufhebbarkeit und Ungültigkeit des Schiedsspruchs. Verfahrensfehler, die einen Schiedsspruch aufhebbar machen, sind von den Parteien im Aufhebungsverfahren nach § 34 LSF geltend zu machen. Ungültigkeitsgründe gemäß § 33 LSF beachtet das Gericht dagegen von Amts wegen. Sie führen allerdings schon *ipso iure* zur Ungültigkeit, ohne dass es dazu der Feststellung durch das Gericht bedürfte[11]. Um Abgrenzungsschwierigkeiten zum Begriff der Nichtigkeit zu vermeiden, soll in dieser Arbeit der Begriff der „Ungültigkeit" nur für die im schwedischen Gesetz genannten Fälle der fehlenden Schiedsfähigkeit, des Verstoßes gegen den ordre public und der Formverstöße verwendet werden. Der Fall des „nichtigen" Schiedsspruchs wird hingegen weder für das deutsche noch für das schwedische Recht näher behandelt.

3. Ablauf des Aufhebungsverfahrens

Das Aufhebungsverfahren des deutschen Rechts unterscheidet sich nicht wesentlich von dem des schwedischen Rechts. Zum besseren Verständnis der inhaltlichen Auseinandersetzung mit den einzelnen Aufhebungs- und Ungültigkeitsgründen sollen beide Verfahrensregeln hier dennoch kurz dargestellt werden.

a) Das Aufhebungsverfahren nach schwedischem Recht

Die Aufhebung eines Schiedsspruchs setzt nach schwedischem Recht eine Klage voraus. Neben der Aufhebungsklage ist auch eine Klage auf Feststellung des Vorliegens oder Nichtvorliegens von Ungültigkeitsgründen zulässig. Über eine Aufhebungsklage entscheidet nach § 43 Abs. 1 S. 1 LSF das örtlich zuständige Hofgericht (*Hovrätt*). Ingesamt gibt es sechs Hofgerichte, die in ihrer Funktion und Zuständigkeit im Allgemeinen etwa den deutschen Oberlandesgerichten entsprechen. In der Praxis ist für Aufhebungsklagen häufig das Stockholmer Hofgericht (*Svea Hovrätt*) zuständig, da die meisten schwedischen Schiedsverfahren mit internationalem Bezug in Stockholm stattfinden[12]. Das Gericht entscheidet durch Urteil (*dom*) oder Beschluss (*beslut*). Wird die Klage als unzulässig abgewiesen, ergeht ein Beschluss,

---

[11] *Cars*, S. 156; *Lindskog*, S. 898.

[12] Vgl. *v. Pachelbel-Gehag*, S. 22. Diese Annahme wurde durch Anfragen bei den übrigen fünf Hofgerichten in Schweden bestätigt. So geht etwa das Hofgericht für Westschweden (*Hovrätt för Västra Sverige*) davon aus, dass zwischen 2000 und 2005 nur insgesamt fünf Aufhebungsklagen eingingen, von denen zwei in der Sache entschieden wurden.

entscheidet das Gericht in der Sache, ergeht ein Urteil. Grundsätzlich ist das Verfahren mit der Entscheidung des Hofgerichts beendet, es kann aber gem. § 43 Abs. 2 LSF nach freiem Ermessen Rechtsmittel zum Höchsten Gerichtshof (*Högsta Domstolen*) zulassen, wenn der Fall „Präjudizwert" hat. Der Beschluss des Hofgerichts über die Zulassung des Rechtsmittels ist nicht anfechtbar, eine Nichtzulassungsbeschwerde im schwedischen Recht nicht vorgesehen[13].

Ungültigkeitsgründe nach § 33 LSF können zeitlich unbegrenzt geltend gemacht werden. In der Regel werden sie nur durch den Antrag einer Partei zur Kenntnis des Gerichts gelangen, denkbar ist aber auch, dass das Gericht sie im Rahmen einer Aufhebungsklage berücksichtigt, ohne dass die Partei sich darauf beruft. Aufhebungs- und Ungültigkeitsgründe können nebeneinander geltend gemacht werden[14]. Die Aufhebungsgründe des § 34 LSF sind innerhalb einer Klagefrist von drei Monaten geltend zu machen. Diese beginnt mit Bekanntgabe des Schiedsspruchs an die Parteien zu laufen, § 34 Abs. 3 S. 1 LSF. Stellt das Hofgericht fest, dass Aufhebungs- oder Ungültigkeitsgründe vorliegen, muss es den Schiedsspruch aufheben (*skall upphävas*). Raum für Ermessen besteht demnach nicht[15]. Ob der Kläger des Aufhebungs- oder Ungültigkeitsverfahrens den konkreten Aufhebungsgrund bezeichnen muss, oder ob eine Schilderung der tatsächlichen Umstände, die zur Aufhebung führen sollen, ausreicht, lässt sich der schwedischen Rechtsprechung und Literatur nicht mit Sicherheit entnehmen. Die wenigen vorhandenen Aussagen deuten eher darauf hin, dass die Darlegung der konkreten Umstände ausreicht, eine Einordnung unter eine der gesetzlichen Fallgruppen mithin entbehrlich ist[16].

Nach § 34 Abs. 2 S. 1 LSF können Aufhebungsgründe auch dann nicht geltend gemacht werden, wenn die Umstände den Parteien während des Schiedsverfahrens bekannt wurden, sie aber widerspruchslos am Verfahren teilgenommen haben oder sonst den Eindruck erweckt haben, sie würden von der Geltendmachung eines Verfahrensfehlers absehen[17]. Die Benennung eines Schiedsrichters stellt aufgrund der Regelung in § 34 Abs. 2 S. 2 LSF allerdings noch kein solch konkludentes Verhalten dar. Auch die Tatsache, dass die Partei den betreffenden Umstand hätte kennen müssen, führt nach überwiegender Ansicht noch nicht zur Präklusion[18].

---

13 *Bagner*, Journal of World Investment and Trade 2004, 40 (Discussion Session). Dies hat der Höchste Gerichtshof in einem Beschluss vom 21. September 2006, Az.: T 2326-06, bestätigt.

14 *Cars*, S. 160.

15 *Lindskog*, S.991; *Madsen*, S. 245.

16 *Kvart/Olsson*, S. 122; *Lindskog*, S. 987. In manchen veröffentlichten Entscheidungen fehlt es sogar an einer genauen Einordnung durch das Gericht, vgl. NJA 1944, 638 und NJA 1953, 751.

17 NJA 1935, 616. Der Kläger des Aufhebungsverfahrens hatte in den unteren Instanzen ausdrücklich auf den Aufhebungsgrund der Mandatsüberschreitung verzichtet. Vor dem Höchsten Gerichtshof wurde ihm dann versagt, diesen Aufhebungsgrund geltend zu machen.

18 *Heuman*, Practice and Procedure, S. 280; *Nerep*, FS-Advokatsamfundet, S. 389 (443 f.); Prop. 1998/99:35, S. 146. A. A.: *Nordenson*, SvJT 1977, 714 (717).

Wurde der Schiedsspruch zur Korrektur, Vervollständigung oder Auslegung gemäß § 32 LSF an die Schiedsrichter zurückverwiesen, so beginnt die Frist zu laufen, sobald der Schiedsspruch in seinem endgültigen Wortlaut den Parteien zugeht, § 34 Abs. 3 S. 1 LSF. Unklar ist, ob auch die im Schiedsverfahren obsiegende Partei Aufhebungs- oder Ungültigkeitsklage erheben darf. Dies wird in der Literatur bei entsprechendem Feststellungsinteresse zumindest für die Feststellung der Gültigkeit oder Ungültigkeit des Schiedsspruchs bejaht[19].

Insgesamt waren im Zeitraum von 1999 bis 2006 nur vier von 45 Aufhebungsverfahren erfolgreich[20]. Die Verfahrensdauer vor schwedischen Gerichten ist dabei überraschend lang. Zwischen 2004 und 2006 betrug die Verfahrensdauer vor dem Stockholmer Hofgericht etwa 22 Monate. Für den Zeitraum von 1999 bis 2003 ermittelt *Ruotsi* eine Verfahrensdauer von 18 Monaten vor dem Stockholmer Amtsgericht und elf Monate vor dem Hofgericht. Hier fanden die Verfahren größtenteils noch nach altem Schiedsverfahrensrecht mit dem Amtsgericht als Eingangsinstanz statt. Entsprechend war von 1999 bis 2003 auch die Verfahrensdauer vor dem Hofgericht kürzer. Man kann also kaum von einem rasanten Anstieg der Verfahrensdauer insgesamt sprechen. Unabhängig davon ist ein Aufhebungsverfahren mit einer durchschnittlichen Dauer von aktuell fast zwei Jahren deutlich zu lang. Dieser negative Aspekt schwedischer Schiedsverfahren wird, obwohl von Praktikern häufig beklagt, in der Literatur und im rechtspolitischen Raum kaum beachtet.

b) Das Aufhebungsverfahren nach deutschem Recht

Seit der Reform von 1998 sind die Oberlandesgerichte als Eingangsinstanz für Aufhebungsverfahren zuständig. Örtlich zuständig ist das Oberlandesgericht, in dessen Bezirk der Schiedsort liegt, § 1062 Abs. 1 Nr. 4 ZPO. Gegen die Entscheidung des Oberlandesgerichts steht nur die Rechtsbeschwerde zum Bundesgerichtshof zur Verfügung. Von der Ermächtigung nach Abs. 5, die Zuständigkeit bei einem OLG zu konzentrieren, haben inzwischen alle Bundesländer Gebrauch gemacht[21]. Eine tatsächliche Konzentration bei einem Gericht, wie sie in Schweden zu beobachten ist, hat hier – angesichts der föderalen Struktur und der Zuständigkeit der Länder nicht weiter überraschend – jedoch nicht stattgefunden. Anders als in Schweden können Aufhebungsgründe auch im Vollstreckungsverfahren nach § 1060 Abs. 2 ZPO geltend gemacht werden.

Nach dem Vorbild des Modellgesetzes unterscheidet das deutsche Recht zwischen von Amts wegen zu berücksichtigenden Aufhebungsgründen (s. dazu II.2.) und solchen, die eine Partei „begründet geltend" machen muss (s. dazu III.2.). Für

---

19 *Lindskog*, S. 912 f.

20 Zur Datengrundlage vgl. o. Fußnote 4 dieses Abschnitts. Da zwölf der insgesamt 57 Entscheidungen Verfahren nach § 33 a. F. der Satzung der schwedischen Anwaltskammer betrafen, die hier nicht näher behandelt werden sollen, verblieben 45 Aufhebungsverfahren.

21 Vgl. den Überblick in SchiedsVZ 2008, 144.

die von Parteiseite geltend zu machenden Aufhebungsgründe gilt grundsätzlich eine Frist von drei Monaten, beginnend mit dem Empfang des Schiedsspruchs durch den Antragsteller, sofern die Parteien nichts anderes vereinbart haben. Die Unterscheidung zwischen geltend zu machenden und von Amts wegen zu berücksichtigenden Aufhebungsgründen hat neben dem eigentlichen Aufhebungsverfahren vor allem Bedeutung für das Vollstreckbarerklärungsverfahren. Der Antrag auf Vollstreckbarerklärung des Schiedsspruchs ist nach § 1060 Abs. 2 ZPO abzulehnen, wenn ein Aufhebungsgrund vorliegt. Aus § 1060 Abs. 2 S. 3 ZPO ergibt sich, dass die von Amts wegen zu berücksichtigenden Aufhebungsgründe auch dann einer Vollstreckbarerklärung entgegenstehen und damit vom Gericht zu berücksichtigen sind, wenn die Drei-Monats-Frist des § 1059 Abs. 3 ZPO bereits abgelaufen ist[22]. Die Aufzählung in § 1059 Abs. 2 ZPO ist ebenso wie die der §§ 33 ff. LSF[23] abschließend[24]. Damit führt z. B. die nachträgliche Änderung der Rechtslage oder von Tatsachen nicht zur Aufhebung[25].

Das deutsche Aufhebungsverfahren ist als Beschlussverfahren ausgestaltet. Umstritten ist, ob der Antragsteller lediglich den Sachverhalt vortragen und entsprechend Beweis erbringen muss[26] oder ob er darüber hinaus auch konkret den oder die Aufhebungsgründe zu nennen hat, auf die er seinen Antrag stützt[27]. Unter Berücksichtigung des allgemeinen Prinzips *iura novit curia* dürfte es jedoch ausreichen, wenn der Antragsteller die Tatsachen schlüssig darlegt und beweist, so dass das Gericht die rechtliche Einordnung vornehmen kann. Dies muss umso mehr gelten, als sich die Aufhebungsgründe in ihrem Anwendungsbereich teilweise überschneiden und dem Antragsteller anderenfalls das Risiko einer fehlerhaften rechtlichen Einordnung aufgebürdet würde. Uneinheitlich wird auch die Frage beantwortet, ob eine Beschwer des Antragstellers Voraussetzung für den Aufhebungsantrag ist[28]. Sofern dies in der Literatur bejaht wird, soll schon eine Benachteiligung im Kostenpunkt ausreichen[29]. Teilweise wird nur ein allgemeines Rechtsschutzbedürfnis verlangt, das allerdings nicht schon dann fehlen soll, wenn der Schiedsspruch der betreffenden Partei den Anspruch voll zubilligt[30]. Denn ein anfechtbarer

---

22 *Schwab/Walter*, Kap. 25, Rdnr. 9.

23 *Heuman*, Practice and Procedure, S. 574; Prop. 1998/99:35, S. 140 (in Bezug auf § 33 LSF); zweifelnd *Lindskog*, S. 899.

24 BT-Drs. 13/5274, S. 58; Zöller-*Geimer*, § 1059, Rdnr. 30.

25 BayObLG 20.3.2003, Az.: 4Z Sch 23/02. Eine Ausnahme kann sich durch Vorliegen eine Restitutionsgrundes nach § 580 ZPO ergeben, s. dazu unten II. 2. b).

26 So MüKo-*Münch*, § 1059, Rdnr. 26; Thomas/Putzo-*Reichold*, § 1059, Rdnr. 6.

27 So *Ehricke*, ZZP 113, 453 (459); *Schwab/Walter*, Kap. 25, Rdnr. 10; Stein/Jonas-*Schlosser*, § 1059, Rdnr. 4.

28 Eine Beschwer fordernd: *Schwab/Walter*, Kap. 25, Rdnr. 11; Stein/Jonas-*Schlosser*, § 1059, Rdnr. 5. Dagegen: Thomas/Putzo-*Reichold*, Rdnr. 4.

29 Stein/Jonas-*Schlosser*, § 1059, Rdnr. 5.

30 Baumbach/Lauterbach/Albers/Hartmann-*Albers*, § 1059, Rdnr. 3.

Schiedsspruch sei kein zuverlässiger Titel[31]. Dies mag richtig sein. Der obsiegenden Partei steht es aber frei, im Verfahren auf Vollstreckbarerklärung nach § 1060 ZPO einen zuverlässigen Titel und damit Rechtssicherheit zu erhalten. Anders als im schwedischen Recht, wo ein Verfahren zur Vollstreckbarerklärung fehlt und daher ein separates Verfahren zur Feststellung der Gültigkeit sinnvoll sein kann, erscheint ein Antragsrecht der obsiegenden Partei nach deutschem Recht unnötig. Bei einer nachteiligen Kostenentscheidung sollte jedoch eine Beschwer und damit das Antragsrecht bejaht werden.

Nach § 1059 Abs. 2 ZPO „kann" ein Schiedsspruch aufgehoben werden, wenn einer der Aufhebungsgründe vorliegt. Zum Teil wird diese Formulierung im Sinne einer Ermessensnorm verstanden[32], andere lehnen richtigerweise im Interesse der Rechtssicherheit einen staatlichen Ermessensspielraum ab[33]. Ein Schiedsspruch ist demnach aufzuheben, wenn das Gericht zu der Überzeugung gelangt, einer der genannten Aufhebungsgründe sei gegeben.

Eine Partei kann einen Verfahrensfehler nach der allgemeinen Präklusionsvorschrift des § 1027 ZPO im Aufhebungsverfahren nicht mehr geltend machen, wenn sie den Fehler trotz Kenntnis nicht unverzüglich im Schiedsverfahren gerügt hat. Nach der Gesetzesbegründung soll schon das „Kennenmüssen" des Verfahrensverstoßes ausreichen, da die gleiche Wertung wie im Rahmen des § 295 ZPO geboten sei[34]. Besteht der Verfahrensfehler in der Ungültigkeit der Schiedsvereinbarung oder der fehlerhaften Besetzung des Schiedsgerichts, gelten spezielle Fristen und Präklusionsvorschriften. Auf diese ist weiter unten jeweils im Zusammenhang mit den einzelnen Aufhebungsgründen einzugehen.

Insgesamt waren zwischen 1999 und 2006 zwölf von 56 Aufhebungsanträgen erfolgreich[35]. Eine dieser Aufhebungsentscheidungen wurde jedoch anschließend wiederum vom Bundesgerichtshof aufgehoben[36]. Die Verfahrensdauer lässt sich aufgrund der gewählten Datengrundlage nicht sicher ermitteln, da in vielen Entscheidungen in der Datenbank Angaben zum Zeitpunkt des Eingangs des Aufhebungsantrags bzw. des Antrags auf Vollstreckbarerklärung fehlen. In 22 von 56 Fällen waren Angaben enthalten. Die durchschnittliche Verfahrensdauer betrug hier etwas

---

[31] Baumbach/Lauterbach/Albers/Hartmann-*Albers*, § 1059, Rdnr. 3.

[32] Zöller-*Geimer*, § 1059, Rdnr. 31 f.

[33] MüKo-*Münch*, § 1059, Rdnr. 2.

[34] BT-Drs. 13/5274, S. 32.

[35] Grundlage der hier genannten Zahlen sind die von der Datenbank der Deutschen Institution für Schiedsgerichtsbarkeit in diesem Zeitraum erfassten „reinen" Aufhebungsverfahren sowie Verfahren über die Vollstreckung inländischer Schiedssprüche, in denen Aufhebungsgründe geltend gemacht wurden. Außerdem wurden nur Entscheidungen solcher Oberlandesgerichte berücksichtigt, bei denen fünf oder mehr solcher Verfahren anhängig waren. Die Gesamtzahl der tatsächlich gestellten Aufhebungsanträge dürfte nur unwesentlich höher sein.

[36] BGH 27. Mai 2004, Az.: III ZB 53/03, NJW 2004, 2226 (Aufhebung der Entscheidung OLG Köln, 3. Juni 2003, Az.: 9 Sch 23/02).

über sechs Monate. Daraus lässt sich immerhin die Vermutung ableiten, dass solche Verfahren in Deutschland wesentlich schneller bearbeitet werden als in Schweden. Aufgrund der eingeschränkten Datengrundlage muss das Ergebnis aber als unsicher betrachtet werden.

II. Überprüfung eines Verfahrensfehlers von Amts wegen

Systematisch lassen sich die Aufhebungs- und Ungültigkeitsgründe im schwedischen und die Aufhebungsgründe im deutschen Recht danach unterscheiden, ob sie von Amts wegen zu berücksichtigen oder von den Parteien geltend zu machen sind. Daher sollen die von Amts wegen zu überprüfenden Ungültigkeitsgründe des § 33 LSF (1.) mit den Aufhebungsgründen des § 1059 Abs. 2 Nr. 2 ZPO (2.) verglichen werden.

1. Die Ungültigkeit des Schiedsspruchs nach § 33 LSF in Schweden

Ein Schiedsspruch ist nach schwedischem Recht ungültig i. S. v. § 33 LSF, wenn die Streitigkeit nicht schiedsfähig war, der Schiedsspruch gegen den schwedischen *ordre public* verstößt oder er bestimmten Formvorschriften nicht genügt.

a) Fehlende Schiedsfähigkeit

Nach § 1 LSF sind im schwedischen Recht alle Streitigkeiten, über die die Parteien sich vergleichen können, schiedsfähig (*skiljedomsmässig*). Weder das LSF noch das schwedische Zivilprozessrecht bestimmen allerdings die Voraussetzungen eines Vergleichs. Die Zulässigkeit ist vielmehr mit Hilfe des im konkreten Fall einschlägigen materiellen Rechts zu bestimmen[37]. Ein paar allgemeine Aussagen lassen sich aber dennoch treffen. Die in den älteren Prozessgesetzen (*rättegångsbalk*) von 1734 und 1849 enthaltenen Bestimmungen über den Vergleich gründeten sich auf das allgemein für zivilrechtliche Verträge geltende Prinzip, dass Vereinbarungen zwischen Privaten über ihre Verhältnisse nicht in die Interessensphären Dritter oder der Allgemeinheit eingreifen dürfen[38]. Mit Inkrafttreten des Prozessgesetzes von 1942 wurden die Vorschriften über den Prozessvergleich aus dem Gesetz herausgenommen, ohne damit jedoch eine sachliche Änderung zu bezwecken[39]. Dementsprechend werden solche Streitigkeiten als vergleichsfähig (*dispositiv)* bezeichnet, in denen die Parteien völlig frei über die Sache bestimmen können[40]. In so genannten *indispositiven* Verfahren hat das Gericht dagegen auch Interessen Außenstehender

[37] *Ekelöf/Edelstam*, Rättegång I, S. 60; *Lindell*, Civilprocessen, Punkt 1.2.1.
[38] *Lindstedt*, SvJT 1950, S. 675 (683).
[39] *Lindstedt*, a.a.O., (687).
[40] *Fitger/Mellqvist*, S. 12 f.; *Bergström/Andersson/Håstad/Lindblom*, S. 41.

oder der Allgemeinheit zu beachten[41]. Zum einen muss das Rechtsverhältnis überhaupt dem Dispositionsrecht des Einzelnen unterliegen, zum anderen muss das Dispositionsrecht im genannten Umfang den Parteien des Streits zukommen[42].

Schiedsfähig sind damit grundsätzlich alle Streitigkeiten, über die die Parteien frei verfügen (disponieren) können. Dies sind alle zivilrechtlichen Rechte und Pflichten, die durch Parteivereinbarung geschaffen, verändert oder beseitigt werden können[43]. Dabei lässt allein der zwingende Charakter bestimmter Vorschriften die Schiedsfähigkeit nicht entfallen[44]. Werden hingegen Interessen Dritter oder der Allgemeinheit berührt, ist eine Streitigkeit grundsätzlich nicht schiedsfähig. So schließen zivilrechtliche Vorschriften, die für die Gültigkeit eines Vertrags die Zustimmung Dritter verlangen, die Schiedsfähigkeit aus[45]. Ausnahmen können gelten, wenn die Interessen Dritter oder der Allgemeinheit in einem separaten Verfahren geschützt werden[46]. Schiedsfähig sind demnach fast alle vermögensrechtlichen Streitigkeiten, auch in der Insolvenz. Dies gilt allerdings nicht, sofern die Schiedsvereinbarung vor Eintritt des Insolvenzfalles geschlossen wurde, um u. a. andere Gläubiger zu benachteiligen[47]. Über die sachenrechtlichen Wirkungen einer Vertragsbeziehung kann grundsätzlich nicht durch Schiedsspruch entschieden werden[48]. Sonderregelungen gelten für das Kartellrecht und Patentstreitigkeiten. Eine dem deutschen § 37h WpHG entsprechende Vorschrift gibt es in Schweden nicht. Jedoch sind Streitigkeiten zwischen einer privaten Partei und der schwedischen Finanzinspektion (*Finansinspektionen*), die u.a. die Einhaltung des Gesetzes über den Wertpapierhandel[49] überwacht, nicht schiedsfähig. Manche schwedischen Gesetze enthalten ausdrückliche Verbote gegen Schiedsvereinbarungen, obwohl die Streitigkeiten an sich dispositiv wären[50]. Forderungen in der Insolvenz und vereinbarte Vertragsstrafen sind schiedsfähig[51]. Die Parteien eines Rechtsstreits können über die Rechtskraft eines Urteils verfügen und demnach bei entsprechender Vereinbarung auch ein Schiedsverfahren über dieselben Fragen durchführen[52].

---

41 *Fitger/Mellqvist*, a.a.O.
42 *Berglund*, S. 65.
43 *Söderlund*, SchiedsVZ 2004, S. 130 (132), Fn. 8.
44 *Cars*, in: Karnov, S. 95 f., Fn. 3; *Lindskog*, S. 237; Prop. 1998/99:35, S. 47 ff.; NJA 1972, 54 und NJA 1973, 620.
45 *Heuman*, Practice and Procedure, S. 145.
46 SOU 1994:81, S. 77.
47 NJA 1993, 641.
48 *Lindskog*, S. 236.
49 Lag (2007:528) om värdepappersmarknaden.
50 So z. B. bestimmte Fragen über die Gültigkeit oder die Befreiung von arbeitsrechtlichen Kollektivvereinbarungen, Fragen des Vereinigungsrechts und der Geschlechterdiskriminierung; s. dazu *Cars*, in: Karnov, S. 95 f.
51 *Cars*, in: Karnov, S. 95 f., dort Fn. 3.
52 NJA 1945, 81.

Nicht schiedsfähig sind vor allem familienrechtliche Streitigkeiten[53], Haftungsfragen oder andere Rechtsfolgen einer Straftat oder Ordnungswidrigkeit[54] sowie Teile des Miet- und Pachtrechts[55] und des Grundstücksrechts[56]. Werden Verträge zur Umgehung bestimmter steuerlicher Nachteile aufgehoben, sind daraus entstehende Streitigkeiten schiedsfähig, da der Schiedsspruch keine Bindungswirkung für die Steuerbehörden entfaltet und die steuerlichen Interessen des Staates durch besondere Verfahren gewährleistet werden[57]. Zivilrechtlich nichtig und wohl auch nicht schiedsfähig sind dagegen Vereinbarungen, die darauf abzielen, durch inkorrekte Informationen an die Behörden Steuervorschriften zu umgehen[58]. Grundsätzlich sind deklaratorische Entscheidungen mit bindender Wirkung für Dritte nicht schiedsfähig, so z. B. Entscheidungen über die Ungültigkeit eines Patents[59].

Kartellrechtliche Streitigkeiten sind gemäß § 1 Abs. 3 LSF schiedsfähig, soweit sie die zivilrechtlichen Wirkungen zwischen den Parteien des Schiedsverfahrens betreffen. Dies gilt für Fälle, in denen das Kartellrecht den Hauptstreitpunkt ausmacht ebenso wie für Fälle, in denen das Kartellrecht nur am Rande interessiert[60]. Für den Erlass von Bußgeldern oder Verboten sowie Ausnahmegenehmigungen ist ausschließlich die schwedische Wettbewerbsbehörde (*konkurrensverket*) zuständig. Gegen Entscheidungen dieser Behörde steht nur der Weg zum Wettbewerbsgericht (*marknadsdomstolen*) offen. Schiedsgerichte können aber beispielsweise über die Ungültigkeit eines Vertrags entscheiden, der eine wettbewerbsbeschränkende und damit gesetzeswidrige Zusammenarbeit vorsieht[61]. Dagegen kann ein Schiedsgericht keinen Schiedsspruch erlassen, der einer Partei die gesetzes- und wettbewerbswidrige Zusammenarbeit untersagt[62].

Für die Bestimmung der Schiedsfähigkeit i. S. v. § 33 Abs. 1 Nr. 1 LSF kommt es grundsätzlich auf die schwedische Rechtsordnung an. Zwingende Normen einer ggf. anwendbaren ausländischen Rechtsordnung sollten die Vergleichsfähigkeit in Schweden nicht beeinflussen, sofern es nur um rein wirtschaftlich-politische Zusammenhänge und nicht um familienrechtliche Fragen geht[63]. Es fehlt dann aber

---

[53] *Cars*, S. 31 ff.; *Ekelöf/Edelstam*, Rättegång I, S. 59.
[54] *Cars*, S. 31 ff.; *Heuman*, Practice and Procedure, S. 145; NJA 2000, 435.
[55] NJA 1972,54; NJA 1976, 125; Streitigkeiten aus gewerblichen Mietverhältnissen sind dagegen schiedsfähig: RH 2000:47.
[56] *Ekelöf/Edelstam*, Rättegång I, S. 59; *Lindell*, Civilprocessen, Punkt 1.2.1; *Madsen*, S. 66 ff.
[57] *Heuman*, Practice and Procedure, S. 143.
[58] *Heuman*, a.a.O., S. 144.
[59] *Lindskog*, S. 235; *Runesson*, JT 2002/03, S. 675 (687).
[60] *Heuman*, Practice and Procedure, S. 148.
[61] *Heuman*, a.a.O., S. 149.
[62] *Heuman*, a.a.O. Zu den Folgen des Eco Swiss-Urteils s. unten 3. b).
[63] Prop. 1998/99:35, S. 47 (48). Nach *Lindskog*, S. 245, soll es allein auf das ausländische Recht ankommen.

möglicherweise nach schwedischem Recht eine gültige Schiedsvereinbarung[64]. Ein entsprechender Schiedsspruch wäre also nicht ungültig, sondern bloß aufhebbar.

aa) Patentstreitigkeiten

Über die Schiedsfähigkeit von Patentstreitigkeiten im schwedischen Recht findet sich nur wenig Literatur. Teilweise wird aus dem schwedischen Patentrecht geschlossen, dass Streitigkeiten über die Gültigkeit von Patenten nicht schiedsfähig sind[65]. Teilweise wird vertreten, dass Schiedsrichter zumindest über die Gültigkeit eines Patents (oder eines anderen immateriellen Rechts) mit Wirkung zwischen den Parteien entscheiden können[66]. Dem wird mit dem Argument widersprochen, die für das staatliche Verfahren geltenden Publizitätsvorschriften dienten auch dem Schutz Dritter, der durch ein Schiedsverfahren, in dem es gerade keinen Publizitätszwang gebe, unterlaufen würde[67]. Zulässig soll jedoch auch nach dieser Ansicht eine Vereinbarung zwischen den Parteien sein, wonach sich die eine Seite verpflichtet, bei der Registrierungsbehörde schriftlich auf das Patent zu verzichten, falls dieses sich als ungültig erweise[68]. Ebenso könne ein Beklagter sich verpflichten, bestimmte Handlungen zu unterlassen[69]. Nicht möglich soll es hingegen sein, dem Beklagten durch Schiedsspruch für den Fall eines Verstoßes gegen diese Verpflichtung Bußgeldzahlungen nach § 57 b des Patentgesetzes (*patentlagen*) aufzuerlegen, da diese nach dem Gesetz unmittelbar vollstreckbar sind[70].

bb) Gesellschaftsrechtliche Streitigkeiten

Das schwedische Recht enthält an zwei wichtigen Stellen im Gesellschaftsrecht Vorschriften über die Durchführung von Schiedsverfahren. Kapitel 22, § 5 des Aktiengesetzes (*aktiebolagslagen*) sieht für Klagen im Zusammenhang mit einem „Squeeze-out" zwingend ein Schiedsverfahren vor. Eine Ausnahme gilt nur für Klagen gegen einen ausländischen Mehrheitsaktionär, diese können auch vor dem zuständigen ausländischen Gericht erhoben werden. Auf diese Schiedsverfahren sind generell die Vorschriften des LSF anwendbar, das Aktiengesetz enthält aber einige Spezialvorschriften. Dazu gehört, dass das Stockholmer Amtsgericht (*tingsrätt*) die Entscheidung des Schiedsgerichts materiell, also nicht nur im Rahmen der §§ 33, 34 LSF

64 *Madsen*, S. 247. S. zu den Voraussetzungen einer gültigen Schiedsvereinbarung unten III. 1. a).
65 *Hobér*, Arbitration International 2001, 351 (380).
66 *Franke*, in: Kronke/Melis/Schnyder, Rdnr. 1393; *v. Pachelbel-Gehag*, S. 61.
67 *Runesseon*, JT 2002/03, 637 (687).
68 *Runesson*, a.a.O. (688).
69 *Runesson*, a.a.O. (685).
70 *Runesson*, a.a.O.

nachprüfen kann. Zudem verpflichtet das Gesetz den Mehrheitsaktionär bzw. die Gesellschaft zur Übernahme der Verfahrenskosten.

Die zweite wichtige Vorschrift ist Kapitel 7, § 54 des Aktiengesetzes. Danach sind Schiedsvereinbarungen im Gesellschaftsvertrag grundsätzlich zulässig. Kapitel 7, § 52 Abs. 1 verleiht dem Schiedsspruch Wirkung für und gegen alle Gesellschafter. Diese Regelungen wurden trotz teilweiser Kritik in den aktuellen Gesetzesänderungen zum 1.1.1999 und zum 1.1.2006 unverändert[71] beibehalten, da man größtenteils der Ansicht war, sie hätten bisher gut funktioniert[72].

b) Verletzung des *ordre public*

Ein Schiedsspruch ist nach schwedischem Recht nichtig, wenn er oder die Art und Weise seines Zustandekommens mit den Grundlagen der schwedischen Rechtsordnung offensichtlich unvereinbar sind. Dies wird allgemein als *Ordre-public*-Vorbehalt verstanden[73]. Der genaue Inhalt des schwedischen *ordre public* ist ebenso wie in anderen Rechtsordnungen nur schwer bestimmbar[74]. Aus den Gesetzesvorarbeiten ergibt sich, dass nur hochgradig anstößige Fälle, die grundlegende Rechtsprinzipien materieller oder prozessualer Art verletzen, als *ordre-public*-widrig gelten sollen[75]. Dies sind etwa Ansprüche, die sich auf Glücksspiel oder kriminelle Handlungen gründen, wie z. B. die Zahlung vereinbarter Bestechungsgelder, des weiteren die Verpflichtung einer Partei zu gesetzlich verbotenen Leistungen oder Schiedssprüche, die einen inakzeptablen Strafcharakter aufweisen oder nach Begehung einer Straftat, wie z. B. der Bedrohung oder Bestechung eines Schiedsrichters, zustande kommen[76]. Andere als die genannten Beispiele finden sich auch in der schwedischen Kommentarliteratur kaum. So bleibt insbesondere unklar, ob Schiedssprüche, die zu „punitive" oder „treble damages" nach angloamerikanischem Vorbild verurteilen, gegen den *ordre public* verstoßen würden[77].

Umstritten ist, ob Schiedssprüche, die sich auf gefälschtes Beweismaterial oder falsche Zeugenaussagen stützen, gegen den *ordre public* verstoßen. *Lindell* verneint dies, da es im schwedischen Recht die Figur des Prozessbetrugs nicht gebe[78], *Heuman* hingegen bejaht es, da nur so eine Harmonisierung des schwedischen Rechts mit anderen Rechtsordnungen erreicht werden könne[79]. Die Gesetzeskommission

---

71 Abgesehen von einer systematischen Neu-Nummerierung der Paragraphen.

72 Prop. 1997/98:99 (Aktiebolagtes organisation), S. 124 ff.; Prop. 2004/05:85 (Ny aktiebolagslag), S. 458 u. 474.

73 Vgl. *Heuman*, Practice and Procedure, S. 587; Prop. 1998/99:35, S. 139.

74 Vgl. *Bogdan*, S. 70 ff.; *Hobér*, Arbitration International 2001, S. 351 (380 f.). Fehlende Schiedsfähigkeit ist danach ein Teilaspekt des ordre public. *Madsen*, S. 240.

75 SOU 1994:81, S. 173; Prop. 1998/99:35, S. 139 f.

76 SOU 1994:81, a.a.O.; Prop. 1998/99:35, a.a.O.

77 Vgl. hierzu auch *Madsen*, S. 240.

78 *Lindell*, Alternativ tvistlösning, S. 206.

79 *Heuman*, Practice and Procedure, S. 587.

beschränkte sich auf die Feststellung, Wiederaufnahmegründe gälten im Rahmen des UNÜ und des UNCITRAL-Modellgesetzes als Teil des *ordre public*[80]. Allgemein gilt, dass die Wiederaufnahmegründe des Kapitel 58, § 1 RB[81] auf Schiedsverfahren nicht anwendbar sind[82]. Im Gesetzgebungsverfahren wurde für den Fall gefälschten Beweismaterials oder falscher Zeugenaussagen die Aufnahme eines separaten Aufhebungsgrundes in das Schiedsverfahrensgesetz vorgeschlagen[83]. Dies lehnte die Regierung im Ergebnis jedoch mangels Praxisrelevanz ab[84]. Ausdrücklich wurde nur die Bedrohung oder Bestechung eines Schiedsrichters während des Verfahrens als Verstoß gegen den *ordre public* bezeichnet[85], nicht aber die Verwendung veroder gefälschten Beweismaterials. Aus dieser insgesamt unklaren Rechtslage wird geschlossen, dass nur einige der Restitutionsgründe zum *ordre public* zählen[86].

Umstritten ist ebenfalls, ob europäische Kartellrechtsvorschriften zum *ordre public* zählen und daher von Amts wegen zu berücksichtigen sind. Aus dem Eco Swiss-Urteil des EuGH vom 1. Juni 1999[87] wird teilweise eine Pflicht der Schiedsrichter abgeleitet, die europäischen Kartellrechtsvorschriften auch dann von Amts wegen anzuwenden, wenn sich keine der Parteien darauf beruft[88]. Andere gehen davon aus, dass nach schwedischem Recht allein das schiedsrichterliche Mandat maßgeblich sei und die Schiedsrichter notfalls das Verfahren ohne Schiedsspruch beenden müssten[89]. Dieser angebliche Konflikt zwischen schiedsrichterlichem Mandat und der Anwendung zwingenden europäischen Rechts stellt jedoch eher ein Scheinproblem dar. Denn zu einem echten Konflikt wird es nur dann kommen, wenn die Parteien die Prüfung kartellrechtlicher Fragen ausdrücklich ausgeschlossen haben.

Insgesamt wurde der Aufhebungsgrund des *ordre public* zwischen 2004 und 2006 nur fünfmal geltend gemacht und jeweils zurückgewiesen[90].

---

[80] SOU 1994:81, S. 182.

[81] In Schweden sind das Zivilverfahren und das Strafverfahren in unterschiedlichen Abschnitten der gleichen Prozessordnung geregelt.

[82] NJA 1986, 620.

[83] SOU 1994:81, S. 182.

[84] Prop. 1998/99:35, S. 149.

[85] Prop. 1998/99:35, S. 148.

[86] *Madsen*, S. 241.

[87] EuGH Rs. C-126/97, Slg. 1999 I-3055; wbl 2001, 300 m. Bspr. *Zobel.*

[88] *Von Quitzow*, Advokaten 1999, Heft 6, S. 12 (14). S. im Gegensatz dazu das Urteil des schweizerischen Bundesgerichts vom 8. März 2006, BGE 132 III 389, wonach das Wettbewerbsrecht allgemein nicht zum *ordre public* gehöre. Aus dem Urteil des EuGH ergebe sich für die Schweiz nichts anderes, da der Anwendungsbereich des EG-Vertrags räumlich begrenzt sei.

[89] *Andersson*, JT 1999/2000, S. 443 (459); *Heuman*, Practice and Procedure, S. 150 f.

[90] Für den Zeitraum zwischen 1999 und 2003 gibt es dazu keine Angaben bei *Ruotsi*.

c) Verletzung von Formvorschriften

Ein Schiedsspruch ist ungültig, wenn er die in § 31 Abs. 1 LSF genannten formellen Anforderungen nicht erfüllt. Danach muss ein Schiedsspruch schriftlich abgefasst und von den Schiedsrichtern unterschrieben sein. Es reicht aus, dass nur die Mehrheit des Schiedsgerichts den Schiedsspruch unterschreibt, wenn der Grund für die fehlende Unterschrift im Schiedsspruch angegeben wird. Die Parteien können auch vereinbaren, dass der Vorsitzende allein den Schiedsspruch unterschreibt. Liegt dem überprüfenden Gericht ein Schiedsspruch vor, den nur der Vorsitzende unterschrieben hat, so wird das Bestehen einer solchen Vereinbarung vermutet[91]. In der Praxis wurde dieser Aufhebungsgrund bisher nicht geltend gemacht.

§ 31 Abs. 2 LSF verlangt, dass das Datum und der Ort, an dem der Schiedsspruch ergangen ist, im Schiedsspruch angegeben werden. Nach § 31 Abs. 3 LSF soll der Schiedsspruch den Parteien sofort zugestellt werden. Eine Verletzung dieser letztgenannten Formvorschriften führt aber nicht zur Ungültigkeit des Schiedsspruchs, da § 33 Abs. 1 Nr. 3 LSF nur auf die formellen Vorschriften des § 31 Abs. 1 LSF, nicht jedoch auf die Folgeabsätze verweist[92].

2. Die Aufhebbarkeit des Schiedsspruchs gem. § 1059 Abs. 2 Nr. 2 ZPO im deutschen Recht

Ein Schiedsspruch ist nach § 1059 Abs. 2 Nr. 2 ZPO durch das Gericht von Amts wegen aufzuheben, wenn der Streit nicht objektiv schiedsfähig war oder wenn er gegen den deutschen *ordre public* verstößt.

a) Fehlende objektive Schiedsfähigkeit

Zunächst einmal enthält die Norm eine kollisionsrechtliche Anknüpfung: Für die Frage der Schiedsfähigkeit soll allein deutsches Recht maßgeblich sein, auf die *lex causae* der Schiedsvereinbarung kommt es insoweit nicht an. Dies wird auch von der ganz überwiegenden Literatur vertreten[93].

Die Schiedsfähigkeit des Streitgegenstandes, d. h. die objektive Schiedsfähigkeit, bestimmt sich nach § 1030 ZPO. Danach ist grundsätzlich jeder vermögensrechtliche Anspruch schiedsfähig. Nur für nichtvermögensrechtliche Ansprüche kommt es noch darauf an, ob die Parteien berechtigt sind, über den Streitgegenstand einen Vergleich zu schließen. Gemäß § 1030 Abs. 3 ZPO bleiben Vorschriften außerhalb des 10. Buches der ZPO, die die Schiedsfähigkeit bestimmter Streitigkeiten ausschließen, außer Betracht. Man wird dafür allerdings eine ausdrückliche Verbots-

---

91 *v. Pachelbel-Gehag*, S. 169 m. w. N.

92 *Cars*, S. 145.

93 *Borges*, ZZP 1998, 487 (494); Musielak-*Voit*, § 1030, Rdnr. 10; Stein/Jonas-*Schlosser*, § 1030, Rdnr. 19; Zöller-*Geimer*, § 1030, Rdnr. 24; a. A. *Schütze*, Rdnr. 97.

oder Ausschlussvorschrift verlangen dürfen, so dass es nicht ausreicht, wenn sich die Unzulässigkeit eines Schiedsverfahrens allein über eine Auslegung und Wertung des jeweiligen Gesetzes bestimmen lässt[94]. Schon nach der Gesetzesbegründung soll die ausschließliche Zuständigkeit bestimmter staatlicher Gerichte ebenfalls kein Indiz für einen Ausschluss der Schiedsgerichtsbarkeit darstellen. Diese Zuständigkeitsnormen bezögen sich meist nur auf die interne Zuständigkeitsordnung innerhalb der ordentlichen Gerichtsbarkeit und sagten dementsprechend nichts darüber aus, ob der Streit auch vor einem Schiedsgericht entschieden werden könnte[95].

aa) Vermögensrechtliche Ansprüche

Als vermögensrechtlich ist jeder Anspruch zu qualifizieren, der auf einer vermögensrechtlichen Beziehung beruht oder auf Geld bzw. Geldwert gerichtet ist, ohne Rücksicht auf seinen Ursprung oder Zweck[96]. Dies schließt alle Zahlungsansprüche ein, aber auch negatorische Ansprüche aus Schutz- oder Firmenrechten[97]. Im Wesentlichen kann auf die zum deutschen Prozessrecht entwickelten Abgrenzungskriterien zurückgegriffen werden[98].

Eine noch weitergehende Auslegung befürworten *Raeschke-Kessler/Berger*. Danach soll jedes „wie auch immer geartete, wenn auch nur subjektiv empfundene wirtschaftliche Interesse des Klägers an der schiedsrichterlichen Geltendmachung des Anspruchs“ genügen, „und sei es auch nur im Hinblick auf die ebenfalls weit zu verstehenden wirtschaftlichen Auswirkungen oder Folgewirkungen der Klage“[99]. Inwiefern eine „weite“ oder „enge“ Auslegung des vermögensrechtlichen Anspruchs im Einzelfall bdeutsam ist, ist fraglich. Die meisten Fälle dürften schon mit der zuerst genannten Definition zu lösen sein. In der bisher – auch nach der Reform – noch umstrittenen Frage der Schiedsfähigkeit gesellschaftsrechtlicher Beschlussmängelstreitigkeiten könnte sie allerdings eine Rolle spielen[100].

Nach der Neuregelung sind Vergleichs-, Verzichts- oder Verfügungsverbote im Bereich vermögensrechtlicher Ansprüche für die Bestimmung der Schiedsfähigkeit irrelevant[101]. Schiedsfähig sind danach beispielsweise auch gemäß § 134 oder § 138 BGB nichtige Rechtsverhältnisse[102], der Anspruch einer GmbH auf Leistung

---

94 MüKo-*Münch*, § 1030, Rdnr. 17.

95 BT-Drs. 13/5274, S. 35.

96 *Lachmann*, S. 78, Rdnr. 281.

97 *Lachmann*, a.a.O.

98 Allgemeine Meinung, vgl. Stein/Jonas-*Schlosser*, § 1030, Rdnr. 2; s. etwa die Übersicht bei Baumbach/Lauterbach/ Albers/Hartmann-*Hartmann*, Grdz. § 1, Rdnr. 11 ff.

99 *Raeschke-Kessler/Berger*, Rdnr. 160.

100 S. dazu unten 2. a) cc) (2).

101 Baumbach/Lauterbach/Albers/Hartmann-*Albers*, § 1030, Rdnr. 2; Zöller-*Geimer*, § 1030, Rdnr. 3.

102 Musielak-*Voit*, § 1030, Rdnr. 2; Stein/Jonas-*Schlosser*, § 1030, Rdnr. 2; Zöller-*Geimer*, § 1030, Rdnr. 8.

der Stammeinlage[103] oder kartellrechtliche Streitigkeiten[104]. Auch Widerrufs- und Unterlassungsansprüche lassen sich dazuzählen, sofern damit wirtschaftliche Belange gewahrt werden sollen[105]. Insolvenzstreitigkeiten sind ebenfalls schiedsfähig, da es sich hierbei fast ausschließlich um vermögensrechtliche Ansprüche handelt[106]. Dies betrifft in jedem Fall Aussonderungs-, Absonderungs- und Masseschuldprozesse, nach überwiegender Ansicht auch Anfechtungsklagen i. S. v. § 129 ff. InsO[107].

Gemäß § 1030 Abs. 2 S. 1 ZPO sind Streitigkeiten über den Bestand eines Mietverhältnisses über Wohnraum im Inland nicht schiedsfähig. Darunter fallen auch Klagen, für die das Bestehen des Mietvertrags Vorfrage ist, wie Herausgabe- oder Räumungsklagen, hingegen nicht auch andere Klagen aus dem Mietverhältnis, wie etwa über die Zahlung des Mietzinses oder Schadensersatzansprüche[108]. Nach §§ 101-110 ArbGG können bestimmte arbeitsrechtliche Streitigkeiten von einem Schiedsgericht entschieden werden. Hierfür gelten jedoch die speziellen Verfahrensvorschriften des ArbGG, nicht die des 10. Buches der ZPO.

Teilweise wird diskutiert, ob die Schiedsfähigkeit bestimmter vermögensrechtlicher Streitgegenstände über die Norm des § 1030 Abs. 3 ZPO hinaus eingeschränkt werden kann[109]. Ansatzpunkt hierfür ist vor allem die Formulierung der Gesetzesbegründung, ein Interesse an ausschließlicher staatlicher Rechtsprechung bestehe „generell“ nicht für vermögensrechtliche Ansprüche[110]. Dazu kommt eine etwas weit hergeholte Besorgnis, die sehr schiedsfreundliche Einstellung des deutschen Rechts könne sich schnell wieder ändern und der Gesetzgeber dann nicht in der Lage sein, entsprechende Einschränkungen der Schiedsgerichtsbarkeit rechtzeitig positivrechtlich zu verankern[111].

Es ist richtig, dass der Wortlaut der Regierungsbegründung Anlass zu Spekulationen bietet, ob es im Zweifelsfall letztlich auf den vermögensrechtlichen Charakter der Streitigkeit oder darauf ankommen soll, ob der Staat sich ein Rechtsprechungsmonopol vorbehalten hat. Allerdings muss dieser etwas missglückte Ausdruck vor dem Hintergrund der gesetzgeberischen Intention gesehen werden, ein

---

[103] BGH 19. Juli 2004, Az.: II ZR 65/03, SchiedsVZ 2004, 259; Musielak-*Voit*, § 1030, Rdnr. 2.

[104] *Raeschke-Kessler/Berger*, Rdnr. 171.

[105] Baumbach/Lauterbach/Albers/Hartmann-*Albers*, § 1030, Rdnr. 2.

[106] *Flöther*, DZWiR 2001, 89 (93), mit überzeugender Begründung.

[107] *Flöther*, a.a.O.; MüKo-*Münch*, § 1030, Rdnr. 19; Musielak-*Voit*, § 1030, Rdnr. 2; Zöller-*Geimer*, § 1030, Rdnr. 11; a. A. *Raeschke-Kessler/Berger*, Rdnr. 198, allerdings ohne nähere Begründung. Eine andere Frage ist, inwieweit vom Gemeinschuldner abgeschlossene Schiedsvereinbarungen die Masse binden oder welche Auswirkungen die Insolvenzeröffnung auf ein laufendes Schiedsverfahren hat. S. dazu unten III. 1. b) bb) (4).

[108] Baumbach/Lauterbach/Albers/Hartmann-*Albers*, § 1030, Rdnr. 6; *Schwab/Walter*, Kap. 4, Rdnr. 8.

[109] *Böcker*, S. 71 ff.; in diese Richtung wohl auch *Raeschke-Kessler/Berger*, Rdnr. 164. Ablehnend *Epping*, S. 197 f.; *Schulze*, S. 43 f.

[110] BT-Drs. 13/5274, S. 34.

[111] *Böcker*, S. 78.

modernes, benutzerfreundliches und praxisorientiertes Schiedsverfahrensrecht zu schaffen[112]. Dem diente vor allem auch die Einführung eines klaren und leicht verständlichen Kriteriums für die Abgrenzung schiedsfähiger von nichtschiedsfähigen Streitigkeiten[113]. Insbesondere ausländischen Nutzern, die mit dieser Gesetzesreform verstärkt angelockt werden sollten, kann kaum zugemutet werden, über den Wortlaut des § 1030 ZPO hinaus Beschränkungen der Schiedsfähigkeit festzustellen, noch dazu mittels eines Kriteriums, dass die Regierungsbegründung selbst für zu vage hielt, um es im Gesetz festzuschreiben[114]. Würde man dem gegenteiligen Ansatz einer „immanenten Einschränkung“ der Schiedsfähigkeit folgen, so würde diese gesetzgeberische Absicht größtenteils wieder zunichte gemacht.

bb) Nichtvermögensrechtliche Ansprüche

Für nichtvermögensrechtliche Ansprüche kommt es nach wie vor auf das Kriterium der Vergleichsfähigkeit des Streitgegenstandes an. Insofern bleiben Literatur und Rechtsprechung zu § 1025 Abs. 1 ZPO a. F. relevant[115].

Nach der zum alten Recht h. L. kam es auf die Vergleichsfähigkeit nach materiellem Recht an[116]. Voraussetzung war demnach die objektive, d. h. abstrakte Vergleichsfähigkeit des Streitgegenstandes und die subjektive, d. h. konkrete Vergleichsfähigkeit der am Streit beteiligten Parteien[117]. In der jüngeren Literatur[118] und der höchstrichterlichen Rechtsprechung[119] wurde demgegenüber in Abweichung von der strikten materiellrechtlichen Theorie vornehmlich auf eine „objektive Verfügungsbefugnis“ abgestellt. Danach ist entscheidend, ob sich der Staat im Interesse besonders schutzwürdiger, der Verfügungsmacht privater Personen entzogener Rechtsgüter ein Rechtsprechungsmonopol in dem Sinne vorbehalten hat, dass allein der staatliche Richter in der Lage sein soll, durch seine Entscheidung den angestrebten Rechtszustand herbeizuführen[120]. Auf die Wirksamkeit eines hypothetischen Vergleichs nach materiellem Recht kam es dementsprechend nicht mehr an.

---

[112] S. dazu BT-Drs. 13/5274, S. 22 ff.; *Berger*, RIW 2001, 7 (7 f.)

[113] Die Praktikabilität dieses Kriteriums zeigt sich u.a. daran, dass es vom österreichischen Gesetzgeber wortgleich in das neue Schiedsverfahrensrecht (in Kraft seit 1.1.2006) übernommen wurde. Zustimmend auch *Oberhammer*, S. 40.

[114] BT-Drs. 13/5274, S. 34.

[115] *Papmehl*, GmbHR 2004, 1217 (1217).

[116] MüKo-*Maier*, 1. Auflage, § 1025, Rdnr. 5 ff.

[117] *Schulze*, S. 23 f. mit weiterer Darstellung des alten Meinungsstreits.

[118] *Bork*, ZZP 100 (1987), 249 (258); zustimmend für das österreichische Recht: *v. Saucken*, S. 59 u. 61.

[119] BGH 6. Juni 1991, Az.: III 68/90, NJW 1991, 2215 (2216); BGH 29. März 1996, Az.: II ZR 124/95, NJW 1996, 1753 (1754) = BGHZ 132, 278.

[120] S. nur BGH NJW 1991, 2215 (2216).

Schiedsfähige nichtvermögensrechtliche Ansprüche sind demnach jedenfalls der Ausschluss aus einem Idealverein[121], der presserechtliche Gegendarstellungsanspruch[122], Streitigkeiten aus dem Namens- oder allgemeinen Persönlichkeitsrecht[123] und die Erteilung einer vertraglich vorausgesetzten Genehmigung[124]. Nicht schiedsfähig sind Ehe- und Kindschaftssachen sowie sonstige Statusfragen, wohl aber Klagen auf Unterhalt, da letztere vermögensrechtlicher Natur sind[125].

cc) Einzelfragen der objektiven Schiedsfähigkeit

Typische Problemfälle der objektiven Schiedsfähigkeit sind Patentstreitigkeiten und die Schiedsfähigkeit gesellschaftsrechtlicher Beschlussmängelstreitigkeiten. Diese beiden Fallgruppen und ihre Lösung nach deutschem Recht sollen im Folgenden kurz dargestellt werden.

(1) Patentstreitigkeiten

Umstritten ist seit der Neuregelung des Schiedsverfahrensrechts, ob Klagen auf Nichtigerklärung und Zurücknahme von Patenten sowie auf Erteilung von Zwangslizenzen schiedsfähig sind. Dagegen sprechen nach der Regierungsbegründung und Teilen der Literatur die Zuständigkeit spezieller Patentgerichte und die Tatsache, dass Patente in Form eines Verwaltungsaktes verliehen werden[126]. Auch die geplante Einrichtung eines gemeinsamen europäischen Patentgerichts spräche eher gegen die Schiedsfähigkeit solcher Streitigkeiten.

Vielfach wird in der Literatur jedoch eine Schiedsfähigkeit von Patentstreitigkeiten befürwortet[127], da es sich auch bei solchen Klagen um vermögensrechtliche Streitigkeiten handele, die ausschließliche Zuständigkeit der Patentgerichte eher auf Zweckmäßigkeitserwägungen als auf einem Rechtsprechungsmonopol des Staates beruhe, die öffentlich-rechtliche Natur eines Anspruchs grundsätzlich nicht gegen seine Schiedsfähigkeit spreche und auch die schweizerische Vorbildregelung des Art. 177 Abs. 1 IPRG Patentstreitigkeiten für schiedsfähig halte[128]. Dies leuchtet ein, insbesondere auch vor dem Hintergrund der Existenz des Schiedsgerichts der *World Intellectual Property Organisation*. Überzeugend ist letztlich auch das Argu-

---

[121] BT-Drs. 13/5274, S. 35; Musielak-*Voit*, § 1030, Rdnr. 6.

[122] BT-Drs. 13/5274, S. 35; Musielak-*Voit*, § 1030, Rdnr. 6.

[123] Baumbach/Lauterbach/Albers/Hartmann-*Albers*, § 1030, Rdnr. 4; MüKo-*Münch*, § 1030, Rdnr. 11.

[124] BayObLG 9.9.1999, BB Beilage 2000, 16 (zu Heft 37).

[125] *Schwab/Walter*, Kap. 4, Rdnr. 2; Musielak-*Voit*, § 1030, Rdnr. 6.

[126] Baumbach/Lauterbach/Albers/Hartmann-*Albers*, § 1030, Rdnr. 8; BT-Drs. 13/5274, S. 35; *Lachmann*, S. 88, Rdnr. 313; MüKo-*Münch*, § 1030, Rdnr. 18; *Schulze*, S. 218 u. 220.

[127] *Berger*, RIW 2001, 7 (12); *Schwab/Walter*, Kap. 4, Rdnr. 11; Stein/Jonas-*Schlosser*, § 1030, Rdnr. 3; Zöller-*Geimer*, § 1030, Rdnr. 14.

[128] *Berger*, RIW 2001, 7 (12).

ment, ein Schiedsgericht könne ein Patent zwar nicht für nichtig erklären, wohl aber eine Partei verpflichten, beim zuständigen Patentamt einen entsprechenden Löschungsantrag zu stellen[129]. Die Rechtslage in diesem Bereich bleibt aber – auch wegen fehlender höchstrichterlicher Rechtsprechung – bislang unklar.

(2) Schiedsfähigkeit gesellschaftsrechtlicher Beschlussmängelstreitigkeiten

Die objektive Schiedsfähigkeit gesellschaftsrechtlicher Beschlussmängelstreitigkeiten ist seit langem umstritten. Die Reform des 10. Buches der ZPO hat daran nichts geändert. Teilweise wird vertreten, als vermögensrechtliche Streitigkeit seien solche Streitigkeiten nunmehr eindeutig schiedsfähig[130]. Dass das Rechtsverhältnis zwischen den Mitgliedern einer Kapital- oder Personengesellschaft sowie zwischen der Gesellschaft und ihren Mitgliedern eine vorrangig vermögensrechtliche Grundlage hat, wird von niemandem ernsthaft bestritten. Folgt man dem, so sind sämtliche Streitigkeiten, die sich aus der Mitgliedschaft ergeben, darunter auch Beschlussmängelstreitigkeiten, vermögensrechtlicher Art[131]. Das eigentliche Problem der „Schiedsfähigkeit" gesellschaftsrechtlicher Beschlussmängelstreitigkeiten liegt jedoch an anderer Stelle.

Die Entscheidung im Beschlussmängelverfahren wirkt gemäß § 248 AktG für und gegen alle Gesellschafter, auch wenn sie nicht am Verfahren beteiligt waren. Entsprechend schreibt das Gesetz auch nach § 246 Abs. 3 AktG eine Verfahrenskonzentration beim Landgericht am Sitz der Gesellschaft vor, um mehrere Verfahren mit widersprüchlichen Ergebnissen zu verhindern. Diese gesetzliche Rechtskrafterstreckung im Gesellschaftsrecht steht in direktem Widerspruch zur *inter-partes*-Wirkung einer Entscheidung zwischen den Parteien im Schiedsverfahren, die in § 1055 ZPO ebenfalls gesetzlich angeordnet wird. Andererseits ist zu berücksichtigen, dass der Bundesgerichtshof in seiner Grundsatzentscheidung von 1996 die objektive Schiedsfähigkeit von gesellschaftsrechtlichen Beschlussmängelstreitigkeiten nicht generell ausgeschlossen hat[132]. Dies wird von der Literatur teilweise verkannt oder ignoriert[133]. Im konkreten Fall wurde zwar die Einrede der Schiedsvereinbarung zurückgewiesen. Das ändert aber nichts daran, dass der Bundesgerichtshof keine grundsätzlichen Hindernisse im Sinne eines staatlichen Rechtsprechungsmonopols für die Entscheidung durch ein Schiedsgericht sieht.

Nach Ansicht des Bundesgerichtshofes sprach gegen die objektive „Schiedsfähigkeit" in dem zu entscheidenden Fall vor allem, dass „die in Rechtsstreitigkeiten dieser Art ergehenden, der Klage stattgebenden Entscheidungen […] für und gegen

---

[129] Zöller-*Geimer*, § 1030, Rdnr. 14.

[130] *K. Schmidt*, ZHR 162 (1998), 265 (271); dagegen *Ebbing*, NZG 1998, 281 (287).

[131] *Bayer*, ZIP 2003, 881 (883).

[132] BGH 29. März 1996, Az.: II ZR 124/95, NJW 1996, 1753.

[133] Baumbach/Lauterbach/Albers/Hartmann-*Albers*, § 1030, Rdnr. 8; Thomas/Putzo-*Reichold*, § 1030, Rdnr. 2.

alle Gesellschafter und Gesellschaftsorgane wirken, auch wenn sie an dem Verfahren nicht als Partei teilgenommen haben"[134]. Zugleich erteilte er einer analogen Anwendung der aktienrechtlichen Vorschriften auf das Schiedsverfahren eine Absage[135]. Auch die Ansicht, § 1055 ZPO n. F. bzw. § 1040 ZPO a. F. stehe der Rechtskrafterstreckung nicht entgegen, weil er nicht anordne, dass der Schiedsspruch „nur" oder „ausschließlich" zwischen den Parteien wirke[136], hielt das Gericht nicht für überzeugend[137]. Nicht dies, sondern der Sonderfall der Wirkung *erga omnes* hätte demnach einer gesetzlichen Regelung bedurft[138]. Zusätzlich sei auch die Besetzung des Schiedsgerichts problematisch, wenn man beispielsweise nur ein einziges, also etwa das zuerst einberufene Schiedsgericht für zuständig erklärte. Den übrigen Parteien sei dann das Recht zur persönlichen Schiedsrichterwahl genommen, zudem stelle sich die Frage, inwieweit mehrere auf einer Seite Beteiligte einem Einigungszwang unterworfen werden dürften[139].

So wird deutlich, dass es bei dem Streit um die Schiedsfähigkeit gesellschaftsrechtlicher Beschlussmängelstreitigkeiten eigentlich um einen Konflikt zwischen zwei verfahrensrechtlichen Regelungen geht, nämlich § 248 AktG und § 1055 ZPO, nicht aber um die Frage, ob gesellschaftsrechtliche Beschlussmängelstreitigkeiten grundsätzlich dem staatlichen Richter vorbehalten sein sollen. Dies zeigt auch ein Blick auf die Rechtslage in Österreich, wo nach der Neufassung des § 582 öZPO jeder vermögensrechtliche Anspruch Gegenstand einer Schiedsvereinbarung sein kann. Die Schiedsfähigkeit gesellschaftsrechtlicher Beschlussmängelklagen wird dort nunmehr im überwiegenden Schrifttum[140] und von der Rechtsprechung anerkannt[141]. Voraussetzung ist danach lediglich, dass alle von der Rechtskrafterstreckung Betroffenen an der Schiedsvereinbarung beteiligt sind, was aber bereits dann gegeben sein soll, wenn die Schiedsklausel in der Satzung der Gesellschaft enthalten ist[142]. Ob die übrigen Gesellschafter angemessen am Verfahren beteiligt sind, wird danach zutreffend als Frage des Verstoßes gegen das rechtliche Gehör eingeordnet[143], was – wie auch nach deutschem Recht – einen Aufhebungsgrund darstellt. Tatsächlich gibt es ein praktisches Bedürfnis für eine schiedsrichter-

---

134 BGH NJW 1996, 1753 (1755).
135 BGH a.a.O.
136 Vertreten z. B. von *Kornmeier*, S. 49.
137 BGH a.a.O. Den österreichischen OGH hingegen überzeugte dieses Argument, s. OGH NZG 1999, 307 (308).
138 BGH a.a.O.
139 BGH a.a.O.
140 *Reiner*, S. 72; differenzierend *Fasching-Hausmaninger* § 582, Rdnr. 11, 28, 39 ff.
141 OGH NZG 1999, 307 m. w. N.
142 OGH a.a.O. (308); *Fasching-Hausmaninger* § 582 Rdnr. 41.
143 OGH a.a.O.

liche Entscheidung, was sich daran zeigt, dass viele Gesellschaftsverträge Schiedsklauseln enthalten[144].

Hierzu meinte der Bundesgerichtshof, es könne nicht Aufgabe der Rechtsprechung sein, „darüber zu befinden, wie das schiedsgerichtliche Verfahren und die Beteiligungsmöglichkeiten der von ihm subjektiv Betroffenen im Einzelnen ausgestaltet sein müssten, um eine tragfähige Grundlage für die analoge Anwendung der §§ 246 ff. AktG auf die Tätigkeit privater Schiedsgerichte zu bieten“[145]. Dies sei vielmehr Aufgabe des Gesetzgebers. Der Gesetzgeber hat allerdings im Rahmen der Neuregelung des deutschen Schiedsverfahrensrechts „angesichts ihrer Vielschichtigkeit“ auf eine positivrechtliche Regelung dieser Frage verzichtet und ihre Lösung wiederum der Rechtsprechung überlassen[146].

Somit bleibt die Rechtslage unklar. Sicher ist nur, dass auch gesellschaftsrechtliche Beschlussmängelstreitigkeiten grundsätzlich einer Beilegung durch private Schiedsgerichte zugänglich sind. Ob dies im konkreten Fall zulässig ist, hängt von der Ausgestaltung der Schiedsvereinbarung und Verfahrensvorschriften ab. Nach dem Urteil des Bundesgerichtshofes müssten darin vor allem Vereinbarungen über die Rechtskrafterstreckung, Verfahrensverbindung und Besetzung des Schiedsgerichts enthalten sein, um den Konflikt zwischen inter-partes-Wirkung des Schiedsspruchs und Rechtskrafterstreckung des § 248 AktG zu lösen. Ein genereller Ausschluss der objektiven Schiedsfähigkeit lässt sich aber weder aus der bestehenden gesetzlichen Regelung noch aus der Rechtsprechung ableiten.

Im Bereich *aktienrechtlicher* Beschlussmängelklagen kommt ein weiteres Problem hinzu. Gemäß § 23 Abs. 5 AktG kann die Satzung einer AG von den gesetzlichen Vorschriften nur dort abweichen, wo dies ausdrücklich zulässig ist. Daraus ist nach überwiegender Ansicht ein generelles Verbot der Schiedsgerichtsbarkeit für aktienrechtliche Beschlussmängelklagen abzuleiten, da § 246 Abs. 3 S. 1 den Rechtsweg vor staatlichen Gerichten garantiert[147]. Streng genommen wird aber auch hier nicht die Schiedsfähigkeit als solche ausgeschlossen, sondern nur die satzungsmäßige Verankerung der Schiedsgerichtsbarkeit für unzulässig erklärt[148].

---

[144] Nach *Reichert*, FS-Ulmer, S. 511 ff. (511), haben etwa ein Drittel aller in Deutschland verhandelten Streitigkeiten einen gesellschaftsrechtlichen Hintergrund; *Papmehl*, S. 2 ff.

[145] BGH NJW 1996, 1753 (1756).

[146] BT-Drs. 13/5274, S. 35.

[147] *Hüffer*, § 246, Rdnr. 19 f.; *K. Schmidt*, BB 2001, 1857 (1861); *Schulze*, S. 141; Zöller-*Geimer*, § 1066, Rdnr. 12. *K. Schmidt*, a.a.O., hält dies allerdings zumindest für die „kleine“ AG für nicht mehr zeitgemäß. Eine Lösung könne hier die satzungsbegleitende Nebenabrede mit Bindungswirkung für alle Beteiligten und deren Gesamtrechtsnachfolger darstellen. A. A.: *Raeschke-Kessler/Berger*, Rdnr. 179.

[148] *Schulze*, S. 141.

b) Verletzung des ordre public

Gemäß § 1059 Abs. 2 Nr. 2 b) ZPO ist ein deutscher Schiedsspruch aufzuheben, wenn seine Anerkennung oder Vollstreckung zu einem Ergebnis führt, das der öffentlichen Ordnung widerspricht. Damit soll ein Missbrauch der Rechtsprechungsbefugnis durch die private Schiedsgerichtsbarkeit verhindert werden[149].

Mehrheitlich wird zwischen dem internen *ordre public* und einem großzügigeren *ordre public international* unterschieden[150]. Insbesondere wenn keine deutschen Parteien am Verfahren beteiligt seien, sondern Deutschland lediglich als neutraler Drittstaat zur Austragung des Schiedsverfahrens gewählt werde, könne man ein höheres Maß an Abweichungen von Normen und Prinzipien tolerieren, die der deutschen Rechtsordnung zugrunde liegen[151]. In der internationalen Literatur wird teilweise von einem „transnationalen" *ordre public* gesprochen[152]. Hiermit sind Grundsätze gemeint, die international überwiegend oder sogar überall gelten. Vor allem Schiedsgerichte wendeten diesen *ordre public transnational* an[153]. Zum einen ist aber der Inhalt des so verstandenen *ordre public* schwerer zu fassen als eine an nationalen Grundsätzen orientierte Auslegung. Zum zweiten geht es bei der Entscheidung über die Aufhebung eines Schiedsspruchs gerade um seine Vereinbarkeit mit dem nationalen Recht des Staates, auf dessen Territorium er erlassen wurde oder vollstreckt werden soll.

Des Weiteren wird im deutschen Recht zwischen materiellrechtlichem und verfahrensrechtlichem *ordre public* unterschieden. Der verfahrensrechtliche *ordre public* erfasst etwa das Recht auf rechtliches Gehör[154], soweit nicht bereits § 1059 Abs. 2 Nr. 1 b) ZPO einschlägig ist, das Gebot überparteilicher Rechtspflege[155] und die Beachtung von anderwärts ergangenen rechtskräftigen Entscheidungen[156]. Nach überwiegender Ansicht zählen auch die Restitutionsgründe des § 580 ZPO zum verfahrensrechtlichen *ordre public* bzw. konkretisieren ihn[157]. Nach Ansicht des Bundesgerichtshofes kann ein Schiedsspruch zudem aufgehoben werden, wenn das Ausnutzen dieses Schiedsspruchs eine vorsätzliche sittenwidrige

---

149 Zöller-*Geimer*, § 1059, Rdnr. 62 u. 74.

150 *Borges*, ZZP 111 (1998), 487 (495); BT-Drs. 13/5274, S. 59; BGH, Beschluss vom 23. Februar 2006, Az.: III ZB 50/05.

151 Stein/Jonas-*Schlosser*, § 1061, Rdnr. 135. In diese Richtung auch *Raeschke-Kessler/Berger*, Rdnr. 1002.

152 *Hunter/Conde E Silva*, JWI 2003, 367 (368); *Kreindler*, JWI 2003, 239 (249).

153 *Hunter/Conde E Silva*, a.a.O.

154 Musielak-*Voit*, § 1059, Rdnr. 25 u. 27.

155 *Hausmann*, FS-Stoll, S. 593 (608); Musielak-*Voit*, § 1059, Rdnr. 25.

156 MüKo-*Münch*, § 1059, Rdnr. 23; Musielak-*Voit*, § 1059, Rdnr. 28; Stein/Jonas-*Schlosser*, § 1061, Rdnr. 154.

157 BT-Drs. 13/5274, S. 59; *Kröll*, SchiedsVZ 2004, 113 (119); Zöller-*Geimer*, § 1059, Rdnr. 67; BGH 2. November 2000, Az.: III ZB 55/99, NJW 2001, 373.

Schädigung nach § 826 BGB analog darstellen würde[158]. Dies wird z. T. wegen des abschließenden Charakters des § 1059 Abs. 2 ZPO als problematisch angesehen[159].

Der materiellrechtliche *ordre public* schützt grundlegende Rechtssätze des materiellen Rechts, ist aber nicht schon dann einschlägig, wenn zwingendes materielles Recht verletzt wurde[160]. Denkbar wären etwa Schiedssprüche, die gegen die Grundrechte[161], bestimmte wirtschaftsrechtliche Vorschriften des Kartell- und Wettbewerbsrechts[162], des Verbraucherschutzes oder des Devisenrechts, gegen Export- oder Importbestimmungen oder gegen Gläubigerschutzvorschriften verstoßen[163]. In internationalen Beziehungen zählen zum materiellrechtlichen *ordre public* auch wechselseitig anerkannte Staatsinteressen[164] und die Bedürfnisse des internationalen Wirtschaftsverkehrs mit ihren Vorschriften über Drogen-, Waffen- und Kunsthandelsgeschäfte[165]. So verstoßen nach Ansicht von *Schlosser* maßlos übertriebene oder gänzlich unzureichende Schadensersatzbeträge ebenso wie Enteignungen ohne oder mit nur geringen Entschädigungszahlungen gegen den *ordre public*[166]. Die kartellrechtlichen Vorschriften des Europarechts werden, soweit ersichtlich, von allen Literaturstimmen als Teil des deutschen materiellen *ordre public* angesehen[167]. Darüber hinaus werden teilweise diejenigen primär- und sekundärrechtlichen europäischen Normen, die die Grundfreiheiten des Binnenmarktes verwirklichen, zum *ordre public* gezählt[168]. Nach überwiegender Ansicht[169] im Schrifttum haben die Schiedsrichter die kartellrechtlichen Vorschriften des Europarechts zudem von Amts wegen zu berücksichtigen. Die Frage sei nicht, ob, sondern wie die Normen im Einzelfall anzuwenden seien[170].

Nach der grundlegenden Konzeption des § 1059 ZPO sind die Aufhebungsgründe des Abs. 2 Nr. 1 auf Rüge der betroffenen Partei, die Aufhebungsgründe des Abs. 2 Nr. 2 von Amts wegen zu prüfen. Nach einer in der Literatur vertretenen Ansicht gilt dies in Bezug auf einen Verstoß gegen den *ordre public* jedoch nur, so-

---

[158] BGH, Beschluss vom 2. November 2000, Az.: III ZB 55/99, NJW 2001, 373.

[159] *Lachmann*, S. 559, Rdnr. 2343; MüKo-*Münch*, § 1059, Rdnr. 23, dort Fußnote 108a.

[160] Zöller-*Geimer*, § 1059, Rdnr. 74.

[161] BT-Drs. 13/5274, S. 59. *Hausmann*, FS-Stoll, S. 593 (607).

[162] *Lachmann*, S. 557, Rdnr. 2333 ff.; MüKo-*Münch*, § 1059, Rdnr. 24; Musielak-*Voit*, § 1059, Rdnr. 31; Stein/Jonas-*Schlosser*, § 1061, Rdnr. 148.

[163] Sämtliche Beispiele bei Musielak-*Voit*, § 1059, Rdnr. 31.

[164] Stein/Jonas-*Schlosser*, § 1061, Rdnr. 136.

[165] MüKo-*Münch*, § 1059, Rdnr. 24; Stein/Jonas-*Schlosser*, § 1061, Rdnr. 147.

[166] Stein/Jonas-*Schlosser*, § 1061, Rdnr. 142.

[167] MüKo-*Münch*, § 1059, Rdnr. 24; Zöller-*Geimer*, § 1061, Rdnr. 51. Vgl. *Niggemann*, SchiedsVZ 2005, 265 (268).

[168] *Ruzik*, S. 23. Zum österreichischen Recht ebenso *Gamauf*, ZfRV 2000, 41 (44). Weitergehend Musielak-*Voit*, § 1059, Rdnr. 29.

[169] *Eilmannsberger*, SchiedsVZ 2006, 5 (10); *Sachs*, SchiedsVZ 2004, 123 (128); *K. Schmidt*, BB 2006, 1397 (1399).

[170] *Sachs*, a.a.O.

weit unmittelbare Staatsinteressen berührt sind[171]. Soweit es lediglich um Parteiinteressen geht, soll die betroffene Partei den Verstoß geltend machen müssen[172]. Eine solche Differenzierung ist jedoch wegen der staatlichen Kontrollfunktion, die auch einen Schutz des Einzelnen vor sich selbst bezweckt, abzulehnen[173].

In der Praxis wird ein Verstoß gegen den *ordre public* recht häufig gerügt, meist jedoch vergeblich. Zwischen 1999 und 2006 berief sich der Antragsteller in 28 von 56 Verfahren auf einen Verstoß gegen den *ordre public*, aufgehoben wurden jedoch nur drei Schiedssprüche aus diesem Grund[174]. Diese Zahlen sind ein Beleg für die Zurückhaltung der deutschen Gerichte bei der Überprüfung von Schiedssprüchen. Häufig versuchen Antragsteller, mit Hilfe des *Ordre-public*-Einwands eine materielle Nachprüfung zu erreichen. Wie das Ergebnis zeigt, lassen sich die deutschen Gerichte jedoch grundsätzlich nicht auf eine solche Prüfung ein.

3. Vergleich und Bewertung der Rechtsordnungen

Für die von Amts wegen zu berücksichtigenden Aufhebungs- und Ungültigkeitsgründe gelten in beiden Rechtsordnungen keine besonderen Fristen. Im schwedischen Recht bedeutet dies, dass eine Klage auf Feststellung der Ungültigkeit auch nach Ablauf der Drei-Monats-Frist des § 34 LSF zulässig ist. Im deutschen Recht kann ein Verstoß immerhin im Rahmen eines Verfahrens auf Vollstreckbarerklärung des Schiedsspruchs als Einrede vorgebracht werden.

a) Objektive Schiedsfähigkeit

Seit der Reform bestimmt das deutsche Recht die objektive Schiedsfähigkeit vor allem anhand der Unterscheidung zwischen vermögensrechtlichen und nichtvermögensrechtlichen Ansprüchen. Während vermögensrechtliche Ansprüche grundsätzlich schiedsfähig sind, kommt es für nichtvermögensrechtliche Ansprüche wie auch nach dem alten Recht auf die Vergleichsfähigkeit des Streitgegenstandes an. Der deutsche Gesetzgeber hat die objektive Schiedsfähigkeit damit gegenüber der früheren Rechtslage deutlich erweitert.

Demgegenüber hält das schwedische Recht nach wie vor am Abgrenzungskriterium der Vergleichsfähigkeit fest. Eine Unterscheidung zwischen vermögensrechtlichen und nichtvermögensrechtlichen Streitigkeiten nach deutschem Vorbild wurde zwar im Gesetzgebungsverfahren erwogen, letztlich aber wieder verworfen[175]. Da es nach schwedischem Recht auf die Vergleichsbefugnis nach materiellem schwedi-

---

[171] Zöller-*Geimer*, § 1059, Rdnr. 47.
[172] Zöller-*Geimer*, § 1059, Rdnr. 47.
[173] Vgl. MüKo-*Münch*, § 1059, Rdnr. 22.
[174] OLG Köln, 26. November 2002, Az.: 9 Sch 18/02, 19/02, 20/02; Hans.OLG Hamburg, 16. September 2004, Az.: 6 Sch 01/04; OLG Stuttgart, 18. August 2006, Az.: 1 Sch 01/06.
[175] Prop. 1998/99:35, S. 48.

schem Recht ankommt, dürfte es allerdings für ausländische Parteien nicht immer einfach sein, die Schiedsfähigkeit eines Streitgegenstands zweifelsfrei festzustellen.

Hier ist das deutsche Recht erfreulich klar und eindeutig. Dementsprechend sollte auch den einzelnen Vorstößen in der Literatur, die Schiedsfähigkeit über den Wortlaut des § 1030 ZPO hinaus wieder einzuschränken, nicht gefolgt werden.

Beide Rechtsordnungen gehen vom Territorialitätsprinzip aus und bestimmen die objektive Schiedsfähigkeit nach ihrem eigenen nationalen Recht. Während dieser Grundsatz im deutschen Recht strikt angewendet wird, will das schwedische Recht auch zwingendes ausländisches Recht, sofern auf den Streit anwendbar, berücksichtigen und von Fall zu Fall entscheiden, ob dieses die Schiedsfähigkeit in Schweden beeinflussen sollte oder nicht.

Vordergründig erscheint die Schiedsfähigkeit damit nach deutschem Recht deutlich weiter als nach schwedischem Recht[176]. Bei näherer Betrachtung ist diese Schlussfolgerung jedoch nur begrenzt richtig. „Vermögensrecht" bezeichnet im deutschen Recht alle geldwerten Ansprüche[177], d. h. Ansprüche, die sich aus einem vermögensrechtlichen, also auf Geld oder Geldeswert gerichteten Rechtsverhältnis ergeben, sowie Ansprüche, die auf einem nichtvermögensrechtlichen Rechtsverhältnis beruhen, aber auf Geld oder Geldeswert gerichtet sind[178]. Im schwedischen Recht ist der Begriff des Vermögensrechts (*förmögenhetsrätt*) hingegen weiter zu verstehen. Das schwedische Zivilrecht lässt sich in zwei Hauptbereiche aufteilen, einerseits das Vermögensrecht, andererseits das Familienrecht[179], das manchmal noch weiter in Familien- und Erbrecht unterteilt wird[180]. Das Vermögensrecht enthält alle Regeln, die sich mit Eigentum im weitesten Sinne befassen, soweit ein Recht oder eine Pflicht nicht das öffentlich-rechtliche Verhältnis des Einzelnen zum Staat oder zur Kommune betrifft.[181]

Vor diesem Hintergrund wird auch die Abneigung der schwedischen Gesetzeskommission verständlich, die Schiedsfähigkeit nach deutschem oder französischem Vorbild an das Vermögensrecht anzulehnen[182]. Man fürchtete Abgrenzungsschwierigkeiten – denn auch im schwedischen Recht werden beispielsweise familienrechtliche Unterhaltsstreitigkeiten als vergleichs- und damit schiedsfähig angesehen. Sie sind aber nach der soeben genannten Definition nicht dem Vermögensrecht zuzuordnen. Eine Übernahme der deutschen Regelung hätte sich also nur schwer mit der schwedischen Terminologie vereinbaren lassen. Im Übrigen war man der Ansicht, die bisherige Abgrenzung nach der Vergleichsfähigkeit habe sich als recht praktikabel erwiesen.

---

176 So *Stolle*, S. 84.

177 Thomas/Putzo-*Putzo*, Einl. IV.

178 Stein/Jonas-*Roth*, § 1, Rdnr. 49.

179 *Agell/Malmström*, S. 49.

180 *Fagerberg*, S. 12.

181 *Agell/Malmström*, S. 49.

182 SOU 1994:81, S. 77; Prop. 1998/99:35, S. 47 ff.

Dazu zeigt die schwedische Literatur und Rechtspraxis, dass die meisten der nach deutschem Verständnis als „vermögensrechtlich" zu bezeichnenden Streitigkeiten auch in Schweden schiedsfähig sind. Für nichtvermögensrechtliche Streitigkeiten stellt auch das deutsche Recht weiter auf die Vergleichsfähigkeit ab.

Die unterschiedlichen Abgrenzungskriterien sollten also nicht darüber hinwegtäuschen, dass die meisten Streitigkeiten, die in der Praxis vor ein Schiedsgericht gebracht werden, sowohl in Deutschland als auch in Schweden schiedsfähig sind. Der wichtigste Bereich nicht schiedsfähiger Streitigkeiten, der in Literatur und Rechtsprechung regelmäßig erwähnt wird, ist in beiden Rechtsordnungen das Familienrecht, d. h. insbesondere Ehe-, Kindschafts- und sonstige Statussachen. Das deutsche Recht hat aber in jedem Fall die klare und eindeutige Regelung des § 1030 Abs. 1 S. 1 ZPO für sich, die eine Bestimmung der Schiedsfähigkeit auch ohne Rückgriff auf die Verfügungsbefugnis nach materiellem deutschem Recht erlaubt und daher insbesondere für ausländische Parteien leichter nachvollziehbar ist.

aa) Patentstreitigkeiten

Nach schwedischem Recht sind Patentstreitigkeiten nicht schiedsfähig, wenn dabei mit Wirkung für die Allgemeinheit oder Dritte entschieden wird. Dies umfasst Entscheidungen über die Gültigkeit oder Nichtigkeit von Patenten oder Entscheidungen, die mit unmittelbar vollstreckbaren Bußgelddrohungen verbunden sind. Dies ist konsequent, wenn allgemein für die Schiedsfähigkeit auf die Dispositionsbefugnis abgestellt wird. Ob die Parteien ein Schiedsgericht mit einer nur *inter partes* wirkenden Entscheidung über die Gültigkeit bzw. Nichtigkeit eines Patents betrauen können, ist demgegenüber unklar. Im deutschen Recht lehnt die wohl h. M. die Schiedsfähigkeit von Patentstreitigkeiten ab. Dies ist einigermaßen verwunderlich, wenn es doch primär auf den vermögensrechtlichen Charakter einer Streitigkeit ankommen soll. Im Grunde wäre es konsequent, auch Patentstreitigkeiten nach deutschem Recht nunmehr generell für schiedsfähig zu erklären.

Nach beiden Rechtsordnungen ist es unstreitig zulässig, wenn sich eine Partei im Wege eines Schiedsverfahrens verpflichtet, beim zuständigen Patentamt bzw. der Registrierungsbehörde die Löschung des Patents zu beantragen bzw. einen schriftlichen Verzicht zu erklären. Insgesamt muss aber festgestellt werden, dass die Frage der Schiedsfähigkeit von Patentstreitigkeiten weder in Deutschland noch in Schweden abschließend geklärt ist.

bb) Gesellschaftsrechtliche Streitigkeiten

Ein wesentlicher Unterschied zwischen dem deutschen und dem schwedischen Schiedsverfahrensrecht zeigt sich im Bereich gesellschaftsrechtlicher Beschlussmängelstreitigkeiten. Während das schwedische Recht seit langem eine ausdrückliche Vorschrift im Aktiengesetz enthält, die eine schiedsverfahrensrechtliche Lösung für zulässig erklärt, ist dieser Bereich im deutschen Recht Gegenstand vieler Diskussionen und Literaturbeiträge. Problematisch daran ist vor allem, dass zunächst der Bundesgerichtshof den Gesetzgeber zu einer positivrechtlichen Lösung aufforderte, da das geltende Recht keine ausreichende Grundlage biete, der Gesetzgeber sich anschließend aber weigerte, dieser Aufforderung nachzukommen und die Lösung weiterhin der Rechtsprechung überließ. Es bleibt abzuwarten, wie der Bundesgerichtshof zukünftig mit solchen Fragestellungen umgehen wird und ob er der Linie des österreichischen Obersten Gerichtshofes folgen wird.

Voraussichtlich kommt es auf die jeweiligen Satzungsbestimmungen der betreffenden Gesellschaft an. Solange diese den in der Entscheidung vom 29. März 1996 geäußerten Bedenken des Bundesgerichtshofes gerecht werden, dürften Schiedsverfahren auch in gesellschaftsrechtlichen Beschlussmängelstreitigkeiten als zulässig gelten. Vorzugswürdig ist demgegenüber jedoch eine positivrechtliche Regelung wie sie im schwedischen Aktiengesetz enthalten ist. Auch die praktischen Erfahrungen in Schweden zeigen, dass ein staatliches Rechtsprechungsmonopol in diesem Bereich nicht zwingend erforderlich ist.

Somit bietet das deutsche Recht im Allgemeinen zwar eine sinnvolle und praxisorientierte Lösung, bleibt in Spezialfragen der patent- und gesellschaftsrechtlichen Streitigkeiten aber teilweise noch hinter den Lösungen anderer Rechtsordnungen zurück. Hier wäre eine Orientierung am schwedischen Recht zu empfehlen.

b) Ordre public

Der *ordre public* wird in Deutschland mit Abstand am häufigsten als Aufhebungsgrund geltend gemacht, während Kläger in Schweden sich fast nie darauf berufen. Dies kann zum Teil damit zusammenhängen, dass vermeintliche Verstöße gegen das rechtliche Gehör in Schweden häufig als Mandatsüberschreitung und damit nach § 34 Abs. 1 Nr. 2 LSF geltend gemacht werden.

Begriff und Inhalt des *ordre public* sind in beiden Rechtsordnungen nur schwer zu bestimmen. In jedem Fall können nur Schiedssprüche betroffen sein, die entweder zu einem hochgradig anstößigen Ergebnis führen oder deren Zustandekommen so sehr gegen die Prinzipien der jeweiligen Rechtsordnung verstößt, dass die Aufrechterhaltung des Schiedsspruchs schlechthin untragbar wäre. Schwierigkeiten bereitet allerdings die Aussage der schwedischen Gesetzeskommission, Verstöße gegen zwingendes Recht, das im Interesse Dritter oder der Allgemeinheit gelte, könnten einen Verstoß gegen den *ordre public* darstellen. Für ausländische Schiedsrichter und Schiedsparteien ist kaum erkennbar, welche zwingenden Normen schwedischen Rechts durch einen bestimmten Schiedsspruch verletzt werden. Es bleibt daher zu hoffen, dass die schwedische Rechtspraxis dieses *Ordre-public*-Verständnis auf rein inländische Sachverhalte beschränkt.

Im deutschen Recht werden die Restitutionsgründe des § 580 ZPO als Teil des verfahrensrechtlichen *ordre public* verstanden. Obwohl die schwedische Zivilprozessordnung ganz ähnliche Wiederaufnahmegründe enthält, ist unklar, ob sie oder zumindest Teile davon zum *ordre public* zählen und damit auch zur Aufhebung von Schiedssprüchen führen können. Aus gesetzessystematischen Gründen und dem Anliegen, das nationale Recht auch für ausländische Anwender attraktiver und leichter verständlich zu gestalten, ist eine analoge Anwendung der zivilprozessualen Restitutionsgründe eher negativ zu bewerten. Zum einen ergibt sich ihre Anwendung nicht notwendig aus dem Begriff des *ordre public*, zum anderen erfordert sie weitere Recherche zu Inhalt und Reichweite der nationalen Restitutionsgründe. Ähnlich kritisch ist die im deutschen Recht anerkannte Möglichkeit zu bewerten, einen Schiedsspruch nach § 826 BGB analog aufheben zu lassen. Rein ergebnisorientiert erscheint es hingegen sinnvoll, wenn die in § 580 ZPO genannten Situationen zur Aufhebung führen können. Für die teilweise in der deutschen Literatur vorgenommene Differenzierung nach geschützten Staats- oder Parteiinteressen bietet weder das Gesetz noch die Intention des Gesetzgebers einen Anhaltspunkt. Sie ist daher mit der überwiegenden Meinung abzulehnen. Im schwedischen Recht wird eine solche Unterscheidung offenbar nicht diskutiert.

Besondere Beachtung verdienen die Reaktionen auf die Eco Swiss-Entscheidung des EuGH. Das Urteil ließ offen, ob nationale *Ordre-public*-Vorschriften automatisch auch das europäische Kartellrecht umfassen[183] und ob Schiedsrichter von Amts wegen europäisches Kartellrecht berücksichtigen müssen[184]. In der deutschen Literatur werden beide Fragen überwiegend bejaht, in Schweden ist hingegen zumindest die zweite Frage noch nicht abschließend geklärt.

Die in Schweden teilweise vertretene Ansicht, man könne nationale *Ordre-public*-Regeln so formulieren oder auslegen, dass sie das europarechtliche Wettbewerbsrecht nicht umfassen, erscheint nur schwer verständlich. Der EuGH hat in seinem Urteil festgestellt, dass „*Artikel 81 EG eine grundlegende Bestimmung [darstelle], die für die Erfüllung der Aufgaben der Gemeinschaft und insbesondere für das Funktionieren des Binnenmarktes unerlässlich [sei]*“[185]. Weiter führt er aus, „*dass ein staatliches Gericht, soweit es nach seinen nationalen Verfahrensregeln einem Antrag auf Aufhebung eines Schiedsspruchs wegen Verletzung nationaler Bestimmungen, die zur öffentlichen Ordnung gehören, stattgeben muss, verpflichtet [sei], einem solchen Antrag*

---

183 Dies dürfte der international herrschenden Meinung entsprechen, zumindest dann, wenn die Gerichte verpflichtet sind, ordre-public-widrige Schiedssprüche aufzuheben und ihnen kein Ermessensspielraum verbleibt, vgl. *Hübinette*, S. 104 ff.; *Philip*, in: Law and Justice in a Multi-State World, S. 528; *v. Mehren*, Arbitration International 2003, 465 (468). A. A.: *Andersson*, JT 1999/2000, S. 443 (459), der auch nach dem Urteil noch Raum für eine nationale „Offensichtlichkeitsprüfung“ sieht, die sich aus dem Wortlaut des § 33 LSF, aber auch aus den Vorarbeiten ergebe.

184 Diese Frage ist international umstritten. S. dazu *Blanke*, Journal of International Arbitration 2006, 249 (252). Eine Prüfung von Amts wegen ablehnend *Shelkoplyas*, S. 330 f.

185 Rdnr. 36 des Urteils.

auch dann stattzugeben, wenn er auf die Verletzung des Verbots aus Artikel 81 Absatz 1 EG gestützt [sei].[186]"

Damit sind die EU-Mitgliedsstaaten verpflichtet, Art. 81 EG als Teil ihrer nationalen *Ordre-public*-Vorschriften zu behandeln. Ein nationaler Spielraum, wie ihn *Heuman* offenbar vorschlagen will, dürfte kaum vorhanden sein. Denn eine Interpretation der nationalen *Ordre-public*-Regeln nach nationalem Gutdünken verstieße nach diesem Urteil jedenfalls gegen den *effet utile* des Europarechts. Allerdings besteht eine direkte Bindung nur für die staatlichen Gerichte der Mitgliedstaaten.

Schwieriger ist daher die Frage zu beurteilen, ob die Schiedsrichter die Vorschrift des Art. 81 EG von Amts wegen zu beachten haben. Denn *Heuman* hat mit seiner Kritik insofern Recht, als dass in diesem Fall möglicherweise ein Konflikt zwischen dem durch die Parteianträge begrenzten Mandat und der *Ordre-public*-Vorschrift entsteht. Der EuGH hat diese Frage offen gelassen bzw. meinte, sie nicht beantworten zu müssen. Meines Erachtens ist Art. 81 EG als Teil der öffentlichen Ordnung grundsätzlich von den Schiedsrichtern zu beachten, auch wenn sich keine der Parteien darauf beruft. Anderenfalls würde ihnen u. U. zugemutet, relevante *Ordre-public*-Vorschriften bewusst außer Acht zu lassen und einen aufhebbaren oder (im Falle Schwedens) ungültigen Schiedsspruch mitzuteilen[187]. Um Überraschungen zu vermeiden und den Parteien ausreichend rechtliches Gehör zu gewähren, sollten die Schiedsrichter allerdings rechtzeitig auf ihr geplantes Vorgehen hinweisen.

Ob neben den Art. 81 f. EG noch weitere europarechtliche Vorschriften als Teil des jeweiligen nationalen *Ordre-public*-Begriffs anzusehen sind, ist bisher nicht geklärt. Während dies aus deutscher Sicht zumindest für denkbar gehalten wird[188], fehlt in Schweden eine entsprechende Debatte. Wenn dort aber schon generell die amtswegige Berücksichtigung des europäischen Kartellrechts als Teil des nationalen ordre public für zweifelhaft gehalten wird, wird dies erst recht für sonstige Vorschriften des Europarechts gelten.

c) Verletzung von Formvorschriften

Eine Besonderheit des schwedischen Rechts stellt § 33 Abs. 1 Nr. 3 LSF dar, wonach die Nichteinhaltung bestimmter Formvorschriften zur Ungültigkeit führt. Die hierdurch erfassten Fehler der fehlenden Unterschrift oder der mangelnden Schriftlichkeit werden sich aber in aller Regel durch eine Korrektur nach § 32 LSF beheben lassen oder von vorneherein zum Fehlen eines Schiedsspruchs führen. Die Norm erscheint demnach mehr als Sanktionsandrohung denn als praktisch relevanter Aufhebungs- bzw. Ungültigkeitsgrund. Nach deutschem Rechtsverständnis fehlt es in diesen Fällen schon am Schiedsspruch, so dass das Aufhebungsverfahren von

---

[186] Rdnr. 37 des Urteils.

[187] Dieser Problemkreis kann im Rahmen dieser Arbeit nicht erschöpfend beantwortet werden. Vgl. aus dem neueren Schrifttum etwa *Heukamp*.

[188] *Liebscher*, S. 42.

vorneherein nicht statthaft ist. Demnach erübrigt sich auch die Überlegung, ob ein entsprechender Aufhebungsgrund in § 1059 ZPO aufzunehmen wäre.

III. Die Überprüfung von Verfahrensfehlern auf Antrag einer Partei

Die von den Parteien geltend zu machenden Aufhebungsgründe sind in § 34 des schwedischen LSF und § 1059 Abs. 2 Nr. 1 der deutschen ZPO enthalten. Auch diese Vorschriften ähneln sich und lassen sich daher gut miteinander vergleichen. Als Aufhebungsgründe kommen das Fehlen oder die Ungültigkeit der Schiedsvereinbarung (1.), eine Frist- oder Auftragsüberschreitung (2.), die fehlerhafte Besetzung des Schiedsgerichts (3.) oder die Generalklausel des „sonstigen Verfahrensfehlers" (4.) in Betracht. Das Recht auf rechtliches Gehör (5.) ist nur im deutschen Recht ausdrücklich als Aufhebungsgrund genannt und wird daher ebenso wie die fehlerhafte Wahl des Schiedsortes (6.), die nur im schwedischen Recht enthalten ist, separat dargestellt. Abschließend sollen die Möglichkeit, das Aufhebungsverfahren durch Parteivereinbarung auszuschließen (7.), sowie die Rechtsfolgen der Aufhebung (8.) erörtert werden.

1. Fehlende oder ungültige Schiedsvereinbarung

Der Aufhebungsgrund der fehlenden oder ungültigen Schiedsvereinbarung ist im schwedischen Recht in § 34 Abs. 1 Nr. 1 LSF enthalten, im deutschen Recht findet er sich in § 1059 Abs. 2 Nr. 1 a) ZPO. Vor dem Stockholmer Hofgericht wurde dieser Aufhebungsgrund zwischen 1999 und 2006 insgesamt siebenmal geltend gemacht, vor deutschen Gerichten im gleichen Zeitraum 15 Mal. Das Stockholmer Gericht hob keinen der Schiedssprüche auf, die deutschen Gerichte immerhin fünf. Diese Zahl überrascht etwas, da anzunehmen wäre, dass das Vorliegen einer gültigen Schiedsvereinbarung schon im Schiedsverfahren selbst hinreichend geprüft wird. Bei näherer Betrachtung der fünf deutschen Entscheidungen zeigt sich allerdings, dass die Aufhebung in zwei Fällen[189] einen so genannten Scheinschiedsspruch eines Vereins- oder Verbandsorgans betraf, dem kein echtes Schiedsverfahren i. S. v. §§ 1025 ff. ZPO zugrunde lag[190]. Die zuständigen Oberlandesgerichte vertraten die Ansicht, diese „Schiedssprüche" seien zur Klarstellung aufzuheben. Vor diesem Hintergrund relativiert sich das Bild ein wenig. Die vergleichsweise hohe Zahl deutscher Aufhebungsentscheidungen aufgrund fehlender Schiedsvereinbarungen ist demnach kein Indiz für mangelnde Qualität deutscher Schiedsgerichte.

---

189 OLG Naumburg, 20. Mai 2005, Az.: 10 Sch 01/05 und OLG Frankfurt a.M., 6. September 2001, Az.: 3 Sch 02/00.

190 S. dazu oben I. 1.

a) Der Aufhebungsgrund des § 34 Abs. 1 Nr. 1 LSF im schwedischen Recht

Eine gültige Schiedsvereinbarung erfordert die Erfüllung allgemeiner zivilrechtlicher Wirksamkeitsvoraussetzungen. Aufgrund ihrer praktischen Bedeutung soll hier auch der Frage nachgegangen werden, inwieweit die Verletzung von Geheimhaltungspflichten zur Ungültigkeit der Schiedsvereinbarung führen kann. Abschließend wird dargestellt, unter welchen Voraussetzungen der Kläger mit dem Einwand der fehlenden oder ungültigen Schiedsvereinbarung präkludiert ist.

aa) Allgemeine Wirksamkeitsvoraussetzungen einer Schiedsvereinbarung

Die Gültigkeit der Schiedsvereinbarung richtet sich grundsätzlich nach dem auf sie anwendbaren Recht. Dieses bestimmt sich nach allgemein anerkannten internationalprivatrechtlichen Grundsätzen primär nach dem Parteiwillen. Allerdings kommt es in der Praxis eher selten vor, dass die Parteien ausdrücklich ein auf die Schiedsvereinbarung anwendbares Recht festlegen. Fehlt es an einer ausdrücklichen Bestimmung, so ist in der internationalen Schiedsgerichtsbarkeit umstritten, ob sich das auf den Hauptvertrag anwendbare Recht automatisch auch auf die Schiedsvereinbarung erstreckt[191].

Der schwedische Gesetzgeber hat sich im neuen Recht für eine ausdrückliche Normierung entschieden: Gemäß § 48 Abs. 1 S. 2 LSF ist in internationalen Sachverhalten bei fehlender Rechtswahl das Recht des Schiedsortes anwendbar. Voraussetzung ist, dass der Schiedsort eine gewisse Stütze in der Parteivereinbarung findet[192]. Demnach soll die Wahl eines Schiedsortes zugleich als implizite Rechtswahl zu verstehen sein[193]. Für das Aufhebungsverfahren entscheidend ist insoweit der im Schiedsspruch angegebene Ort. Nach einer neueren Entscheidung des Stockholmer Hofgerichts[194] reicht es allerdings für die Anwendbarkeit schwedischen Rechts nicht aus, dass ein schwedischer Ort als Schiedsort bezeichnet wird, wenn das Verfahren zwischen zwei ausländischen Parteien tatsächlich ausschließlich im Ausland stattgefunden hat. Das Gericht verlangt vielmehr zusätzlich eine „gewisse Anknüpfung" an schwedisches Territorium[195].

---

[191] Dafür sprechen sich *Redfern/Hunter*, Rdnr. 2-86 Ähnlich *Lew/Mistelis/Kröll*, Rdnr. 6-59. Gegen eine solche Interpretation des Parteiwillens: *Aden*, Teil A., Kapitel 4, Rdnr. 11; *Berger*, S. 116.

[192] Nach der Regierungsbegründung gilt dies auch, wenn der Schiedsort entsprechend einer Parteivereinbarung von einem Schiedsinstitut oder den Schiedsrichtern bestimmt wurde, Prop. 1998/99:35, S. 190. Dagegen: *Cars*, in: Karnov, Fn. 218. Nach *Heuman*, Practice and Procedure, S. 690, soll im Falle der Bestimmung des Schiedsortes durch Dritte die materielle Rechtswahlklausel auch für die Schiedsvereinbarung entscheidend sein.

[193] SOU 1994:81, S. 229; a. A.: *Meyer*, Swedish and International Arbitration 1997, 6.

[194] Svea Hovrätt, Beschluss vom 28. Februar 2005, Az.: T1038-05, RH 2005:1.

[195] Svea Hovrätt, Az.: T1038-05, S. 3 des Beschlusses.

Aus § 48 LSF geht nicht eindeutig hervor, ob der Rückgriff auf das Recht des Schiedsortes als Verweis auf das materielle (Vertrags-)Recht zu verstehen ist oder lediglich als Verweis auf das am Schiedsort geltende Internationale Privatrecht. Die Kommentarliteratur und auch die Regierungsbegründung nehmen zu dieser Frage nicht ausdrücklich Stellung, scheinen die Vorschrift jedoch mehrheitlich als Verweis auf das materielle Recht zu verstehen[196]. Aber auch die Anwendung des schwedischen internationalen Privatrechts, das auf das Recht der engsten Verbindung abstellt[197], würde zumindest dann zur Anwendung schwedischen materiellen Vertragsrechts führen, wenn die Parteien selbst einen Schiedsort in Schweden bestimmt haben. In dem vor dem schwedischen Höchsten Gerichtshof verhandelten Fall *Bulbank./.AIT*[198] hatten die Parteien für die Durchführung ihres Vertrags die Anwendbarkeit österreichischen Rechts vereinbart. Die Schiedsvereinbarung war in Form einer Schiedsklausel im Hauptvertrag enthalten, eine ausdrückliche Bestimmung des auf sie anwendbaren Rechts fehlte. Als Schiedsort hatten die Parteien Stockholm vereinbart. Das Gericht entschied, die Frage der Gültigkeit der Schiedsvereinbarung sei nach dem Recht des Schiedsortes, hier also Schweden, zu bestimmen. Nach Ansicht des Höchsten Gerichtshofes reicht demnach eine allgemeine Rechtswahlklausel im Hauptvertrag nicht aus.

Da schwedische staatliche Gerichte nur über schwedische Schiedssprüche zu entscheiden haben, wird im Aufhebungsverfahren meist schwedisches Vertragsrecht auf die Schiedsvereinbarung anwendbar sein, es sei denn, die Parteien haben ausdrücklich etwas anderes vereinbart. Die allgemeinen Voraussetzungen für einen wirksamen Vertragsabschluss sind im Vertragsgesetz (*Lag (1915:218) om avtal och andra rättshandlingar på förmögenhetsrättens område*) geregelt und gelten grundsätzlich auch für Schiedsvereinbarungen[199]. Grundlage eines jeden Vertrags sind danach Angebot und Annahme.

Die subjektive Schiedsfähigkeit, also Rechts- und Geschäftsfähigkeit der Parteien, richtet sich nach ihrem jeweiligen Personalstatut. Dieses bestimmt sich im schwedischen Recht für natürliche Personen in der Regel nach ihrer Staatsangehörigkeit[200]. Fehlt es an ausdrücklichen gesetzlichen Regelungen, ist der Wohnort maßgeblich[201]. Das Personalstatut juristischer Personen und der Personenhandelsgesellschaften bestimmt sich nach dem Ort des Vorstandssitzes, oder, falls dieser nicht eindeutig bestimmbar ist, nach dem Ort des Schwerpunktes der unternehmerischen

---

[196] *Hobér*, Arbitration International 2001, 351 (356); *Kvart/Olsson*, S. 163; *Madsen*, S. 315; s. a. SCC-Schiedsspruch 108/1997, SAR 2001:1, 57.

[197] S. dazu ausführlich *v. Pachelbel-Gehag*, S. 141 ff.

[198] NJA 2000, 538 (Anwendbar war das alte Schiedsverfahrensgesetz SML. In der Sache dürfte sich aber nichts geändert haben).

[199] Zu den Einschränkungen s. *Nerep*, FS- Sveriges Advokatsamfund, S. 389 ff.

[200] *Jänterä-Jareborg*, in: Strömholm, S. 91; *Bogdan*, S. 140.

[201] *Jänterä-Jareborg*, a.a.O.; *Bogdan*, S. 140 f.

Tätigkeit[202]. Ist für das Entstehen der juristischen Person eine Registrierung erforderlich, gilt das Recht am Ort der Registrierung[203].

Im schwedischen Vertragsrecht gibt es keine allgemeine Regel nach Art der §§ 134, 138 BGB, wonach Verträge, die gegen gesetzliche Verbote oder gegen die guten Sitten verstoßen, nichtig sind. Eine Anfechtungsmöglichkeit kennt das schwedische Vertragsrecht ebenfalls nicht, Rechtshandlungen können jedoch ungültig sein, wenn sie auf Zwang („*tvång*"), Betrug bzw. arglistiger Täuschung („*svek*") oder Wucher („*ocker*") basieren.

Schiedsvereinbarungen müssen sich auf ein bestimmtes, von anderen unterscheidbares Rechtsverhältnis beziehen und eindeutig eine bindende Entscheidung durch Dritte vorsehen[204]. Es ist nicht möglich, alle zukünftigen Streitigkeiten zwischen den Parteien einem Schiedsgericht zu unterwerfen, auch nicht alle Streitigkeiten einer bestimmten Art[205]. Die Vereinbarung muss jedoch nicht ausdrücklich formuliert sein. So brauchen die Worte „Schiedsrichter" oder „Schiedsverfahren" nicht vorzukommen[206]. Spezielle Formvorschriften enthält das schwedische Schiedsverfahrensrecht nicht. Demnach ist es theoretisch auch denkbar, Schiedsvereinbarungen mündlich abzuschließen. Aus Gründen der Beweislast wird sich dies in der Praxis jedoch nur selten empfehlen[207], so dass Schiedsvereinbarungen in der Regel in irgendeiner Form dauerhaft gespeichert sind.

Die wenigen Entscheidungen aus der amtlichen schwedischen Sammlung NJA (*Nytt Juridisk Arkiv*), die sich mit der Gültigkeit von Schiedsvereinbarungen befassen, sind meist Beschlüsse über die Abweisung von Klagen, die vor staatlichen Gerichten erhoben wurden. Dabei geht es hauptsächlich um Schiedsklauseln in Verträgen mit Verbrauchern und anderen wirtschaftlich schwachen Vertragsparteien, Schiedsklauseln in AGB und die Wirksamkeitserstreckung der Schiedsvereinbarung auf Dritte bei Abtretung, Bürgschaft und in der Insolvenz.

(1) Verbraucherschutz

Zum Schutz wirtschaftlich schwacher Vertragsparteien wurde in der Rechtsprechung früher häufig auf § 36 des Vertragsgesetzes zurückgegriffen. Diese Vorschrift ermöglicht es den Parteien bzw. dem Richter, einzelne Vertragsbedingungen für ungültig zu erklären oder anzupassen, wenn sie im Hinblick auf den Inhalt des Vertrages, die Umstände bei Zustandekommen des Vertrage, später eintretende Verhältnisse oder die Umstände im Übrigen unangemessen (*oskälig*) sind. Dabei soll

---

[202] *Jänterä-Jareborg*, a.a.O., S. 92; *Bogdan*, S. 141.

[203] *Bogdan*, S. 150 f.

[204] *Cars*, S. 29 f. u. 33; *Madsen*, S. 69.

[205] *Madsen*, S. 69.

[206] *Cars*, S. 30.

[207] Nach *Franke*, in: Kronke/Melis/Schnyder, Rdnr. 1385, gibt es in der Praxis fast nur schriftliche Schiedsvereinbarungen.

insbesondere das Schutzbedürfnis eines Verbrauchers oder einer sonst unterlegenen Partei beachtet werden. So wurden in der Vergangenheit Schiedsklauseln mit dem Argument für ungültig erklärt, die mit einem Schiedsverfahren verbundene starke finanzielle Belastung könnte den Verbraucher davon abhalten, seine Rechte geltend zu machen[208]. Eine Ausnahme galt für den Fall, dass die Kostenübernahme durch den Unternehmer gewährleistet war[209].

Gemäß § 6 LSF ist eine Schiedsvereinbarung zwischen einem Verbraucher und einem Unternehmer nunmehr gültig, wenn sie *nach* Entstehung der Streitigkeit geschlossen wurde. Im Umkehrschluss folgt daraus, dass der Abschluss solcher Klauseln *vor* Entstehung der Streitigkeit unwirksam ist. Der Rückgriff auf § 36 des Vertragsgesetzes dürfte daher seit Inkrafttreten des LSF zum Schutz speziell von Verbrauchern nicht mehr nötig sein. Für andere wirtschaftlich schwächere Parteien kann die Norm aber nach wie vor Bedeutung haben. Allerdings hat der Höchste Gerichtshof bisher nur in wenigen Fällen die Ungültigkeit einer Schiedsvereinbarung angenommen, wenn auf beiden Seiten Gewerbetreibende standen. Als „unangemessen" i. S. d. § 36 des Vertragsgesetzes wurde eine Schiedsklausel dann angesehen, wenn die Stellung der wirtschaftlich unterlegenen Partei der eines Verbrauchers oder Arbeitnehmers gleichkam[210], beispielsweise im Falle eines Handelsvertreters. Entscheidend für „wirtschaftliche Unterlegenheit" ist nach der Rechtsprechung nicht so sehr die Größe der Unternehmen, gemessen am Umsatz oder der Zahl der Angestellten, sondern ob eine Partei aufgrund ihrer Stellung und ihrer Ressourcen, d. h. technischer, wirtschaftlicher, juristischer und administrativer Fachkenntnisse, in der Lage ist, die Vertragsbedingungen zu ihrem Vorteil zu gestalten[211].

Des Weiteren wurden Schiedsklauseln mit Hilfe von § 36 des Vertragsgesetzes für nichtig erklärt, die einer Partei das alleinige Recht der Schiedsrichterbenennung zustanden[212] oder einer Partei die freie Wahl zwischen staatlichem Gerichtsverfahren und Schiedsverfahren überließen[213]. In den vom Höchsten Gerichtshof entschiedenen Fällen waren allerdings Verbraucher beteiligt, so dass die Übertragbarkeit auf andere Sachverhalte unklar scheint.

Nach Inkrafttreten des neuen Schiedsverfahrensgesetzes ist fraglich, ob sich ein Unternehmer ebenfalls auf die Ungültigkeit einer vor Entstehen des Streits abgeschlossenen Schiedsklausel nach § 6 LSF berufen kann. Dies würde bedeuten, dass die Vorschrift auch zu Lasten des Verbrauchers anwendbar ist. Das Hofgericht für die Bezirke Skåne und Blekinge (*Hovrätt över Skåne och Blekinge*) bejahte dies, da es nach dem Wortlaut keinen Unterschied mache, wer sich auf die Klausel berufe[214].

---

208 NJA 1981, 711. S. dazu auch SOU 1995:65, S. 203 ff.
209 NJA 1983, 510.
210 NJA 1987, 639; NJA 1992, 290.
211 *Ramberg/Ramberg*, S. 261.
212 NJA 1974, 573.
213 NJA 1979, 666.
214 Az.: Ö 3200-02, zitiert bei *Goldmann/Magnusson*, JT 2003/2004, 410 (411).

Kritiker dieser Entscheidung bemerken, dass die Norm primär den Schutz der Verbraucher bezwecke. Wollten diese auf den ihnen gewährten Schutz verzichten und die Schiedsvereinbarung trotz ihrer Ungültigkeit anwenden, könne man ihnen dies kaum verwehren[215]. Der Unternehmer könne sich daher nicht auf die Ungültigkeit berufen[216]. Diese Kritik leuchtet ein. Man wird hier die weitere Entwicklung von Literatur und Rechtsprechung abwarten müssen.

(2) Schiedsklauseln in Allgemeinen Geschäftsbedingungen (Standardavtal)

Wenn Allgemeine Geschäftsbedingungen (AGB) insgesamt wirksam in einen Vertrag mit einbezogen wurden, so soll dies auch für eine in diesen enthaltene Schiedsklausel gelten[217]. Eine ausdrückliche gesetzliche Regelung über die Voraussetzungen einer wirksamen Einbeziehung von AGB gibt es im schwedischen Recht nicht. Vielmehr soll es abhängig von den jeweiligen Umständen des Einzelfalls sein, ob ein Hinweis ausreichend bzw. überhaupt erforderlich ist oder ob die AGB im Wortlaut beigefügt werden müssen. Ebenso fehlt eine Legaldefinition von AGB im schwedischen Recht. Die Literatur begnügt sich mit dem Hinweis, es handele sich um Verträge, die in der einen oder anderen Weise standardisiert seien, so dass der gleiche Vertragstext für zukünftige Verträge verwendet werden könne[218].

Die Einbeziehung von AGB kann durch die Aufnahme in den Vertragstext oder als Anlage zur übrigen Dokumentation des Vertrags, durch eine Hinweisklausel im Vertragstext, durch Parteigebrauch oder Anwendung in früheren Verträgen bei durchgängigem, allgemeinen Gebrauch in einer bestimmten Branche erfolgen.

Nach der Rechtsprechung reicht im innerschwedischen Geschäftsverkehr mittlerweile der Hinweis auf Standardklauseln bestimmter Branchen[219]. Ob dies auch für den internationalen Handelsverkehr gilt, erscheint zweifelhaft. Die Aussage des Höchsten Gerichtshofes, zumindest für schwedische Parteien sei es ziemlich wirklichkeitsfremd, entscheidend auf die Übermittlung der AGB abzustellen[220], lässt im Umkehrschluss für Fälle mit internationalem Bezug etwas größere Zurückhaltung erwarten. Hier kommt es auf die Umstände des Einzelfalls an, beispielsweise, ob die Parteien schon früher geschäftliche Kontakte hatten oder die AGB international üblich und gebrauchlich sind. Nicht ausreichend dürfte es sein, wenn ein schwedischer Vertragspartner gegenüber einem Ausländer lediglich auf branchenübliche AGB aus Schweden hinweist. In jedem Fall muss der Hinweis auf die AGB in dem Antrag enthalten sein, der letztlich auch zum Vertragsschluss führt[221].

---

215 *Goldmann/Magnusson*, a.a.O.
216 *Goldmann/Magnusson*, a.a.O.
217 *Ramberg*, SAR 1999:1, 23 (25).
218 *Agell/Malmström*, S. 90 f.; *Ramberg/Ramberg*, S. 167.
219 NJA 1980, 46.
220 NJA 1980, 46 (50).
221 NJA 1978, 175.

Ganz entfernte Zusammenhänge, wie Kenntnis der Bestimmungen auf der einen und potenzielle Anwendbarkeit auf der anderen Seite reichen für die Einbeziehung von AGB nicht aus[222].

(3) Wirksamkeitserstreckung auf Dritte

Grundsätzlich bindet eine Schiedsvereinbarung nur die an ihrem Abschluss beteiligten Personen und deren Gesamtrechtsnachfolger. In bestimmten Fällen soll sie sich aber auch auf den Einzelrechtsnachfolger oder sogar Dritte erstrecken können, die außerhalb dieser Rechtsbeziehung stehen. Die schwedische Rechtsprechung beschäftigte in den vergangenen Jahren vor allem die Wirksamkeitserstreckung auf den Zessionar und auf den Bürgen bzw. Garantiegeber.

(i) Zession

Die Wirksamkeitserstreckung der Schiedsvereinbarung auf den Zessionar war lange Zeit umstritten. Die Gesetzeskommission schlug die Aufnahme einer ausdrücklichen Regelung in das Schiedsverfahrensgesetz vor, wonach die Bindung des Zessionars einer entsprechenden Vereinbarung zwischen Schuldner und Zessionar bedurft hätte[223]. Die Kommission hielt weder einen automatischen Übergang der Schiedsvereinbarung auf den Zessionar noch ein Wahlrecht des Schuldners als verbleibender Partei für angemessen[224]. Dieser Vorschlag wurde von fast allen Remissinstanzen heftig kritisiert. Sofern überhaupt eine gesetzliche Lösung befürwortet wurde, sollte die entgegengesetzte Regel gelten: Die Schiedsvereinbarung bindet auch den Einzelrechtsnachfolger, sofern keine abweichende Vereinbarung getroffen wird. Letztlich wurde jedoch keine Regelung ins Gesetz übernommen, sondern die Lösung der Rechtsprechung überlassen[225]. Seit einer Entscheidung des Höchsten Gerichtshofes aus dem Jahr 1997[226] gilt nunmehr, dass der Zessionar grundsätzlich an eine vom Zedenten geschlossene Schiedsvereinbarung gebunden bleibt. „Besondere Gründe" können dem im Einzelfall entgegenstehen, wobei die Entscheidung jedoch keine näheren Ausführungen dazu enthält, wann solche besonderen Gründe denkbar sind[227].

---

[222] RH 1990:7.
[223] SOU 1994:81, S. 93.
[224] SOU 1994:81, S. 92 f.
[225] Prop. 1998/99:35, S. 64.
[226] NJA 1997, 866.
[227] *Heuman*, JT 2003/04, 146 (152), fordert für den Fall einer Abtretung während des Schiedsverfahrens, dass sowohl der Schuldner als auch der Zessionar der Schiedsbindung zustimmen.

(ii) Garantie und Bürgschaft

Eine weitere bemerkenswerte Rechtsprechungsentwicklung befasst sich mit der Frage, ob eine im Hauptvertrag enthaltene Schiedsvereinbarung auch den Bürgen bindet. Die ältere Rechtsprechung betraf ausschließlich Fälle, in denen sich ein vom Gläubiger aus der Bürgschaft in Anspruch genommener Bürge auf die Schiedsvereinbarung berief und diese erfolgreich als Rechtsweghindernis geltend machte[228]. Die Rechtsprechung hielt den Bürgen demnach zumindest für berechtigt, sich auf die Schiedsvereinbarung zwischen Hauptschuldner und Gläubiger zu berufen[229]. Fraglich blieb hingegen bis vor kurzem, ob sich ein Bürge auch zu seinem Nachteil an der Schiedsvereinbarung aus dem Hauptvertrag festhalten lassen muss.

Im Jahr 2002 entschied das Stockholmer Hofgericht im so genannten „*Government Guarantee Case*"[230], dass eine Schiedsklausel im Hauptvertrag auch den Garantiegeber bindet. Der Staat Kasachstan hatte eine „Garantie"[231] für Zahlungsverpflichtungen eines kasachischen Unternehmens übernommen und war von einem Schiedsgericht mit Sitz in Stockholm zur Zahlung aus der Garantie verurteilt worden. Im Aufhebungsverfahren vor dem Stockholmer Amtsgericht und in zweiter Instanz vor dem Hofgericht machte der Staat Kasachstan die Ungültigkeit der Schiedsvereinbarung geltend. Das Gericht wies den Aufhebungsantrag mit der Begründung zurück, der Hauptvertrag und die Garantie stünden in engem Zusammenhang miteinander. In der Einleitung zur Garantie werde auf den Hauptvertrag verwiesen und die Garantie betreffe den Fall, dass die Schuldnerin ihre Zahlungsverpflichtungen nicht erfülle. Die Garantie sei zudem ein wesentlicher Bestandteil der gesamten wirtschaftlichen Betätigung des Vertragspartners in Kasachstan gewesen. Auch habe der Staat unstreitig Kenntnis von der Schiedsvereinbarung gehabt.

Das Gericht bezog sich zum einen auf die ältere Rechtsprechung zur Bürgschaft, wonach sich der Bürge auf eine Schiedsvereinbarung im Hauptvertrag berufen darf. Zum anderen stützte es sich auf ein *obiter dictum* des Höchsten Gerichtshofes in der oben genannten Entscheidung zur Abtretung, wonach „hinkende" Verträge, in denen eine Partei an die Schiedsvereinbarung gebunden ist und der anderen ein Wahlrecht zusteht, grundsätzlich zu vermeiden sind[232]. Hieraus folgerte das Stockholmer Hofgericht, dass ein Bürge oder Garantiegeber aus einer im Hauptvertrag enthaltenen Schiedsvereinbarung nicht nur berechtigt, sondern auch verpflichtet sei. Der Höchste Gerichtshof ließ die Revision mangels „Präjudizwert" nicht zu.

---

[228] NJA 1896, 136; NJA 1916, 100; NJA 1922, 135.

[229] S. Nachweise in Fn. 226.

[230] RH 2003: 61.

[231] Aus dem Sachverhalt geht nicht eindeutig hervor, ob es sich (nach deutschem Rechtsverständnis) um eine akzessorische Bürgschaft oder um eine unselbständige Garantie handelte. In der schwedischen Kommentarliteratur wird diesbezüglich kein Unterschied gemacht, beide Begriffe werden vielmehr synonym verwendet.

[232] NJA 1997, 866 („EMJA").

Über die (Un-)Vergleichbarkeit von Abtretung und Bürgschaft ist vor und nach dieser Entscheidung vieles geschrieben worden[233]. So wird in der schwedischen Literatur teilweise die Bindung des Bürgen an eine Schiedsvereinbarung im Hauptvertrag angenommen[234]. Begründet wird dies im Wesentlichen mit der Akzessorietät der Bürgschaft, die dazu führe, dass der Bürge in gleicher Weise hafte wie der Hauptschuldner und diese Haftung in derselben Form, d. h. in einem Schiedsverfahren, festzustellen sei[235]. Die Kenntnis des Bürgen von der Schiedsvereinbarung könne meistens vorausgesetzt werden, so dass er mit ihrer Anwendung rechnen könne[236]. In der neueren Literatur wird diese Auffassung kritisiert. Die Wirksamkeitserstreckung der Schiedsvereinbarung auf den Bürgen lasse sich weder mit Akzessorietätsgrundsätzen noch vertragsrechtlich hinreichend begründen[237]. Werde die Bürgschaft nach Abschluss des Hauptvertrags und der darin enthaltenen Schiedsvereinbarung geleistet, sei eine Bindung des Bürgen auch nicht mit § 1 LSF vereinbar, der eine hinreichende Bestimmtheit des Rechtsverhältnisses bei Abschluss der Schiedsvereinbarung verlange[238]. *Heuman* will daher die Bindung des Bürgen nicht mit einer Erweiterung der im Hauptvertrag enthaltenen Schiedsvereinbarung auf diesen begründen. Stattdessen könnten die Parteien des Bürgschaftsvertrags eine eigene Schiedsvereinbarung „durch Kenntnis und Annahme der Schiedsvereinbarung im Hauptvertrag" schließen[239]. Gemeint ist hier wohl, dass im Einzelfall der konkludente Abschluss einer separaten Schiedsvereinbarung zwischen Bürge und Gläubiger durch Auslegung des Parteiverhaltens feststellbar sein soll. Die neuere Literatur sieht die Wirksamkeitserstreckung auf den Bürgen also durchaus kritisch. Das Stockholmer Hofgericht hat sich mit dieser Kritik, soweit ersichtlich, jedoch nicht auseinandergesetzt.

Möglicherweise war das Ergebnis im *Government Guarantee Case* auch dadurch bedingt, dass die Richter den Staat Kasachstan, dessen Garantieübernahme unstreitig ein wichtiger Faktor im Rahmen der Investitionen war, nicht aus seiner Verantwortung entlassen wollten. Denn in einem ordentlichen Gerichtsverfahren hätte sich der Staat aller Voraussicht nach auf seine Immunität berufen. Inwieweit die Aussagen des Stockholmer Hofgerichts daher allgemeine Gültigkeit beanspruchen, muss einstweilen offen bleiben. Für eine Übertragung dieser Rechtsprechung auf den Privatrechtsverkehr spricht immerhin, dass das Gericht seine Entscheidung weniger mit den Umständen des Einzelfalls als vielmehr mit höchstrichterlichen Prä-

---

233 *Heuman*, JT 1997/98, 533 (556); *Karlbom*, JT 1998/99, 979; *Kleinemann*, JT 1997/98, 846; *Smit*, SAR 2003, 300.
234 *Dillén*, S. 258; *Cars*, S. 47.
235 *Kleineman*, JT 1997/98, 846 (848).
236 *Cars*, a.a.O.
237 *Heuman*, Practice and Porcedure, S. 98 ff.; Karlbom, JT 1998/99, 979 (981 ff.)
238 *Karlbom*, JT 1998/99, 979 (985).
239 *Heuman*, Practice and Procedure, S. 103.

judizien und dem Grundsatz, hinkende Verträge seien zu vermeiden, begründet hat. Das aber lässt sich ebenso gut auch für den Privatrechtsverkehr vertreten.

Auch wenn die Fragen der Drittbeteiligung im schwedischen Recht also noch nicht abschließend geklärt zu sein scheinen, sind immerhin folgende Tendenzen erkennbar: Für die Gültigkeit der Schiedsvereinbarung zwischen Zessionar und Schuldner sowie zwischen Gläubiger und Bürgen gelten ähnliche Grundsätze. Soweit möglich, muss eine hinkende Verbindlichkeit vermieden werden. Die Schiedsvereinbarung ist für den Schuldner bzw. Bürgen auf der einen Seite und Zessionar bzw. Gläubiger auf der anderen Seite gleichermaßen verbindlich. Und die Rechtsprechung neigt dazu, Schiedsklauseln auch auf Dritte zu erstrecken.

(iii) Geltung der Schiedsvereinbarung in der Insolvenz

Umstritten war lange Zeit auch, inwiefern eine Schiedsvereinbarung für den Insolvenzverwalter gilt bzw. ob dieser sich daran festhalten lassen muss[240]. Nunmehr hat der Höchste Gerichtshof bestätigt, dass eine Schiedsvereinbarung grundsätzlich auch in der Insolvenz fortbesteht, es allerdings auf die Art der Forderung ankommt[241]. So gilt eine Schiedsklausel für schuldrechtliche Forderungen grundsätzlich auch in der Insolvenz, sachenrechtliche Forderungen werden dagegen von ihr nicht erfasst[242]. Etwas anderes kann im Zusammenhang mit sachenrechtlichen Forderungen nur gelten, wenn ausnahmsweise keine Drittinteressen berührt werden[243].

(iv) Schiedsbindung im Konzern

Eine Wirksamkeitserstreckung von Schiedsvereinbarungen auf andere Gesellschaften desselben Konzerns wird in der schwedischen Literatur, soweit überhaupt behandelt, überwiegend abgelehnt[244]. *Heuman* befasst sich hauptsächlich mit der Frage, ob das Schiedsgericht auch über die Gültigkeit der Schiedsvereinbarung entscheiden darf, wenn die Bindung des Dritten zweifelhaft ist, und will dies grund-

---

240 Es lässt sich darüber streiten, ob dies eine Frage der gültigen Schiedsvereinbarung oder eine Frage der Schiedsfähigkeit ist. Die schwedische Terminologie trennt hier nicht immer ganz eindeutig, was auch damit zusammenhängen mag, dass nach altem Recht beide Fälle zur Ungültigkeit des Schiedsspruchs führten.

241 NJA 2003, 3 („Svenska Kredit“), Bestätigung von NJA 1913, 191. Kritisch dazu *Söderlund*, JT 2004/05, 694 (694 ff.).

242 NJA 1931, 647: Der Schiedsspruch zwischen dem Konkursverwalter und einem Gläubiger wurde für ungültig erklärt, da er Gegenstände betraf, die unter Eigentumsvorbehalt eingebaut worden waren und damit auch das Recht eines Dritten betroffen war.

243 *Lindskog*, S. 236.

244 *Schenck*, JT 2001/02, 420 (422); s. allgemein zum Haftungsdurchgriff *Hellner*, S. 82 f. Die Ablehnung der „group of companies doctrine“ entspricht der international überwiegenden Literaturansicht, s. *Wilske/Shore*, IDR 2005, 157 (158). Vgl. aber die Entscheidung des schweizerischen Bundesgerichts vom 16. Oktober 2003, zitiert bei *Sandrock*, SchiedsVZ 2005, 1.

sätzlich bejahen[245]. Seiner Ansicht nach kann eine Gesellschaft jedenfalls nicht in ein Schiedsverfahren gezwungen werden, wenn keine Anhaltspunkte dafür bestehen, dass der Unterzeichner die Schiedsvereinbarung als Repräsentant gerade dieser Gesellschaft abgeschlossen hat[246]. Etwas anderes könne sich allerdings aus der Abwicklung des materiellen Vertrags ergeben[247]. Ähnlich unklar äußert sich *Lindskog*, der meint, es komme im Einzelfall auf die Möglichkeit eines Haftungsdurchgriffs nach materiellem Recht an, wobei diese Fälle jedoch ziemlich begrenzt seien[248]. Insgesamt äußert sich die schwedische Literatur also eher zurückhaltend zur Erstreckung der Wirksamkeit einer Schiedsvereinbarung innerhalb eines Konzerns.

bb) Ungültigkeit der Schiedsklausel wegen Rücktritts aufgrund der Verletzung von Geheimhaltungspflichten

Nach schwedischem Vertragsrecht kann eine Partei vom Vertrag, und damit auch von einer Schiedsvereinbarung, zurücktreten, wenn die andere Partei einen schweren Vertragsbruch begangen hat[249]. Im Jahr 2000 hatte der Höchste Gerichtshof über eine Aufhebungsklage zu entscheiden, in der der Kläger geltend machte, er sei wegen eines schweren Vertragsbruchs der anderen Partei von der Schiedsvereinbarung zurückgetreten und diese folglich ungültig geworden[250]. Der schwere Vertragsbruch bestand nach Ansicht des Klägers in der Veröffentlichung des Schiedsverfahrens in einer internationalen Fachzeitschrift, was gegen den Grundsatz der Vertraulichkeit des Schiedsverfahrens verstoßen habe. Der Gerichtshof bezog sich bei seiner Entscheidung auf das Urteil des australischen *High Court* in der Sache *Esso v. Plowman*[251] und kam zu dem Schluss, dass es keine generelle Geheimhaltungspflicht in der internationalen Schiedsgerichtsbarkeit gebe, die Veröffentlichung also nicht zum Rücktritt berechtigte.

Die Aussage, es gebe keine generelle Geheimhaltungspflicht, erscheint aus deutscher Perspektive zunächst recht überraschend, da die Vertraulichkeit häufig als eines der wichtigsten Kennzeichen und Vorteile eines Schiedsverfahrens gegenüber staatlichen Gerichtsverfahren genannt wird[252]. So ist in einer Anmerkung zu dieser

---

[245] *Heuman*, Practice and Procedure, S. 78.
[246] *Heuman*, a.a.O., S. 80.
[247] *Heuman*, a.a.O.
[248] *Lindskog*, S. 1196 f., dort auch Fußnote 335.
[249] Eine allgemeine Gesetzesbestimmung dazu gibt es nicht. Ausdruck dieses Prinzips sind aber beispielsweise § 25 und § 39 des Kaufvertragsgesetzes (*köplagen*). Zur Anwendbarkeit auf andere Vertragstypen *Agell/Malmström*, S. 127.
[250] NJA 2000, 538 („Bulbank").
[251] Esso Australia Resources Ltd. & Others v. The Honourable Sidney James Plowman (The Minister for Energy and Minerals) & Others [1995] 128 ALR 391, Arbitration International 1995, 235.
[252] So etwa *Gottwald*, in: Gottwald, S. 1 (5); *Raeschke-Kessler/Berger*, Rdnr. 27 u. 683; MüKo-*Münch*, vor § 1025, Rdnr. 32.

Entscheidung kritisiert worden, die schwedischen Gerichte hätten hier „erstaunlich unbekümmert einen bislang in der Schiedsgerichtsbarkeit als unverrückbar geltenden Grundsatz aus den Angeln gehoben“[253]. Als Folge des Urteils wird in der schwedischen Literatur mehrheitlich empfohlen, ausdrückliche Geheimhaltungsklauseln und gegebenenfalls auch entsprechende Sanktionen in Schiedsvereinbarungen aufzunehmen[254]. Ungeklärt ist bislang aber, ob sich eine Geheimhaltungsklausel im Hauptvertrag auf eine darin enthaltene Schiedsklausel erstreckt[255].

cc) Präklusion

Das schwedische Recht enthält keine speziellen Präklusionsvorschriften im Zusammenhang mit der Gültigkeit der Schiedsvereinbarung. Aus der allgemeinen Regel des § 34 Abs. 2 LSF ergibt sich jedoch, dass eine Partei, die die Ungültigkeit der Schiedsvereinbarung kennt, aber dennoch am Schiedsverfahren teilnimmt, sich im Allgemeinen so behandeln lassen muss, als habe von Anfang an eine gültige Schiedsvereinbarung vorgelegen. Gleiches soll nach der Regierungsbegründung gelten, wenn die Schiedsrichter sich gemäß § 2 LSF für zuständig erklärt haben und die Parteien widerspruchslos am weiteren Schiedsverfahren teilnehmen[256]. Dieses Verständnis ist wichtig, da die Parteien die Entscheidung der Schiedsrichter über ihre eigene Kompetenz nicht innerhalb einer besonderen Frist vor den staatlichen Gerichten angreifen müssen. Die Überprüfung ist daher theoretisch bis zum Abschluss des Schiedsverfahrens möglich. Eine Entscheidung des staatlichen Gerichts über die Gültigkeit der Schiedsvereinbarung bindet sowohl das Schiedsgericht als auch ein anderes Gericht im nachfolgenden Aufhebungsverfahren[257].

b) Der Aufhebungsgrund des § 1059 Abs. 2 Nr. 1 a) ZPO in Deutschland

Die subjektive Schiedsfähigkeit, d. h. die Fähigkeit, eine gültige Schiedsvereinbarung abzuschließen, ist in § 1059 Abs. 2 Nr. 1 a) 1. Alt. ausdrücklich als Aufhebungsgrund genannt. Daneben kann auch das Fehlen sonstiger allgemeiner vertragsrechtlicher Gültigkeitsvoraussetzungen zur Aufhebung führen.

---

[253] *Nacimiento*, BB Beilage 6 zu Heft 31, 2001, 7 (10).

[254] *Edelstam*, S. 371; *Magnusson*, JT 2002/03, S. 161 ff.; *Romander*, Confidentiality in Swedish Arbitration Proceedings (o. S.). Teilweise wird auch vorgeschlagen, ein Verfahrensrecht zu vereinbaren, das eine Geheimhaltungspflicht anerkennt, *Romander*, a.a.O.

[255] *Edelstam*, S. 365; bejahend *Heuman*, JT 2000/01, S. 662 (665).

[256] Prop. 1998/99:35, S. 75.

[257] Prop. 1998/99:35, S. 75. Für die Entscheidung über die Zuständigkeit des Schiedsgerichts ist das Amtsgericht am Schiedsort zuständig.

aa) Fehlende subjektive Schiedsfähigkeit

Die subjektive Schiedsfähigkeit meint die Rechts- und Geschäftsfähigkeit bzw. Partei- und Prozessfähigkeit[258]. Sie richtet sich nach dem Personalstatut der betreffenden Partei, welches bei natürlichen Personen meist unproblematisch anhand der Staatsangehörigkeit zu bestimmen ist, Art. 7 Abs. 1 EGBGB. Zur Bestimmung des Personalstatuts von juristischen Personen wird nach bisher h. M. in Deutschland die Sitztheorie herangezogen, wonach sich die Rechts- und Geschäftsfähigkeit nach dem Recht des effektiven Verwaltungssitzes richtet[259]. Nach der neueren EuGH-Rechtsprechung in Sachen *Centros*[260], *Überseering*[261] und *Inspire Art*[262] ist dieser Ansatz aber zumindest für Gesellschaften aus dem europäischen Ausland nicht mehr haltbar. Aufgrund der europarechtlich garantierten Niederlassungsfreiheit aus Art. 48 EG muss eine nach ihrem Heimatrecht ordnungsgemäß gegründete juristische Person nun auch in Deutschland als partei- und prozessfähig anerkannt werden, wenn deren Heimatrecht auf das Gründungsstatut abstellt[263].

Der Bundesgerichtshof hat in einer jüngeren Entscheidung die subjektive Schiedsfähigkeit eines ausländischen Staatsunternehmens verneint, da der Abschluss einer Schiedsvereinbarung nach dem maßgeblichen jugoslawischen bzw. kroatischen Heimatrecht außerhalb der Kompetenz des Unternehmens lag[264]. Nach dem BGH soll zudem der Gutglaubensschutz des Vertragspartners schon bei leichter Fahrlässigkeit entfallen[265]. In der Literatur wird der Beschluss kritisiert[266]. Es bleibt abzuwarten, ob sich diese Rechtsprechungslinie, die eine Berufung auf die Schiedsunfähigkeit nach Heimatrecht zulässt, verfestigt. Sie stünde jedenfalls im Widerspruch zu der in Art. II EuÜ und Art. 177 Abs. 2 des schweizerischen IPRG zum Ausdruck kommenden Auffassung, dass juristische Personen des öffentlichen Rechts grundsätzlich subjektiv schiedsfähig sind.

---

258 Musielak-*Voit*, § 1029, Rdnr. 5; Musielak-*Voit*, § 1059, Rdnr. 6; Zöller-*Geimer*, § 1029, Rdnr. 19; MüKo-*Münch*, § 1029, Rdnr. 5, stellt allein auf Rechts- und Geschäftsfähigkeit, nicht aber auf Prozessfähigkeit ab.

259 Baumbach/Hueck-*Hueck/Fastrich*, Einl. Rdnr. 37, m. w. N.

260 Rs. C-212/97, IPrax 1999, 360 m. Anm. *Behrens*, IPrax 1999, 323.

261 Rs. C-208/00, IPrax 2003, 65 m. Anm. *Roth*, IPrax 2003, 117 u. *Behrens*, IPrax 2003, 193.

262 Rs. C-167/01, IPrax 2004, 46 m. Anm. *Behrens*, IPrax 2004, 20.

263 Zöller-*Geimer*, § 1029, Rdnr. 23, erkennt zumindest an, dass die Sitztheorie mit dem EG-Vertrag unvereinbar ist, hält aber offenbar dennoch an ihr fest. Zusammenfassend und zu den Schlussfolgerungen vgl. *Kronke/Mazza* in: Handbuch Internationales Wirtschaftsrecht, Teil K, Rz. 94 ff und die Schlussanträge des Generalanwalts *Maduro* in der Rechtssache C-210/06 (*Cartesio*) vom 22. Mai 2008, abrufbar unter http://curia.europa.eu.

264 BGH 23. April 1998, Az.: III ZR 194/96, IPrax 1999, 104.

265 BGH IPrax 1999, 104 (105).

266 *Lachmann*, 2. A., Rdnr. 213; *Raeschke-Kessler/Berger*, Rdnr. 214; *Schütze*, IPrax 1999, 87 (87); Zöller-*Geimer*, § 1029, Rdnr. 19.

bb) *Fehlende oder ungültige Schiedsvereinbarung*

Ein Schiedsspruch ist nach § 1059 Abs. 2 Nr. 1 a) 2. Alt. ZPO zudem aufhebbar, wenn die Schiedsvereinbarung ungültig bzw. unwirksam war oder sogar ganz fehlte, beispielsweise weil sie von Anfang an nichtig war oder nachträglich erloschen ist. Zumindest im hier zu behandelnden Aufhebungsverfahren bestimmt sich das anwendbare Recht primär nach der Parteivereinbarung, subsidiär nach dem Recht des Schiedsortes[267]. Die ausdrückliche Kollisionsregel des § 1059 Abs. 2 Nr. 1 a) ZPO ist nach allgemeiner Auffassung keine Gesamtverweisung, sondern nur eine Sachnormverweisung[268]. Für Schiedsverfahren in Deutschland richtet sich demnach die Gültigkeit der Schiedsvereinbarung nach deutschem Recht, d. h. nach den allgemeinen und schuldrechtlichen Vorschriften des BGB[269], sofern die Parteien nicht ausdrücklich ein anderes auf die Schiedsvereinbarung anwendbares Recht bestimmt haben. Eine im Hauptvertrag enthaltene Rechtswahl erstreckt sich nach der vorherrschenden deutschen Rechtslehre nicht auf die Schiedsvereinbarung, selbst dann nicht, wenn sie als Schiedsklausel im gleichen Vertrag enthalten ist[270]. Die Rechtsprechung ist hier teilweise anderer Auffassung[271].

(1) Allgemeine Wirksamkeitsvoraussetzungen

Voraussetzung für die Gültigkeit einer Schiedsvereinbarung ist die Einigung zwischen den Parteien, bestimmte Streitigkeiten aus einem bestimmten Rechtsverhältnis den staatlichen Gerichten zu entziehen und dafür einem Schiedsgericht zu unterwerfen[272]. Auch das Schiedsgericht bzw. dessen Bildung muss hinreichend bestimmt oder zumindest bestimmbar sein[273]. Die Rechtsprechung legt hier aber teilweise unterschiedliche Maßstäbe an. So reichte die Bezeichnung der nicht existierenden „German Central Chamber of Commerce" nach Ansicht des KG Berlin aus, um ein DIS-Schiedsgericht mit Sitz in Berlin zu vereinbaren[274]. Hingegen genügte die Vereinbarung, bei Streitigkeiten entscheide ein „Schiedsgericht durch die Hand-

---

[267] Der Streit, ob es sich hierbei um eine allgemeine Kollisionsregel handelt, die über das Aufhebungsverfahren hinaus wirkt, kann hier offen bleiben.

[268] Musielak-*Voit*, § 1029, Rdnr. 28; Zöller-*Geimer*, § 1029, Rdnr. 91. Grundlegend hierzu *v. Hoffmann*, Internationale Handelsschiedsgerichtsbarkeit, S. 57 ff.

[269] S. *Lachmann*, S. 76, Rdnr. 269; *Raeschke-Kessler/Berger*, Rdnr. 270. Auf den Streit um die Rechtsnatur der Schiedsvereinbarung soll hier nicht näher eingegangen werden, da Einigkeit darüber besteht, dass die Vorschriften des BGB zumindest entsprechend anwendbar sind.

[270] MüKo-*Münch*, § 1029, Rdnr. 16; Stein/Jonas-*Schlosser*, § 1029, Rdnr. 41; Zöller-*Geimer*, § 1029, Rdnr. 96; differenzierend *Kröll*, SchiedsVZ 2004, 139 (140).

[271] OLG Hamburg 24. Januar 2003, Az.: 11 Sch 06/01, SchiedsVZ 2003, 284; BayObLG 16. Januar 2004, Az.: 4 Z Sch 22/03.

[272] BT-Drs. 13/5274, S. 33; *Lachmann*, S. 103, Rdnr. 280 f.; Musielak-*Voit*, § 1029, Rdnr. 7 u. 16; *Raeschke-Kessler/Berger*, Rdnr. 313 u. 319; Zöller-*Geimer*, § 1029, Rdnr. 18 u. 48.

[273] *Raeschke-Kessler/Berger*, a.a.O; Stein/Jonas-*Schlosser*, § 1029, Rdnr. 14.

[274] KG Berlin 15. Oktober 1999, Az.: 28 Sch 17/99.

werkskammer" dem BayObLG nicht, da zumindest zwei Handwerksammern, nämlich die von München und Oberbayern oder die von Schwaben, in Betracht kamen[275]. Es muss klar aus der Vereinbarung hervorgehen, welche Art der Auseinandersetzung, welcher Verfahrensablauf und welche Bindungswirkung gewollt sind[276]. Eine Schiedsvereinbarung kann auch durch Bezugnahme auf andere Dokumente, in denen eine solche Vereinbarung enthalten ist, zustande kommen. Auch wenn die Parteien in regelmäßigem Geschäftsverkehr miteinander stehen, erstrecken sich Schiedsklauseln in einem Vertrag allerdings nicht automatisch auf andere Verträge[277]. Anders kann es sein, wenn in einer „Kette" von Verträgen lediglich in einem die Schiedsvereinbarung fehlt, ein bloß irgendwie gearteter Zusammenhang der Verträge soll jedoch nicht ausreichen[278]. Der Abschluss einer Schiedsvereinbarung kraft Handelsbrauchs soll weiterhin möglich sein, allerdings muss das Schriftformerfordernis des § 1031 ZPO erfüllt sein[279]. Eine bloß mündliche Schiedsvereinbarung kommt damit auch unter Kaufleuten nicht in Betracht.

Die Parteien können sich beim Abschluss einer Schiedsvereinbarung vertreten lassen, wobei die gewöhnliche Prozessvollmacht des § 81 ZPO hierfür nach h. L. nicht ausreicht[280], da sie implizit auf den Staatsprozess zugeschnitten sei[281].

Da auf die Schiedsvereinbarung die Vorschriften des BGB wenigstens entsprechend anzuwenden sind, ist auch die Anfechtung der jeweiligen Willenserklärungen möglich. Neben den §§ 119 ff. BGB sind nach h. M. auch die §§ 134, 138 BGB anwendbar[282]. Die Anwendbarkeit des § 138 BGB wird teilweise in Zweifel gezogen, weil § 1025 Abs. 2 a. F., der eine spezialgesetzliche Ausprägung der Sittenwidrigkeitsvorschrift enthielt, ersatzlos gestrichen wurde[283]. In der Gesetzesbegründung finden sich jedoch keine Anhaltspunkte für einen beabsichtigten Ausschluss des § 138 BGB. Demnach kann eine Schiedsvereinbarung auch deshalb unwirksam sein, weil sie eine Partei unangemessen benachteiligt. Dies ist jedoch nicht schon dann der Fall, wenn einer Partei ein Wahlrecht zwischen staatlichem Gerichtsverfahren und Schiedsverfahren eingeräumt wird[284]. Die andere Partei muss allerdings rechtzeitig Klarheit darüber erhalten können, welchen Rechtsweg die zur Wahl berechtigte Seite favorisiert. Dies kann durch eine Vereinbarung erreicht werden, wonach das Wahlrecht auf Aufforderung der anderen Partei vor Prozessbeginn auszu-

---

[275] BayObLG 28. Februar 2000, Az.: 4 Z SchH 13/99.
[276] OLG Frankfurt 4. September 2003, Az.: 3 Sch 1/03, NJOZ 2003, 3559.
[277] OLG Celle 13. März 2003, Az.: 8 Sch 6/02, NJOZ 2003, 2582.
[278] *Lachmann*, S. 91, Rdnr. 237; *Raeschke-Kessler/Berger*, Rdnr. 277.
[279] *Lachmann*, S. 91, Rdnr. 322 ff. Zu § 1031 ZPO s. u. III. 1. b) bb) *(2)*.
[280] MüKo-*Münch*, § 1029, Rdnr. 9; Musielak-*Voit*, § 1029, Rdnr. 6.
[281] MüKo-*Münch*, a.a.O.
[282] Musielak-*Voit*, § 1029, Rdnr. 10; *Raeschke-Kessler/Berger*, Rdnr. 404.
[283] *Schwab/Walter*, Kap. 4, Rdnr. 15.
[284] MüKo-*Münch*, § 1029, Rdnr. 43; Musielak-*Voit*, § 1029, Rdnr. 21; Zöller-*Geimer*, § 1029, Rdnr. 35.

üben ist[285]. Zulässig ist ein Wahlrecht auch, wenn die Anwendungsfälle klar abgegrenzt und die Zuständigkeit des Schiedsgerichts von vorneherein eindeutig feststellbar ist[286]. Eine Wahlklausel kann also, muss aber keinesfalls eine unangemessene Benachteiligung des Vertragspartners bedeuten. Eine Klausel, die einer Partei ein einseitiges Recht zur Besetzung des Schiedsgerichts gibt, führt nicht zur Unwirksamkeit der Schiedsvereinbarung. Denn nach § 1034 Abs. 2 ZPO kann sich die benachteiligte Partei vor Gericht gegen die ungleichmäßige Besetzung des Schiedsgerichts wehren. Das Gesetz setzt somit gerade die Wirksamkeit der Schiedsvereinbarung auch für diesen Fall voraus[287].

Die Schiedsvereinbarung kann nachträglich durch Kündigung bzw. Rücktritt[288] oder auch einverständliche Aufhebung erlöschen. Voraussetzung für ein Kündigungsrecht ist nach § 314 BGB, dass einer Partei das Festhalten an der Schiedsvereinbarung unzumutbar ist. Ob die Weitergabe von Informationen über das Schiedsverfahren an Dritte zur Kündigung berechtigt, ist im deutschen Recht noch nicht abschließend geklärt. Jedenfalls wird aber die schwedische Rechtsprechung hierzu kritisch bewertet[289]. Bei Undurchführbarkeit des Schiedsverfahrens, beispielsweise wegen Verarmung einer Partei, ist nach neuerer Auffassung keine Kündigung mehr erforderlich[290]. Vielmehr erlischt die Schiedsvereinbarung automatisch, wenn feststeht, dass die erforderlichen Mittel auch nicht von der Gegenpartei übernommen oder von dritter Seite beschafft werden können.

Mit Erlass des Schiedsspruchs, d. h. ordnungsgemäßem Verfahrensabschluss, erlischt nach h. M. die Schiedsvereinbarung[291]. Das Überschreiten einer von den Parteien vereinbarten oder von institutionellen Schiedsordnungen vorgesehenen Frist

---

[285] BGH NJW 1999, 282; *Raeschke-Kessler/Berger*, Rdnr. 370; Zöller-*Geimer*, § 1029, Rdnr. 35.

[286] OLG Naumburg 20. Mai 2005, Az.: 10 Sch 1/05, BauR 2005, 1524.

[287] Musielak-*Voit*, § 1029, Rdnr. 10; s. a. Stein/Jonas-*Schlosser*, § 1029, Rdnr. 26: Eine Schiedsvereinbarung sei nur dann sittenwidrig, wenn der Grund der Anstößigkeit nichts mit der Besetzung des Schiedsgerichts zu tun habe. Als Aufhebungsgrund nach § 1059 Abs. 2 Nr. 1 d) 1. Alt. verstehen diesen Fall offenbar *Hausmann*, FS-Stoll, S. 593 (602) und *Lachmann*, S. 539, Rdnr. 2252.

[288] Es ist strittig, ob überhaupt ein gesetzliches Rücktrittsrecht besteht. Für ein Rücktrittsrecht bis zum Beginn des Schiedsverfahrens, das dann in ein Kündigungsrecht übergeht: Musielak-*Voit*, § 1029, Rdnr. 12; Zöller-*Geimer*, § 1029, Rdnr. 81. Für ein Kündigungs- statt Rücktrittsrecht auch schon vor Verfahrensbeginn MüKo-*Münch*, § 1029, Rdnr. 56; *Raeschke-Kessler/Berger*, Rdnr. 390; *Schwab/Walter*, Kap. 8, Rdnr. 10 f.; Stein/Jonas-*Schlosser*, § 1029, Rdnr. 38 f.

[289] *Nacimiento*, BB 2000, Beilage 6 zu Heft 31, S. 7 (10); *Raeschke-Kessler/Berger*, Rdnr. 688. Etwas undeutlich MüKo-*Münch*, vor § 1025, Rdnr. 32; *Schlosser*, Rdnr. 665. Einen allgemeinen Vertraulichkeitsgrundsatz ablehnend *Lachmann*, S. 42, Rdnr. 146; *Lionnet/Lionnet*, S. 458; *Prütting*, FS-Böckstiegel, S. 629 (635).

[290] BGH 14. September 2000, Az.: III ZR 33/00, JZ 2001, 258; KG Berlin 13. August 2001, Az.: 2 W 8057/99, SchiedsVZ 2003, 239; OLG Naumburg 20. Januar 2005, Az.: 10 SchH 2/04, BauR 2005, 1509; Musielak-*Voit*, § 1029, Rdnr. 12; krit. Zöller-*Geimer*, § 1029, Rdnr. 82.

[291] MüKo-*Münch*, § 1029, Rdnr. 54; Zöller-*Geimer*, § 1029, Rdnr. 87.

für den Erlass des Schiedsspruchs kann nur dann zum Erlöschen der Schiedsvereinbarung führen, wenn der Wortlaut der Schiedsvereinbarung eindeutig ist[292]. Im Zweifel soll aufgrund der erheblichen Zeitverzögerungen nicht davon auszugehen sein, dass die Parteien nach Fristablauf die Zuständigkeit der staatlichen Gerichte wieder aufleben lassen wollten[293].

Eine Schiedsvereinbarung, die deutschem Recht unterliegt, muss der Schriftform gemäß § 1031 ZPO genügen, anderenfalls ist sie nichtig. Durch rügeloses Verhandeln zur Hauptsache wird gem. § 1031 Abs. 6 ZPO der Mangel der Form geheilt. Allein die Benennung eines Schiedsrichters führt jedoch noch nicht zur Heilung[294].

(2) Verbraucherschutz

Dass Schiedsvereinbarungen mit Verbrauchern generell vom Gesetzgeber als zulässig angesehen werden, zeigt die Formvorschrift des § 1031 Abs. 5 ZPO. Danach verlangt eine Schiedsvereinbarung mit einem Verbraucher die eigenhändige Unterzeichnung einer separaten Urkunde, die auch außer den Vereinbarungen über das Schiedsverfahren keine weiteren Abreden enthalten darf. Damit soll der rechtlich und geschäftlich Unerfahrene vor Überrumpelung geschützt werden[295]. Dies aber bedeutet im Umkehrschluss, dass Schiedsvereinbarungen mit Verbrauchern nach dem Gesetz nicht grundsätzlich ausgeschlossen sind. In der Literatur wird jedoch teilweise die generelle Zulässigkeit von Schiedsvereinbarungen mit Verbrauchern in Frage gestellt[296]. Aufgrund der mangelnden Überprüfbarkeit von Schiedssprüchen sei nicht gewährleistet, dass materielle Verbrauchervorschriften immer eingehalten würden[297]. Insbesondere in AGB könne von bestimmten Schutzvorschriften zum Nachteil des Verbrauchers abgewichen werden und die entsprechende materiellrechtliche Frage in einem Schiedsverfahren verhandelt werden, solange nur die Schiedsvereinbarung selbst formwirksam geschlossen sei[298]. Aus dieser Sicht besteht die Gefahr, dass ein Schiedsgericht zwingende Verbraucherschutzvorschriften des materiellen Rechts ignoriert und dem unterlegenen Verbraucher keine Möglichkeit bleibt, den Schiedsspruch zu beseitigen. Eine nach Entstehen der Streitigkeit geschlossene Schiedsvereinbarung soll aber gültig sein[299].

---

[292] KG Berlin 6. Mai 2002, Az.: 23/29 Sch 21/01.

[293] *Kröll*, SchiedsVZ 2004, 113 (121); Zöller-*Geimer*, § 1059, Rdnr. 39a.

[294] Zöller-*Geimer*, § 1031, Rdnr. 40.

[295] MüKo-*Münch*, § 1031, Rdnr. 21.

[296] *Raeschke-Kessler/Berger*, Rdnr. 258.

[297] *Raeschke-Kessler/Berger*, Rdnr. 258 f.

[298] *Raeschke-Kessler/Berger*, Rdnr. 257.

[299] *Raeschke-Kessler/Berger*, Rdnr. 261.

(3) *Schiedsklauseln in Allgemeinen Geschäftsbedingungen*

Darüber, dass Schiedsklauseln in AGB zumindest im Rechtsverkehr zwischen Unternehmern im Grundsatz zulässig sind, herrscht in der deutschen Rechtsliteratur wenig Streit[300]. Nach der Regierungsbegründung sollte gerade mit Einführung des § 1031 Abs. 3 ZPO einem Bedürfnis des Rechtsverkehrs Rechnung getragen werden, in Verträgen auf Allgemeine Geschäftsbedingungen Bezug zu nehmen[301]. Für eine wirksame Einbeziehung müssen allerdings die Vorschriften der §§ 305 ff. BGB berücksichtigt werden. „Überraschend" im Sinne von § 305 BGB dürfte eine Schiedsklausel im Handelsverkehr nicht mehr sein[302]. Möglich ist allerdings ein Verstoß gegen § 307 BGB wegen unangemessener Benachteiligung des Vertragspartners. Diskutiert werden in diesem Zusammenhang vor allem das bereits erwähnte Wahlrecht des Verwenders zwischen staatlichem und schiedsgerichtlichem Verfahren und ein ungleicher Einfluss auf die Besetzung des Schiedsgerichts.

Hier gilt im Wesentlichen das oben zu § 138 BGB Gesagte entsprechend. Die h. L. hält demnach eine Schiedsklausel in AGB, mittels derer einer Partei ein Wahlrecht eingeräumt wird, für zulässig, wenn bestimmte Voraussetzungen erfüllt sind, die auch der anderen Partei eine gewisse Rechtssicherheit garantieren[303]. Die Rechtsprechung hat Schiedsklauseln in AGB, die einer Partei ein Wahlrecht einräumen, teils akzeptiert, teils abgelehnt[304]. Eine gleichmäßige Besetzung des Schiedsgerichts ist durch § 1034 Abs. 2 ZPO gewährleistet[305].

Die Verwendung von in AGB enthaltenen Schiedsklauseln gegenüber Verbrauchern wird dagegen deutlich kritischer beurteilt[306]. Ob sich die Ungültigkeit der Schiedsvereinbarung in diesem Zusammenhang schon daraus ergibt, dass sie vom gesetzlichen Leitbild des staatlichen Gerichtsverfahrens abweicht, ist zweifelhaft[307]. Zumindest aber ergibt sich indirekt aus der Formvorschrift des § 1031 Abs. 5 ZPO, dass Schiedsvereinbarungen mit Verbrauchern grundsätzlich nicht durch bloße Bezugnahme auf ein anderes Schriftstück wirksam zustande

300 *Lachmann*, S. 98, Rdnr. 348; MüKo-*Münch*, § 1029, Rdnr. 11; *Raeschke-Kessler/Berger*, Rdnr. 374; a. A. *Spieker*, ZIP 1999, 2138 (2141 f.).

301 BT-Drs. 13/5274, S. 37.

302 OLG Celle, 4. November 1999, Az.: 8 SchH 3/99; s. a. OLG Oldenburg 12. November 2001, Az.: 9 SchH 12/01. *Hanefeld/Wittinghofer*, SchiedsVZ 2005, 217 (222) weisen darauf hin, dass AGB in Ausnahmefällen als überraschend einzustufen sein können, solche Ausnahmefälle in der Praxis aber kaum zu finden seien.

303 MüKo-*Münch*, § 1029, Rdnr. 11a; Musielak-*Voit*, § 1029, Rdnr. 21; *Schwab/Walter*, Kap. 4, Rdnr. 24; Zöller-*Geimer*, § 1029, Rdnr. 35.

304 OLG Hamburg 14. Mai 1999, Az.: 1 Sch 2/99, OLGR Hamburg 2000, 19; dagegen: OLG Dresden 26. Oktober 2004, Az.: 11 SchH 03/04, wobei die Berufung auf die Ungültigkeit seitens des Verwenders nicht für zulässig gehalten wurde.

305 *Hanefeld/Wittinghofer*, SchiedsVZ 2005, 217 (225). Zweifelnd, ob § 1034 Abs. 2 ZPO Vorrang vor § 307 BGB beansprucht: *Lachmann*, S. 157, Rdnr. 561.

306 MüKo-*Münch*, § 1029, Rdnr. 11 f.

307 *Lachmann*, S. 154, Rdnr. 548 f.

kommen können, und damit auch nicht durch Bezugnahme auf AGB. Selbst wenn AGB-Schiedsvereinbarungen mit Verbrauchern damit nicht grundsätzlich ausgeschlossen sind[308], dürften sie praktisch selten sein.

Vertragsabschlüsse, mit denen eine unternehmerische Tätigkeit erst aufgenommen werden soll, gelten nach neuerer Rechtsprechung nicht als Verbraucher-, sondern bereits als Unternehmerhandeln[309]. Demnach können auch Schiedsklauseln in Allgemeinen Geschäftsbedingungen solcher Verträge grundsätzlich wirksam sein.

(4) Wirksamkeitserstreckung auf Dritte

Die Erstreckung der Schiedsvereinbarung auf Dritte ist im deutschen Recht kaum umstritten. Unproblematisch wird der Gesamtrechtsnachfolger einer Partei auch Partei der Schiedsvereinbarung[310]. Auch der Insolvenzverwalter ist an eine vom Gemeinschuldner geschlossene Schiedsvereinbarung gebunden, sofern es sich dabei nicht um ein anfechtbares Rechtsgeschäft i. S. d. Insolvenzordnung handelt[311].

Auch bei der Einzelrechtsnachfolge herrscht weitgehend Einigkeit. So ist der Zessionar nach ganz überwiegender Auffassung[312] an eine zwischen Zedent und Schuldner geschlossene Schiedsvereinbarung gebunden, ohne dass es einer besonderen Abrede bedürfte. Gleiches soll für Vertrags- und Schuldübernahme gelten[313]. Auf Bürgen oder Garantieübernehmer erstreckt sich eine zwischen Gläubiger und Hauptschuldner geschlossene Schiedsvereinbarung hingegen nach einhelliger Auffassung nicht[314]. Die Erstreckung einer von einem Unternehmen abgeschlossenen Schiedsvereinbarung auf ein mit diesem i. S. v. § 15 AktG verbundenes Unternehmen wird in der deutschen Literatur überwiegend abgelehnt[315]. Die Rechtsprechung musste sich, soweit ersichtlich, noch nicht mit dieser Frage auseinandersetzen.

---

308 *Schulze*, S. 101. S. auch soeben *(2)*.

309 OLG Oldenburg 12. November 2001, Az.: 9 SchH 12/01; OLG Düsseldorf 4. Mai 2004, Az.: I-26 Sch 5/04; BGH 24. Februar 2005, Az.: III ZB 36/04, BGHZ 162, 253.

310 MüKo-*Münch*, § 1029, Rdnr. 21; Musielak-*Voit*, § 1029, Rdnr. 8

311 BGH 20. November 2003, Az.: III ZB 24/03; MüKo-*Münch*, § 1029, Rdnr. 22; Musielak-*Voit*, § 1029, Rdnr. 8; Zöller-*Geimer*, § 1029, Rdnr. 60.

312 BGH 3. Mai 2000, Az.: XII ZR 42/98; MüKo-*Münch*, § 1029, Rdnr. 21; Musielak-*Voit*, § 1029, Rdnr. 8; Stein/Jonas-*Schlosser*, § 1029, Rdnr. 36; Zöller-*Geimer*, § 1029, Rdnr. 61; a. A.: *Schwab/Walter*, Kap. 7, Rdnr. 32; *Martens*, S. 87 f.

313 Zöller-*Geimer*, § 1029, Rdnr. 60; a. A. MüKo-*Münch*, § 1029, Rdnr. 21.

314 OLG Hamburg 8. November 2001, Az.: 6 Sch 04/01; Musielak-*Voit*, § 1029, Rdnr. 8; *Schwab/Walter*, Kap. 7, Rdnr. 34; Stein/Jonas-*Schlosser*, § 1029, Rdnr. 33; Zöller-*Geimer*, § 1029, Rdnr. 60: anders, wenn der Bürge die Schiedsvereinbarung mit unterschrieben hat.

315 *Busse*, SchiedsVZ 2005, 118; Musielak-*Voit*, § 1029, Rdnr. 8; *Raeschke-Kessler/Berger*, Rdnr. 301 f.; *Schwab/Walter*, Kap. 7, Rdnr. 35; differenzierend *Lachmann*, S. 143, Rdnr. 509 ff. Vgl. auch *Kronke/Mazza* in: Handbuch Internationales Wirtschaftsrecht, Teil K, Rdnr. 206 mit rechtsvergleichenden Hinweisen und Nachweisen aus der Rechtsprechung.

Insgesamt sind diese Fälle in der deutschen Lehre und Rechtsprechung eher unstrittig. Für die Einbeziehung Dritter kommt es vor allem darauf an, ob diese am Abschluss der Schiedsvereinbarung beteiligt waren oder nachträglich in die Stellung einer Vertragspartei kommen bzw. einen Anspruch gerade aus dem Vertrag herleiten, der die Schiedsvereinbarung enthält oder auf den sie sich bezieht.

(5) Präklusion

Neben der allgemeinen Präklusionsvorschrift des § 1027 ZPO finden im Zusammenhang mit der Gültigkeit der Schiedsvereinbarung zwei weitere spezialgesetzliche Vorschriften Anwendung. Gemäß § 1031 Abs. 6 ZPO wird ein Formmangel durch rügelose Einlassung auf das Schiedsverfahren geheilt. Nach § 1040 Abs. 2 S. 1 ZPO ist die Unzuständigkeit des Schiedsgerichts spätestens mit Klagebeantwortung zu rügen. Befindet das Schiedsgericht durch Zwischenentscheid über seine eigene Zuständigkeit, so kann der Beklagte diesen Entscheid nach § 1040 Abs. 3 S. 2 ZPO nur innerhalb eines Monats vor dem staatlichen Gericht angreifen. Im späteren Aufhebungsverfahren darf er das Fehlen einer gültigen Schiedsvereinbarung nicht mehr geltend machen[316]. Die Entscheidung des staatlichen Gerichts nach § 1040 Abs. 3 S. 2 (oder nach § 1032 Abs. 2 ZPO) erwächst in materielle Rechtskraft und ist damit auch für das Aufhebungsverfahren maßgeblich. Aus der Regelung über das Zwischenverfahren ergibt sich, dass das staatliche Gericht nunmehr abschließend über die Zuständigkeit des Schiedsgerichts entscheidet[317]. Nach neuester Rechtsprechung gilt dies auch dann, wenn die Parteien eine so genannte Kompetenz-Kompetenz-Klausel in ihren Vertrag aufgenommen haben[318]. Das OLG Naumburg stellte zudem klar, dass eine Partei, die selbst das Schiedsgericht anruft, sich später nicht auf die Ungültigkeit der Schiedsvereinbarung berufen kann[319].

c) Vergleich und Bewertung der Rechtsordnungen

Im Folgenden werden die im Zusammenhang mit der Gültigkeit der Schiedsvereinbarung aufgeworfenen Einzelfragen und ihre Lösungen nach deutschem und schwedischem Recht miteinander verglichen.

---

[316] BGH 27. März 2003, Az.: III ZB 83/02, IHR 2003, 139; Zöller-*Geimer*, § 1059, Rdnr. 39. Nach Stein/Jonas-*Schlosser*, § 1059, Rdnr. 8 soll die Entscheidung des Schiedsgerichts über die Gültigkeit der Schiedsvereinbarung für das staatliche Gericht bindend sein, wenn die Frist des § 1040 Abs. 3 S. 2 versäumt wurde. Richtigerweise kann man hier aber nur von Präklusion, nicht von Bindungswirkung sprechen. Ergeht hingegen kein Zwischenentscheid, so ist der Antragsteller auch nicht präkludiert, BayObLG 16. Januar 2004, Az.: 4 Z Sch 22/03.

[317] *Hausmann*, FS-Stoll, S. 593 (598).

[318] BGH 13. Januar 2005, Az.: III ZR 265/03, BGHZ 162, 9. *Habscheid*, FS-Schlosser, S. 247 (254 f.) sieht in bestimmten Situationen dennoch weiterhin Raum für Kompetenz-Kompetenz-Klauseln.

[319] OLG Naumburg, 26. März 2002, Az.: 10 Sch 4/01.

aa) Allgemeine Wirksamkeitsvoraussetzungen

Die allgemeinen Wirksamkeitsvoraussetzungen für eine Schiedsvereinbarung sind in Deutschland und Schweden ähnlich. Die Parteien müssen das jeweilige Rechtsverhältnis hinreichend bestimmt bezeichnen, und die allgemeinen Gültigkeitsvoraussetzungen des anwendbaren Vertragsrechts müssen erfüllt sein. Das auf die Schiedsvereinbarung anwendbare Recht bestimmt sich aufgrund des in beiden Staaten geltenden Territorialitätsprinzips im Aufhebungsverfahren nach deutschem bzw. schwedischem Recht, sofern die Parteien nicht ausdrücklich die Anwendung eines anderen Rechts bestimmt haben. Geht man davon aus, dass die Vertragsparteien in den seltensten Fällen eine ausdrückliche Rechtswahl in Bezug auf die Schiedsvereinbarung treffen, wird sich die Gültigkeit der Schiedsvereinbarung in der Regel nach dem Vertragsrecht des Schiedsortes richten. Zwar dürften sich die Parteien in den meisten Fällen kaum Gedanken machen, ob ihre Schiedsvereinbarung auch nach dem Recht des Schiedsortes gültig ist. Eine Regelung nach Art des § 48 LSF und § 1059 Abs. 2 Nr. 1 a) ZPO hat jedoch den Vorteil, dass sich das Recht der Schiedsvereinbarung, das Schiedsverfahrensrecht und die Regelungen über Kontrolle von Schiedssprüchen nach dem gleichen nationalen Recht richten und so unlösbare Wertungswidersprüche zwischen den verschiedenen Rechtsordnungen vermieden werden.

Das Fehlen der subjektiven Schiedsfähigkeit einer Partei ist im deutschen Recht ausdrücklich als Aufhebungsgrund genannt. Einen wesentlichen Unterschied zum schwedischen Recht stellt dies jedoch nicht dar. Denn die Fähigkeit zum Abschluss einer Schiedsvereinbarung bestimmt sich auch im schwedischen Recht nach der Rechts- und Geschäftsfähigkeit einer Partei als allgemeine Voraussetzung der Wirksamkeit von Verträgen. Auch nach schwedischem Recht würde demnach die Rechts- oder Geschäftsunfähigkeit einer Partei zur Unwirksamkeit der Schiedsvereinbarung und damit zur Aufhebbarkeit des Schiedsspruchs führen. Inwieweit sich ein staatlich kontrolliertes Unternehmen auf die fehlende Schiedsfähigkeit nach seinem Heimatrecht berufen kann, ist bisher, soweit ersichtlich, in Schweden nicht Gegenstand der Rechtsprechung gewesen[320]. Die schwedische Regierungsbegründung zum LSF ging aber davon aus, dass sich ein Staat oder ein staatlich kontrolliertes Unternehmen nicht ohne weiteres auf sein Heimatrecht berufen kann, wenn seine subjektive Schiedsfähigkeit zu bestimmen ist[321]. Dies ist m. E. der richtige Ansatz. Im internationalen Rechtsverkehr muss sich ein Vertragsschließender darauf verlassen können, dass sein Vertragspartner die persönlichen Voraussetzungen zum Vertragsabschluss erfüllt, sofern der Mangel nicht offensichtlich ist. Es wäre äußerst unpraktikabel und zeitraubend, wenn sich die Parteien vor Vertragsabschluss erst umfassend über die Geschäfts- und Schiedsfähigkeit ihres Vertragspartners nach ausländischem Recht informieren müssten. Die Berufung auf die eigene fehlende

[320] Vgl. zum deutschen Recht oben III. 1. b) aa), BGH 23. April 1998, RIW 1998, 628.
[321] Prop. 1998/99:35, S. 191 u. 242.

Schiedsfähigkeit erscheint zudem vor dem Hintergrund des Verbots widersprüchlichen Verhaltens bedenklich, wenn das Unternehmen selbst die Schiedsvereinbarung abgeschlossen hat. Jedenfalls aber muss sich der Vertragspartner auf die Schiedsfähigkeit der Gegenseite verlassen dürfen, wenn nicht gerade besondere Umstände vorliegen, die das Gegenteil vermuten lassen. Die subjektive Schiedsfähigkeit einer Partei sollte grundsätzlich auch dann als gegeben angesehen werden, wenn es sich um einen Staat oder ein staatlich kontrolliertes Unternehmen handelt.

Das deutsche Recht enthält im Gegensatz zum schwedischen Recht detaillierte Formvorschriften. Nach schwedischem Recht kann eine Schiedsvereinbarung auch mündlich abgeschlossen werden, was aber in der Praxis selten vorkommt. Denn nicht nur der Beweis der Schiedsvereinbarung, sondern aufgrund der Formvorschrift des Art. II UNÜ auch die Vollstreckung im Ausland wird ohne schriftliche Schiedsvereinbarung erheblich erschwert[322]. Für nationale Schiedsverfahren mag das Fehlen bestimmter Formvorschriften eine gewisse Erleichterung darstellen, für die internationale Schiedsgerichtsbarkeit ist es jedoch nicht zu empfehlen.

bb) Verbraucherschutz

Schiedsvereinbarungen mit Verbrauchern sind nach schwedischem Recht ungültig, wenn sie vor Entstehen des Streits abgeschlossen wurden. In Deutschland fehlt es dagegen an einer ausdrücklichen Regelung. Aus § 1031 Abs. 5 ZPO ergibt sich aber immerhin, dass der Gesetzgeber Schiedsvereinbarungen mit Verbrauchern grundsätzlich für möglich und zulässig hält. Demnach gelten für solche Schiedsvereinbarungen strengere Formvorschriften, es besteht aber kein generelles Verbot, sie schon vor Entstehen einer Streitigkeit zu schließen.

Nach schwedischem Recht ist somit für den Verbraucher bei Abschluss der Schiedsvereinbarung besser zu überblicken, für welche Ansprüche er sich auf ein privates Schiedsverfahren einlässt und auf staatlichen Rechtsschutz verzichtet. Faktisch handelt es sich hierbei ebenfalls um einen separaten Abschluss. Das deutsche Recht verhindert den „blinden" Abschluss einer Schiedsvereinbarung durch bloße Bezugnahme, gewährt dem Verbraucher allerdings keinen weitergehenden Schutz. Im Ergebnis wird man den schwedischen Schutzstandard als etwas stärker beurteilen können, was auch durch die Unterschiede der nationalen Systeme bedingt ist. So schreibt das deutsche Recht strengere Formvorschriften als sonst üblich vor. Das schwedische Recht, das solche Formvorschriften überhaupt nicht kennt, schützt den Verbraucher durch einen späteren Abschluss der Schiedsvereinbarung. Schiedsvereinbarungen mit Verbrauchern sind daher in beiden Rechtsordnungen gewisse Grenzen gesetzt, wenn sie auch unterschiedliche Ansätze verfolgen.

---

[322] Vgl. die Kritik von *v. Pachelbel-Gehag*, S. 70.

cc) Schiedsklauseln in Allgemeinen Geschäftsbedingungen

Die Einbeziehung von Schiedsklauseln in Allgemeinen Geschäftsbedingungen wird sowohl in Deutschland als auch in Schweden akzeptiert. In Schweden gelten dafür jedoch weder Formvorschriften noch gibt es Regelungen nach Art der §§ 305 ff. BGB. Von daher erscheint der Abschluss einer Schiedsvereinbarung über AGB in Schweden etwas leichter als in Deutschland. Erstaunlicherweise wird aber eine Klausel, die nur der einen Seite ein Wahlrecht zwischen staatlichem Gerichtsverfahren und Schiedsverfahren einräumt, in Schweden kritischer beurteilt[323]. Hier ist zu überlegen, ob nicht auch im deutschen Recht eine etwas zurückhaltendere Bewertung angebracht ist. Allerdings ist die vorherrschende deutsche Rechtsprechung, wonach eine solche Schiedsvereinbarung nur dann zulässig ist, wenn die zur Wahl berechtigte Partei auf Aufforderung der Gegenpartei ihr Wahlrecht schon vorprozessual ausüben muss, recht flexibel. Sie erlaubt die Berücksichtigung der jeweiligen Formulierung der Schiedsvereinbarung im Einzelfall und ist daher gegenüber der strengeren schwedischen Rechtsprechung vorzugswürdig.

dd) Wirksamkeitserstreckung auf Dritte

Nach schwedischem und deutschem Recht ist der Zessionar grundsätzlich an eine vom Zedenten geschlossene Schiedsvereinbarung gebunden, wenn keine besonderen Gründe wie etwa ein persönliches Vertrauensverhältnis der ursprünglichen Schiedsvertragsparteien dagegen sprechen. Diese Rechtslage ist in Deutschland unbestritten und dürfte seit der Entscheidung des schwedischen Höchsten Gerichtshofes im „EMJA“-Fall auch in Schweden die herrschende Meinung darstellen.

Ganz anders liegt es bei der Frage, ob ein Bürge oder Garantiegeber an eine im Hauptvertrag enthaltene Schiedsvereinbarung gebunden ist. Während dies in der deutschen Literatur und Rechtsprechung einhellig verneint wird, wird es von der schwedischen Rechtsprechung und einem Teil der Literatur ausdrücklich bejaht. Dieser fundamentale Unterschied soll hier näher untersucht werden. Im deutschen Recht wird die fehlende Bindung des Bürgen an die Schiedsvereinbarung des Hauptschuldners damit begründet, dass es sich bei Hauptvertrag und Bürgschaft um zwei separate Rechtsverhältnisse handelt. Die Bindung des Bürgen an eine vom Hauptschuldner geschlossene Schiedsvereinbarung stellt damit die absolute Ausnahme dar. Lediglich bei Regressansprüchen gegen den Schuldner soll der Bürge aufgrund der Legalzession der Forderung auch an die Schiedsvereinbarung aus dem Hauptvertrag gebunden sein. Selbst wenn Haupt- und Bürgschaftsvertrag in der gleichen Urkunde enthalten sind, ist nach deutscher Rechtslage genau zu prüfen, ob die zwischen Hauptschuldner und Gläubiger getroffene Schiedsvereinbarung auch die Bürgschaft erfasst. Weder die Akzessorietät der Bürgschaft noch die Kenntnis

---

[323] S. oben III.1. b) bb) *(1)* zum deutschen und III.1. a) aa) *(1)* zum schwedischen Recht.

des Bürgen von der Schiedsvereinbarung können nach deutschem Recht eine Wirksamkeitserstreckung begründen.

Für das Verständnis der schwedischen Rechtslage ist ein Blick auf die dortige Rechtsprechungsentwicklung erforderlich. Etwa 100 Jahre lang galt der Grundsatz, dass ein Bürge sich auf die Schiedsvereinbarung im Hauptvertrag berufen *kann*. Die Entscheidungen betrafen Fälle, in denen ein Bürge die Schiedsvereinbarung als Rechtsweghindernis vor staatlichen Gerichten geltend gemacht hatte. Damit ist nicht auszuschließen, dass die Berufung auf eine Schiedsklausel im Hauptvertrag häufig aus prozesstaktischen Gründen erfolgte, um den Beginn des eigentlichen Verfahrens hinauszuzögern. Jedenfalls aber wurde die Berufung auf die Schiedsvereinbarung von der Rechtsprechung für zulässig gehalten. Der umgekehrte Fall, in dem der Gläubiger einen Bürgen mit Hilfe der Schiedsvereinbarung in Anspruch nehmen wollte, gelangte offenbar nicht vor die staatlichen Gerichte. 1997 stellte der Höchste Gerichtshof in anderem Zusammenhang fest, dass „hinkende Verbindlichkeiten" nach Möglichkeit zu vermeiden seien. Genau das aber wäre der Fall, wenn sich ein Bürge auf eine Schiedsvereinbarung berufen *kann*, selbst aber nicht daran gebunden ist. Aus dieser Perspektive ist die Entscheidung des Stockholmer Hofgerichts im *Government Guarantee Case* durchaus konsequent. In dem entschiedenen Fall befriedigt auch das Ergebnis, den Staat für die Zahlungsverpflichtungen eines von ihm abhängigen Unternehmens zur Verantwortung zu ziehen. Zudem wird eine Rechtswegspaltung für den Anspruch aus dem Hauptvertrag und den Bürgschaftsanspruch vermieden. Es stellt sich aber die Frage, inwieweit dieses Ergebnis verallgemeinerungsfähig ist und damit möglicherweise ein Anlass besteht, die streng formale Betrachtungsweise des deutschen Rechts aufzugeben.

Die generell formulierte Begründung des schwedischen Gerichts, seine Bezugnahme auf die ältere Rechtsprechung zur Bürgschaft und zur Abtretung, sowie die Nichtzulassung der Revision durch den Höchsten Gerichtshof lassen vermuten, dass die Entscheidung im schwedischen Recht durchaus für verallgemeinerungsfähig gehalten wird. Dogmatisch lässt sich die Bindung des Bürgen aber weder mit schwedischem noch mit deutschem Vertragsrecht begründen. Für den Bürgen bedeutete es eine erhebliche Rechtsunsicherheit, wenn er auch dann vor einem Schiedsgericht verklagt werden könnte, wenn er selbst gar keine Schiedsvereinbarung abgeschlossen hat. Der Grundsatz der Akzessorietät bezieht sich auf die Hauptschuld – die Schiedsvereinbarung aber ist ein davon unabhängiger, eigenständiger Vertrag, für den eigene Voraussetzungen erfüllt sein müssen. Für eine Bindung des Bürgen kann daher allein seine Kenntnis von der Schiedsvereinbarung im Hauptvertrag nicht ausreichen. Vielmehr müsste sich dann schon aus den Umständen eine konkludente Vereinbarung zwischen Bürge und Gläubiger ergeben, wonach die Schiedsvereinbarung des Hauptvertrags auch für den Bürgschaftsvertrag gelten soll. Hierfür sind aber deutliche Anzeichen zu fordern. Wollen die beteiligten Parteien eine Rechtswegspaltung für Ansprüche aus den verschiedenen Verträgen vermeiden, bleibt es ihnen unbenommen, auch im Bürgschaftsvertrag eine Schiedsvereinbarung aufzunehmen.

Ausnahmen sollten allerdings denkbar sein, wenn die Bürgschaft oder Garantie von einem Staat übernommen wird, weil hier die Interessen anders liegen als im rein privatrechtlichen Verkehr. Der enge Zusammenhang, der zwischen Bürgschaft und Hauptschuld zwangsläufig gegeben ist, kann für solche Ausnahmen nicht ausreichen, wohl aber ein besonderes eigenes Interesse des Staates an der Durchführung des Hauptvertrags und ein entsprechendes Auftreten nach außen. In Verfahren zwischen zwei privaten Parteien sollte jedoch aus Rechtsschutzgesichtspunkten auch im deutschen Recht die gleiche Zurückhaltung wie bisher geübt, eine Bindung des Bürgen also grundsätzlich nicht angenommen werden.

Die Rechtslage in Deutschland und Schweden unterscheidet sich ebenfalls im Hinblick auf die Bindung des Insolvenzverwalters. Während in Deutschland eine Bindung grundsätzlich bejaht wird, kommt es nach schwedischem Recht auf die Art der Forderung an.

Die Bindung einer Konzerngesellschaft an eine von einer anderen Konzerngesellschaft geschlossene Schiedsvereinbarung wird in Deutschland und Schweden, sofern überhaupt diskutiert, gleichermaßen abgelehnt.

ee) *Kündigungsrecht wegen Verletzung eines Vertraulichkeitsgrundsatzes?*

Nach beiden Rechtsordnungen kann eine Schiedsvereinbarung aus wichtigem Grund gekündigt bzw. wegen schweren Vertragsbruchs von ihr zurückgetreten werden. Hier soll untersucht werden, ob ein Vertraulichkeitsbruch einen solchen Kündigungs- oder Rücktrittsgrund darstellt.

Die schwedische Rechtsprechung differenziert zwischen Vertraulichkeit und Nichtöffentlichkeit des Verfahrens, lehnt einen allgemeinen Grundsatz der Vertraulichkeit im Schiedsverfahren aber ab. Dies hat zur Folge, dass Schiedsvereinbarungen nicht schon dann kündbar oder aufhebbar werden, wenn eine Partei das Verfahren oder bestimmte Inhalte daraus veröffentlicht. Diese Auffassung wird in der deutschen Literatur kritisiert. Ein Großteil der deutschen Literatur scheint die Nichtöffentlichkeit des Verfahrens sowie einen Grundsatz der Vertraulichkeit (noch) als gegeben anzusehen, ohne dies näher zu behandeln oder auch nur auf eine Rechtsgrundlage zu stützen[324]. Angesichts der neueren Rechtsprechung in Schweden und Australien wird man mit solchen allgemeinen Aussagen, zumindest die internationale Schiedsgerichtsbarkeit betreffend, zukünftig vorsichtiger sein müssen. Überdies gibt es weite Bereiche der Schiedsgerichtsbarkeit, in denen das gesamte Verfah-

---

[324] Vgl. *Prütting*, FS-Böckstiegel, S. 629 (630 u. 634) m. w. N. Nach *Lionnet/Lionnet*, S. 458, kann wegen bestimmter Veröffentlichungspflichten im Aktien- oder Versicherungsrecht nicht von Geheimhaltung als einem stillschweigenden Bestandteil der Schiedsvereinbarung ausgegangen werden. Sie gehöre im Gegensatz zum Ausschluss der Öffentlichkeit gerade nicht zum Wesen des Schiedsverfahrens.

ren einschließlich der Akten zwingend öffentlich ist, etwa börsen- und kapitalmarktrechtliche Streitigkeiten in den USA[325]. Von einem unausgesprochenen, ungeschriebenen Grundsatz der Vertraulichkeit kann jedenfalls nicht mehr ausgegangen werden. Ist daher die Vertraulichkeit des Verfahrens ein wesentlicher Beweggrund für die Wahl der Schiedsgerichtsbarkeit, empfiehlt sich die Aufnahme einer entsprechenden Vereinbarung in die Schiedsabrede. Dies gilt zumindest dann, wenn das Schiedsverfahren in Schweden stattfinden soll. Aufgrund der aktuellen Entwicklungen und fehlender Anhaltspunkte in der deutschen Rechtsprechung kann eine solche Abrede aber durchaus auch bei der Wahl eines deutschen Verfahrensortes sinnvoll sein[326].

ff) Präklusion des Einwands fehlender oder ungültiger Schiedsvereinbarung

Das deutsche Recht enthält spezielle Präklusionsvorschriften, die die Gültigkeit der Schiedsvereinbarung betreffen. Das schwedische Recht muss sich hingegen auf die allgemeine Präklusionsvorschrift des § 34 Abs. 2 LSF stützen. Es enthält keine Frist für die Anfechtung eines schiedsrichterlichen Zuständigkeitsbeschlusses vor den staatlichen Gerichten. Das Fehlen einer entsprechenden Regelung wird in der deutschen rechtsvergleichenden Literatur kritisiert, da es zu Rechtsunsicherheit führe, wenn eine Partei sich einfach im Schiedsverfahren die spätere Anfechtung vorbehalten könne, um zunächst das Ergebnis des Schiedsverfahrens abzuwarten[327].

Diese Kritik ist berechtigt. Es fragt sich aber, ob im Einzelfall ein bloßer Vorbehalt der anfechtungsberechtigten Partei ausreicht oder auch eine entsprechende Klageerhebung vor dem staatlichen Gericht verlangt werden kann. Wenn sich aus dem gesamten Verhalten der Partei ergibt, dass zunächst das Ergebnis des Schiedsverfahrens abgewartet werden soll, bevor die Ungültigkeit der Schiedsvereinbarung im staatlichen Verfahren geltend gemacht wird, dürfte eine Geltendmachung im Aufhebungsverfahren gegen das Verbot widersprüchlichen Verhaltens verstoßen. Die bloße Ankündigung, die Zuständigkeitsentscheidung des Schiedsgerichts nicht akzeptieren zu wollen, verbunden mit einer aktiven Teilnahme am Schiedsverfahren, führt also m. E. auch nach der allgemeinen Regel des § 34 Abs. 2 LSF zur Präklusion. Man wird auch nach der schwedischen Regelung ein zeitnahes Vorgehen gegen die Zuständigkeitsentscheidung fordern dürfen[328].

---

[325] Vgl. dazu die Nachweise bei *Kronke* in: FS-Böckstiegel, S. 431 (438 f.).

[326] § 43 DIS-SchO enthält im Gegensatz zu vielen anderen Schiedsordnungen eine ausdrückliche Verschwiegenheitspflicht der Parteien gegenüber jedermann. Die Wiener Regeln sehen keine Verschwiegenheitspflicht der Parteien vor, und § 20 SCC Rules verlangt lediglich von den Schiedsrichtern, die Vertraulichkeit des Verfahrens zu gewährleisten.

[327] *v. Pachelbel-Gehag*, S. 74.

[328] Die Regierungsbegründung spricht von „gewisser Passivität", die im Zusammenhang mit dem Beschluss des Schiedsgerichts zur Präklusion führen könne, Prop. 1998/99:35, S. 233.

Der Kritik ist jedoch zuzugeben, dass eine klare Fristregelung eindeutiger ist, Rechtssicherheit schafft und den Aufhebungsprozess von schwierigen Wertungsfragen bezüglich des Verhaltens einer Partei befreit.

2. Frist- oder Auftragsüberschreitung

Der Aufhebungsgrund der Frist- oder Auftragsüberschreitung ist im schwedischen Recht in § 34 Abs. 1 Nr. 2 LSF enthalten. Er wurde in den untersuchten Aufhebungsverfahren vor dem Stockholmer Hofgericht am häufigsten geltend gemacht und führte auch in zwei von 20 Fällen zur Aufhebung des Schiedsspruchs. Das deutsche Recht regelt in § 1059 Abs. 2 Nr. 1 c) ZPO allgemein die Kompetenzüberschreitung. Zwischen 1999 und 2006 beriefen sich die Antragsteller nur in drei Verfahren auf diesen Aufhebungsgrund. In keinem der Verfahren wurde der Schiedsspruch aufgehoben.

a) Der Aufhebungsgrund des § 34 Abs. 1 Nr. 2 LSF im schwedischen Recht

Ein schwedischer Schiedsspruch kann aufgehoben werden, wenn die Schiedsrichter ihre Entscheidung nach Ablauf einer von den Parteien bestimmten Frist mitgeteilt oder sonst ihren Auftrag überschritten haben. Praktisch dürfte die Auftragsüberschreitung relevanter sein.

aa) Begrenzung des Auftrags

Der schiedsrichterliche Auftrag wird durch die Schiedsvereinbarung und die Parteianträge begrenzt[329]. Hierfür ist zunächst die Auslegung der Schiedsvereinbarung entscheidend. Früher wurde in Schweden hauptsächlich die Ansicht vertreten, Schiedsvereinbarungen seien restriktiv auszulegen, da sie vom „normalen" Weg der Streitbeilegung, nämlich dem staatlichen Rechtsweg, abwichen[330]. Welche Grundsätze derzeit gelten, scheint etwas unklar. Mit Sicherheit lässt sich nur sagen, dass die restriktive Auslegung für die Wirtschaftsschiedsgerichtsbarkeit nicht mehr vertreten bzw. für überholt gehalten wird[331]. Inwieweit aber ein Grundsatz *„in favorem validitate"*, d. h. „im Zweifel für die Gültigkeit der Schiedsvereinbarung", oder eine weite Auslegung allgemein Geltung beanspruchen, scheint zweifelhaft. Dagegen spricht, dass der Ausdruck *„in favorem validitate"* in der schwedischen Literatur im Zusammenhang mit Schiedsvereinbarungen überhaupt nicht verwendet wird[332].

---

[329] *Heuman*, Practice and Procedure, S. 604.

[330] *Cars*, S. 37; *Madsen*, S. 89, unter Verweis auf *Dillén*, SvJT 1937, 674 (689 ff.).

[331] *Madsen*, S. 89 f. *Cars*, S. 37, ist der Ansicht, bereits mit Einführung des § 36 AvtL habe die ältere Ansicht der restriktiven Auslegung an Bedeutung verloren.

[332] *Heuman* verwendet ihn dagegen im Zusammenhang mit der Gültigkeit des Schiedsspruchs, vgl. Practice and Procedure, S. 575.

Nach den Gesetzesvorarbeiten sollen jedenfalls die allgemeinen Grundsätze der Vertragsauslegung, ausgehend vom übereinstimmenden Parteiwillen, angewandt werden[333]. *Cars* fordert einen irgendwie gearteten Kausalzusammenhang zwischen Streit und Vertrag[334], ansonsten meinten aber „Streitigkeiten aus Anlass dieses Vertrags" alles, was sich im Zusammenhang mit Abschluss und Durchführung des Vertrags abgespielt habe. Auch *Heuman* scheint sich eher für eine weite Auslegung auszusprechen, bezieht aber nicht ganz eindeutig Stellung[335]. Nach *Hobér/Strempel* kommt es auf die Parteiabsicht bei Abschluss der Vereinbarung an, ist diese nicht feststellbar, auf den Wortlaut der Klausel[336]. Wenn ein geltend gemachter deliktischer Anspruch „irgendwie" mit der bezeichneten vertraglichen Beziehung zusammenhänge, „könne" das staatliche Gericht die Schiedsvereinbarung dahingehend interpretieren, dass sie auch den deliktischen Anspruch mit umfassen solle[337].

Wird die Schiedsvereinbarung nachträglich geschlossen, bestimmt sich die Reichweite des Auftrags allein nach dieser Vereinbarung[338]. Auch Parteianträge, die erst später im Verfahren gestellt werden, bestimmen zusätzlich den Auftrag. In einem vom Höchsten Gerichtshof entschiedenen Fall hatte eine Partei ursprünglich keinen Antrag auf Zinsen gestellt, diesen Antrag jedoch später im Verfahren nachgeholt[339]. Daher stellte die Zuerkennung von Zinsen durch das Schiedsgericht keine Auftragsüberschreitung dar.

Nach einer in der Literatur vertretenen Ansicht soll es grundsätzlich als Auftragsüberschreitung zu werten sein, wenn die Schiedsrichter über einen zuvor zurückgenommenen Antrag entscheiden[340]. Der Höchste Gerichtshof hat dies in einem Fall aufgrund der konkreten Umstände allerdings anders gesehen[341]. Die Parteien hatten zunächst übereinstimmende Anträge gestellt, eine Partei jedoch später ihren Antrag einseitig zurückgenommen. Die Schiedsrichter durften hier auch über den zurückgenommenen Antrag entscheiden.

Berücksichtigt das Schiedsgericht Tatsachen, die von den Parteien nicht geltend gemacht wurden, so stellt dies laut Regierungsbegründung eine Auftragsüberschreitung dar[342]. Da sich dieser Grundsatz aus dem nationalen schwedischen Prozessrecht ableitet, soll in internationalen Schiedsverfahren größere Zurückhaltung geboten sein[343]. In Schweden gilt grundsätzlich auch in Schiedsverfahren der Grund-

---

[333] SOU 1994:81, S. 109; NJA 1995, 585.
[334] *Cars*, S. 38.
[335] *Heuman*, Practice and Procedure, S. 51 ff.
[336] *Hobér/Strempel*, in: Weigand, S. 1001 (1008 f.).
[337] *Hobér/Strempel*, a.a.O.
[338] *Cars*, S. 163.
[339] NJA 1938, 532.
[340] *Heuman*, Practice and Procedure, S. 604, dort Fußnote 140.
[341] NJA 1963, 658.
[342] Prop. 1998/99:35, S. 142 f. Zweifelnd *Cars*, S. 164 f.
[343] Prop. 1998/99:35, S. 143.

satz *iura novit curia*[344], so dass das Schiedsgericht bei der Bestimmung der anwendbaren Rechtsregeln nicht an die Parteianträge gebunden ist. Wenden die Schiedsrichter allerdings ein anderes als das von den Parteien vereinbarte materielle Recht an, so stellt dies eine Mandatsüberschreitung dar[345]. Dies gilt nicht, wenn das gewählte Recht bloß fehlerhaft angewendet oder interpretiert wird, da die folgende Entscheidung zwar materiell falsch, aber keine Überschreitung des Mandats und damit auch nicht gerichtlich überprüfbar ist[346]. Es muss sich vielmehr um ein fast bewusstes Ignorieren des gewählten Rechts handeln oder um eine so unbegründete Auslegung der Rechtswahlklausel, dass sie mit bewusstem Ignorieren gleichzustellen ist[347]. Die Schiedsrichter haben ihre Entscheidung grundsätzlich auf geltendes Recht zu stützen und nicht auf Billigkeitserwägungen[348].

Die Grenze zwischen Vertragsklauseln, die das Mandat der Schiedsrichter beschränken und solchen, die nur eine materielle Beschränkung bestimmter Ansprüche bezwecken, kann mitunter schwer zu ziehen sein. So wird das schiedsrichterliche Mandat z. B. durch Bestimmungen im Hauptvertrag eingeschränkt, wonach nur über die Höhe eines Schadensersatzes zu entscheiden ist, nicht über das Bestehen des Anspruchs überhaupt[349]. Keine Mandatsüberschreitung, sondern höchstens eine materielle Fehlinterpretation des Vertrags soll hingegen vorliegen, wenn die Schiedsrichter einer Partei Schadensersatz für mittelbare Schäden oder Produktionsausfall zusprechen, obwohl dies im Vertrag ausgeschlossen ist[350].

Ähnliche Schwierigkeiten stellen sich bei der Abgrenzung zwischen materiellen Verjährungsfristen und prozessualen Fristen. Haben die Schiedsrichter einem Parteiantrag stattgegeben, obwohl der Anspruch verjährt war und sich die Gegenpartei darauf berufen hatte, so stellt dies nach schwedischem Recht keinen prozessualen, sondern einen materiellen Fehler, nämlich fehlerhafte Rechtsanwendung, dar[351].

---

[344] *Cars*, S. 217; Prop. 1998/99: 35, S. 143. Ob dieser Grundsatz auch in der internationalen Schiedsgerichtsbarkeit durchweg Geltung beansprucht, ist zweifelhaft. Auf der ICC/FIDIC Konferenz vom 9./10. April 2005 wurde vom „principle of iura novit curia" gesprochen, ebenso findet sich in der Expert Decision des WIPO Arbitration and Mediation Center in Case No. 2005-0002 die Aussage von der „worldwide recognized rule of iura novit curia". Kritisch äußert sich *Schneider* (o. S.): „One may have serious doubts whether international arbitrators may or should apply strictly the principle iura novit curia". Dementsprechend fordert auch die Regierungsbegründung für internationale Schiedsverfahren eine größere Zurückhaltung. Krit. *Madsen*, S. 250 f.

[345] Prop. 1998/99:35, S. 120.

[346] Prop. 1998/99:35, a.a.O.

[347] Svea Hovrätt, Az.: T 8735-01, S. 84 des Urteils.

[348] *Heuman*, Practice and Procedure. S. 483.

[349] *Heuman*, Practice and Procedure, S. 611. Die Entscheidung über das Bestehen des Anspruchs kann einem Gericht vorbehalten sein oder das Zugeständnis der Gegenpartei voraussetzen.

[350] *Heuman*, Skiljemannarätt, S. 623.

[351] *Heuman*, Practice and Procedure, S. 611.

Wollen die Parteien durch eine Frist das Mandat der Schiedsrichter einschränken, sollte dies eindeutig aus den Vertragsbestimmungen hervorgehen[352].

Erlässt das Schiedsgericht statt des beantragten negativen Feststellungsurteils ein positives Feststellungsurteil, haben die Schiedsrichter nach Ansicht des Höchsten Gerichtshofes ihr Mandat überschritten[353]. Der Gerichtshof berief sich allerdings in dem betreffenden Urteil auf eine Vorschrift des schwedischen Prozessrechts[354], so dass man umgekehrt zumindest vermuten kann, der Begriff des Mandats werde in internationalen Schiedsverfahren weiter ausgelegt. Der Erlass eines Leistungsurteils anstelle des beantragten Feststellungsurteils dürfte aber in jedem Fall eine Mandatsüberschreitung darstellen[355].

Die Schiedsrichter dürfen nicht von sich aus eine Klausel in den Schiedsspruch aufnehmen, wonach sich damit alle Streitigkeiten zwischen den Parteien erledigt hätten. Denn dies würde den Parteien wegen der Rechtskraftwirkung des Schiedsspruchs die Möglichkeit nehmen, in einem späteren Verfahren andere, bisher ungeklärte Streitfragen prüfen zu lassen[356].

Gemäß § 32 LSF können die Parteien den Schiedsspruch erneut den Schiedsrichtern vorlegen, um ihn korrigieren oder auslegen zu lassen. Gehen die Schiedsrichter darüber hinaus, indem sie den Schiedsspruch inhaltlich abändern, überschreiten sie ihr Mandat[357].

Unklar ist in der internationalen Schiedsgerichtsbarkeit, ob die Schiedsrichter weniger entscheiden dürfen als ihnen durch die Parteien vorgelegt wurde, also beispielsweise nur über einen Teil der ihnen zur Entscheidung vorgelegten Fragen[358]. Streng genommen könnte auch eine derartige „Unterschreitung" die Grenzen der Schiedsvereinbarung bzw. des schiedsrichterlichen Auftrags verletzen. Die „Mandatsunterschreitung" als Fall der Mandatsüberschreitung einzuordnen, kann aber auch praktische Probleme mit sich bringen. Parteien machen häufig schon dann eine Mandatsüberschreitung geltend, wenn die Schiedsrichter ihr Vorbringen zurückgewiesen haben, d. h. einfach anderer Meinung waren als die Partei. Kein Fall der Mandatsunter- oder -überschreitung liegt jedenfalls vor, wenn die Schiedsrichter eine Tatsache oder Rechtsauffassung einer Partei nicht berücksichtigen, weil sie sie für irrelevant halten[359]. Nach älterer schwedischer Literatur wurden solche Fälle von der Generalklausel, nicht vom Tatbestand der Auftragsüberschreitung, erfasst.

---

352 *Heuman*, Practice and Procedure, S. 612.
353 NJA 1982, 69.
354 17. Kap., § 3 RB.
355 *Heuman*, Practice and Procedure, S. 605; *Lindskog*, S. 931.
356 *Heuman*, a.a.O.
357 *Lindskog*, S. 936.
358 S. dazu etwa *Redfern/Hunter*, Rdnr. 9-27: Bedeutung der nicht berücksichtigten Fragen für den gesamten Fall. Sei die Balance gestört, müsse der unterlegenen Partei ein Recht zur Aufhebung gegeben werden.
359 *Lew/Mistelis/Kröll*, Rdnr. 25-39.

Heuman kommt nunmehr nach einem Vergleich mit internationaler Literatur dazu, dass man sie durchaus auch als Fälle der Mandatsüberschreitung ansehen könne. Die Anträge des Beklagten beinhalteten, dass die Schiedsrichter ihre Beurteilung nicht auf Kläger-Anträge beschränken dürften. Denn der Antrag erfordere die Prüfung des ganzen Streits, nicht nur eines Teils[360]. Ein solcher Fall der Mandatsunterschreitung könne auch vorliegen, „wenn die Schiedsrichter sich bei einem deutlich geltend gemachten und bezifferten Schadensersatzanspruch darauf beschränken, das Bestehen des Anspruchs an sich festzustellen, ohne die Höhe zu berechnen"[361].

In der deutschen Kommentarliteratur nimmt die Frage, inwiefern der Beklagte sich mit etwaigen Gegenforderungen durch Aufrechnung oder Widerklage vor dem Schiedsgericht verteidigen kann, recht viel Raum ein. In der schwedischen Literatur finden sich dagegen nur sehr knappe Ausführungen, die sich zudem nur auf Verfahrensfehler im Sinne der Generalklausel beziehen[362]. Unter dem Gesichtspunkt der Auftrags- oder Kompetenzüberschreitung wird die Frage, soweit ersichtlich, nicht weiter diskutiert. Um die Auffassungen besser vergleichen zu können, soll die schwedische Rechtslage dennoch an dieser Stelle dargestellt werden.

Nach neuem Recht kann die beklagte Partei im Schiedsverfahren mit Forderungen gegen den Kläger aufrechnen, § 23 LSF. Ob das Schiedsgericht die Aufrechnung zulässt, steht allerdings in seinem Ermessen. Gute Gründe sprechen nach Ansicht des Höchsten Gerichtshofes für die Zulassung, wenn die Gegenforderung von der Schiedsvereinbarung umfasst ist[363]. Denn sonst müsste der Beklagte möglicherweise eine Summe zahlen, zu der er letztlich nicht verpflichtet sei[364]. Eine Aufrechnung oder Widerklage soll allerdings auch schon dann – unabhängig von der Schiedsvereinbarung – zulässig sein, wenn der Kläger keine Einwände erhebt[365]. Auf den Zeitpunkt der Geltendmachung der Gegenforderung kommt es hierfür nicht an. Teilweise wird darüber hinaus vertreten, die Schiedsrichter dürften ohne entsprechenden Einwand des Klägers überhaupt nicht prüfen, ob die Gegenforderung ebenfalls von der Schiedsvereinbarung erfasst wird[366]. Es kommt also zwar zunächst auf den Inhalt der Schiedsvereinbarung an, entscheidend ist aber das Verhalten der Gegenseite. Hier genügt auch bloßes Stillschweigen, um eine Entscheidung über die Gegenforderung im Schiedsverfahren zu ermöglichen.

---

360 *Heuman*, Skiljemannarätt, S. 612.

361 *Heuman*, Skiljemannarätt, S. 613.

362 *Cars*, S. 116.

363 NJA 2000, 335 („IFA").

364 A.a.O. Kritisch zur Einräumung von schiedsrichterlichem Ermessen *Lindskog*, S. 951.

365 *Cars*, S. 114; *Heuman*, Practice and Procedure, S. 413; *Madsen*, S. 185.

366 *Cars*, S. 114, dort Fußnote 412.

bb) Fristregelungen

Eine gesetzliche Frist, innerhalb derer das Schiedsverfahren abgeschlossen sein muss, existiert nicht mehr[367]. Es bleibt den Parteien aber nach wie vor unbenommen, vertragliche Fristen zu vereinbaren und gegebenenfalls auch zu verlängern[368]. Eine solche Frist beginnt erst mit erfolgreicher Zustellung der Schiedsklage zu laufen, wobei grundsätzlich die Zustellung an den entsprechend bevollmächtigten Anwalt ausreicht, bei unklaren Vertretungsverhältnissen jedoch Zustellung an den Beklagten persönlich verlangt wird[369]. „Gelegentlich" kann eine Frist auch als bloße Ordnungsvorschrift zu verstehen sein[370].

cc) Abgrenzung zur Generalklausel in § 34 Abs. 1 Nr. 6 LSF

Die Entscheidung über eine bereits rechtskräftig entschiedene Streitfrage (*res iudicata*) stellt nach ständiger Rechtsprechung keine Mandatsüberschreitung, sondern einen „sonstigen Verfahrensfehler" i. S. v. § 34 Abs. 1 Nr. 6 LSF dar[371]. In der Literatur wird dieser Fall aber teilweise als Mandatsüberschreitung verstanden. Anders als im ordentlichen Zivilprozess müsse sich die gegnerische Partei auf die Rechtskraft berufen, die Schiedsrichter prüften es nicht von Amts wegen. D. h. der Antrag auf Abweisung der Klage wegen eines rechtskräftigen Schiedsspruchs oder Urteils in derselben Sache begrenze das Mandat der Schiedsrichter, das sie überschritten, wenn sie einen neuen Schiedsspruch in der gleichen Frage fällten[372]. Nach *Bolding*[373] wird dies in einem der älteren vom Höchsten Gerichtshof entschiedenen Fälle deutlich, in dem die Schiedsrichter trotz eines abgeschlossenen Schiedsverfahrens, mit dem alle Ansprüche erledigt sein sollten, in einem zweiten Verfahren erneut über bestimmte Schadensersatzansprüche urteilten[374]. Hier habe der Höchste Gerichtshof nicht geprüft, ob ein Kausalzusammenhang vorlag, was Voraussetzung für eine Aufhebung nach § 21 Abs. 1 Nr. 4 SML [a. F.] sei. Demnach müssten solche Fälle als Mandatsüberschreitung behandelt werden.

Die Entscheidung kann aber durchaus auch als Fall der Generalklausel angesehen werden, wenn der Kausalzusammenhang in diesem Fall so offensichtlich vorlag, dass er nicht ausdrücklich geprüft werden musste[375]. Entsprechend der Einordnung

[367] Nach altem Recht betrug die Frist sechs Monate, § 18 Abs. 2 S. 1 SML a.F.

[368] Prop. 1998/99:35, S. 124.

[369] NJA 1955, 224; NJA 1993, 252.

[370] *Heuman*, Practice and Procedure, S. 613, unter Hinweis auf *Schlosser*, S. 461.

[371] Vgl. nur das Urteil des Stockholmer Hofgerichts (Svea Hovrätt) vom 15. Mai 2003, Az.: T 8735-01, S. 88.

[372] *Heuman*, Practice and Procedure, S. 606.

[373] *Bolding*, Skiljeförfarande och rättegång, S. 164.

[374] NJA 1953, 751.

[375] So auch *Heuman*, Practice and Procedure, S. 607, dort Fußnote 151.

durch die Rechtsprechung soll diese Frage weiter unten in Abschnitt III. 4. a) aa) behandelt werden.

dd) Kausalitätserfordernis

Nach dem Wortlaut sind Schiedssprüche aufzuheben, wenn die Schiedsrichter ihr Mandat überschritten haben. Weitere Voraussetzungen verlangt das Gesetz nicht. *Heuman* sieht jedoch in § 34 Abs. 1 Nr. 2 LSF ein implizites Kausalitätserfordernis. Dies zeige sich daran, dass ein Schiedsspruch bei Mandatsüberschreitungen auch teilweise aufgehoben werden könne[376]. Ein Schiedsspruch solle demnach ebenso wie bei sonstigen Verfahrensfehlern nach § 34 Abs. 1 Nr. 6 LSF nur aufgehoben werden, wenn sich der Fehler auf das Ergebnis ausgewirkt hat. *Heuman* will auf die Aufhebung verzichten, wenn die Mandatsüberschreitung von so geringer Bedeutung ist, dass es unter Verhältnismäßigkeitsgesichtspunkten unpassend erscheint, den ganzen Schiedsspruch aufzuheben[377].

Soweit ersichtlich, gibt es in der schwedischen Literatur bisher nur eine weitere ausdrückliche Stellungnahme zu dieser Frage. *Lindskog* lehnt ein implizites Kausalitätserfordernis ab und meint, wenn sich der Fehler offensichtlich nicht auf das Ergebnis ausgewirkt habe, seien die Fälle schon nicht als Mandatsüberschreitung zu werten[378]. Auch die Rechtsprechung verlangt nicht eindeutig einen zusätzlichen Kausalitätszusammenhang zwischen Mandatsüberschreitung und Ergebnis. Unabhängig davon kann aber in jedem Fall geprüft werden, ob eine Teilaufhebung des Schiedsspruchs ausreicht, um den Verfahrensfehler zu heilen. Dafür ist es in der Tat sinnvoll, zu untersuchen, inwieweit sich der Fehler auf das Ergebnis ausgewirkt hat.

b) Der Aufhebungsgrund des § 1059 Abs. 2 Nr. 1 c) ZPO im deutschen Recht

Ein Schiedsspruch ist nach § 1059 Abs. 2 Nr. 1 c) ZPO aufzuheben, wenn der „Schiedsspruch eine Streitigkeit betrifft, die in der Schiedsabrede nicht erwähnt ist oder nicht unter die Bestimmungen der Schiedsklausel fällt, oder [...] Entscheidungen enthält, welche die Grenzen der Schiedsvereinbarung überschreiten". Mit dieser etwas komplizierten Formulierung, die sich aus der wortgetreuen Übernahme aus dem Modellgesetz erklärt[379], sollen Fälle erfasst werden, in denen die Schiedsrichter die Grenzen ihrer Kompetenz überschreiten.

Letztlich kommt es darauf an, die objektive Reichweite der von den Parteien getroffenen Schiedsvereinbarung durch Auslegung zu bestimmen. Manche Autoren versuchen eine saubere Abgrenzung zwischen den Fällen einer fehlenden oder un-

---

[376] *Heuman*, Practice and Procedure, S. 596 ff.

[377] *Heuman*, Practice and Procedure, S. 589.

[378] *Lindskog*, S. 936 f.

[379] s. Stein/Jonas-*Schlosser*, Anhang § 1061, Rdnr. 115.

gültigen Schiedsvereinbarung (Nr. 1 a) und denen der Kompetenzüberschreitung (Nr. 1 c). Danach soll es bei Nr. 1 a) auf die *abstrakte* Gültigkeitskontrolle ankommen, d. h. auf die Frage, ob überhaupt eine Schiedsvereinbarung zwischen den Parteien besteht[380]. Für Nr. 1 c) hingegen soll bloß entscheidend sein, ob der *konkrete Streitgegenstand* auch von der Schiedsvereinbarung erfasst wird[381]. Eine solche terminologisch eindeutige Abgrenzung mag in der Theorie möglich sein, in der Praxis werden jedoch häufig Grenzfälle auftreten. Ob eine in einem Liefervertrag zwischen zwei Parteien enthaltene Schiedsklausel sich auch auf einen anderen Vertrag zwischen diesen Parteien erstreckt, lässt sich sowohl als Frage nach der Existenz einer Schiedsvereinbarung als auch nach der Reichweite der ersten Schiedsklausel begreifen. Hier wird nochmals deutlich, dass die eingangs beschriebene Ansicht, der Antragsteller müsse im Aufhebungsverfahren den konkreten Aufhebungsgrund benennen und nicht nur den Lebenssachverhalt schildern[382], verfehlt ist. Denn sie würde letztlich dem Antragsteller das Risiko der korrekten rechtlichen Subsumtion auferlegen, die gerade in solchen Zweifelsfällen schwierig sein kann.

Die Schiedsvereinbarung ist wie andere Verträge gem. §§ 133, 157 BGB auszulegen, wonach primär der wahre Parteiwille zu ermitteln ist. Möglich ist damit auch eine erläuternde oder ergänzende Vertragsauslegung. Nach ganz h. M. kommt es entscheidend darauf an, dass die Parteien ein Schiedsverfahren statt eines staatlichen Gerichtsverfahrens wollten. Allgemein wird daher in Rechtsprechung[383] und Lehre[384] eine grundsätzlich weite Auslegung der Schiedsvereinbarung verlangt, die zu ihrer Gültigkeit führt („*in favorem validitatis*")[385]. Haben die Parteien alle Streitigkeiten aus einem Vertragsverhältnis einem Schiedsgericht unterworfen, so sind alle für das Vertragsverhältnis typischen Streitigkeiten erfasst, auch wenn der geltend gemachte Anspruch nicht unmittelbar aus dem Vertragsverhältnis hervorgeht[386]. Deliktische Ansprüche fallen zumindest dann unter die Schiedsvereinbarung, wenn sich die unerlaubte Handlung tatbestandlich mit der Vertragsverletzung deckt[387]. Für die Beurteilung der Reichweite einer Schiedsvereinbarung ist nicht die zivilrechtliche Grundlage des geltend gemachten Anspruchs, sondern der vorgetra-

---

380 MüKo-*Münch*, § 1059, Rdnr. 6.

381 *Hausmann*, FS-Stoll, S. 593 (599); MüKo-*Münch*, § 1059, Rdnr. 9.

382 S. oben I. 3. b).

383 OLG Schleswig 19. Oktober 2000, Az.: 16 Sch 01/00; BGH 4.10.2001, Az.: III ZR 281/00; KG Berlin 27. März 2002, Az.: 23/29 Sch 17/01; DIS-Schiedsgericht Zwischenschiedsspruch vom 25. Januar 2005, SchiedsVZ 2005, 166.

384 *Lachmann*, S. 131, Rdnr. 472 f.; MüKo-*Münch*, § 1029, Rdnr. 46; *Raeschke-Kessler/Berger*, Rdnr. 282; Stein/Jonas-*Schlosser*, § 1029, Rdnr. 8; Zöller-*Geimer*, § 1029, Rdnr. 68.

385 *Hochbaum*, S. 46; Zöller-*Geimer*, § 1029, Rdnr. 57.

386 *Schwab/Walter*, Kap. 3, Rdnr. 19.

387 *Lachmann*, S. 133, Rdnr. 480; Musielak-*Voit*, § 1059, Rdnr. 23; *Raeschke-Kessler/Berger*, Rdnr. 288.

gene Sachverhalt entscheidend[388], d. h. ob der Anspruch in dem von der Schiedsvereinbarung beschriebenen Rechtsverhältnis „wurzelt“[389].

Ob ein Beklagter etwaige Gegenansprüche im Wege der Aufrechnung oder Widerklage im gleichen Schiedsverfahren geltend machen kann, wird international uneinheitlich beantwortet[390]. Nach der in Deutschland h. M. kann eine Gegenforderung jedenfalls dann im Wege der Aufrechnung oder Widerklage vor dem Schiedsgericht geltend gemacht werden, wenn sie von der zugrunde liegenden Schiedsvereinbarung erfasst ist[391]. Dies ist wiederum durch Auslegung der Schiedsvereinbarung zu bestimmen und wird bei Konnexität der Forderungen meist als gegeben angesehen[392]. Fällt die Gegenforderung nicht unter die Schiedsvereinbarung, kann eine Aufrechnung dennoch zulässig sein, wenn das Bestehen der Gegenforderung unstreitig oder rechtskräftig festgestellt ist[393]. Teilweise wird sie auch dann für zulässig gehalten, wenn der Beklagte bereits zu Beginn des Verfahrens angekündigt hat, sich mit der Gegenforderung verteidigen zu wollen und der Kläger darauf geschwiegen hat[394]. Die gleichen Grundsätze sollen für Zurückbehaltungsrechte gelten[395]. Bei der Auslegung der Schiedsvereinbarung ist in diesem Zusammenhang zu berücksichtigen, dass aus wirtschaftlichen Gesichtspunkten eine einheitliche und abschließende Lösung des Streits häufig sinnvoller ist als die spätere Durchführung eines zweiten Schiedsverfahrens über die Gegenforderung. Auf der anderen Seite besteht die Möglichkeit, dass die Parteien das Rechtsverhältnis, aus dem die Gegenforderung resultiert, aus bestimmten Gründen gerade nicht einem Schiedsgericht unterwerfen wollten[396]. Solche Intentionen der Parteien sind bei der Auslegung der Schiedsvereinbarung vorrangig zu beachten.

Ebenso wenig wie eine Entscheidung des Schiedsgerichts über die Existenz einer gültigen Schiedsvereinbarung für die staatlichen Gerichte bindend ist, kann eine Entscheidung der Schiedsrichter über die Reichweite ihrer Kompetenz das staatli-

---

[388] BGH 4. Oktober 2001, Az.: III ZR 281/00.

[389] OLG Hamm, 7. März 2000, Az.: 15 W 355/99.

[390] *Lew/Mistelis/Kröll*, Rdnr. 7-68 f. Vgl. die unterschiedlichen Bestimmungen der Verfahrensordnungen: Nach § 10 Abs. 2 DIS entscheidet das Schiedsgericht über die Zulässigkeit der Widerklage. Weitere Bestimmungen enthält die Verfahrensordnung nicht. Nach § 21 Abs. 2 Nr. 3 SCC soll der Beklagte eine eventuelle Widerklage oder Aufrechnungserklärung bereits mit der Klageerwiderung geltend machen. Nach Art. 7 a der Wiener Regeln ist eine Widerklage bis zum Schluss des Beweisverfahrens möglich. Voraussetzung ist demnach ausdrücklich, dass die Klage auf derselben Schiedsvereinbarung beruht.

[391] *Köhne/Langner*, RIW 2003, 361 (362); Musielak-*Voit*, § 1029, Rdnr. 24; Stein/Jonas-*Schlosser*, § 1029, Rdnr. 31; weitergehend *Schwab/Walter*, Kap. 3, Rdnr. 12.

[392] *Lachmann*, S. 138, Rdnr. 497; Musielak-*Voit*, § 1029, Rdnr. 23.

[393] Musielak-*Voit*, § 1029, Rdnr. 24; Zöller-*Geimer*, § 1029, Rdnr. 73 b.

[394] Zöller-*Geimer*, § 1029, Rdnr. 73 b.

[395] *Lachmann*, S. 140, Rdnr. 500; Musielak-*Voit*, § 1029, Rdnr. 23.

[396] *Lachmann*, S. 140, Rdnr. 500.

che Gericht im Aufhebungsverfahren binden[397]. Das staatliche Gericht nimmt damit eine vollkommen eigenständige Auslegung der Schiedsvereinbarung vor. Die betroffene Partei hat eine Kompetenzüberschreitung allerdings bereits im Schiedsverfahren zu rügen und einen entsprechenden Zwischenentscheid des Schiedsgerichts innerhalb der Monatsfrist des § 1040 Abs. 3 S. 2 ZPO vor dem staatlichen Gericht anzugreifen. Anderenfalls wird sie mit dem Einwand der Kompetenzüberschreitung auch im Aufhebungsverfahren präkludiert sein[398].

Umstritten ist im deutschen Recht, ob auch die Parteianträge die Kompetenz des Schiedsgerichts begrenzen bzw. erweitern. Während ein Großteil der Literatur dies ablehnt und eine Entscheidung *ultra petita* als Verfahrensfehler nach § 1059 Abs. 2 Nr. 1 d) ZPO einstuft[399], wollen andere auch die Parteianträge zur Kompetenz des Schiedsgerichts zählen[400]. Spricht das Schiedsgericht dann mehr oder anderes als beantragt zu, soll der Schiedsspruch nach Nr. 1 c) aufhebbar sein. Dieser Auffassung scheint auch das OLG Stuttgart zuzuneigen, wenn es in einem Beschluss aus dem Jahr 2001 feststellt, der Schiedsspruch überschreite die Grenzen der Schiedsabrede, wenn die Schiedsrichter die von den Parteianträgen gesetzten Grenzen verließen[401]. Einschränkend wird mit Blick auf die Vorlage des Modellgesetzes bzw. des französischen Rechts vertreten, eine Begrenzung der Kompetenz sei dann denkbar, wenn die Parteien die ursprüngliche Schiedsklausel später durch eine weitere, besondere Schiedsvereinbarung auf ein klar definiertes Klagebegehren eingrenzen[402]. Eine solche zusätzliche Schiedsvereinbarung sieht beispielsweise die Schiedsordnung der ICC in Art. 18 mit den „terms of reference“ vor.

Unter den Autoren, die die Parteianträge zur Bestimmung der Reichweite der schiedsrichterlichen Kompetenz mit heranziehen wollen, ist umstritten, ob auch Entscheidungen *infra petita* unter Nr. 1 c) fallen[403]. Dabei scheint man in der Literatur jedoch nicht immer vom gleichen Verständnis einer Kompetenz*unterschreitung* auszugehen. Während einige hier die Fälle behandeln, in denen das Schiedsge-

---

397 *Borges*, ZZP 111 (1998), 487 (492).

398 *Hausmann*, FS-Stoll. S. 593 (601 f.).

399 *Eberl*, SchiedsVZ 2003, 109 (112); MüKo-*Münch*, § 1059, Rdnr. 10; Musielak-*Voit*, § 1059, Rdnr. 14. Zweifelnd auch *Lachmann*, S. 538, Rdnr. 2248.

400 *Hausmann*, FS-Stoll, S. 593 (600); *Schwab/Walter*, Kap. 24, Rdnr. 15; Stein/Jonas-*Schlosser*, Anhang § 1061, Rdnr. 115.

401 OLG Stuttgart, 15. März 2001, Az.: 1 Sch 5/00. Das Gericht hatte im Rahmen eines Antrags auf Vollstreckbarerklärung über den insoweit gleich lautenden Art. V (1) (c) UNÜ zu entscheiden. Aus der Entscheidung des Hans.OLG Hamburg 8. Juni 2001, Az.: 11 Sch 01/01, lässt sich hingegen nichts ableiten: Einer Partei war etwas von ihr nicht Beantragtes zugesprochen worden. Dass dies nicht zur Aufhebung zugunsten dieser Partei führen kann, ist eigentlich eine Selbstverständlichkeit.

402 Stein/Jonas-*Schlosser*, Anhang § 1061, Rdnr. 113.

403 Dafür: Stein/Jonas-*Schlosser*, Anhang § 1061, Rdnr. 115; dagegen: *Schwab/Walter*, Kap. 24, Rdnr. 15. Unklar: *Hausmann*, FS-Stoll, S. 593 (600): Bestimmung nach dem anwendbaren Verfahrensrecht.

richt eine Sachentscheidung ganz ablehnt, also schon die Zulässigkeit der Schiedsklage an sich verneint und das Verfahren „einstellt"[404], meinen andere offenbar Situationen, in denen das Schiedsgericht zwar eine Sachentscheidung trifft, aber quantitativ oder qualitativ weniger zuspricht als beantragt[405]. Hier soll zunächst nur der zweite Fall interessieren. Der Abschluss des Schiedsverfahrens ohne Sachentscheidung wird weiter unten[406] näher behandelt.

Sofern man die Parteianträge überhaupt zur Bestimmung der schiedsrichterlichen Kompetenz heranzieht, erscheint es sachgerecht, auch den Fall der (so wie hier verstandenen) Kompetenzunterschreitung dazuzuzählen. Denn es ist durchaus vorstellbar, dass bei Vorliegen mehrerer Anträge nur eine Entscheidung über alle Anträge zusammen eine sinnvolle Erledigung des Streits ermöglicht. Häufig wird eine Auslegung der Entscheidung aber auch ergeben, dass ein Teil des Antrags abgewiesen werden sollte, wenn im Ergebnis weniger gewährt wurde als beantragt war[407].

Wendet das Schiedsgericht ein anderes als das von den Parteien gewählte Recht an, überschreitet es seine Befugnisse. Teils wird dies auch als sonstiger Verfahrensfehler i. S. v. § 1059 Abs. 2 Nr. 1 d) angesehen. Unabhängig von dieser systematischen Einordnung müssen die Schiedsrichter bewusst, d. h. grob willkürlich, eine andere Entscheidungsgrundlage gewählt haben[408]. Allein die fehlerhafte Anwendung des gewählten Rechts kann dagegen keine Aufhebung begründen[409]. Auch die Bestimmung des anwendbaren Kollisionsrechts durch das Schiedsgericht bei fehlender Parteiwahl ist vom staatlichen Gericht nicht auf seine materielle Richtigkeit überprüfbar[410]. Dies muss umso mehr gelten, als die korrekte Bestimmung des anwendbaren materiellen Rechts im Schiedsverfahren auch international noch weitgehend ungeklärt ist[411]. Zieht das Schiedsgericht ergänzend eine andere Rechtsordnung heran, bedeutet dies keine Missachtung der Rechtswahl, solange die Entscheidung selbst auf dem gewählten Sachrecht basiert[412]. Die Literatur versteht auch Billigkeitsentscheidungen und Entscheidungen nach der *lex mercatoria* ohne entsprechende Ermächtigung durch die Parteien als Kompetenzüberschreitung[413]. Das OLG München hob einen Schiedsspruch, der ohne entsprechende Ermächtigung

---

[404] Muiselak-*Voit*, § 1059, Rdnr. 14; *Schwab/Walter*, Kap. 24, Rdnr. 15 f.

[405] Stein/Jonas-*Schlosser*, Anhang § 1061, Rdnr. 115.

[406] S. dazu unten V.

[407] Stein/Jonas-*Schlosser*, Anhang § 1061, Rdnr. 115.

[408] *Hausmann*, FS-Stoll, S. 593 (601); *Kronke*, RIW 1998, 252 (262); *Lachmann*, 2. A., S. 408, Rdnr. 1211; Stein/Jonas-*Schlosser*, Anhang § 1061, Rdnr. 119; Hans.OLG Hamburg, 17. Januar 2002, Az.: 6 Sch 07/01; OLG München 22. Juni 2005, Az.: 34 Sch 10/05.

[409] *Gottwald*, FS-Nagel, S. 54 (60).

[410] *Gottwald*, FS-Nagel, S. 54 (63); *Hausmann*, FS-Stoll, S. 593 (601); Musielak-*Voit*, § 1059, Rdnr. 18.

[411] *Lew/Mistelis/Kröll*, S. 426, Rdnr. 17-43 ff.; *Redfern/Hunter*, Rdnr. 2-75 ff. (Rdnr. 2-84).

[412] Hans.OLG Hamburg, 8. Juni 2001, Az.: 11 Sch 1/01.

[413] *Gottwald*, FS-Nagel. S. 54 (61); *Hausmann*, FS-Stoll, S. 593 (600 f.); MüKo-*Münch*, § 1059, Rdnr. 10; Stein/Jonas-*Schlosser*, Anhang § 1061, Rdnr. 119.

nach Billigkeitsgrundsätzen ergangen war, hingegen auf Grundlage des § 1059 Abs. 2 Nr. 1 d) auf[414], verstand dieses Vorgehen also als Verfahrensfehler, nicht als Kompetenzüberschreitung.

Fristen in der Schiedsvereinbarung oder in anwendbaren Rechtsordnungen können die Kompetenz der Schiedsrichter zeitlich begrenzen. Häufig sind solche Regelungen aber lediglich als Ordnungsvorschriften zu verstehen[415]. Das KG Berlin meint dazu, es erscheine entlegen, wenn das Schiedsverfahren nach Fristablauf ergebnislos beendet werden und der Schiedskläger seine Ansprüche nunmehr vor den staatlichen Gerichten geltend machen müsste[416]. In der Literatur wird teilweise angenommen, bei Fristablauf fehle schon eine gültige Schiedsvereinbarung, so dass insoweit wiederum Nr. 1 a) einschlägig sei[417].

Überschreitet der Schiedsspruch nur zum Teil die Schiedsvereinbarung, so darf auch nur dieser Teil aufgehoben werden. Eine Teilbarkeit kann zum Beispiel gegeben sein, wenn die ursprüngliche Schiedsklage zwar von der Schiedsvereinbarung erfasst wird, die Widerklage jedoch nicht, das Schiedsgericht aber dennoch über die Widerklage entschieden hat[418].

c) Vergleich und Bewertung der Rechtsordnungen

Bei näherer Betrachtung fällt auf, dass sich bei dem Aufhebungsgrund der Kompetenzüberschreitung zahlreiche Abgrenzungsprobleme zu den übrigen Aufhebungsgründen stellen. Folgt man in den beschriebenen Streitfragen des deutschen Rechts den Ansichten, die ein Über- oder Unterschreiten der Parteianträge sowie eine Entscheidung nach der *lex mercatoria* oder Billigkeitsgrundsätzen als Verfahrensfehler im Sinne von § 1059 Abs. 2 Nr. 1 d) ZPO und das Überschreiten einer zeitlichen Begrenzung als Wegfall der Schiedsvereinbarung im Sinne von § 1059 Abs. 2 Nr. 1 a) ZPO verstehen, so verbleibt für § 1059 Abs. 2 Nr. 1 c) ZPO nur noch ein denkbar kleiner Anwendungsbereich. Berücksichtigt man weiter, dass eine Partei mit ihrem Vorbringen im Aufhebungsverfahren präkludiert sein kann, wenn das Schiedsgericht entweder bereits eine eigene Entscheidung über die Reichweite der Schiedsvereinbarung getroffen hat oder die betroffene Partei das Überschreiten der Schiedsvereinbarung im Schiedsverfahren selbst nicht beanstandet hat, so grenzt sich der Anwendungsbereich noch weiter ein.

Dazu passt auch die geringe Zahl deutscher Gerichtsentscheidungen, die sich bisher mit einer Kompetenzüberschreitung des Schiedsgerichts zu befassen hatten. Seit 1998 ist in acht untersuchten Verfahren auf Vollstreckbarerklärung eines inländischen Schiedsspruchs kein Antragsgegner mit dem Einwand der Kompetenz-

---

414 OLG München 22. Juni 2005, Az.: 34 Sch 10/05.

415 Stein/Jonas-*Schlosser*, Anhang § 1061, Rdnr. 120.

416 KG Berlin, 6. Mai 2002, Az.: 23/29 Sch 21/01.

417 Musielak-*Voit*, § 1059, Rdnr. 14; *Schwab/Walter*, Kap. 24, Rdnr. 16.

418 *Lachmann*, 2. A., S. 404, Rdnr. 1199.

überschreitung durch das Schiedsgericht durchgedrungen[419]. „Reine" Aufhebungsverfahren, d. h. die Überprüfung des Schiedsspruchs außerhalb von Vollstreckbarerklärungsverfahren, in denen der Antragsteller sich auf eine Kompetenzüberschreitung stützte, sind bisher überhaupt nicht bekannt. Aus praktischer Sicht wirkt der Aufhebungsgrund des § 1059 Abs. 2 Nr. 1 c) ZPO also eher unbedeutend. Daher hätte man im Gesetzgebungsverfahren hier zumindest auf die wortgetreue Übernahme des Modellgesetzes und damit sehr unübersichtliche und umständliche Formulierung der Norm verzichten können. Das schwedische Gesetz drückt in deutlich weniger Worten inhaltlich im Grunde das Gleiche aus: Der Schiedsspruch ist aufzuheben, wenn die Schiedsrichter ihren Auftrag überschritten haben. Zudem zeigt ein Vergleich mit § 611 Abs. 2 Nr. 1 c) der österreichischen ZPO, dass eine sprachlich knappere Version möglich ist. Eine inhaltliche Abweichung vom Modellgesetz war auch im österreichischen Recht nicht gewollt[420]. Die dort gebrauchte Formulierung, dass „der Schiedsspruch eine Streitigkeit betrifft, für welche die Schiedsvereinbarung nicht gilt, oder dass er Entscheidungen enthält, welche die Grenzen der Schiedsvereinbarung überschreiten [...]", ist aber verständlicher.

Abgesehen von diesen sprachlichen Unterschieden ähneln sich die Rechtslagen in Deutschland und Schweden in vieler Hinsicht. So kann in beiden Rechtsordnungen nur die bewusste Missachtung des von den Parteien gewählten Rechts, nicht aber eine fehlerhafte Rechtsanwendung oder eine fehlerhafte Bestimmung des Kollisionsrechts zur Aufhebung des Schiedsspruchs führen. Eine von den Parteien gesetzte Frist kann eine Begrenzung des Mandats bzw. der Kompetenz darstellen, dies ist aber nicht zwingend der Fall. In beiden Staaten sind bei einer Abänderung des Schiedsspruchs durch das Schiedsgericht die gesetzlichen Grenzen zu berücksichtigen. Ob eine Entscheidung *infra petita* die Grenzen der Schiedsvereinbarung bzw. des Auftrags „überschreitet", ist in hingegen in beiden Rechtsordnungen streitig und nicht endgültig geklärt.

Die Beantwortung dieser Streitfrage hängt u. a. davon ab, ob man die Parteianträge mit zu den Grenzen der Schiedsvereinbarung bzw. des Schiedsrichterauftrags zählt. In Schweden entspricht dies der h. M., in Deutschland ist auch diese Frage umstritten. Die schwedische Auffassung mag hier durch den Wortlaut des Gesetzes bedingt sein, das von „Auftrag" statt von „Schiedsvereinbarung" spricht. Ein Auftrag ist schon begrifflich weiter gefasst als eine Schiedsvereinbarung. Dennoch lässt sich auch für das deutsche Recht vertreten, dass die im Verfahren tatsächlich gestellten Parteianträge eine zuvor abgeschlossene Schiedsvereinbarung näher konkretisieren können. Folgender Kompromiss ist hier denkbar: Soweit die Parteianträge den gleichen Streitgegenstand betreffen, überlagern sie die Schiedsvereinbarung und können die Grenzen der Kompetenz dadurch verengen. Anderenfalls muss die Schiedsvereinbarung die äußerste Grenze der schiedsrichterlichen Kompetenz bil-

419 Grundlage: Datenbank der DIS, Stand Dezember 2006.
420 *Oberhammer*, S. 132.

den. Bei einer behaupteten Entscheidung *infra petita* sollte m. E. mit *Schlosser* danach differenziert werden, ob die Schiedsrichter einen Teil des geltend gemachten Anspruchs abgewiesen haben oder ob sie sich inhaltlich überhaupt nicht mit diesem Teil beschäftigt haben[421]. Sollte letzteres der Fall sein, wäre der Schiedsspruch zumindest dann aufzuheben, wenn die Parteien eine Entscheidung über den gesamten Anspruch wollten.

Für Aufrechnung und Widerklage gilt in beiden Rechtsordnungen die Grundvoraussetzung, dass die Gegenforderung von der Schiedsvereinbarung mit umfasst sein muss[422]. Die Ausnahmen gehen im schwedischen Recht jedoch weiter. Hier reicht es schon aus, dass der Kläger untätig bleibt, um die Entscheidung über die Gegenforderung ebenfalls dem schiedsrichterlichen Auftrag zu unterwerfen. Im Gegensatz zum deutschen Recht ist der Zeitpunkt der Geltendmachung der Gegenforderung gleichgültig. Für das deutsche Recht wird nur dann eine Ausnahme gemacht, wenn der Beklagte gleich zu Beginn des Verfahrens ankündigt, die Gegenforderung vorzubringen und der Kläger darauf schweigt. Der flexiblere Ansatz des schwedischen Rechts überzeugt. Denn letztlich stellen der Antrag des Beklagten und das Schweigen des Klägers eine implizite Erweiterung der ursprünglichen Schiedsvereinbarung dar. Dies sollte man angesichts der Bedeutung der Parteiautonomie für die Schiedsgerichtsbarkeit respektieren und demgegenüber auf eine eigene Prüfung durch die Schiedsrichter verzichten.

In praktischer Hinsicht scheint eine mögliche Mandatsüberschreitung potenziellen Antragstellern von Aufhebungsanträgen in Schweden viel bewusster zu sein als in Deutschland. Jedenfalls wird der Aufhebungsgrund der Mandatsüberschreitung vor schwedischen Gerichten fast ebenso häufig geltend gemacht wie allgemeine Verfahrensfehler nach der Generalklausel[423]. Dies könnte zum einen damit zusammenhängen, dass die Parteianträge nach h. M. in Schweden auch das Mandat bestimmen und Schiedssprüche damit zumindest theoretisch eine größere Angriffsfläche bieten. Zum anderen lässt sich die so verstandene Mandatsüberschreitung nicht immer eindeutig von der Generalklausel trennen. Möglicherweise werden diese beiden Gründe deshalb, um Abgrenzungsprobleme zu vermeiden, regelmäßig zusammen geltend gemacht. In Deutschland ist der Aufhebungsgrund der Kompetenzüberschreitung dagegen bisher nur in wenigen Verfahren auf Vollstreckbarerklärung behandelt worden[424]. Im Ergebnis hat aber seit den Gesetzesreformen weder in Deutschland noch in Schweden ein auf Kompetenz- oder Auftragsüberschreitung gestützter Aufhebungsantrag zum Erfolg geführt.

---

[421] Stein/Jonas-*Schlosser*, Anhang § 1061, Rdnr. 115.

[422] In der Praxis dreht sich der Streit zwischen den Parteien oder innerhalb des Schiedsgerichts meist darum, *ob* die Gegenforderung von der Schiedsvereinbarung mit umfasst ist.

[423] Zwischen 1999 und 2006 beriefen sich die Kläger des Aufhebungsverfahrens in insgesamt 20 Fällen auf eine Mandatsüberschreitung, in 18 Fällen auf einen „sonstigen" Verfahrensfehler.

[424] S. o. Fußnote 416.

Ein wichtiger Unterschied ergibt sich bei den anzuwendenden Auslegungsgrundsätzen. Nach deutschem Verständnis sind Schiedsvereinbarungen grundsätzlich weit auszulegen. In der schwedischen Literatur gibt es dazu keine eindeutig herrschende Meinung. Die früher geltende Ansicht der restriktiven Auslegung wird in der Literatur offenbar nur ungern ausdrücklich aufgegeben, wenn sie im Gegenzug auch nicht mehr ausdrücklich vertreten wird. Faktisch verhält sich aber die Rechtsprechung äußerst schiedsfreundlich. Seit 1998 hat das Stockholmer Hofgericht keinen Schiedsspruch wegen fehlender oder ungültiger Schiedsvereinbarung aufgehoben, und die offizielle Sammlung des Höchsten Gerichtshofes enthält seit 1929 lediglich zwei Entscheidungen, in denen ein Schiedsspruch wegen fehlender Schiedsvereinbarung für ungültig[425] erklärt wurde. Ob es einen internationalen Grundsatz „im Zweifel für die Gültigkeit der Schiedsvereinbarung" (*in favorem validitatis*) gibt, der auch für ihre Reichweite herangezogen werden kann, wird in der internationalen Literatur teilweise bestritten[426]. Er lässt sich aber durchaus begründen: Denn die Parteien haben durch die Schaffung ihrer Schiedsklausel zumindest zum Ausdruck gebracht, ihre Streitigkeiten nicht den staatlichen Gerichten, sondern einem Schiedsgericht zur Entscheidung überantworten zu wollen[427]. Dann aber erscheint es wenig plausibel, dass die Parteien ursprünglich einen Teil ihrer Streitigkeiten aus einem Rechtsverhältnis vor staatlichen Gerichten und einen anderen Teil vor einem Schiedsgericht klären wollten. Hier bleibt zu hoffen, dass auch die schwedische Literatur zukünftig klarer Stellung beziehen und dem international beobachteten Trend zu einer weiten Auslegung von Schiedsvereinbarungen[428] folgen wird. Denn es erscheint aus praktischen sowie wirtschaftlichen Erwägungen sinnvoll, möglichst alle Fragen eines Rechtsstreits einheitlich durch dasselbe (Schieds-) Gericht entscheiden zu lassen. Vor diesem Hintergrund kann auch die von Gaststaaten in Investitionsstreitigkeiten bisweilen vertretene Ansicht, nur vor den eigenen staatlichen Gerichten in Anspruch genommen werden zu können, da die Schiedsklausel nur für Klagen des Staates gegen den Investor gedacht sei, nicht aber umgekehrt für Klagen des Investors gegen den Staat, nicht überzeugen.

Zusammenfassend ist festzuhalten, dass sich die Rechtslagen in Schweden und Deutschland im Hinblick auf die Auftrags- oder Kompetenzüberschreitung des Schiedsgerichts nur im Detail unterscheiden. Hier können sich einzelne Anregungen für die Auslegung des Aufhebungsgrundes ergeben. Größere Gesetzesänderungen scheinen jedoch nicht veranlasst.

---

[425] Nach dem alten SML war die Ungültigkeit der Schiedsvereinbarung ein von Amts wegen zu beachtender Ungültigkeitsgrund nach § 20 SML. NJA 1943, 527 und NJA 1981, 1205.

[426] *Fouchard/Gaillard/Goldman*, S. 260 ff.

[427] *Hochbaum*, S. 46 f.

[428] *Lew/Mistelis/Kröll*, Rdnr. 7-61 f.; *Redfern/Hunter*, Rdnr. 3-38.

3. Fehlerhafte Besetzung des Schiedsgerichts

Mit der Besetzung des Schiedsgerichts befassen sich im schwedischen Recht die Aufhebungsgründe des § 34 Abs. 1 Nr. 4 und 5 LSF. Bis Ende 2006 hatte das Stockholmer Hofgericht keinen Schiedsspruch aus diesem Grund aufgehoben[429]. Insgesamt wurde er achtmal geltend gemacht. Im deutschen Recht führt die fehlerhafte Besetzung nach § 1059 Abs. 2 Nr. 1 d) 1. Alt. ZPO zur Aufhebung. In einem von sieben Fällen, in denen sich der Antragsteller auf diesen Aufhebungsgrund berief, führte die fehlerhafte Besetzung zur Aufhebung des Schiedsspruchs[430]. Die möglichen Fehler bei der Besetzung des Schiedsgerichts können in den Personen der Schiedsrichter oder dem Verfahren zu ihrer Benennung begründet liegen. Nach der Systematik des deutschen Rechts zählt zur fehlerhaften Besetzung auch die Besetzung mit einem befangenen Schiedsrichter, während dies in Schweden einen eigenen Aufhebungsgrund darstellt. Ungeachtet der Systematik sollen diese Fehler hier zusammen behandelt werden.

a) Die Aufhebungsgründe § 34 Abs. 1 Nr. 4 u. 5 LSF im schwedischen Recht

Nach § 34 Abs. 1 Nr. 4 LSF kann ein Schiedsspruch aufgehoben werden, wenn ein Schiedsrichter entgegen der Parteivereinbarungen oder der gesetzlichen Vorschriften ernannt wurde. Nach § 34 Abs. 1 Nr. 5 LSF ist ein Schiedsspruch aufzuheben, wenn ein Schiedsrichter aus den in § 7 (Person des Schiedsrichters) oder § 8 LSF (Unparteilichkeit des Schiedsrichters) angegebenen Gründen unzuständig war.

aa) Fehlerhafte Auswahl der Schiedsrichter (§ 34 Abs. 1 Nr. 4 LSF)

Die Schiedsrichterbestellung ist in §§ 12 bis 16 LSF geregelt. Nach § 12 Abs. 2 gelten die §§ 13 bis 16 LSF, soweit die Parteien nichts anderes bestimmt haben. In diesem Fall besteht das Schiedsgericht aus drei Schiedsrichtern, wobei die Parteien jeweils einen der Schiedsrichter benennen und diese sich dann auf einen dritten als Vorsitzenden einigen sollen. Die Gegenpartei ist verpflichtet, innerhalb von 30 Tagen nach Erhalt der Schiedsklage und der Bezeichnung des von der Klägerseite benannten Schiedsrichters ihrerseits einen Schiedsrichter zu bestimmen. Anderenfalls ernennt das zuständige Amtsgericht auf Antrag einen Schiedsrichter. Das staatliche Gericht ist auch für die Ersatzbestellung zuständig, wenn einer der Schiedsrichter zurücktritt oder abgelehnt wird.

---

[429] Eins dieser Urteile hob der Höchste Gerichtshof allerdings später auf, da er den Schiedsrichter anders als das Hofgericht für befangen hielt. Vgl. dazu unten S. 153 f.

[430] Bay. ObLG, 24. Februar 1999, Az.: 4Z Sch 17/98; vgl. auch – außerhalb des hier untersuchten Zeitraums – OLG Frankfurt a. M., 28. Januar 1998, Az.: 19 U 92/96 (diese Entscheidung wurde, mit allerdings zweifelhafter Begründung, vom BGH wieder aufgehoben, BGH 4. März 1999, Az.: III ZR 72/98, NJW 1999, 2370).

Grundsätzlich sind die Parteien völlig frei in ihrer Schiedsrichterwahl. Begrenzt wird diese Freiheit allerdings durch den in Rechtsprechung und Literatur entwickelten Grundsatz, dass nicht eine Partei alleine die Mehrheit der Schiedsrichter benennen darf[431]. In dem vom Höchsten Gerichtshof entschiedenen Fall stand zwar die Gültigkeit der Schiedsvereinbarung in Streit, die Entscheidung wird jedoch allgemein als Begrenzung der Parteiautonomie angesehen[432]. Nach einer in der Literatur vertretenen Ansicht sollen hingegen Klauseln zulässig sein, die den von einer Partei benannten Schiedsrichter als Einzelschiedsrichter bestimmen, wenn die Gegenpartei untätig bleibt und keinen Schiedsrichter ernennt[433].

Wird ein Schiedsrichter von einer unzuständigen Person benannt, wie etwa von einem Anwalt ohne entsprechende Vollmacht oder einem sonstigen nicht dazu legitimierten Repräsentanten, kann der Schiedsspruch aufgehoben werden[434]. Das Fehlen einer etwa erforderlichen Nebentätigkeitsgenehmigung stellt nach h. M. hingegen keinen Aufhebungsgrund dar[435].

Denkbar ist, dass die Parteien eine bestimmte Nationalität, Qualifikation oder Sachkenntnis der Schiedsrichter voraussetzen, beispielsweise, dass sie Juristen oder Techniker einer bestimmten Richtung sein sollen[436]. Werden diese von den Parteien vereinbarten Voraussetzungen nicht erfüllt, so besteht ein Aufhebungsgrund nach § 34 Abs. 1 Nr. 4 LSF[437]. Unklar scheint aber der umgekehrte Fall, dass die Parteien gerade keinen Juristen als Schiedsrichter benennen wollten, letztlich aber doch ein oder sogar mehrere Juristen beteiligt sind[438]. Gegen einen Aufhebungsgrund spricht in diesem Fall, dass hier das Schiedsgericht besonders kompetent besetzt und damit ein höherer Rechtsschutz gewährleistet ist. Andererseits wollten die Parteien möglicherweise gerade auf eine eher „rechtliche" Bewertung des Streits verzichten und den Streit statt dessen schnell und sachnah beilegen, ohne sich mit juristischen Detailfragen zu belasten. So sah es auch der Höchste Gerichtshof in seiner Entscheidung *Siemens v. tullverket*[439]. Die Parteien hatten vereinbart, bei Unstimmigkeiten

---

[431] NJA 1974, 573; Prop. 1998/99:35, S. 88 f.; *Heuman*, Practice and Procedure, S. 207; *Kvart/Olsson*, S. 77; Philip, SAR 1999:1, 33 (35).

[432] Vgl. die Nachweise in Fußnote 426.

[433] *Cars*, S. 90; *Heuman*, Practice and Procedure, S. 207 unter Verweis auf einen vom Stockholmer Hofgericht entschiedenen Fall (Az.: Ö 1843-78).

[434] *Cars*, S. 166 f.

[435] *Cars*, S. 167; *Heuman*, Practice and Procedure, S. 216; vgl. dazu auch die vom *Domstolsverket* 1999 herausgegebene Informationsschrift über Nebentätigkeiten (*Information om bisysslor*), S. 18 und die Stellungnahme (*remissvar*) zur vorgeschlagenen Gesetzesänderung über Nebentätigkeiten von Angestellten im öffentlichen Dienst (*Betänkandet bisysslor av offentlig anställda*, SOU 2000:80), abrufbar unter www.dom.se.

[436] *Heuman*, Practice and Procedure, S. 617.

[437] *Heuman*, Practice and Procedure, S. 616; *Madsen*, S. 252; SOU 1994:81, S. 178; Prop. 1998/99:35, S. 144.

[438] *Heuman*, Practice and Procedure, S. 617.

[439] NJA 1938, 449.

über den Wert bestimmter Waren und die damit verbundenen Zollgebühren ein Schiedsverfahren durchzuführen. Dieses sollte mit „für ihre Sachkunde auf diesem Gebiet bekannten Personen" besetzt werden. Dazu entschied der Höchste Gerichtshof, „Sachkunde" meine gerade nicht juristische Bildung, sondern setze Kenntnisse über Preisbildung und Wert bestimmende Faktoren in diesem Wirtschaftssektor voraus[440]. Das Schiedsgericht war demnach neu zu besetzen.

Wird der Schiedsrichter zu spät benannt, kann der Schiedsspruch ebenfalls aufgehoben werden[441]. Unklar ist, ob schon eine Verspätung um nur einen Tag einen Aufhebungsgrund darstellen kann. Die Gesetzesvorarbeiten sehen keine Ausnahmen für diesen Fall vor, in der Literatur wird jedoch bezweifelt, ob eine solch schwerwiegende Folge gerechtfertigt wäre[442]. In internationalen Verfahren kann zudem die Reihenfolge der Schiedsrichterbenennung entscheidend sein, wenn es nach der Parteivereinbarung auf die Nationalitäten der Schiedsrichter ankommt[443].

Das schwedische LSF geht nach seinem Wortlaut von einem Streit zwischen zwei Parteien aus. Können sich in einem Mehrparteienschiedsverfahren die Beteiligten auf der Beklagtenseite nicht auf einen Schiedsrichter einigen, kann der Kläger beim Amtsgericht nach § 14 Abs. 3 LSF die Benennung eines Schiedsrichters beantragen. Steht umgekehrt auf der Klägerseite eine Mehrzahl von Beteiligten und können diese sich nicht auf einen Schiedsrichter einigen, so besteht die Möglichkeit, das Amtsgericht zur Benennung des Schiedsrichters oder zur Bestellung eines Vertreters, der einen Schiedsrichter benennt und auch sonstige Prozesshandlungen vornimmt, zu ermächtigen[444]. Voraussetzung dafür ist aber, dass alle Beteiligten auf der Klägerseite dieser Ermächtigung zustimmen, denn anderenfalls darf das staatliche Gericht nicht tätig werden[445].

Nicht von § 34 Abs. 1 Nr. 4 LSF erfasst werden Fälle, in denen die Schiedsrichter zwar ordnungsgemäß benannt wurden, aber bei der Entscheidung nicht vollzählig waren[446]. In der Literatur wird eine analoge Anwendung der Norm jedoch nicht ausgeschlossen, da das Schiedsgericht in jedem Fall bei seiner Entscheidung nicht ordnungsgemäß zusammengesetzt war[447]. § 30 Abs. 1 LSF erlaubt es den übrigen Schiedsrichtern, eine Entscheidung auch dann zu treffen, wenn einer der Schiedsrichter der Abstimmung unberechtigterweise fernbleibt. Ob das Fernbleiben be-

---

440 NJA 1938, 449 (452).

441 *Madsen*, S. 252; SOU 1994:81, S. 178; *Cars*, S. 166 f. Kritisch dazu, allerdings mit zweifelhafter Begründung *Lindskog*, S. 942.

442 *Heuman*, Practice and Procedure, S. 619.

443 *Heuman*, Practice and Procedure, S. 620.

444 *Madsen*, S. 125.

445 *Madsen*, S. 124.

446 *Cars*, S. 166 f. Auf solche Fälle ist eher die Generalklausel des § 34 Abs. 1 Nr. 6 LSF anwendbar, wobei hier die Kausalität des Verfahrensfehlers für das Endergebnis häufig zweifelhaft sein dürfte.

447 *Cars*, a.a.O.

rechtigt ist, entscheiden die verbliebenen Schiedsrichter nach eigenem Ermessen[448], wobei sie sich an den nationalen Verfahrensvorschriften des Kapitel 32, § 8 RB orientieren können[449].

bb) Parteilichkeit oder Geschäftsunfähigkeit eines Schiedsrichters (§ 34 Abs. 1 Nr. 5 LSF)

Nach § 7 LSF muss ein Schiedsrichter über sich selbst und sein Eigentum verfügen können. Zunächst wird damit allgemein auf die Geschäftsfähigkeit abgezielt, d. h. Minderjährige oder unter Betreuung stehende Personen können nicht als Schiedsrichter tätig sein[450]. Praktisch bedeutsamer dürfte aber sein, dass die Vorschrift auch Personen erfasst, über deren Vermögen das Insolvenzverfahren eröffnet wurde. Im Gesetzgebungsverfahren wurde diskutiert, ob diese Formulierung nicht zu weit reicht[451]. So mag das Argument, Personen in der Insolvenz seien als Schiedsrichter besonders leicht durch finanzielle Anreize beeinflussbar oder bestechlich[452], zwar richtig sein. Sollte sich ein solcher Verdacht aber wirklich einmal aufdrängen, dürfte der Schiedsrichter schon aus den in § 8 LSF genannten Gründen der Parteilichkeit oder Abhängigkeit unzuständig sein. Letztlich befürwortete man jedoch eine allgemeine Regel, die auch entsprechende Einschränkungen in anderen Rechtsordnungen erfassen würde[453]. Dass damit nach schwedischem Recht auch die Insolvenz einen Ablehnungsgrund darstellt, wurde hingenommen[454]. Im Übrigen könnte auch die Konsequenz der Parteilichkeit oder Abhängigkeit praktisch schwerer zu beweisen sein als der Eintritt der Insolvenz.

Insgesamt bestehen damit aber nur wenige Einschränkungen bezüglich der Eignung als Schiedsrichter. Bedeutend wichtiger dürften die Einschränkungen des § 8 LSF sein. Die Vorschrift nennt explizit Umstände, die geeignet sind, das Vertrauen in die Unparteilichkeit eines Schiedsrichters zu zerstören und damit die Möglichkeit eröffnen, einen Schiedsrichter seines Auftrags zu entheben. Im neuen schwedischen Schiedsverfahrensgesetz hat man bewusst auf den Begriff der Befangenheit verzichtet, um eine Anlehnung an die Befangenheitsgründe für Richter aus dem nationalen Prozessrecht (Kapitel 4, § 13 RB) und damit Verweise auf nationales Recht zu vermeiden[455]. Man entschied sich vielmehr für eine eigenständige

---

[448] *Madsen*, S. 222.

[449] Berechtigte Gründe sind danach der Zusammenbruch allgemeiner Transportmittel, Krankheit oder sonstige Gründe, die der Schiedsrichter nicht vorhersehen konnte oder die das Schiedsgericht als Entschuldigung ansieht.

[450] SOU 1994:81, S. 115.

[451] Prop. 1998/99:35, S. 79 f.

[452] SOU 1994:81, S. 115.

[453] Prop. 1998/99:35, S. 80.

[454] Prop. 1998/99:35, S. 79.

[455] SOU 1994:81, S. 114 f. Dazu auch NJA 1981, 1205.

schiedsrechtliche Regelung, die auch für ausländische Praktiker leicht und ohne Kenntnisse des schwedischen Prozessrechts verständlich wäre[456].

§ 8 Abs. 2, S. 2 Nr. 1 bis 4 LSF zählt Situationen auf, in denen in jedem Fall von einer fehlenden Unparteilichkeit des Schiedsrichters auszugehen ist. Diese Liste ist nicht als abschließend zu verstehen, sondern zeigt nur auf, welche typischen Situationen denkbar sind[457]. Jede andere Situation kann ebenfalls zur Ablehnung des Schiedsrichters bzw. zur Aufhebung des Schiedsspruchs führen. Nr. 1 nennt den Fall, dass der Schiedsrichter selbst oder eine ihm nahe stehende Person[458] Partei des Schiedsverfahrens ist oder sonst beachtenswerten Nutzen oder Schaden vom Ausgang des Verfahrens erwarten kann. Nr. 2 betrifft die Situation, dass der Schiedsrichter oder eine ihm nahe stehende Person Vorstandsvorsitzender einer Gesellschaft oder eines sonstigen Zusammenschlusses, bzw. sonstiger Stellvertreter einer Partei des Schiedsverfahrens oder Stellvertreter einer anderen Person ist, die beachtenswerten Nutzen oder Schaden vom Ausgang des Verfahrens erwarten kann. Nach Nr. 3 ist ein Schiedsrichter parteiisch, wenn er als Sachverständiger oder auf sonstige Weise zum Streit Stellung genommen hat oder eine Partei bei der Vorbereitung oder Ausführung ihrer Anträge unterstützt hat. Nr. 4 regelt schließlich den Fall, dass ein Schiedsrichter entgegen den gesetzlichen Vorschriften eine Aufwandsentschädigung entgegengenommen oder sich vorbehalten hat.

Ein Schiedsrichter hat nach § 9 LSF von sich aus alle Umstände offen zu legen, die ihn an der Ausübung seines Amtes hindern könnten. Diese Informationspflicht geht über die in § 8 LSF ausdrücklich genannten Situationen hinaus. Unmittelbare Rechtsfolgen für die unterlassene Mitteilung bestimmter Umstände, die eine Parteilichkeit begründen könnten, sieht das Gesetz zwar nicht vor. Ein solches Verhalten des Schiedsrichters kann aber im Rahmen der vorzunehmenden Abwägung berücksichtigt werden[459]. Ende 2007 entschied der Höchste Gerichtshof unter Aufhebung eines Urteils des Stockholmer Hofgerichts, dass ein Schiedsrichter, der ein Büro innerhalb der Anwaltskanzlei unterhält, die eine der Parteien regelmäßig berät, als parteilich i. S. v. § 8 LSF zu gelten hat[460]. Der Schiedsrichter wurde innerhalb der Kanzlei als „Berater" (*konsult*) bezeichnet und hielt nach eigenen Angaben die schiedsrichterliche von seiner beratenden Tätigkeit strikt getrennt. Jedoch unterstützte er die in der Kanzlei angestellten Anwälte mit juristischer Expertise und schrieb Rechtsgutachten, u. a. auch für die beklagte Partei des späteren Schiedsverfahrens, eine der wichtigsten Mandantinnen der Kanzlei. Daher war der Schiedsrichter nach Ansicht des Gerichtshofes nicht anders zu behandeln als ein angestell-

---

456 *Madsen*, S. 105.

457 Prop. 1998/99:35, S. 83.

458 Als „nahe stehend" werden Ehepartner und nahe Verwandte, aber auch eheähnliche Gemeinschaften und andere Paarbeziehungen erfasst, SOU 1994:81, S. 117.

459 Svea Hovrätt, Urteil vom 5. Mai 2006, Az.: T 6875-04, S. 15 des Urteils, und die Aufhebungsentscheidung des Högsta Domstolen vom 19. November 2007, Az.: T-2448-06.

460 Högsta Domstolen, Urteil vom 19. November 2007, Az.: T-2448-06.

ter Anwalt der Kanzlei. Diese Gesamtumstände waren geeignet, das Vertrauen in die Unparteilichkeit des Schiedsrichters zu erschüttern[461].

In einem Aufhebungsverfahren hatte das Stockholmer Hofgericht zu entscheiden, ob allein die Tatsache, dass eine Partei sämtliche Vorschusszahlungen an die Schiedsrichter übernommen hatte, weil der anderen die finanziellen Mittel dazu fehlten, zur Befangenheit des Schiedsgerichts führte[462]. Das Gericht wies die Aufhebungsklage mit der Begründung ab, anderenfalls sei es leicht für die Gegenpartei, das Verfahren zu torpedieren, indem sie den geforderten Vorschuss nicht zahle[463].

Im Rahmen einer Aufhebungsklage ist die Frist des § 10 LSF zu beachten: Der Antrag auf Ablehnung eines Schiedsrichters ist innerhalb von fünfzehn Tagen nach Kenntnis der Umstände, die die Parteilichkeit begründen (können), beim Schiedsgericht[464] zu stellen. Innerhalb von dreißig Tagen nach der Entscheidung des Schiedsgerichts kann die Partei, deren Ablehnungsantrag erfolglos war, Überprüfung durch das Amtsgericht beantragen. Für die Aufhebungsklage folgt daraus, dass eine Partei sich nicht auf § 34 Abs. 1 Nr. 4 oder 5 LSF stützen kann, wenn sie es während des Schiedsverfahrens trotz Kenntnis der entsprechenden Umstände versäumt hat, einen Antrag auf Ablehnung zu stellen bzw. den Beschluss vom Amtsgericht überprüfen zu lassen[465]. Anderes gilt nur, wenn die Umstände erst nach Verfahrensende bekannt werden oder neue Umstände hinzutreten, die zusammen mit den bereits geltend gemachten Tatsachen die Befangenheit des Schiedsrichters begründen[466]. Die allgemeine Präklusionsvorschrift des § 34 Abs. 2 LSF ist also in einem solchen Fall bereits dann erfüllt, wenn die betreffende Partei die Fünfzehntagesfrist in Kenntnis der Umstände verstreichen lässt. In diesem Zusammenhang entwickelt auch die Vorschrift des § 11 LSF eine gewisse Bedeutung. Danach können die Parteien vereinbaren, dass die Entscheidung über die Parteilichkeit eines Schiedsrichters endgültig (*slutligt*) von einem Schiedsinstitut gefällt werden soll. Eine solche Vereinbarung bedeutet nach einem Beschluss des Stockholmer Amtsgerichts, dass der Weg zu den staatlichen Gerichten abgeschnitten, ein Rechtsmittel gegen die Entscheidung des Schiedsinstituts also nicht mehr gegeben ist[467]. Auch im

461 Vgl. S. 10 f. des Urteils.

462 RH 1991:18.

463 a.a.O.

464 Die Antragstellung beim Schiedsgericht dürfte die Regel sein, die Parteien können jedoch die Entscheidung auch einem Dritten, etwa dem Schiedsinstitut der Stockholmer Handelskammer (SCC) übertragen. S. dazu Prop. 1998/99:35, S. 85.

465 *Madsen*, S. 253. Zur Bindungswirkung der Entscheidung des Amtsgerichts auch für das Aufhebungsverfahren *Lindskog*, S. 944.

466 So beispielsweise, wenn der Schiedsrichter im Laufe des Verfahrens Aktien hinzu erwirbt und erst dadurch zum Mehrheitsaktionär eines im Schiedsverfahren beteiligten Unternehmens wird, s. dazu *Heuman*, Practice and Procedure, S. 622.

467 Stockholm Tingsrätt, Beschluss vom 30. April 2004, Az.: Ä 860-04, abrufbar unter www.sccinstitute.se.

Rahmen einer Aufhebungsklage kann die Parteilichkeit des Schiedsrichters daher nicht mehr geltend gemacht werden[468]. Eine Partei ist auch dann mit dem Einwand der Befangenheit präkludiert, wenn sie den Schiedsrichter selbst in voller Kenntnis der Umstände ausgewählt hat[469]. Dies dürfte jedoch kaum eine internationale Besonderheit darstellen.

b) Der Aufhebungsgrund des § 1059 Abs. 2 Nr. 1 d) 1. Alt. ZPO

Nach § 1059 Abs. 2 Nr. 1 d) 1. Alt. ZPO ist ein Schiedsspruch aufzuheben, wenn die Bildung des Schiedsgerichts den gesetzlichen Bestimmungen oder einer zulässigen Parteivereinbarung nicht entsprochen hat. Zudem muss anzunehmen sein, dass sich dieser Fehler auf den Schiedsspruch ausgewirkt hat.

aa) Fehlerhafte Auswahl der Schiedsrichter

Die Parteien können sowohl die Zahl der Schiedsrichter als auch das Verfahren zu ihrer Benennung frei vereinbaren. Anderenfalls gelten die §§ 1034, 1035 ZPO, wonach das Schiedsgericht grundsätzlich aus drei Schiedsrichtern bestehen soll, von denen je einer durch die Parteien und der dritte durch die beiden parteiernannten Schiedsrichter zu bestimmen ist. Die Schiedsrichter müssen natürliche, geschäftsfähige Personen sein[470]. Weigert sich eine Partei, „ihren" Schiedsrichter innerhalb der vorgesehen Frist zu benennen, kann die andere Partei beim staatlichen Gericht Ersatzbenennung beantragen, § 1035 Abs. 3 S. 2 ZPO. Das staatliche Gericht hat hierbei die Parteivereinbarungen zu berücksichtigen sowie dafür zu sorgen, dass ein unabhängiger und unparteiischer Schiedsrichter ernannt wird. Zudem soll nach § 1035 Abs. 5 S. 2 ZPO die Staatsangehörigkeit des zu ernennenden Schiedsrichters berücksichtigt werden[471]. So kann es je nach sonstiger Besetzung des Schiedsgerichts und der Staatsangehörigkeit der Parteien sinnvoll sein, einen Schiedsrichter anderer Nationalität oder gerade derselben Nationalität zu ernennen. Weder aus dem Gesetz noch aus der Literatur lassen sich die Rechtsfolgen einer Missachtung von Parteivorgaben eindeutig entnehmen. Die meisten Literaturaussagen beschränken sich darauf, dass Parteivereinbarungen „zu berücksichtigen sind"[472]. Daraus dürfte sich schließen lassen, dass auch die Missachtung bestimmter von den Parteien vereinbarten Anforderungen an die Schiedsrichter zur Aufhebung des Schiedsspruchs führen kann.

---

[468] *Cars*, S. 167.

[469] RH 1991:14.

[470] Musielak-*Voit*, § 1035, Rdnr. 16 f.; *Schlosser*, Rdnr. 468. Weitergehend *Lachmann*, S. 215, Rdnr. 815.

[471] Hierbei soll nach *Schlosser* die Vorschrift ernster genommen werden als es der Wortlaut („soll") nahe legt, Stein/Jonas-*Schlosser*, § 1035, Rdnr. 10.

[472] Vgl. nur Musielak-*Voit*, § 1035, Rdnr. 1 u. 6; *Schwab/Walter*, Kap. 11, Rdnr. 37.

Räumt die Schiedsvereinbarung einer Partei ein Übergewicht bei der Benennung der Schiedsrichter ein, so kann die Gegenpartei nach § 1034 Abs. 2 ZPO jedenfalls vor dem staatlichen Gericht eine abweichende Bestellung beantragen. Hierfür gilt eine Frist von zwei Wochen, danach ist die betroffene Partei mit dem Einwand der nicht ordnungsgemäßen Besetzung des Schiedsgerichts auch im Aufhebungsverfahren präkludiert[473]. Problematischer sind Vereinbarungen, wonach der von der einen Partei Benannte als Einzelschiedsrichter fungieren soll, wenn die Gegenseite untätig bleibt und ihrerseits keinen Schiedsrichter ernennt. Zum Teil wird in der Literatur hierin ein Verstoß gegen das verfassungsrechtliche Gebot richterlicher Neutralität gesehen und die Klausel daher für gänzlich unstatthaft gehalten[474].

Zu Schiedsverfahren, an denen mehr als zwei Parteien beteiligt sind, trifft die ZPO keine ausdrücklichen Regelungen. Überwiegend wird hier die Ernennung des Partei-Schiedsrichters durch das staatliche Gericht oder eine sonst zuständige Stelle befürwortet, sofern sich die Beteiligten nicht einigen können[475].

bb) Befangenheit eines Schiedsrichters

Die ordnungsgemäße Bildung des Schiedsgerichts verlangt vor allem eine Besetzung mit unabhängigen und unparteilichen Schiedsrichtern[476]. Die Besorgnis der Befangenheit kann sich aus einem Verhalten oder Umständen, die vor dem eigentlichen Schiedsverfahren liegen, sowie aus der Verfahrensleitung ergeben.

Hat sich ein Schiedsrichter bereits vor Beginn des Schiedsverfahrens über bestimmte, im Schiedsverfahren relevante Rechtsfragen geäußert, so ist umstritten, inwieweit dies seine Unabhängigkeit und Unparteilichkeit beeinflusst. Die internationale Literatur will hier größtenteils danach differenzieren, ob sich der Schiedsrichter im Zusammenhang mit dem konkreten Streit geäußert hat oder ob es sich lediglich um eine abstrakte wissenschaftliche Auseinandersetzung mit dem betreffenden Rechtsproblem handelte und nur im ersten Fall eine Befangenheit annehmen[477]. Ebenso halten manche Stimmen in der deutschen Literatur eine abstrakte vorherige Befassung für unerheblich[478]. Differenzierend will *Lachmann* Befangenheit annehmen, wenn konkrete Äußerungen über das Notwendige hinausgehen

[473] MüKo-*Münch*, § 1034, Rdnr. 10; wohl auch *Habscheid*, JZ 1998, 445 (448). A. A. (Aufhebbarkeit wegen Verstoßes gegen den ordre public) Musielak-*Voit*, § 1035, Rdnr. 4.

[474] Musielak-*Voit*, § 1035, Rdnr. 4; Zöller-*Geimer*, § 1034, Rdnr. 9.

[475] Stein/Jonas-*Schlosser*, § 1034, Rdnr. 11; Zöller-*Geimer*, § 1035, Rdnr. 9. A. A. (Undurchführbarkeit der Schiedsabrede) Musielak-*Voit*, § 1034, Rdnr. 3. Vgl. § 13 DIS-SchO, wonach auch die Wahl der anderen Partei gegenstandslos wird, wenn sich mehrere Beteiligte einer Seite nicht auf den Schiedsrichter einigen können.

[476] *Borges*, ZZP 111 (1998), 487 (492); *Raeschke-Kessler/Berger*, Rdnr. 956.

[477] *Craig/Park/Paulsson*, S. 231; *Fouchard/Gaillard/Goldman*, S. 569; *Lew/Mistelis/Kröll*, Rdnr. 11-15.

[478] MüKo-*Münch*, § 1036, Rdnr. 18; *Schwab/Walter*, Kap. 14, Rdnr. 8; a. A.: Stein/Jonas-*Schlosser*, § 1036, Rdnr. 25.

und mindestens indirekt auf eine bestimmte abschließende Meinungsbildung schließen lassen, weil ihnen z. B. die notwendige Distanz fehle[479]. Ein Schiedsrichter gilt nach der Rechtsprechung jedenfalls dann nicht mehr als unparteiisch und unabhängig, wenn er vor Beginn des Schiedsverfahrens ein Gutachten im Auftrag einer der späteren Schiedsparteien erstellt hat und dieses Gutachten eine rechtliche Stellungnahme zum Streitgegenstand enthält. Dann könne nicht mehr davon ausgegangen werden, dass der Schiedsrichter den Streit mit der gebotenen Neutralität bewerte und unvoreingenommen an die Verhandlungen herangehe[480].

Während des Verfahrens können grobe Verstöße gegen das Sachlichkeitsgebot, unberechtigte Verdächtigungen und eine unsachgemäße Verfahrensleitung die Unabhängigkeit und Unparteilichkeit des Schiedsgerichts in Frage stellen[481]. Andererseits muss es dem Schiedsgericht jedoch auch möglich sein, während des Verfahrens bereits eine vorläufige Rechtsansicht zu äußern. Werden in diesem Zusammenhang für eine Partei ungünstige Rechtsausführungen gemacht, kann das kaum die Besorgnis der Befangenheit begründen[482].

Aus dem Prinzip, dass Schiedsrichter grundsätzlich nicht als Richter in eigener Sache tätig werden dürfen[483], wird allgemein abgeleitet, dass eine Festsetzung der an die Schiedsrichter zu zahlenden Aufwandsentschädigung im Schiedsspruch unzulässig sei[484]. Zudem darf es einer Partei nicht zum Nachteil gereichen, wenn sie einen Kostenvorschuss nicht zahlt. Das wäre etwa der Fall, wenn eine für erheblich gehaltene Beweisaufnahme allein aus diesem Grund nicht durchgeführt und das Schiedsgericht ohne Verwertung der Beweismittel sogleich in der Sache entscheiden würde[485]. Das Schiedsgericht wäre dann nicht unparteiisch und somit fehlerhaft besetzt.

Eine fehlende oder rechtswidrig erteilte Nebentätigkeitsgenehmigung stellt nach weit überwiegender Literaturansicht keinen Aufhebungsgrund dar[486]. Die ältere Rechtsprechung des BGH[487] deutet zwar in eine andere Richtung[488]. Das OLG Stuttgart hat sich allerdings in einer neueren Entscheidung[489] der herrschenden Lehre angeschlossen.

---

[479] *Lachmann*, S. 266, Rdnr. 1014; anders noch die 2. A., S. 218, Rdnr. 608.

[480] Hans.OLG Hamburg, 28. Juni 2004, Az.: 11 SchH 01/04.

[481] S. dazu *Kröll*, SchiedsVZ 2005, 139 (143).

[482] *Kröll*, a.a.O.; OLG Köln 2. April 2004, Az.: 9 Sch (H) 22/03.

[483] MüKo-*Münch*, § 1036, Rdnr. 6; Zöller-*Geimer*, § 1035, Rdnr. 3 m. w. N.

[484] OLG Frankfurt a. M. 30. März 2006, Az.: 26 Sch 12/05;

[485] Zöller-*Geimer*, § 1059, Rdnr. 42.

[486] *Kröll*, SchiedsVZ 2004, 113 (116); *Lachmann*, S. 228, Rdnr. 860 f.; MüKo-*Münch*, § 1059, Rdnr. 19; Musielak-*Voit*, § 1059, Rdnr. 16 u. § 1035, Rdnr. 17; a. A.: *Schwab/Walter*, Kap. 9, Rdnr. 3.

[487] BGH 11. Februar 1971, Az.: VII ZR 73/69, BGHZ 55, 313.

[488] Vgl. *Lachmann*, 2. A., S. 199, Rdnr. 553.

[489] OLG Stuttgart, Beschluss vom 16. Juli 2002, Az.: 1 Sch 8/02, SchiedsVZ 2003, 84.

Nicht nur die Bildung des Schiedsgerichts, auch seine Besetzung zum Zeitpunkt der Entscheidung muss ordnungsgemäß sein[490], d. h. den gesetzlichen Vorgaben und den Parteivereinbarungen entsprechen. Daran fehlt es z. B., wenn ein zuvor nach §§ 1036 f. ZPO abgelehnter Schiedsrichter weiterhin mitwirkt[491] oder ein Dritter, etwa ein Sekretär, den Schiedsspruch abfasst und ihn von den Schiedsrichtern lediglich unterschreiben lässt[492]. Die Entscheidung muss von den Schiedsrichtern selbst getroffen werden. Der umgekehrte Fall, in dem ein zur Entscheidung berufener Schiedsrichter sich weigert, an der Abstimmung mitzuwirken, ist nunmehr in § 1052 ZPO ausdrücklich geregelt. Danach können die verbliebenen Schiedsrichter allein entscheiden, so dass einem einzelnen Schiedsrichter wenig Gelegenheit zur Verfahrensobstruktion bleibt[493]. Sie müssen ihre Absicht den Parteien allerdings vorher mitteilen, anderenfalls kann der Schiedsspruch aufgehoben werden[494]. Die Information über das beabsichtigte Verfahren soll den Parteien die Möglichkeit geben, auf den Schiedsrichter einzuwirken und ihn ggf. abzuberufen[495].

Nach § 1036 Abs. 2 muss ein Ablehnungsantrag gegen einen Schiedsrichter innerhalb von zwei Wochen nach Kenntnis des Ablehnungsgrundes an das Schiedsgericht gestellt werden. Weist das Schiedsgericht den Ablehnungsantrag zurück, so kann die betroffene Partei innerhalb eines Monats einen Ablehnungsantrag gem. §§ 1037 Abs. 3, 1062 Abs. 1 Nr. 1 ZPO vor dem Oberlandesgericht stellen. Aus diesen Fristregelungen ergibt sich, dass eine Geltendmachung im Aufhebungsverfahren überhaupt nur unter engen Voraussetzungen möglich sein wird. Dies bestätigt ein Blick auf die Rechtspraxis: Insgesamt wurde die fehlerhafte Besetzung des Schiedsgerichts zwischen Anfang 1998 und Ende 2006 lediglich in zwölf Verfahren geltend gemacht[496]. Nur in zwei Verfahren wurde die fehlerhafte Bildung des Schiedsgerichts erfolgreich angegriffen, eines dieser Urteile hob der BGH anschließend sogar wieder auf[497]. Zudem war in beiden Verfahren noch das bis zum 31.12.1997 geltende „alte" Schiedsverfahrensrecht anwendbar.

Eine Ausnahme vom Grundsatz der Präklusion kann sich von vorneherein nur für Umstände ergeben, die dem Antragsteller bis zum Zeitpunkt des Fristablaufs

---

490 *Hausmann*, FS-Stoll, S. 593 (602); MüKo-*Münch*, § 1059, Rdnr. 19; BGH 14. April 1988, Az.: III ZR 12/87, BGHZ 104, 178.

491 MüKo-*Münch*, § 1059, Rdnr. 19; Musielak-*Voit*, § 1059, Rdnr. 16; Stein/Jonas-*Schlosser*, § 1059, Rdnr. 21.

492 MüKo-*Münch*, § 1059, Rdnr. 19; *Raeschke-Kessler/Berger*, Rdnr. 955; *Schwab/Walter*, Kap. 19, Rdnr. 2.

493 Zu Einzelheiten s. MüKo-*Münch*, § 1052 Rdnr. 7; Stein/Jonas-*Schlosser*, § 1052 Rdnr. 4.

494 OLG Saarbrücken, Beschluss vom 29. Oktober 2002, SchiedsVZ 2003, 92 (93).

495 *Schwab/Walter*, Kap. 19, Rdnr. 6.

496 Davon in vier Aufhebungsverfahren und in acht Verfahren auf Vollstreckbarerklärung eines inländischen Schiedsspruchs. Datengrundlage: Datenbank der DIS.

497 BayObLG 24. Februar 1999, Az.: 4 Z Sch 17/98; OLG Frankfurt a.M. 28. Januar 1998, Az.: 19 U 92/96 (aufgehoben durch BGH, Urteil vom 4. März 1999, Az.: III ZR 72/98, NJW 1999, 2370).

unbekannt waren. Die bloß fahrlässige Unkenntnis solcher Umstände reicht nach dem Willen des Gesetzgebers nicht aus – man wollte das Aufhebungsverfahren nicht unnötig mit Wertungsfragen belasten[498]. Entsprechend lässt die überwiegende Literatur eine Geltendmachung von Ablehnungsgründen im Aufhebungsverfahren dann zu, wenn die Partei von den die Ablehnung begründenden Umständen zuvor keine Kenntnis hatte[499]. Anderes könne nur gelten, wenn die Besetzung des Schiedsgerichts gegen den *ordre public* verstoße[500]. Ähnlich will auch der Bundesgerichtshof aufgrund der Bedeutung von Rechtsfrieden und Rechtssicherheit nur im Ausnahmefall, d. h. in besonders schwerwiegenden und eindeutigen Fällen von Befangenheit, eine Prüfung im Aufhebungsverfahren erlauben[501].

Ob die Verletzung der Offenbarungspflicht nach § 1036 Abs. 1 ZPO durch den Schiedsrichter als Verfahrensfehler anzusehen ist, der zur Aufhebung führt, ist fraglich[502]. Der Bundesgerichtshof hat dies in einer neueren Entscheidung verneint[503]. Denn „die mangelnde Aufklärung konnte auch darauf [beruhen], dass der Schiedsrichter sich selbst nicht für befangen hielt und subjektiv der Auffassung war, dass auch aus Sicht der Antragsgegnerin keine Umstände vorlagen, die diese Besorgnis begründeten“[504]. Demgegenüber stellt das OLG Naumburg[505] für die Offenbarungspflicht auf einen objektiven Maßstab ab. Danach hat der Schiedsrichter auf alle Umstände hinzuweisen, von denen er annehmen muss, dass sie bei vernünftiger Betrachtung Zweifel an seiner Unbefangenheit und Unparteilichkeit wecken könnten[506]. Andererseits muss er aber nicht „auf alles Mögliche hinweisen“[507]. Es soll demnach nicht zur Ablehnung eines Schiedsrichters führen, wenn der Schiedsrichter Umstände verschweigt, die eindeutig und klar ungeeignet sind, seine Befangenheit zu begründen. *Kröll* regt an, in internationalen Verfahren aufgrund der unter-

[498] Vgl. dazu *Schwab/Walter*, Kap. 16, Rdnr. 28. *Kröll*, ZZP 116 (2003), 195 (198) u. (212), spricht sich zwar prinzipiell für eine Geltendmachung auch noch im Aufhebungsverfahren aus, weist aber zugleich auf die Bedeutung von Rechtssicherheit und Rechtsfrieden hin, so dass der Rechtsprechung des BGH zu folgen und im Einzelfall eine Abwägung zwischen diesen Prinzipien und dem Prinzip der Unabhängigkeit und Unparteilichkeit der Schiedsrichter vorzunehmen sei.

[499] Baumbach/Lauterbach/Albers/Hartmann-*Albers*, § 1038, Rdnr. 6; Lachmann, S. 356, Rdnr. 1432; Stein/Jonas-*Schlosser*, § 1038, Rdnr. 3.

[500] Musielak-*Voit*, a.a.O.

[501] BGH NJW 1999, 2370 (2371, re. Sp.).

[502] *Lachmann*, S. 540, Rdnr. 2257.

[503] BGH NJW 1999, 2370.

[504] BGH NJW 1999, 2370 (2372).

[505] OLG Naumburg 19. Dezember 2001, Az.: 10 SchH 03/01.

[506] OLG Naumburg, a.a.O.

[507] OLG Naumburg, a.a.O.

schiedlichen Kulturkreise nicht auf einen objektiven Standard abzustellen, sondern auf die Sicht der betroffenen Parteien[508].

Der Fehler bei der Bildung des Schiedsgerichts muss sich auf den Schiedsspruch ausgewirkt haben, § 1059 Abs. 2 Nr. 1 d) a. E. Dabei soll nach herrschender Ansicht die Kausalität nur dann fehlen, wenn feststeht, dass auch ein ordnungsgemäß besetztes Schiedsgericht nicht anders entschieden hätte[509]. Der BGH verlangt einen Nachweis, dass der Schiedsrichter gegenüber einer Partei voreingenommen war und sich hierin bei seiner Entscheidung hat leiten lassen[510].

c) Vergleich und Bewertung der Rechtsordnungen

Beide Rechtsordnungen verlangen die Geschäftsfähigkeit des Schiedsrichters, geben der Parteiautonomie im Übrigen aber einen weiten Spielraum. Das schwedische Recht geht hier jedoch über die Regelung im deutschen Recht hinaus und schließt zusätzlich Personen in der Insolvenz vom Schiedsrichteramt aus.

Gewährt die Schiedsvereinbarung einer der Parteien ein Übergewicht bei der Besetzung des Schiedsgerichts, so stellen sich die Rechtsfolgen nach deutschem und schwedischem Recht unterschiedlich dar. Nach schwedischem Recht sind solche Klauseln grundsätzlich unwirksam. Das deutsche Recht sieht hingegen gem. § 1034 Abs. 2 ZPO ein Verfahren zur Ersatzbestellung durch das staatliche Gericht vor. So bleibt die Schiedsvereinbarung an sich gültig, nur das Verfahren zur Bestellung des Schiedsgerichts ändert sich. Diese Lösung ist vorzugswürdig, denn sie erlaubt die Fortsetzung des Schiedsverfahrens. Unklar ist die Rechtslage, wenn der von einer Partei benannte Schiedsrichter als Einzelschiedsrichter entscheiden soll, weil die Gegenseite ihrerseits keinen Schiedsrichter ernannt hat. In der schwedischen Literatur finden sich hierzu nur wenige Aussagen. Trotz der grundsätzlichen Unzulässigkeit eines Übergewichts einer Partei bei der Besetzung des Schiedsgerichts wird dieser Fall eher unproblematisch gesehen und wohl für zulässig gehalten. Angesichts der fehlenden vertieften Auseinandersetzung lässt sich dies aber kaum als gesicherte Erkenntnis bewerten. Im deutschen Recht ist die Lösung umstritten. Der Bundesgerichtshof hat sie in einem Verfahren auf Vollstreckung eines ausländischen Schiedsspruchs für zumindest nicht *ordre-public*-widrig erklärt. Ob sich diese Rechtsprechung auch auf Inlandssachverhalte übertragen lässt, ist offen, m. E. aber zu bejahen. Denn der BGH hat in seiner Entscheidung darauf abgestellt, ob die

---

[508] *Kröll*, ZZP 116 (2003), 195 (201). Die IBA Rules of Ethics oder der Code of Ethics der AAA sollen hierbei Anhaltspunkte bieten.

[509] MüKo-*Münch*, § 1059, Rdnr. 18; Stein/Jonas-*Schlosser*, § 1059, Rdnr. 24. Ähnlich auch *Hausmann*, FS-Stoll, S. 593 (603); *Lachmann*, S. 540, Rdnr. 2257: für Kausalität müssten lediglich begründete Zweifel vorliegen. A. A.: Zöller-*Geimer*, § 1059, Rdnr. 44: die bloße Möglichkeit, dass ohne die Gesetzesverletzung anders entschieden worden wäre, soll danach nicht genügen.

[510] BGH 1. Februar 2001, Az.: III ZR 332/99, S. 11 des Urteils.

Gegenpartei vor den staatlichen Gerichten gegen die fehlerhafte Besetzung des Schiedsgerichts hätte vorgehen können. Da sie von dieser Gelegenheit innerhalb der vorgesehenen Frist keinen Gebrauch gemacht hatte, konnte sie sich im Vollstreckungsverfahren nicht mehr auf den Verfahrensfehler berufen. Wendet man demnach § 1034 Abs. 2 ZPO analog auf den hier diskutierten Fall an und gewährt der Gegenpartei eine Frist von zwei Wochen, um eine abweichende Bestellung des Schiedsgerichts zu beantragen, ist kein Grund ersichtlich, warum nicht auch die Besetzung mit dem von der einen Partei ernannten Schiedsrichter als Einzelschiedsrichter zulässig sein soll – zumal das Übergewicht einer Partei erst nachträglich durch die Säumnis der anderen Partei entsteht[511].

Können sich mehrere Beteiligte einer Seite nicht auf einen gemeinsamen Schiedsrichter einigen, so wird in beiden Rechtsordnungen die Bestellung durch das staatliche Gericht oder eine sonst vereinbarte Stelle befürwortet. Dies lässt sich in beiden Fällen aber nur durch analoge Gesetzesanwendung erreichen, da die Gesetze ausschließlich auf Schiedsverfahren mit zwei Beteiligten zugeschnitten sind.

Sowohl im schwedischen als auch im deutschen Recht stellt die Missachtung etwaiger Parteivorgaben bei der Besetzung des Schiedsgerichts durch Dritte, also durch ein Gericht oder eine sonstige unabhängige Stelle, einen Verfahrensfehler dar, der zur Aufhebung führen kann. Im deutschen Recht wird allerdings bislang offenbar nicht diskutiert, ob die Besetzung des Schiedsgerichts mit Juristen entgegen der Parteivereinbarung einen Aufhebungsgrund darstellt. Nach der älteren schwedischen Rechtsprechung ist dies der Fall. Hier sollte nach dem Parteiinteresse differenziert werden. Kommt es den Parteien wie in dem zitierten schwedischen Fall darauf an, gerade keine primär rechtliche Bewertung des Streits durchzuführen, könnte die Besetzung mit einem Juristen im Extremfall auch zur Aufhebung des Schiedsspruchs führen. Grundsätzlich dürfte die Besetzung mit einem Juristen jedoch nicht zur Aufhebung führen, da dies im Regelfall gerade die Gewähr für ein rechtlich ordnungsgemäß durchgeführtes Verfahren bietet. Hiervon geht auch die Schiedsordnung der DIS aus, die in § 2.2 als Vorsitzenden des Schiedsgerichts einen Juristen verlangt.

Weigert sich einer der Schiedsrichter, an der abschließenden Abstimmung mitzuwirken, so sehen beide Rechtsordnungen ausdrücklich die Möglichkeit vor, die Entscheidung durch die verbliebenen Schiedsrichter herbeizuführen. Damit wird verhindert, dass der Schiedsrichter, der sich nach den Beratungen in der Minderheit befindet, durch seine Abwesenheit die Entscheidung verzögern oder gar ganz verhindern kann. Insbesondere im Zusammenhang mit politisch motiviertem Verhalten einzelner Schiedsrichter steht so ein wirksames Verfahrensmittel zur Verfügung. Im Unterschied zum schwedischen Recht ist nach der deutschen ZPO jedoch der Grund des Fernbleibens irrelevant. Hingegen besteht im schwedischen Recht keine Pflicht, die Parteien vorab über die beabsichtigte Alleinentscheidung zu informie-

---

[511] Vgl. *Schwab/Walter*, Kap. 9, Rdnr. 10.

ren. Hier enthält wiederum das deutsche Recht strengere Anforderungen. Die Informationspflicht kann zwar im Einzelfall zu Verzögerungen führen, diese dürften aber angesichts der Bedeutung des rechtlichen Gehörs zu vernachlässigen sein. Insgesamt stellt sie damit eine sinnvolle Anforderung dar. Das Erfordernis einer Begründung für das Fernbleiben eines Schiedsrichters wie im schwedischen Recht stellt sicher, dass die übrigen Schiedsrichter nicht auch bei begründetem bzw. entschuldigtem Fernbleiben allein entscheiden. Aus der Sicht der Parteien bietet aber die strengere Anforderung des deutschen Rechts größeren Schutz.

Der Grundsatz der Unabhängigkeit und Unparteilichkeit der Schiedsrichter gilt in beiden Rechtsordnungen gleichermaßen, auch wenn das schwedische Recht bewusst auf den Begriff der Befangenheit verzichtet. Das schwedische Schiedsverfahrensgesetz enthält allerdings zur Orientierung eine nicht abschließende Auflistung möglicher Umstände, die eine Ablehnung des Schiedsrichters begründen können. Diese Auflistung ist insbesondere für ausländische Rechtsanwender hilfreich, denen hiermit eine Orientierung geboten wird. Das deutsche Recht bietet eine solche Orientierung nicht. Inhaltlich gleichen sich jedoch die diskutierten Fallgruppen. So wird eine Befangenheit wegen Vorbefassung in beiden Rechtsordnungen überwiegend dann angenommen, wenn der Schiedsrichter sich bereits im Zusammenhang mit dem konkreten Streit bzw. Sachverhalt zu einer Rechtsfrage geäußert hat oder mit einer der Parteien in Kontakt stand, nicht jedoch, wenn es sich um eine rein abstrakte Äußerung zu einem Rechtsproblem handelte. Dies überzeugt vor allem dann, wenn die Parteien Schiedsrichter mit besonderen Kenntnissen in einem Rechtsgebiet ernennen wollen. Dies setzt eine gewisse wissenschaftliche Vorbefassung mit den relevanten Rechtsfragen voraus und sollte deshalb nicht zur Ablehnung eines solchen Schiedsrichters führen dürfen.

Eine fehlende Nebentätigkeitsgenehmigung stellt nach jeweils h. M. weder in Deutschland noch in Schweden einen Aufhebungsgrund dar. Dem Argument, das Genehmigungserfordernis diene allein der Integrität des staatlichen Rechtsschutzes, so dass sein Fehlen nicht zu Lasten der Schiedsparteien gehen dürfe, ist zu folgen.

Die Verletzung von Offenlegungspflichten durch die Schiedsrichter soll nach der schwedischen und deutschen Rechtsprechung nicht zur Aufhebung führen. M. E. ist hier zu differenzieren. Zunächst einmal sollte im Gegensatz zur Rechtsprechung des BGH auf einen objektiven Maßstab oder auf die Sicht der Parteien abgestellt werden. Es kann nicht darauf ankommen, was der Schiedsrichter glaubt offenbaren zu müssen, sondern nur darauf, welche Umstände objektiv geeignet sind, seine Befangenheit zu begründen. Die Information durch den Schiedsrichter soll eine Schiedspartei gerade in die Lage versetzen, zu beurteilen, ob Umstände vorliegen, die eine Befangenheit des Schiedsrichters begründen *können*. Entsprechend sieht Regel 3 der *IBA Guidelines on Conflict of Interests in International Arbitration* die Offenlegung (*disclosure*) aller Tatsachen und Umstände vor, die „in the eyes of the parties, give rise to doubts as to the arbitrator's impartiality and independence". Nur dann haben die Parteien eine reelle Chance, die Umstände zu bewerten und ggf. die Absetzung des Schiedsrichters zu bewirken. Diese Möglichkeit wird ihnen jedoch vollständig genommen, wenn der Schiedsrichter allein entscheiden darf, ob ein bestimmter Umstand zur Befangenheit führen kann. Die Ansicht von *Kröll*, bei Parteien aus unterschiedlichen Kulturkreisen auf deren subjektive Sicht abzustellen, erscheint allerdings nur dann sinnvoll, wenn die Erwartungen der Parteien aus Sicht des Schiedsrichters eindeutig zu ermitteln sind. Im Zweifel sollte eher auf objektive Standards am Schiedsort zurückgegriffen werden. Auf der anderen Seite ginge es jedoch zu weit, wenn allein die Verletzung der Offenbarungspflicht zur Aufhebung führen könnte, selbst wenn tatsächlich keine Befangenheit vorlag. Entsprechend der Rechtsprechung des Stockholmer Hofgerichts sollte die Verletzung der Offenbarungspflicht also allenfalls als Indiz für die Befangenheit dienen.

Beide Rechtsordnungen enthalten Präklusionsvorschriften für die Absetzung eines Schiedsrichters, die sich auch auf das Aufhebungsverfahren auswirken. Der Zeitrahmen unterscheidet sich nur unwesentlich: So sieht das deutsche Recht eine Ablehnungsfrist von zwei Wochen, das schwedische Recht eine Frist von fünfzehn Tagen vor. Die Frist für eine gerichtliche Entscheidung beträgt einen Monat nach deutschem bzw. dreißig Tage nach schwedischem Recht. Letztlich wird mit diesen Regelungen eine Verfahrensbeschleunigung erreicht und die Endgültigkeit des Schiedsspruchs gesichert: Eine Partei soll nicht erst den Ausgang des Verfahrens abwarten, um dann mit Gründen gegen den Schiedsspruch vorzugehen, die schon den Erlass des Schiedsspruchs selbst hätten verhindern können. In diesem Zusammenhang enthält das schwedische Recht mit § 11 LSF noch eine Besonderheit. Die Parteien können hiernach vereinbaren, dass ein Schiedsinstitut abschließend über die Ablehnung eines Schiedsrichters entscheidet. Nach der Rechtsprechung ist damit auch der Weg zum staatlichen Gericht ausgeschlossen. Eine entsprechende Regelung fehlt im deutschen Recht. Eine Parteivereinbarung, wonach anstelle des Schiedsgerichts ein Schiedsinstitut mit der Entscheidung über die korrekte Besetzung beauftragt wird, dürfte aufgrund der Parteiautonomie auch ohne ausdrückliche Regelung nach deutscher Rechtslage zulässig sein. Ob allerdings damit auch die nachfolgende Entscheidung durch ein staatliches Gericht ausgeschlossen werden kann, erscheint wegen § 1037 Abs. 3 ZPO und der neueren Rechtsprechung zur Kompetenz-Kompetenz[512] zweifelhaft.

Im Gegensatz zum deutschen Recht enthalten die § 34 Abs. 1 Nr. 4 und 5 LSF kein ausdrückliches Kausalitätserfordernis. Es ist jedoch angesichts der generellen Zurückhaltung der schwedischen Gerichte davon auszugehen, dass nicht jeder Fehler in der Besetzung zur Aufhebung führt, wenn das Gericht ihm für das Verfahrensergebnis keine größere Bedeutung beimisst.

Insgesamt weisen die Regelungen also abgesehen von der Systematik und Begrifflichkeit keine größeren Unterschiede auf. Nachahmenswert erscheint allerdings das Vorgehen des schwedischen Gesetzgebers, bestimmte Fallgruppen zu identifizieren,

---

[512] S. oben III. 1. b) bb) *(5)*, BGH 13. Januar 2005, BGHZ 162, 9.

in denen auf jeden Fall von der Befangenheit des Schiedsrichters auszugehen ist. Wenn auch eine solche Regelung nicht abschließend sein kann, gibt sie doch dem ausländischen Rechtsanwender eine gute Orientierungshilfe an die Hand. Die Übernahme einer Regelung nach Art des § 11 LSF erscheint demgegenüber weniger bedeutsam. Schon nach geltendem Recht steht für einen Ablehnungsantrag beim staatlichen Gericht nur eine Frist von einem Monat zur Verfügung. In diesem Zeitraum kann das Schiedsgericht das Verfahren sogar fortsetzen. Das bedeutet, dass auch nach geltendem Recht größere Verzögerungen durch den Ablehnungsantrag nicht zu befürchten sind.

4. Sonstige Verfahrensfehler

Im schwedischen Recht dienen § 34 Abs. 1 Nr. 6 LSF und im deutschen Recht § 1059 Abs. 2 Nr. 1 d) 2. Alt. ZPO als Auffangtatbestand für sonstige Verfahrensfehler. Entsprechend seiner Reichweite berufen sich Antragsteller bzw. Kläger sowohl vor deutschen als auch vor schwedischen Gerichten recht häufig auf diesen Aufhebungsgrund. Insgesamt musste sich das Stockholmer Hofgericht zwischen 1999 und 2006 in 18 Verfahren mit angeblichen „sonstigen" Verfahrensfehlern auseinandersetzen. Auch vor deutschen Gerichten wurden in diesem Zeitraum 18 solcher Verfahren geführt. Während jedoch das Stockholmer Gericht keinen der Schiedssprüche aufhob, gaben deutsche Gerichte dem Antrag in immerhin sechs Fällen statt[513]. Dabei können die Verfahrensfehler unterschiedlichster Art sein.

a) Der Aufhebungsgrund des § 34 Abs. 1 Nr. 6 LSF im schwedischen Recht

§ 34 Abs. 1 Nr. 6 LSF sieht vor, dass ein Schiedsspruch aufzuheben ist, wenn ohne Verschulden des Antragstellers ein sonstiger Verfahrensfehler aufgetreten ist, der sich wahrscheinlich auf das Ergebnis ausgewirkt hat. Mit dieser Generalklausel sollen alle übrigen denkbaren Verfahrensfehler abgedeckt werden. Dabei kommt es nicht darauf an, wer den Fehler begeht[514].

aa) Verfahrensgrundsätze

Über das schiedsrichterliche Verfahren selbst enthält das LSF nur wenige konkrete Vorschriften. In den §§ 19 ff. LSF sind bruchstückhaft die Einleitung des Schiedsverfahrens, einige Verfahrensgrundsätze, die Antragstellung und die Beweisaufnah-

---

[513] BayObLG, 29. September 1999, Az.: 4 Z Sch 02/99; Hans.OLG Hamburg, 15. Dezember 1998, Az.: 9 U 36/98; OLG Frankfurt a.M., 30. März 2006, Az.: 26 Sch 12/05; OLG München, 22. Juni 2005, Az.: 34 Sch 10/05; OLG Stuttgart, 20. Dezember 2001, Az.: 1 Sch 13/01; OLG Saarbrücken, 29. Oktober 2002, Az.: 4 Sch 2/02, SchiedsVZ 2003, 92; Grundlage: DIS-Datenbank, Stand Dezember 2006.

[514] *Heuman*, Practice and Procedure, S. 581: Schiedsrichter, Sekretärin, Schiedsinstitut oder staatliches Gericht.

me geregelt. Die meisten dieser Vorschriften sind aber nicht zwingend. Zudem verknüpfte der Gesetzgeber die Verfahrensvorschriften des LSF absichtlich nicht mit der Generalklausel, weil er der Ansicht war, es könne Fehler geben, die zwar keine dieser Vorschriften verletzen, aber dennoch so schwer wiegen, dass sie eine Aufhebung rechtfertigen[515]. § 21 LSF bestimmt, dass die Schiedsrichter das Verfahren unparteiisch, zweckmäßig und schnell durchführen und dabei grundsätzlich den Vorgaben der Parteien folgen sollen. Die Parteivorgaben dürfen allerdings dann nicht beachtet werden, wenn dem ein „Hindernis" entgegensteht[516].

Im Übrigen kann das Schiedsverfahren relativ frei gestaltet werden. Das Stockholmer Hofgericht führt dazu aus: „Die Leitung des Verfahrens ist nicht näher geregelt und muss hauptsächlich vor dem Hintergrund der allgemein gehaltenen Vorschrift des § 21 LSF betrachtet werden [...]. Haben die Parteien nichts anderes bestimmt, so ist davon auszugehen, dass sie es dem Schiedsgericht überlassen haben, das Verfahren auf eine angemessene Art und Weise durchzuführen."[517]

Auch führt nicht jeder Verstoß gegen eine Parteivereinbarung zur Aufhebung. In einem vom Höchsten Gerichtshof entschiedenen Fall hatten die Parteien eine bestimmte Art der Schadensberechnung vereinbart. Die Schadensposten sollten einzeln aufgelistet werden. Als das Schiedsgericht eine andere Schadensbewertung vornahm als vom Geschädigten beantragt, erhob dieser Aufhebungsklage wegen Verletzung des rechtlichen Gehörs. Der Gerichtshof erkannte zwar einen Verstoß gegen die Vertragsbestimmungen, dieser Fehler war aber nach dessen Ansicht nicht hinreichend kausal für das Ergebnis der Schlussbewertung[518].

Zwei wichtige Verfahrensgrundsätze finden sich in § 24 LSF Abs. 1, Satz 1 regelt das so genannte „kontradiktorische Prinzip", wonach jede Partei die Gelegenheit erhalten soll, ihre Klage im gebotenen Umfang schriftlich oder mündlich auszuführen. Dies beinhaltet auch das Recht, auf die gegnerischen Anträge einzugehen[519]. Auf dieses Recht kann nicht im Voraus durch Parteivereinbarung oder konkludentes Verhalten verzichtet werden[520]. In Absatz 2 findet sich das so genannte „Kommunikationsprinzip", wonach jede Partei Gelegenheit bekommen soll, alle den Rechtsstreit betreffenden Unterlagen, die dem Schiedsgericht durch die Gegenpartei oder Dritte zugehen, zur Kenntnis zu nehmen.

---

515 *Madsen*, S. 254 ff.

516 Die Schiedsrichter dürfen bzw. müssen eine Parteivereinbarung missachten, wenn sie rechtswidrig ist oder rein praktisch unmöglich befolgt werden kann, *Kvart/Olsson*, S. 93. Ist die Regel dagegen nur unzweckmäßig, muss sie dennoch befolgt werden, *Lindell*, Alternativ tvistlösning, S. 173.

517 Svea Hovrätt T 3488-03 vom 30.12.2004 (Peiker Accustic GmbH & Co. KG ./. Saab Automobile AB).

518 NJA 1937, 120

519 *Cars*, S. 117.

520 *Kvart/Olsson*, S.95.

Entscheidet das Schiedsgericht erneut über eine bereits rechtskräftig entschiedene Streitfrage, ist der Schiedsspruch aufzuheben. Da der Einwand der Rechtskraft im Schiedsverfahren von den Parteien geltend zu machen ist[521], gilt ein Verstoß allerdings nicht als Verletzung des schwedischen ordre public, sondern „nur" als aufhebbarer Verfahrensfehler[522]. Dies ergibt sich aus der Systematik des Gesetzes, das mit den Ungültigkeitsgründen die Interessen Dritter und der Allgemeinheit schützen will und mit den Aufhebungsgründen die Interessen der Parteien. Wehrt sich der Beklagte in einem Schiedsverfahren mit der Aufrechnung und wird die Gegenforderung des Beklagten zugelassen, erwächst in Analogie zum schwedischen Prozessrecht nur die entsprechende Summe in Rechtskraft[523]. Wird aber die Aufrechnung zurückgewiesen, betrifft dies die ganze Forderung. In einem späteren Schiedsverfahren ist dann diese Entscheidung zu beachten, anderenfalls kann der Schiedsspruch aufgehoben werden[524].

Weiterhin gewährt § 24 Abs. 1, Satz 2 LSF jeder Partei das Recht auf eine mündliche Verhandlung, sofern die Parteien nicht etwas anderes vereinbart haben. Dies gilt allerdings nur für die „den Schiedsrichtern zur Entscheidung überlassenen Fragen", d. h. Entscheidungen in der Sache im Gegensatz zu rein prozessualen Verfahrensfragen. Dem Schiedsgericht ist es gem. § 24 Abs. 3 LSF nicht erlaubt, Versäumnisurteile auszusprechen. Vielmehr müssen sie bei unberechtigtem Ausbleiben einer Partei den Streit aufgrund der vorliegenden Anträge und Beweise entscheiden, jedoch ohne Beweiserleichterungen zugunsten der erschienenen Partei. Ver- oder gefälschte Beweisurkunden oder bewusst falsche Aussagen von Zeugen oder Sachverständigen führen nicht zur Aufhebung des Schiedsspruchs[525].

bb) Kausalität

Nach § 34 Abs. 1 Nr. 6 LSF ist ein Schiedsspruch nur aufzuheben, wenn sich der Verfahrensfehler „wahrscheinlich auf das Ergebnis ausgewirkt hat". Haben beispielsweise von drei Schiedsrichtern nur zwei bei der Entscheidung mitgewirkt, obwohl die Voraussetzungen des § 30 Abs. 1 LSF nicht vorlagen und sich dabei geei-

---

[521] *Fitger/Mellqvist*, S. 116.

[522] Urteil des Stockholmer Hofgerichts vom 15. Mai 2003, T 8735-01, S.88.

[523] NJA 1998, 189; Analogie zu Kapitel 17, § 11 Abs. 2 RB.

[524] NJA 1998, 189. Diese Entscheidung und die Beurteilung nach nationalem Prozessrecht erfolgten in einem rein schwedischen Verfahren. Wie die Frage in einem internationalen Schiedsverfahren zu beurteilen wäre, ist zweifelhaft. Für eine „universelle Anwendbarkeit" der Urteilsbegründung *Boyd/Kuckenburg*, SAR 1999:2, S. 96.

[525] *Cars*, in: Karnov, S. 102, Fn. 150. Diese Umstände können in staatlichen Verfahren zur Wiederaufnahme führen. Die Kommission hatte auch eine entsprechende Vorschrift für das Schiedsverfahren vorgeschlagen, die allerdings von der Regierungsbegründung später abgelehnt wurde. SOU 1994:81, S. 182 und Prop. 1998/99:35, S. 149. Nach *Lindskog*, S. 891, könnte man solche Schiedssprüche wegen Verstoß gegen den ordre public für ungültig erklären. S. dazu bereits oben D.II.1.b).

nigt, hat sich dieser Fehler nicht auf den Verfahrensausgang ausgewirkt, auch wenn es denkbar wäre[526]. Ebenso wird der Verstoß eines Schiedsrichters gegen seine Schweigepflicht meist nicht als kausal für den Ausgang des Verfahrens angesehen[527]. Nach altem Recht musste „mit Wahrscheinlichkeit anzunehmen sein, dass sich der Fehler ausgewirkt hat". Diese Formulierung erschien der Gesetzeskommission etwas doppeldeutig, da der Eindruck entstehen könne, schon eine beachtenswerte Möglichkeit der Ergebnisbeeinflussung reiche aus[528]. Die neu formulierte Voraussetzung, dass sich der Fehler „wahrscheinlich ausgewirkt hat" soll einen engeren Zusammenhang ausdrücken. Das Gericht hat zu prüfen, wie die Schiedsrichter den Streit entschieden hätten, wenn der Fehler nicht vorgekommen wäre, aber nicht zu beurteilen, wie es selbst den Streit entschieden hätte[529].

Nicht jeder tatsächliche Fehler führt zur Aufhebung. So nahm ein Schiedsgericht fehlerhaft an, eine bestimmte Vertragsklausel sei von einer Partei verfasst worden und entschied im Ergebnis gegen diese Partei. Der Höchste Gerichtshof kam bei der anschließenden Prüfung des Falles zu dem Schluss, dass das Ergebnis nicht davon abhing, welche Partei den Vertrag verfasst habe, sondern davon, dass überhaupt eine Klausel über die zu entscheidende Frage im Vertrag fehlte[530]. Der Schiedsspruch blieb demnach bestehen. Der Grad der geforderten Kausalität bzw. ihr Beweis ist also abhängig von der Art und dem Umfang des aufgetretenen Fehlers[531].

cc) Ausschluss der Aufhebung wegen selbst verursachten Verfahrensfehlers

Eine Partei kann sich dann nicht auf den Verfahrensfehler berufen, wenn sie ihn selbst mindestens fahrlässig[532] verursacht bzw. veranlasst hat, dass die Sache nicht richtig verhandelt wird[533]. Denkbar ist beispielsweise, dass eine Partei schuldlos gehindert ist, ihre Klage zum vereinbarten Termin auszuführen, es jedoch schuldhaft versäumt, die Schiedsrichter rechtzeitig davon in Kenntnis zu setzen. Oder eine Partei verursacht durch irreführende Angaben erst einen Verfahrensfehler[534]. Eine Aufhebungsklage ist auch ausgeschlossen, wenn die Partei selbst dazu beiträgt, dass die Schiedsrichter ihre Rechts- oder Prozesshandlung falsch verstehen, beispielsweise durch eine unklare Ausdrucksweise.

Das schwedische Recht enthält also mit dem Kausalitätserfordernis und dem Ausschluss des selbst verursachten Verfahrensfehlers zwei Begrenzungen der ansons-

---

[526] *Cars*, S. 172.
[527] *Cars*, S. 172, dort Fußnote 683.
[528] SOU 1994:81, S. 179; Prop. 1998/99:35, S. 146.
[529] *Bolding*, Skiljedom, S. 180.
[530] NJA 1973, 740.
[531] *Heuman*, Practice and Procedure, S. 626 f.
[532] *Heuman*, Practice and Procedure, S. 628.
[533] *Cars*, S. 172.
[534] *Cars*, a.a.O., Fn. 684, Beispiele nach NJA II 1929, S. 35.

ten weit gefassten Generalklausel. Wie schon im Gesetzgebungsverfahren erkannt wurde, bietet eine weit gefasste Norm wie die des § 34 Abs. 1 Nr. 6 LSF viele Möglichkeiten für Anfechtungsklagen, selbst wenn sie auf besonders schwere Fehler beschränkt bliebe. Da die denkbaren Verfahrensfehler bewusst nicht aufgezählt wurden, um den Anwendungsbereich nicht unnötig einzuschränken, könnte theoretisch jeder Fehler zur Aufhebung führen. Somit ist die Versuchung für unterlegene Parteien groß, über diesen Weg eine Aufhebung des Schiedsspruchs zu versuchen.

b) Der Aufhebungsgrund des § 1059 Abs. 2 Nr. 1 d) 2. Alt. ZPO

Nach § 1059 Abs. 2 Nr. 1 d) 2. Alt. ZPO ist ein Schiedsspruch aufzuheben, wenn das schiedsrichterliche Verfahren den gesetzlichen Bestimmungen oder einer zulässigen Parteivereinbarung nicht entsprochen hat. Zudem muss der Fehler kausal für den Schiedsspruch gewesen sein. Nach früher herrschender und auch heute noch teilweise vertretener Ansicht[535] sollte dieser Aufhebungsgrund auf „wesentliche Verfahrensverstöße" beschränkt werden. Eine solche Einschränkung findet allerdings im Gesetzeswortlaut keine Stütze[536]. Zudem erfolgt eine Eingrenzung schon durch das Erfordernis der Kausalität. So sind seit Inkrafttreten des neuen Gesetzes in mindestens drei Verfahren die Anträge auf Aufhebung eines Schiedsspruchs wegen fehlender Kausalität zurückgewiesen worden[537].

aa) Verfahrensgrundsätze

Das Schiedsverfahren richtet sich grundsätzlich nach den Vorschriften des Zehnten Buches der ZPO und ggf. der von den Parteien vereinbarten Schiedsordnung sowie nach sonstigen Parteivereinbarungen. Auf die Einhaltung der übrigen Vorschriften der ZPO kommt es dagegen nicht an[538], soweit sie nicht Ausdruck eines allgemeinen verfassungsrechtlichen Grundsatzes wie etwa der Gleichbehandlung der Parteien sind. Nach dem Gleichbehandlungsgrundsatz sind beispielsweise Fristverlängerungen beiden Parteien gleichermaßen zu gewähren, und es ist von Seiten des Schiedsgerichts darauf zu achten, dass beiden Parteien die gleichen Informationen zugänglich sind[539]. Im Hinblick auf die vereinbarte oder vom Schiedsgericht bestimmte Verfahrenssprache sind Ungleichbehandlungen jedoch nicht immer zu

---

535 *Schwab/Walter*, Kap. 24, Rdnr. 21; so wohl auch *Hausmann*, FS-Stoll, S. 593 (604): ähnlich gewichtiger Verfahrensverstoß wie die in § 1059 Abs. 2 Nr. 1 b), c) und d) 1. Alt. ausdrücklich genannten.

536 *Borges*, ZZP 111 (1998), 487 (493); MüKo-*Münch*, § 1059, Rdnr. 16; Musielak-*Voit*, § 1059, Rdnr. 17.

537 KG Berlin, 8. April 2002, Az.: 23/29 Sch 13/01; OLG Oldenburg, 15. November 2002, Az.: 9 SchH 09/02; OLG Braunschweig 12. Mai 2005, Az.: 8 Sc 01/04; Grundlage: DIS-Datenbank, Stand: Dezember 2006.

538 *Lachmann*, 2. A., S. 237, Rdnr. 660; Stein/Jonas-*Schlosser*, § 1042, Rdnr. 1.

539 *Lachmann*, 2. A., S. 239, Rdnr. 671.

vermeiden, wenn die Parteien dieser Sprache unterschiedlich gut mächtig sind, aber nur diese Sprache in Betracht kommt. In einem vom OLG Frankfurt a. M. entschiedenen Fall führte die Missachtung der Hinweispflicht entsprechend § 139 ZPO zur Aufhebung des Schiedsspruchs, da die Schiedsrichter stillschweigend von einer zuvor geäußerten Rechtsansicht abgewichen waren[540]. Im Übrigen besteht aber Einigkeit, dass im Schiedsverfahren keine weiteren Aufklärungs- und Hinweispflichten bestehen[541].

Einen Verstoß gegen Verfahrensgrundsätze stellt es regelmäßig dar, wenn das Schiedsgericht über die Parteianträge hinausgeht, also mehr oder etwas anderes zuspricht als beantragt[542]. Dazu gehört auch, dass sich das Schiedsgericht im Rahmen eines Antrags nach § 1058 ZPO auf die Korrektur von Rechen- und Schreibfehlern und die Erläuterung des Schiedsspruchs beschränken muss[543]. Zu einer inhaltlichen Änderung oder Ergänzung sind die Schiedsrichter nach Abschluss des Verfahrens nicht befugt[544]. Gleiches gilt, wenn ein Schiedsrichter ganz ohne Vorliegen einer formellen Klageschrift einen Schiedsspruch erlässt[545].

Der Vorsitzende des Schiedsgerichts darf nach § 1052 Abs. 3 ZPO über einzelne Verfahrensfragen allein entscheiden. Dies betrifft jedoch nicht die abschließende Entscheidung über den Rechtsstreit. Einen Verfahrensfehler stellt es auch dar, wenn den Parteien nach § 1052 Abs. 2 ZPO nicht rechtzeitig mitgeteilt wird, dass nicht alle Schiedsrichter an der Abstimmung teilnehmen werden[546].

Nach einem *obiter dictum* des BGH kann die arglistige Täuschung durch die Gegenpartei möglicherweise als Aufhebungsgrund in Betracht kommen. Im konkret entschiedenen Fall brauchte der BGH sich allerdings nicht näher damit auseinandersetzen, da die betroffene Partei diesen Umstand ausdrücklich nicht als Aufhebungsgrund geltend gemacht hatte[547].

Verstöße gegen das Recht auf rechtliches Gehör, die weder von § 1059 Abs. 2 Nr. 1 b) erfasst werden noch gegen den *ordre public* verstoßen, werden von Rechtsprechung und Literatur als Verfahrensverstoß nach § 1059 Abs. 2 Nr. 1 d) 2. Alt. verstanden[548].

---

540 OLG Frankfurt a.M., 30. März 2006, Az.: 26 Sch 12/05. Kritisch zur Hinweispflicht der Schiedsrichter nach schweizerischem Recht *Wiegand*, FS-Kellerhals, S. 127 (139 f.).

541 Musielak-*Voit*, § 1042, Rdnr. 13; *Raeschke-Kessler/Berger*, Rdnr. 653; *Schwab/Walter*, Kap. 15, Rdnr. 3; Zöller-*Geimer*, § 1042, Rdnr. 13.

542 MüKo-*Münch*, § 1059, Rdnr. 19; *Schwab/Walter*, Kap. 16, Rdnr. 2.

543 Musielak-*Voit*, § 1058, Rdnr. 5. Teilweise wird dies auch als Aufhebungsgrund nach Nr. 1 d) angesehen, vgl. MüKo-*Münch*, § 1058, Rdnr. 2.

544 Musielak-*Voit*, § 1058, Rdnr. 3; Stein/Jonas-*Schlosser*, § 1058, Rdnr. 2.

545 BayObLG vom 29. September 1999, Az.: 4 Z Sch 02/99.

546 *Schwab/Walter*, Kap. 19, Rdnr. 6; OLG Saarbrücken, 29. Oktober 2002, Az.: 4 Sch 2/02, SchiedsVZ 2003, 92.

547 BGH, 2. November 2000, Az.: III ZB 55/99, NJW 2001, 373; kritisch dazu *Lachmann*, S. 546, Rdnr. 2289.

548 *Lachmann*, S. 541, Rdnr. 2264; MüKo-*Münch*, § 1059, Rdnr. 19;

Nach h. M. führt das Fehlen einer gem. § 1054 Abs. 2 ZPO zu erstattenden Begründung zur Aufhebbarkeit des Schiedsspruchs[549]. Für die Begründung gelten gewisse Mindestanforderungen. So soll sie zumindest in groben Zügen Stellung zum Parteivorbringen nehmen und darf nicht in sich widersprüchlich sein. Sie dient allerdings nicht dazu, dem staatlichen Gericht die Nachprüfung des Schiedsspruchs zu ermöglichen[550]. Eine allein lücken- oder mangelhafte Begründung kann daher nicht zur Aufhebung führen. Teilweise wird zudem bezweifelt, dass sich das Fehlen einer Begründung auf den Schiedsspruch auswirken könne[551].

Unklar ist, inwieweit sich Verfahrensfehler in gerichtlichem Aushilfeverfahren, etwa bei der Bestellung von Schiedsrichtern oder einer eidlichen Zeugenaussage, auf den Schiedsspruch auswirken. Nach einer in der Literatur vertretenen Ansicht ist auch das Aushilfeverfahren ein Element des schiedsrichterlichen Verfahrens, so dass das Schiedsgericht das Aushilfeverfahren auf Verfahrensfehler überprüfen und ggf. auf deren Beseitigung hinwirken müsse[552]. Nach gegenteiliger Ansicht kann die Aufhebung nicht auf Mängel des gerichtlichen Verfahrens gestützt werden. Im Einzelfall kann in der Verwertung der unzulässigen Handlung dann jedoch ein Verfahrensverstoß liegen[553]. Verwendet das Schiedsgericht von einem Sachverständigen erstellte Gutachten, so darf der Sachverständige zumindest nicht offensichtlich ungeeignet sein[554]. Anderenfalls stellt auch das Verwenden dieses Gutachtens einen Verfahrensfehler dar, der zur Aufhebung führen kann. Schiedsgerichte dürfen sich also nicht „blind" auf die von dritter Seite ermittelten Ergebnisse verlassen. Die Parteien können einen Sachverständigen aus den gleichen Gründen ablehnen wie einen Schiedsrichter, wobei ihnen jedoch gegen die diesbezügliche Entscheidung des Schiedsgerichts kein gerichtlicher Rechtsschutz zur Verfügung steht. Insoweit sind die Parteien auf das Aufhebungsverfahren verwiesen[555].

§ 1048 ZPO enthält recht detaillierte Vorschriften über die Säumnis einer Partei. Grundsätzlich darf das Schiedsgericht das Vorbringen der erschienen Partei nicht einfach als Zugeständnis der anderen Partei werten. Im Einzelfall kann es aber im Rahmen seines „pflichtgemäß auszuübenden Ermessens"[556] auch zur Annahme eines Zugeständnisses gelangen[557].

---

549 BT-Drs. 13/5274, S. 59 f.; *Hausmann*, FS-Stoll, S. 593 (604); MüKo-*Münch*, § 1054, Rdnr. 10; *Schwab/Walter*, Kap. 19, Rdnr. 12; Stein/Jonas-*Schlosser*, § 1054, Rdnr. 9.

550 MüKo-*Münch*, § 1054, Rdnr. 17; Musielak-*Voit*, § 1054, Rdnr. 4.

551 Musielak-*Voit*, § 1054, Rdnr. 4; a. A.: *Raeschke-Kessler/Berger*, Rdnr. 978: es sei ohne weiteres davon auszugehen, dass sich das Fehlen einer Begründung auf den Schiedsspruch ausgewirkt habe.

552 *Lachmann*, S. 405, Rdnr. 1645.

553 *Schwab/Walter*, Kap. 17, Rdnr. 14; Stein/Jonas-*Schlosser*, § 1050, Rdnr. 11.

554 Musielak-*Voit*, § 1059, Rdnr. 21.

555 *Lachmann*, S. 380, Rdnr. 1534.

556 BT-Drs. 13/5274, S. 50.

557 *Lachmann*, S. 409, Rdnr. 1658.

Die Rügepflicht der Parteien entfällt für zwingende Verfahrensvorschriften wie Partei- und Prozessfähigkeit oder die Gewährung rechtlichen Gehörs[558]. Sonstige Verfahrensverstöße sind schon im Schiedsverfahren geltend zu machen, anderenfalls ist die betroffene Partei mit ihrem Vorbringen im Aufhebungsverfahren präkludiert. Ein Aufhebungsverfahren wird daher in der Praxis nur in Betracht kommen, wenn sich das Schiedsgericht über eine entsprechende Rüge hinwegsetzt[559].

bb) Kausalität

Nach dem Wortlaut des § 1059 Abs. 1 Nr. 1 d) ZPO muss anzunehmen sein, dass sich der Verfahrensverstoß auf den Schiedsspruch ausgewirkt hat. Dieser Wortlaut wird von der h. L. als zu eng angesehen. Daher soll schon die bloße Möglichkeit ausreichen, dass ohne den Verstoß anders entschieden worden wäre[560]. Im Falle einer Verletzung des rechtlichen Gehörs verlangte das OLG Frankfurt a. M. dementsprechend, dass die vom Verfahrensverstoß betroffene Partei konkret darlegte, was sie ohne Verletzung ihres Anspruchs auf rechtliches Gehör noch vorgetragen hätte[561]. Die Aufhebung kann letztlich nur dann erfolgen, wenn die Partei einen anderen oder neuen entscheidungserheblichen Vortrag gebracht hätte[562].

c) Vergleich und Bewertung der Rechtsordnungen

Sowohl das schwedische als auch das deutsche Schiedsverfahrenrecht enthalten eine Generalklausel, die sonstige, von den anderen Aufhebungsgründen nicht erfasste Verfahrensfehler abdecken soll. Angesichts der unterschiedlichen Schwerpunktsetzungen in Literatur und Rechtsprechung lässt sich hier allerdings nur schwer ein Vergleich ziehen. Vor allem werden bestimmte Fallgruppen von Verfahrensfehlern in der schwedischen Rechtsordnung anderen Aufhebungsgründen zugeordnet als im deutschen Recht. So verbleiben auch für den Auffanggrund des „sonstigen Verfahrensfehlers" unterschiedliche Fallgruppen. Beispielsweise zählt das Hinausgehen über Parteianträge nach schwedischem Recht zur Mandatsüberschreitung, während es nach deutschem Recht als „sonstiger Verfahrensfehler" eingestuft wird. Unabhängig von dieser systematischen Einordnung wird es aber in beiden Rechtsordnungen als Aufhebungsgrund angesehen. Gleiches gilt für die bewusste Missachtung einer von den Parteien getroffenen Rechtswahl. Das schwedische Recht sieht

---

558 *Hausmann*, FS-Stoll, S. 593 (605).

559 *Borges*, ZZP 111 (1998), 487 (494).

560 Musielak-*Voit*, § 1059, Rdnr. 22; *Raeschke-Kessler/Berger*, Rdnr. 978; *Schwab/Walter*, Kap. 24, Rdnr. 30; *Schütze*, Rdnr. 267; Stein/Jonas-*Schlosser*, § 1059, Rdnr. 24; Thomas/Putzo-*Reichold*, § 1059, Rdnr. 14 unter Verweis auf § 545, Rdnr. 12; OLG Saarbrücken, 19. Oktober 2002, Az.: 4 Sch 2/02; anders noch OLG Hamm, 18. Oktober 1999, Az.: 17 SchH 5/99. A. A. Zöller-*Geimer*, § 1059, Rdnr. 44.

561 OLG Frankfurt, 30. März 2006, Az.: 26 Sch 12/05.

562 KG Berlin, 8. April 2002, Az.: 23/29 Sch 13/01.

dies als Mandatsüberschreitung an, im deutschen Recht wird es mal als sonstiger Verfahrensfehler, mal als Mandatsüberschreitung gewertet. In beiden Rechtsordnungen gilt aber eine allein materiellrechtliche Fehlentscheidung nicht als Aufhebungsgrund. Im Folgenden sollen hier daher nur einige, bisher noch nicht miteinander verglichene Fallgruppen aufgegriffen werden.

Prinzipiell kann sowohl nach deutschem als auch nach schwedischem Recht jeder Verfahrensfehler zur Aufhebung des Schiedsspruchs führen, solange er kausal für das Ergebnis des Schiedsverfahrens war. Darauf, ob der Verfahrensfehler „wesentlich" war, kommt es nicht an. Dies leuchtet auch ein, da ansonsten dem staatlichen Gericht ein Ermessen darüber eingeräumt würde, ob es den Schiedsspruch aufrechterhalten will. Dies aber beabsichtigte weder der schwedische noch der deutsche Gesetzgeber. Die Anforderungen an die Kausalität des Fehlers unterscheiden sich allerdings ein Stück weit. So soll nach der überwiegenden Meinung im deutschen Recht schon die bloße Möglichkeit ausreichen, dass das Schiedsgericht ohne den Verfahrensfehler anders entschieden hätte. Ausweislich der schwedischen Gesetzesbegründung sollte im neuen schwedischen Recht ein etwas engerer Kausalzusammenhang etabliert werden. Hiernach sollte die „beachtenswerte Möglichkeit" der Ergebnisbeeinflussung gerade nicht mehr ausreichen, sondern ein stärkerer Grad an Wahrscheinlichkeit erforderlich sein.

Hinsichtlich der Verfahrensgrundsätze enthalten beide Rechtsordnungen eine nicht abschließende Aufzählung im jeweiligen Schiedsverfahrensrecht. Diese Grundsätze, wie etwa die Gleichbehandlung der Parteien oder das Recht auf rechtliches Gehör, werden ergänzt durch zulässige Parteivereinbarungen.

Die Aufrechnung im Schiedsverfahren ist nach schwedischem und deutschem Recht unter bestimmten, oben bereits näher erörterten Voraussetzungen[563] möglich. Beachtenswerte Unterschiede ergeben sich allerdings im Hinblick auf die Rechtskraft der schiedsgerichtlichen Entscheidung über die Aufrechnung. Nach schwedischem Zivilprozessrecht wird der Entscheidung über die Gegenforderung in Höhe der *summa concurrens* Rechtskraft zuerkannt, falls der Aufrechnung stattgegeben wird[564]. Wird die Gegenforderung hingegen zurückgewiesen, so erwächst diese Entscheidung in voller Höhe in Rechtskraft, d. h. in einem späteren Verfahren kann auch die die Hauptforderung übersteigende Summe nicht mehr geltend gemacht werden. Dieses Prinzip gilt nach Ansicht des Obersten Gerichtshofes auch für Schiedsverfahren. Danach seien zwar nicht alle Vorschriften des nationalen Prozessrechts auf das Schiedsverfahren übertragbar, allgemein bedürfe es aber gewichtiger Gründe, um von den zivilprozessualen Rechtskraftprinzipien abzuweichen[565]. Im deutschen Zivilprozessrecht ist dagegen die Entscheidung über das Nichtbestehen einer Gegenforderung nur bis zur Höhe des Betrags, für den die Aufrechnung gel-

563 S. oben D. III. 2. a) aa) und 2. b).
564 Kapitel 17, § 11 Abs. 2 RB.
565 NJA 2000, 335.

tend gemacht worden ist, der Rechtskraft fähig[566]. Dieser Grundsatz wird auf das Schiedsverfahren übertragen[567]. Die Rechtskraft der schiedsrichterlichen Entscheidung über die Aufrechnung reicht also je nach Einzelfall unterschiedlich weit. Allgemein gilt nach schwedischem Recht eine Entscheidung unter Missachtung anderweitiger Rechtshängigkeit oder Rechtskraft als Verstoß gegen die Generalklausel. Nach deutschem Recht stellt dies einen Verstoß gegen den *ordre public* dar. In jedem Fall führt eine derartige Entscheidung zur Aufhebung des Schiedsspruchs.

Der Vorsitzende des Schiedsgerichts darf nach beiden Rechtsordnungen bestimmte verfahrensleitende Maßnahmen alleine treffen, jedoch keine abschließende Entscheidung fällen. Es ist grundsätzlich mündlich zu verhandeln, wenn eine der Parteien dies verlangt. Versäumnisurteile im Sinne des nationalen Zivilprozessrechts sind weder nach schwedischem noch nach deutschem Schiedsverfahrensrecht zulässig. Allerdings darf das Schiedsgericht nach seinem Ermessen entsprechende Folgerungen aus der Säumnis einer Partei ziehen. Hierbei darf jedoch nicht einfach das Vorbringen der anderen Partei als zugestanden gewertet werden.

Ver- oder gefälschte Zeugenaussagen stellen weder nach schwedischem noch nach deutschem Recht einen Verfahrensfehler dar. Die Verwertung eines solchen Beweismittels könnte aber gegen den jeweiligen *ordre public* verstoßen. Wie oben bereits erwähnt, ist dies im schwedischen Recht allerdings deshalb umstritten, weil dort die Figur des Prozessbetruges nicht anerkannt ist.

Eine fehlende Begründung des Schiedsspruchs führt im deutschen Recht zur Aufhebung. Das schwedische Recht enthält hingegen bewusst kein Begründungserfordernis. Man wollte damit die Aufhebungsgründe weiter einschränken[568]. Tatsächlich eröffnet eine angeblich fehlende oder inhaltsleere Begründung im deutschen Recht ein Aufhebungsverfahren und kann so den gesamten Rechtsstreit weiter verzögern. Zu beachten ist jedoch, dass meist erst eine echte Begründung die Parteien in die Lage versetzt, das Verfahren und die Entscheidung der Schiedsrichter nachzuvollziehen. Die Gefahr der späteren Aufhebung kann hier eine präventive Wirkung entfalten und die Schiedsrichter zu besonderer Sorgfalt anhalten. Aus diesem Grund erscheint sowohl das Begründungserfordernis an sich als auch die drohende Sanktion der Aufhebung gerechtfertigt.

Im deutschen Schiedsverfahrensrecht ist umstritten, inwieweit Fehler eines Dritten zur Aufhebung führen können. Jedenfalls sind sie dann unerheblich, wenn das Schiedsgericht sie nicht verwertet. Nach schwedischem Recht ist es gleichgültig, wer den Verfahrensfehler begeht. Meines Erachtens sollte nicht jeder Verfahrensfehler im staatlichen Aushilfeverfahren zur Aufhebung des Schiedsspruchs führen, unabhängig von seiner Verwertung. Geht man von der gesetzlichen Grundkonzeption aus, dass ein Schiedsspruch nur unter engen Voraussetzungen aufzuheben sein

---

566 § 322 Abs. 2 ZPO.

567 *Schlosser*, Rdnr. 713; *Schwab/Walter*, Kap. 21, Rdnr. 9.

568 Prop. 1998/99:35, S. 132 f.

soll, kann man auch dem Schiedsgericht nicht jeden Verfahrensfehler zurechnen. Dies hat insbesondere dann zu gelten, wenn der Fehler für das Schiedsgericht nicht erkennbar war. Daher können jedenfalls nur solche Verfahrensfehler des staatlichen Gerichts oder einer Schiedsinstitution im Aushilfeverfahren zur Aufhebung führen, die auch für das Schiedsgericht offensichtlich und ohne weitere Nachforschung erkennbar waren. Ein weiteres Argument ist das ursprüngliche Parteiinteresse: Bei ihrer Einigung auf ein Schiedsgericht wussten die Parteien, dass es hierbei wie auch überall sonst zu kleineren Fehlern kommen könnte. Dennoch wollten sie den Streit schnell und ohne Berufungsinstanz entschieden wissen.

Das schwedische Schiedsverfahrensgesetz nimmt Verfahrensfehler von der Aufhebung aus, die der Antragsteller selbst verursacht hat. Eine entsprechende ausdrückliche Regelung fehlt im deutschen Recht. Zwar ist es einleuchtend, dass sich eine Partei nicht auf von ihr selbst verursachte Fehler stützen können soll, gleichwohl erscheint es unangemessen, das Recht zur Aufhebung über die Präklusionsvorschriften hinaus ohne rechtliche Grundlage derart einzuschränken. Soweit das Parteiverhalten nicht die Grundsätze von Treu und Glauben verletzt, so dass man etwa von Verwirkung oder widersprüchlichem Verhalten sprechen könnte, sollte es auf die Verursachung des Verfahrensfehlers nicht ankommen.

5. Verletzung rechtlichen Gehörs: Informationsrechte und Vorbringen von Angriffs- und Verteidigungsmitteln nach § 1059 Abs. 2 Nr. 1 b) ZPO

Die Verletzung bestimmter Informationspflichten seitens des Schiedsgerichts sowie die Verletzung des Rechts auf rechtliches Gehör stellen nach deutschem Schiedsverfahrensrecht einen eigenen Aufhebungsgrund dar. Im schwedischen Recht fehlt eine entsprechende ausdrückliche Regelung.

Nach § 1059 Abs. 2 Nr. 1 b) ZPO ist ein Schiedsspruch aufzuheben, wenn eine Partei von der Bestellung eines Schiedsrichters oder vom Schiedsverfahren nicht gehörig in Kenntnis gesetzt worden ist oder sie aus einem anderen Grund ihre Angriffs- und Verteidigungsmittel nicht hat geltend machen können. Die erste Alternative betrifft u. a. Verstöße gegen § 1047 Abs. 2 und 3 ZPO, wonach die Parteien von jeder Verhandlung und jeder Beweisaufnahme in Kenntnis zu setzen sowie ihnen alle dem Schiedsgericht durch die gegnerische Partei oder von dritter Seite vorgelegten Unterlagen zur Kenntnis zu bringen sind. Die zweite Alternative wird allgemein als Ausprägung des Grundrechts auf rechtliches Gehör verstanden, der sich auch in § 1042 Abs. 1 S. 2 ZPO findet. Hier kommt es leicht zu Überschneidungen mit dem verfahrensrechtlichen *ordre public* und sonstigen Verfahrensfehlern i. S. v. § 1059 Abs. 2 Nr. 1 d). Die Literatur behilft sich mit der etwas schwammigen Formulierung, Verstöße „unterhalb der Grenze des *ordre public*" seien jedenfalls von Abs. 2 Nr. 1 b) erfasst[569]. Teilweise wird aber auch einfach angenommen, die

[569] *Borges*, ZZP 111 (1998), 487 (492); *Hausmann*, FS-Stoll, S. 5593 (599);

Aufhebungsgründe seien identisch, soweit es das rechtliche Gehör betreffe[570]. Um eine möglichst saubere Trennung zu erreichen, muss man den Aufhebungsgrund des Abs. 2 Nr. 1 b) als *lex specialis*[571] für die dort genannten Fälle nicht ordnungsgemäßer Information über das Verfahren und die Schiedsrichterbestellung sowie der Behinderung beim Geltendmachen konkreter Angriffs- und Verteidigungsmittel verstehen. Von insgesamt 56 untersuchten Verfahren vor deutschen Gerichten zwischen 1999 und 2006 berief sich der Antragsteller in zwölf Verfahren ausdrücklich auf die Verletzung des rechtlichen Gehörs, oft aber auch gleichzeitig auf „sonstige" Verfahrensfehler oder den *ordre public*. In nur zwei Fällen wurde ein Schiedsspruch ausdrücklich auf Grund des § 1059 Abs. 2 Nr. 1 b) ZPO aufgehoben[572].

Der Anspruch auf rechtliches Gehör verlangt von den Schiedsrichtern, den Vortrag der Parteien anzuhören und geistig zu verarbeiten[573], d. h. bei ihrer Entscheidungsfindung zu berücksichtigen[574]. Nicht erforderlich ist allerdings, dass das Schiedsgericht sich in der Begründung mit jedem einzelnen Vorbringen befasst[575]. Macht eine Partei geltend, die Schiedsrichter hätten ihre Beweisanträge übergangen, so ist von Seiten des staatlichen Gerichts im Aufhebungsverfahren sehr genau zu differenzieren: Grundsätzlich muss das Schiedsgericht einen von den Parteien beantragten Beweis erheben[576]. Sofern es aber im Rahmen der Beweiswürdigung den Beweisantrag aus Gründen des materiellen oder formellen Rechts unberücksichtigt lässt, ist kein Raum für eine Aufhebung des Schiedsspruchs, mag diese Bewertung auch fehlerhaft sein[577]. Auch eine fehlende Begründung für die Zurückweisung des Beweisantrags reicht nicht aus, sofern sich das Schiedsgericht wenigstens kurz mit der Beweisfrage befasst hat[578]. Ein Verstoß gegen den Anspruch auf rechtliches Gehör ist allein dann anzunehmen, wenn das Schiedsgericht das Parteivorbringen überhaupt nicht zur Kenntnis genommen oder als entscheidungserheblich in Erwägung gezogen hat[579]. Dies wird im Einzelfall aber recht schwer nachzuweisen sein, zumal nach Ansicht des BGH[580] im Regelfall davon auszugehen ist, dass das Schiedsgericht seiner Verpflichtung nachgekommen ist und für eine gegenteilige

---

570 *Sandrock*, BB 2001, 2173 (2173 f.); *Schwab/Walter*, Kap. 24, Rdnr. 11.

571 MüKo-*Münch*, § 1042, Rdnr. 33. Aus dieser Abgrenzungsproblematik ergibt sich wohl auch der Streit, ob in Abs. 2 Nr. 1 b) nur einzelne Angriffs- und Verteidigungsmittel oder der Gesamtvortrag einer Partei gemeint ist

572 Hans.OLG Hamburg, 8. November 2001, Az.: 6 Sch 04/01; OLG Stuttgart, 18. August 2006, Az.: 1 Sch 01/06.

573 Stein/Jonas-*Schlosser*, Anhang § 1061, Rdnr. 95; BGH 14. Mai 1992, Az.: III ZR 169/90, NJW 1992, 2299 (2299 re. Sp.).

574 *Kröll*, SchiedsVZ 2005, 139 (145).

575 MüKo-*Münch*, § 1042, Rdnr. 27.

576 Zöller-*Geimer*, § 1042, Rdnr. 30.

577 *Raeschke-Kessler/Berger*, Rdnr. 662. Ähnlich auch *Schwab/Walter*, Kap. 24, Rdnr. 14.

578 Stein/Jonas-*Schlosser*, Anhang § 1061, Rdnr. 98.

579 Musielak-*Voit*, § 1042, Rdnr. 21; LG Hamburg 23. Dezember 1997, Az.: 319 O 338/97.

580 BGH 14. Mai 1992, Az.: III ZR 169/90, NJW 1992, 2299 (2300).

Annahme schon besondere Umstände vorliegen müssen. Zu bedenken ist, dass das Schiedsgericht jeweils zwischen Verfahrensbeschleunigung und der Gewährung rechtlichen Gehörs abzuwägen hat. Würde es jedem noch so fern liegenden Beweisantrag folgen, könnte dies zu erheblichen Verzögerungen führen. Im Rahmen der Beweisaufnahme durch Zeugen- oder Sachverständigenbefragungen muss den Parteien bzw. ihren Verfahrensbevollmächtigten ausreichend Gelegenheit gegeben werden, diese Personen zu befragen[581]. Setzt das Schiedsgericht den Parteien eine bestimmte Frist zur Vorlage bestimmter Urkunden oder zur näheren Ausführung eines bestimmten Vorbringens, so darf es nicht vor Ablauf dieser Frist eine Entscheidung fällen[582]. Äußern die Schiedsrichter bereits während des Verfahrens eine bestimmte Rechtsauffassung, so bildet es keinen Verstoß gegen das rechtliche Gehör, wenn die Parteien dazu keine weitere Stellungnahme abgeben dürfen. Die Durchführung eines Rechtsgesprächs zwischen Schiedsrichtern und Parteien ist nach deutschem Schiedsverfahrensrecht nicht Teil des Anspruchs auf rechtliches Gehör[583]. Anderes gilt jedoch, wenn die Schiedsrichter von ihrer einmal geäußerten Rechtsansicht später noch einmal abweichen wollen[584]. Den Parteien muss dann Gelegenheit gegeben werden, ihren Sachvortrag zu ergänzen.

Müssen bestimmte wesentliche Verfahrensschritte wiederholt werden, etwa weil ein Schiedsrichter zu ersetzen[585] oder der Schiedsort noch nach Verfahrensende zu bestimmen war[586], müssen die Parteien nach überwiegender Meinung vor dem neu zusammengesetzten Schiedsgericht bzw. zur Schiedsortbestimmung gehört werden.

Ein Schiedsspruch ist aufzuheben, wenn keine mündliche Verhandlung durchgeführt wird, obwohl eine der Parteien es nach § 1047 Abs. 1 ZPO beantragt oder die Parteien dies vereinbart bzw. ersichtlich darauf vertraut haben und ihr Unterbleiben angesichts der Komplexität des Falles ermessensmissbräuchlich ist[587]. Über den Wortlaut des § 1059 Abs. 2 Nr. 1 b) ZPO hinaus fordert die ganz herrschende Meinung in Anwendung der zum staatlichen Revisionsverfahren entwickelten Grundsätze, dass sich die Verletzung des rechtlichen Gehörs auf den Inhalt der Entscheidung ausgewirkt hat[588]. Die Partei muss darlegen, was sie vorgebracht hätte,

581 *Lachmann*, S. 533, Rdnr. 2220; Stein/Jonas-*Schlosser*, Anhang § 1061, Rdnr. 98.

582 Hans. OLG Hamburg, 16. September 2004, Az.: 6 Sch 01/04.

583 *Aden*, NJW 1993, 1964 (1964); MüKo-*Münch*, § 1042, Rdnr. 22; Musielak-*Voit*, § 1042, Rdnr. 4.

584 MüKo-*Münch*, § 1042, Rdnr. 22; Stein/Jonas-*Schlosser*, Anhang § 1061, Rdnr. 96.

585 *Lachmann*, 2. A., S. 230, Rdnr. 643; *Schwab/Walter*, Kap. 16, Rdnr. 33. A. A. MüKo-*Münch*, § 1042, Rdnr. 57: keine Geltung des Unmittelbarkeitsgrundsatzes; Stein/Jonas-*Schlosser*, Anhang § 1061, Rdnr. 99.

586 *Lachmann*, 2. A., S. 265, Rdnr. 748.

587 Stein/Jonas-*Schlosser*, Anhang § 1061, Rdnr. 106.

588 *Borges*, ZZP 111 (1998), 487 (491); *Hausmann*, FS-Stoll, S. 593 (599); Stein/Jonas-*Schlosser*, Anhang § 1061, Rdnr. 82; OLG Celle, 24. Juli 2003, Az.: 8 Sch 01/03; a. A.: MüKo-*Münch*, § 1059, Rdnr. 12. Vgl. zum österreichischen Recht *Reiner*, ZfRV 2003, 52 (70 f.), wonach schon die Verletzung des rechtlichen Gehörs für sich allein ausreichen soll.

wenn ihr rechtliches Gehör gewährt worden wäre und inwieweit dieses Vorbringen zu einem anderen Ergebnis geführt hätte. Entsprechend dem Verständnis des Kausalitätserfordernisses zu § 1059 Abs. 2 Nr. 1 d) soll die bloße Möglichkeit ausreichen, dass das Schiedsgericht bei entsprechendem Parteivorbringen anders entschieden hätte[589]. Insgesamt wurde die Verletzung des rechtlichen Gehörs zwischen 1998 und 2006 mit am häufigsten als Aufhebungsgrund in Verfahren auf Vollstreckbarerklärung eines inländischen Schiedsspruchs oder in Aufhebungsverfahren geltend gemacht. Dabei hatte das Vorbringen der betroffenen Partei immerhin in acht von 34 Fällen Erfolg[590].

Die hier diskutierten Fallgruppen werden im schwedischen Recht ausnahmslos von den übrigen Aufhebungsgründen, insbesondere § 34 Nr. 2 und Nr. 6 LSF, erfasst. Beispielsweise schreibt § 24 des schwedischen LSF die Einhaltung des oben bereits näher erläuterten Kommunikationsprinzips vor und erlaubt jeder Partei, ihre Anträge auszuführen und auf Antrag mündlich verhandeln zu können.

Im Ergebnis besteht also ein rein systematischer, aber kein inhaltlicher Unterschied zwischen deutschem und schwedischem Recht. Vorteilhaft ist dabei auf Seiten des deutschen Rechts die Übereinstimmung mit dem UNCITRAL-Modellgesetz. Allerdings stellt dies wegen der Überschneidungen mit anderen Aufhebungsgründen zugleich einen Nachteil dar. Diese Überschneidungen vermeidet das schwedische Recht. Insgesamt muss aber der Wiedererkennungswert vor allem für ausländische Nutzer überwiegen, zumindest, wenn die Attraktivität eines Schiedsortes gesteigert werden soll. Dass dieser Gedanke einem internationalen Trend entspricht, zeigt auch ein Blick auf das neue österreichische Schiedsverfahrensrecht, in dem die deutsche Formulierung wortgleich übernommen wurde.

6. Wahl des Schiedsortes als Aufhebungsgrund nach § 34 Abs. 1 Nr. 3 LSF

Nach schwedischem Recht stellt es einen Aufhebungsgrund dar, wenn das Schiedsverfahren unzulässigerweise in Schweden stattgefunden hat. Hier kommt das Territorialitätsprinzip wieder zum Ausdruck. Wann ein Schiedsverfahren in Schweden stattfinden darf, richtet sich nach § 47 LSF. Nach Absatz 1 der Vorschrift ist Voraussetzung, dass ein schwedischer Schiedsort in der Schiedsvereinbarung bestimmt ist oder die Schiedsrichter bzw. ein Schiedsinstitut einen Ort in Schweden festgelegt haben und sie dazu in der Schiedsvereinbarung ermächtigt wurden. Möglich ist auch, dass die Gegenpartei auf andere Weise ihre Zustimmung erteilt.

Absatz 2 bestimmt, dass ein Schiedsverfahren außerdem in Schweden stattfinden darf, wenn die Gegenpartei dort vor einem staatlichen Gericht verklagt werden könnte. Dies gilt allerdings nur, soweit die Schiedsvereinbarung nicht ein Verfahren

589 S. dazu oben 4 b) bb).

590 Datengrundlage: DIS-Datenbank. Der Aufhebungsbeschluss des OLG Köln, 26. November 2002, Az.: 9 Sch 18/02, 19/02, 20/02, wurde anschließend allerdings wieder vom BGH aufgehoben, da es sich nicht um einen Schiedsspruch i. S. v. §§ 1025 ff. ZPO handelte.

im Ausland vorsieht. Die Besonderheit dieser Vorschrift liegt also darin, dass ein Schiedsverfahren gegen einen schwedischen Bürger oder ein Unternehmen mit Sitz in Schweden eingeleitet werden kann, wenn zwar eine Schiedsvereinbarung vorliegt, sich die Parteien darin aber nicht ausdrücklich auf einen Schiedsort geeinigt haben. Die praktische Relevanz der Aufhebungsvorschrift ist jedoch gering: In der offiziellen Entscheidungssammlung NJA findet sich seit 1929 kein Fall, in dem ein Schiedsspruch nach § 21 Abs. 1 Nr. 2 SML a. F. bzw. § 34 Abs. 1 Nr. 3 LSF aufgehoben wurde. Auch die Entscheidungen des Svea Hovrätt zwischen 1999 und 2006 befassen sich nicht mit dieser Norm.

Die Regierungsbegründung begnügt sich mit einem Hinweis auf die alte Rechtslage[591], die der heutigen fast wortgleich entspricht[592]. Die alte Vorschrift wurde also offenbar ohne größere Diskussion übernommen. Wirklich notwendig erscheint sie aus internationaler Perspektive jedoch nicht, zumal sie in der Praxis bisher keine größere Bedeutung gewonnen hat. Das deutsche Recht enthält keine entsprechende Regelung. Aus den genannten Gründen erscheint die Übernahme eines solchen Aufhebungsgrundes auch nicht erforderlich.

7. Ausschluss von Aufhebungsgründen durch Parteivereinbarung

Eine internationale Besonderheit stellt die Möglichkeit des schwedischen Rechts dar, eine Ausschlussvereinbarung nach § 51 LSF zu treffen. Damit verzichten die Parteien im Voraus auf die Geltendmachung der Aufhebungsgründe nach § 34 LSF. Die Ungültigkeitsgründe des § 33 LSF können nicht durch Parteivereinbarung ausgeschlossen werden. Denn diese Regelungen schützen Interessen, über die die Parteien nicht verfügen dürfen[593]. Derzeit existieren vergleichbare Vorschriften nur in der Schweiz und Belgien. Daher soll im Anschluss an die Darstellung der schwedischen Rechtslage die Übernahme einer entsprechenden Regelung in das deutsche Recht diskutiert werden.

a) Der Ausschluss des Aufhebungsverfahrens nach § 51 LSF

§ 51 LSF gibt Parteien, die keine Anknüpfung zu Schweden aufweisen, das Recht, im Voraus auf die Geltendmachung eines oder mehrerer Aufhebungsgründe des § 34 Abs. 1 LSF zu verzichten. Erforderlich ist dafür, dass die Parteien eine ausdrückliche und schriftliche Vereinbarung treffen. Allein der Verweis auf eine Schiedsordnung, die eine solche Ausschlussklausel enthält, reicht nicht aus[594]. Au-

---

591 Prop. 1998/99:35, S. 141.

592 Auch die Regierungsbegründung zur Vorgängerregelung enthält nur den Hinweis, dass ein solcher Verfahrensfehler bei Beteiligung ausländischer Parteien denkbar sei, NJA II 1929, S. 49.

593 SOU 1994: 81, S. 188.

594 *Madsen*, S. 327.

ßerdem steht die Möglichkeit einer solchen Ausschlussvereinbarung den Parteien nur in wirtschaftsrechtlichen Streitigkeiten (***kommersiella förhållanden***) offen[595]. Die Gesetzeskommission ging davon aus, dass diese Parteien in der Regel die Folgen und Risiken einer solchen Vereinbarung abschätzen können[596]. Auch sei eine gewisse Kontrolle der Schiedssprüche durch die Überprüfung in ausländischen Vollstreckungsverfahren gewährleistet[597]. Im Interesse eines zügigen Verfahrens, das nicht durch langwierige Aufhebungsprozesse wieder zunichte gemacht werden soll, erschien daher der Verzicht auf eine Kontrolle am Verfahrensort auch unter Rechtsschutzgesichtspunkten möglich[598].

In diesem Zusammenhang ist allerdings auch Folgendes zu beachten: Haben die Parteien auf den Aufhebungsgrund eines befangenen Schiedsrichters verzichtet (§ 34 Abs. 1 Nr. 5 LSF), so begeben sie sich damit gleichzeitig der Möglichkeit, während des Schiedsverfahrens ein Absetzungsverfahren nach § 10 LSF durchzuführen[599]. Dagegen hindert eine Ausschlussvereinbarung weder eine Feststellungsklage über die Gültigkeit der Schiedsvereinbarung vor einem staatlichen Gericht, noch eine Entscheidung der Schiedsrichter über ihre eigene Kompetenz[600].

Als „Anknüpfung zu Schweden" gilt der Sitz oder die Niederlassung eines Unternehmens oder der Wohnort einer natürlichen Person. Allein die Tatsache, dass sich vollstreckbares Eigentum oder die Niederlassung einer Tochtergesellschaft in Schweden befindet, nimmt der jeweiligen Partei nicht die Möglichkeit, eine Ausschlussvereinbarung zu treffen[601]. Lässt sich eine Partei während oder nach Abschluss des Verfahrens in Schweden nieder, so behält die Ausschlussvereinbarung ihre Gültigkeit. Der Schiedsspruch wird jedoch nach den Regeln über ausländische Schiedssprüche vollstreckt.

In der Literatur wird die Regelung insbesondere wegen der damit verbundenen Verkürzung des Rechtsschutzes kritisiert[602]. Denn es lässt sich nicht völlig ausschließen, dass während des Schiedsverfahrens gravierende Fehler auftreten, die unter normalen Umständen zu einer Aufhebung des Schiedsspruchs führen würden. Zudem ist es auch nicht ganz von der Hand zu weisen, dass die Gefahr einer gerichtlichen Aufhebung die Schiedsrichter dazu anhält, besonders sorgfältig auf die Einhal-

---

595 Eine wirtschaftsrechtliche Streitigkeit meint eine Beziehung zwischen Gewerbetreibenden im Rahmen ihres Gewerbebetriebs; *Madsen*, S. 327.

596 SOU 1994:81, S. 191. Im Gesetzgebungsverfahren wiesen vor allem die Stellungnahmen der Wirtschaftsvertreter darauf hin, dass ein Bedürfnis dafür besteht, Ausschlussvereinbarungen treffen zu können, Prop. 1998/99:35, S. 155.

597 SOU 1994:81, S. 190.

598 SOU 1994:81, S. 191.

599 *Cars*, S. 214; *Madsen*, S. 327.

600 *Cars*, a.a.O.

601 SOU 1994: 81, S. 191 f.

602 *Cars*, S. 213 ff.; *v. Pachelbel-Gehag*, S. 186 ff.; *Stolle*, S. 190 f.

tung bestimmter Verfahrensvorschriften und -grundsätze zu achten[603]. Zu Recht wird auch darauf hingewiesen, dass die Situation für einen unterlegenen Schiedskläger deutlich schlechter ist als für den unterlegenen Beklagten. Der Beklagte läuft Gefahr, eine Vielzahl von Vollstreckungsanträgen des obsiegenden Klägers abwehren zu müssen, die dieser in verschiedenen Staaten stellt[604]. Der unterlegene Kläger hingegen hat keine Möglichkeit, das Verfahren überprüfen zu lassen[605]. Auf der anderen Seite bedeutet eine Ausschlussvereinbarung aber auch, dass die obsiegende Partei ein Verfahren in Schweden vermeiden kann und eine eventuell notwendige Vollstreckung dadurch insgesamt einfacher und billiger wird[606].

Ebenso wie in der Literatur war die Vorschrift des § 51 LSF innerhalb der Gesetzeskommission äußerst umstritten[607]. Während der Vorschlag, der schließlich auch Gesetz wurde, einigen Mitgliedern nicht weit genug ging, wollten andere ganz auf seine Einführung verzichten. So forderte *Hobér* die Ausdehnung der Vorschrift auf schwedische Parteien, denn wenn man eine Ausschlussvereinbarung unter bestimmten formellen Voraussetzungen zulassen wolle, gebe es für eine Unterscheidung zwischen in- und ausländischen Parteien keine hinreichenden Gründe. Die Staatsmacht habe in beiden Fällen ein gleich großes oder gleich niedriges Interesse an einer Kontrolle des Schiedsverfahrens[608]. *Ramberg* hingegen kritisierte, dass bei Vorliegen einer Ausschlussvereinbarung nach § 51 LSF keine Kontrolle von Schiedssprüchen, die nicht Gegenstand eines Vollstreckungsverfahrens werden können, stattfände. Dies beträfe z. B. feststellende und klageabweisende Entscheidungen[609].

§ 51 LSF, der keine Entsprechung im alten schwedischen Schiedsverfahrensrecht findet, wurde auch eingeführt, um die Attraktivität Schwedens als Schiedsort im internationalen Vergleich weiter zu steigern. Ob dies allerdings der richtige Weg ist, erscheint zumindest zweifelhaft. Denn in der Praxis bleibt der Gebrauch solcher Ausschlussklauseln bisher eher gering[610].

b) Übernahme einer Regelung nach Art des § 51 LSF in das deutsche Recht?

Unbestritten kommt nach geltendem Recht ein vorheriger Verzicht auf das Aufhebungsverfahren nicht in Betracht[611]. In der deutschen rechtsvergleichenden Literatur wird aber auch die Regelung des § 51 LSF überwiegend kritisch bewertet und

---

603 *v. Pachelbel-Gehag*, S. 187, dort Fußnote 966.
604 *Stolle*, S. 190.
605 *Cars*, S. 215.
606 *Cars*, a.a.O.
607 Im Entwurf wird die Vorschrift noch als § 52 bezeichnet.
608 *Hobér*, SOU 1994:81, S. 323 f.
609 *Ramberg*, SOU 1994:81, S. 325 f.
610 Nach Auskunft von *Hans Danelius* (ehemaliger Richter am Höchsten Gerichtshof) sind solche Vereinbarungen bislang kaum vorgekommen und würden auch von Anwälten nicht empfohlen. Ähnlich *Söderlund*, SchiedsVZ 2004, 130 (132).
611 Vgl. Zöller-*Geimer*, § 1059, Rdnr. 79.

eine Übernahme in das deutsche Recht abgelehnt. So hebt *v. Pachelbel-Gehag* hervor, die Ausschlussvereinbarung stehe in einem Spannungsverhältnis zum Justizgewährungsanspruch, wonach es einem Staat verboten sei, die Verantwortung für auf seinem Territorium stattfindende Verfahren gänzlich aus der Hand zu geben[612]. Zudem werde damit der „Grundsatz" der doppelten Kontrolle von Schiedssprüchen aufgegeben[613]. *Stolle* merkt an, die meisten Staaten gingen von einer bestehenden Aufhebungsmöglichkeit im Verfahrensstaat aus, die „überraschende Möglichkeit des Vorausverzichts" störe daher das „abgestimmte Kontrollsystem der Schiedsverfahrensgesetze"[614]. Eine entsprechende Regelung könne die Stellung der Parteien nur verschlechtern, da sie abgesehen von der Wahlmöglichkeit keine Vorteile bringe[615]. Die übrige deutsche Literatur kritisiert vor allem, dass sich der Rechtsschutz auf das Vollstreckungsverfahren verlagere und damit sowohl für den unterlegenen Schiedsbeklagten als auch für den unterlegenen Schiedskläger verschlechtere[616].

Zuzugeben ist, dass der internationale Ruf als vorteilhafter Schiedsort nicht von der Existenz einer Vorschrift nach Art des § 51 LSF abhängt. Allerdings kann man kaum von einem „Grundsatz" oder „abgestimmten System" der doppelten Kontrolle von Schiedssprüchen sprechen: Die Doppelkontrolle ist vielmehr das Ergebnis fehlender Harmonisierung im Bereich der Aufhebungsverfahren[617], das in der Vergangenheit durchaus auch schon zu schwerwiegenden Problemen führte, beispielsweise bei der Vollstreckung von im Sitzstaat aufgehobenen Schiedssprüchen[618]. In jedem Fall bedeutet eine Doppelkontrolle höheren Zeit- und Kostenaufwand. Dies war letztlich auch der Ansatzpunkt der schwedischen Gesetzeskommission. Die Mitglieder sahen die einmalige Kontrolle eines Schiedsspruchs als Ideallösung an, und zwar sollte diese Kontrolle ihrer Meinung nach im Verfahrensstaat stattfinden und auf eine Kontrolle im Vollstreckungsstaat verzichtet werden. Da aber eine solche Lösung nicht einseitig durch nationale Gesetzgebung erreicht werden kann, sollte stattdessen die Durchführung internationaler Verfahren in einem neutralen Land erleichtert werden[619]. Ähnliche gesetzgeberische Erwägungen bildeten den Hintergrund für die Einführung entsprechender Regelungen in Belgien (Art. 1717 Abs. 4 Code Judiciaire) und der Schweiz (Art. 192 IPRG). Während das belgische Recht ursprünglich jede Anfechtungsmöglichkeit für ausländische Parteien aus-

612 *v. Pachelbel-Gehag*, S. 186.
613 *v. Pachelbel-Gehag.*, S. 187.
614 *Stolle*, S. 190.
615 *Stolle*, S. 192.
616 *Gottwald*, in: Gottwald, S. 108 f.; *Lionnet/Lionnet*, S. 416.
617 So existiert z. B. keine internationale Regelung über die Anerkennung ausländischer Gerichtsurteile oder Beschlüsse, mit denen ein Schiedsspruch im Sitzstaat aufgehoben wird. Die EuGVVO ist nach Art. 1 Abs. 2 d) auf die Schiedsgerichtsbarkeit nicht anwendbar.
618 Vgl. dazu etwa *Nienaber*, S. 44 ff.
619 SOU 1994:81, S. 190.

schloss, ist der Rechtsmittelverzicht nunmehr in beiden Staaten dispositiv. Auch dort werden die Regelungen aber überwiegend kritisch bewertet[620].

Sicher bestehen einige grundsätzliche Einwände gegen die Einführung einer Norm nach Art des § 51 LSF, und genauso gut lässt sich auch ihre praktische Notwendigkeit in Frage stellen. Solange es aber den Parteien frei steht, eine Ausschlussvereinbarung zu treffen, stellt diese nur eine Erweiterung der Parteiautonomie dar. Allgemeine Vorschriften des jeweils anwendbaren Vertragsstatuts dürften einen ausreichenden Schutz gegen die Benachteiligung wirtschaftlich schwächerer Parteien darstellen. Hier ist etwa an § 36 des schwedischen Vertragsgesetzes oder im deutschen Recht an § 138 BGB oder die Regeln über AGB zu denken. Letztlich eröffnet § 51 LSF im internationalen Schiedsverfahrensrecht somit eine weitere Option für wirtschaftliche Streitigkeiten, ohne jedoch zu weit zu gehen und ausländischen Parteien automatisch den Rechtsschutz in Schweden zu verweigern, wie dies die ursprüngliche belgische Regelung vorsah. Indem die Ungültigkeitsgründe des § 33 LSF nicht ausgeschlossen werden können, verbleibt auch in jedem Fall ein Restbereich elementaren Rechtsschutzes[621]. Demnach würde die Aufnahme einer entsprechenden Regelung ins deutsche Recht jedenfalls keinen Schaden mit sich bringen. Dass aber über einen gewissen Symbol- oder Signalwert hinaus ein größerer Nutzen für die deutsche Schiedsgerichtsbarkeit entstünde, ist nicht zu erwarten.

8. Rechtsfolgen der Aufhebung

Im schwedischen Schiedsverfahrensrecht ist nicht ausdrücklich geregelt, ob die Schiedsvereinbarung nach der Aufhebung durch ein staatliches Gericht bestehen bleibt[622]. Die Mehrheit der Stimmen in der Literatur scheint dies zu bejahen[623], empfiehlt aufgrund der unklaren Rechtslage aber eine Parteivereinbarung[624]. Nach Ansicht der Gesetzeskommission soll grundsätzlich von der Gültigkeit der Schiedsvereinbarung auszugehen sein, Ausnahmen aufgrund von Parteivereinbarungen oder Vertrags seien aber denkbar[625].

Im Gegensatz dazu regelt das deutsche Recht explizit, dass die Schiedsvereinbarung „im Zweifel" bestehen bleibt. Dies lässt Raum für abweichende Parteivereinbarungen, klärt aber im Übrigen erfreulicherweise eine früher umstrittene Rechtsla-

---

[620] Zur Rechtslage in der Schweiz: *Patocchi/Jemini* in: Basler Kommentar, Art. 192 Rdnr. 55 ff.; *Siehr* in: Heini/Keller/Siehr/ Vischer/Volken, Art. 192, Rdnr. 1 u. 33; zu den belgischen Regelungen vgl. *Bühler*, IPrax 1987, 253 (254) und *Park*, AJIL 1999, 805 (819).

[621] Vgl. zur Rechtslage in der Schweiz *Patocchi/Jemini* in: Basler Kommentar, Art. 192, Rdnr. 26 ff.

[622] Diese Frage ist jedenfalls nur dann relevant, wenn der Schiedsspruch nicht wegen fehlender oder ungültiger Schiedsvereinbarung aufgehoben wurde.

[623] *Heuman*, Skiljemannarätt, S. 551; *Kvart/Olsson*, S. 64 f.; *v. Pachelbel-Gehag*, S. 176. A.A.: *Samuel*, S. 858.

[624] *Kvart/Olsson*, S. 65.

[625] SOU 1994:81, S. 109.

ge[626]. Das Amt der Schiedsrichter ist hingegen trotz Weitergeltung der Schiedsvereinbarung grundsätzlich mit Erlass des Schiedsspruchs beendet[627]. Eine Ausnahme bildet der Fall der Zurückverweisung des Streits an das Schiedsgericht durch das mit der Aufhebungsklage befasste staatliche Gericht (dazu sogleich unter IV.).

IV. Die Zurückverweisung an das Schiedsgericht

Seit den jeweiligen Gesetzesreformen haben sowohl die schwedischen als auch die deutschen staatlichen Gerichte die Möglichkeit, den Streit unter bestimmten Voraussetzungen an das Schiedsgericht zurückzuverweisen. Während nach § 1059 Abs. 4 ZPO allerdings der Schiedsspruch aufgehoben wird, setzt das schwedische staatliche Gericht das Verfahren gem. § 35 LSF aus, bis das Schiedsgericht erneut entschieden hat. Nimmt daraufhin der Antragsteller den Aufhebungsantrag zurück, stellt das Gericht das Aufhebungsverfahren ein. Anderenfalls wird im fortgesetzten Verfahren über die Aufhebung des neuen bzw. des geänderten Schiedsspruchs entschieden. In diesem Verfahren kann auch die Gegenpartei Aufhebungsgründe geltend machen, die ihren Ursprung im ersten Schiedsverfahren haben. Dazu kann etwa ein Anlass bestehen, wenn diese Partei im ersten Schiedsverfahren obsiegt hat und daher für sie zunächst kein Grund bestand, den Schiedsspruch anzugreifen, der Schiedsspruch aber während der erneuten Befassung zu ihrem Nachteil geändert worden ist[628]. In Anlehnung an Art. 34 Abs. 4 des Modellgesetzes war es Ziel des schwedischen Gesetzgebers, die Aufhebung des Schiedsspruchs wegen behebbarer Fehler und die anschließende Durchführung eines zweiten Schiedsverfahrens zu vermeiden[629]. Der deutsche Gesetzgeber ist hier noch einen Schritt weiter gegangen. Durch die Zurückverweisung unter gleichzeitiger Aufhebung des Schiedsspruchs wird das staatliche Gericht entlastet, während das Schiedsgericht in gleicher Besetzung die begangenen Verfahrens- oder Formfehler beheben kann. Die Gesetzesbegründung ging davon aus, dass Aufhebungsgründe für den neuen Schiedsspruch in aller Regel nicht mehr vorliegen[630].

Beantragen die Parteien übereinstimmend die Zurückverweisung des Streits, braucht das staatliche Gericht nach schwedischem Recht keine Prüfung der Erfolgsaussichten der Aufhebungsklage durchzuführen. Anderes gilt jedoch, wenn nur eine Partei die Zurückverweisung beantragt. Dann ist zu prüfen, inwieweit die Aufhebungsklage überhaupt Erfolg hätte. Im deutschen Recht sind die Vorgaben nicht derart umfassend formuliert. Nach dem Gesetzeswortlaut soll es ausreichen,

---

626 Vgl. dazu die Nachweise bei MüKo-*Maier*, 1. Auflage, § 1041, Rdnr. 7 (dort Fußnote 31).

627 Zum deutschen Recht s. § 1056 Abs. 3 ZPO und BT-Drs. 13/5274, S. 60; MüKo-*Münch*, § 1059, Rdnr. 39. A. A. offenbar Zöller-*Geimer*, § 1059, Rdnr. 88. Zum schwedischen Recht s. § 27 Abs. 4 RB sowie *Cars*, S. 136; *Madsen*, S. 215.

628 Prop. 1998/99:35, S. 151.

629 SOU 1994:81, S. 184 (185); Prop. 1998/99:35, S. 149 (150).

630 BT-Drs. 13/5274, S. 60.

dass eine der Parteien die Zurückverweisung beantragt und der Fall dazu geeignet ist. Damit sollen Fälle ausgeschlossen werden, in denen der Fehler etwa in der Besetzung des Schiedsgerichts lag oder die Schiedsvereinbarung wegen Zeitablaufs ungültig geworden ist[631]. Eine Prüfung der Erfolgsaussichten durch das staatliche Gericht wird nicht explizit verlangt. Teilweise wird in der deutschen Literatur vertreten, der Widerspruch einer Partei schließe die Zurückverweisung aus[632]. Nach dem eindeutigen Gesetzeswortlaut muss jedoch die einseitige Antragstellung genügen.

Das staatliche Gericht ist nach schwedischem Recht auch bei Vorliegen der Voraussetzungen nicht zur Zurückverweisung verpflichtet, selbst wenn beide Parteien es übereinstimmend beantragen[633]. Dies sollte aufgrund des Wortlauts, der auf eine Ermessensentscheidung des Gerichts hindeutet („*kann zurückverweisen*"), auch für die deutsche Regelung gelten. Die Schiedsrichter sind in keiner der beiden Rechtsordnungen an etwaige Vorgaben oder das Rechtsverständnis des staatlichen Gerichts gebunden[634]. Da das Schiedsgericht aber auch keine erneute materielle Prüfung vornehmen soll[635], erscheint es sinnvoll, vom staatlichen Gericht zumindest einen Hinweis zu verlangen, worin der vermeintliche Verfahrensfehler bestand.

Insgesamt ist die in beiden Rechtsordnungen bestehende Möglichkeit der Zurückverweisung positiv zu beurteilen. Dabei erscheint die deutsche Regelung aus Sicht der staatlichen Gerichte noch etwas besser durchdacht. Die Gerichte heben den Schiedsspruch auch dann auf, wenn er an das Schiedsgericht zurückverwiesen wird. Damit wird eine Fortführung des Verfahrens nach erneuter Entscheidung des Schiedsgerichts, wie in Schweden vorgesehen, entbehrlich. Auch dort wird davon ausgegangen, dass sich die Aufhebungsklage häufig erledigen dürfte. Die deutsche Regelung entlastet aber die hiesigen Gerichte schon in einem früheren Verfahrensstadium und erfüllt den Gesetzeszweck daher besser. Zudem bleibt der Schiedsspruch nach der schwedischen Regelung bis zur erneuten Entscheidung des Schiedsgerichts bestehen und damit vollstreckbar. Dies bedeutet für die im Schiedsverfahren unterlegene Partei eine erhebliche Rechtsunsicherheit. Demgegenüber werden mit der Aufhebung unter Zurückverweisung nach deutschem Recht klare Verhältnisse geschaffen.

---

631 MüKo-*Münch*, § 1059, Rdnr. 39.

632 *Schütze*, Rdnr. 272; *Schwab/Walter*, Kap. 25, Rdnr. 19, nach deren Ansicht jeweils kein „geeigneter Fall" vorliegt.

633 *Madsen*, S. 262.

634 Zum deutschen Recht s. Musielak-*Voit*, § 1059, Rdnr. 42; zum schwedischen Recht s. *Cars*, S. 178.

635 *Heuman*, Practice and Procedure, S. 646. In der deutschen Literatur wird dies nicht so explizit ausgedrückt, sollte aber aufgrund der Finalität des Schiedsspruchs ebenfalls gelten.

V. Die Aufhebung anderer verfahrensbeendender Entscheidungen

Bei obiger Erörterung des Aufhebungsverfahrens und der Aufhebungsgründe wurde von Schiedssprüchen ausgegangen, die den Streit abschließend in der Sache entscheiden. Welche Rechtsmittel zur Verfügung stehen, wenn die Schiedsrichter sich für unzuständig erklären und es somit gar nicht zu einer Sachentscheidung kommt, soll im Folgenden geklärt werden.

1. Aufhebung nach § 36 LSF im schwedischen Recht

Nach § 36 LSF können Schiedssprüche, die das Verfahren ohne eine Sachentscheidung beenden, auf Antrag einer Partei innerhalb von drei Monaten durch das zuständige Hofgericht aufgehoben werden. Dies erfasst sowohl Entscheidungen, in denen sich das Schiedsgericht wegen fehlender, ungültiger oder nicht weit genug reichender Schiedsvereinbarung für unzuständig erklärt, als auch der Verfahrensabschluss durch Klagerücknahme. Eine entsprechende Regelung fehlte im alten schwedischen Schiedsverfahrensrecht. Da sie aber hauptsächlich der Kodifikation der jüngeren Rechtsprechung dient, stellt sie keine grundlegende Neuerung dar.

Im ersten vom Höchsten Gerichtshof hierzu entschiedenen Fall[636] hatte das Schiedsgericht ein Verhalten des Schiedsklägers als Klagerücknahme gedeutet. Gegen diese Deutung und die damit verbundene Verfahrensbeendigung erhob der Schiedskläger Aufhebungsklage vor den staatlichen Gerichten. Der Höchste Gerichtshof entschied, die gesetzlichen Aufhebungsgründe seien Ausdruck für den Anspruch jeder Partei, die Einhaltung wesentlicher prozessualer Regeln vor einem staatlichen Gericht kontrollieren zu lassen. Dies verlange nicht nur, sie analog auf Fälle anzuwenden, in denen das Schiedsverfahren ohne Sachprüfung beendet werde, sondern auch, die prozessuale Entscheidung selbst sowie das Verfahren, das zu dieser Entscheidung geführt habe, zu überprüfen. Ein vermeintlich materieller Inhalt der Aufhebungsentscheidung sei kein Hindernis hierfür. In einem zweiten Fall wurde diese Rechtsprechung bestätigt und die Aufhebungskompetenz der staatlichen Gerichte ausdrücklich auf § 21 Abs. 1 Nr. 4 SML a. F. gestützt[637].

Die Regierungsbegründung begnügt sich mit dem Hinweis, für diese Rechtsprechung gebe es „gute Gründe"[638]. Zudem wird bekräftigt, dass es hier nicht um eine materielle Überprüfung der dem Schiedsgericht unterbreiteten Rechtsfragen geht, sondern allein um eine materielle Überprüfung einer prozessualen Entscheidung[639]. Die Entscheidung des staatlichen Gerichts ist abschließend und auch für das

---

[636] NJA 1975, 536.

[637] NJA 1990, 419 (431). § 21 Abs. 1 Nr. 4 SML a. F. entspricht inhaltlich dem heutigen § 34 Abs. 1 Nr. 6 LSF.

[638] Prop. 1998/99:35, S. 152.

[639] Prop. 1998/99:35, S. 152.

Schiedsgericht bindend. Ergänzend stellt § 27 LSF klar, dass die verfahrensbeendenden Beschlüsse in Form eines Schiedsspruchs ergehen sollen.

Die Neuerung scheint von den betroffenen Parteien recht gut angenommen zu werden. So führte die negative Zuständigkeitsentscheidung im Zeitraum von 1999 bis 2006 in zwei von insgesamt sechs aus diesem Grund überprüften Fällen zur Aufhebung des Schiedsspruchs. Bemerkenswert ist dabei, dass im gleichen Zeitraum insgesamt nur vier Aufhebungsklagen vor dem Stockholmer Hofgericht erfolgreich waren. Auffällig ist auch, dass fehlerhafte negative Kompetenzentscheidungen gerne in Investitionsstreitigkeiten geltend gemacht werden, um die Entscheidung des Schiedsgerichts anzugreifen. So waren zwei der sechs Schiedssprüche, die mit Hilfe des § 36 LSF angegriffen wurden, Entscheidungen aus Investitionsschiedsverfahren. In beiden Fällen war die Aufhebungsklage allerdings erfolglos.

Offen bleibt auch nach Einführung des § 36 LSF, ob das Schiedsgericht bei einer Aufhebung seiner negativen Kompetenzentscheidung erneut zur Entscheidung über den Rechtsstreit berufen ist oder ob das Schiedsgericht neu zu besetzen ist. Teilweise wird in der Literatur in Anlehnung an die Regierungsbegründung vertreten, der Auftrag der Schiedsrichter sei mit dem verfahrensbeendenden Schiedsspruch erloschen, das Schiedsgericht müsse also neu besetzt werden[640]. Andere meinen, die ursprünglich bestellten Schiedsrichter seien so lange zuständig wie die Schiedsvereinbarung gelte und daher verpflichtet, das Verfahren wieder aufzunehmen[641]. Allein aus der Tatsache, dass sie eine materielle Entscheidung abgelehnt hätten, ergebe sich im Regelfall noch keine Gefahr der Befangenheit oder Parteilichkeit.

2. Aufhebung eines Prozessschiedsspruchs im deutschen Recht

In der deutschen ZPO fehlt eine Regelung über die Aufhebbarkeit von negativen Kompetenzentscheidungen. Seit einem Beschluss des Bundesgerichtshofes vom 6. Juni 2002[642] steht immerhin fest, dass solche Entscheidungen als Prozessschiedssprüche ergehen sollen[643]. Zudem entschied der BGH, dass die Aufhebungsgründe des § 1059 Abs. 2 ZPO auch für diesen Fall gelten.

Kontrovers diskutiert werden allerdings die weiteren Ausführungen des BGH sowie das Ergebnis, den Schiedsspruch nicht aufzuheben. Da sich der Antragsteller im Aufhebungsverfahren gerade auf die Gültigkeit der Schiedsvereinbarung berufen hatte, war nach Ansicht des Gerichts weder § 1059 Abs. 2 Nr. 1 a) noch Nr. 1 c) einschlägig. Diese Aufhebungsgründe beträfen nur den umgekehrten Fall, dass das Schiedsgericht trotz fehlender Schiedsvereinbarung entschieden habe oder über die

---

[640] *Heuman*, Practice and Procedure, S. 522; *Madsen*, S. 267; *Olsson/Kvart*, S. 156 f. Vgl. Prop. 1998/99:35, S. 97 f.

[641] *Cars*, S. 183; *Lindskog*, S. 1017.

[642] BGH, Az.: III ZB 44/01, SchiedsVZ 2003, 39.

[643] Zustimmend *Gottwald/Adolphsen*, DStR 1998, 1017 (1021); *Münch*, SchiedsVZ 2003, 41 (41). Dagegen: *Voit*, FS-Musielak, S. 595 (599).

Grenzen einer bestehenden Schiedsvereinbarung hinausgegangen sei. Mangels unbeabsichtigter Regelungslücke sei auch kein Raum für eine Analogie. Eine Aufhebung komme somit nur in Frage, wenn dem Schiedsgericht bei seiner Entscheidung über die Zuständigkeit ein Verfahrensfehler unterlaufen sei, der den Schiedsspruch nach § 1059 Abs. 2 Nr. 1 d) ZPO oder wegen Verstoßes gegen den *ordre public* aufhebbar mache. Der Schiedskläger sei trotzdem nicht rechtsschutzlos gestellt, da ihm immer noch der Weg zu den staatlichen Gerichten offen stehe.

Nach Ansicht des BGH besteht somit zwar grundsätzlich die Möglichkeit der Aufhebung einer negativen Kompetenzentscheidung. Allerdings muss dafür ein Verfahrensfehler vorliegen. Eine inhaltliche Überprüfung der schiedsrichterlichen Entscheidung über die eigene Kompetenz kommt damit nicht in Frage. Im Ergebnis kann also nach aktueller Rechtsprechung[644] zwar eine positive Kompetenzentscheidung der Schiedsrichter gerichtlich überprüft werden, nicht aber eine negative. Dies hat in der Literatur zu teils heftiger Kritik geführt. So befürwortet insbesondere *Münch* eine analoge bzw. spiegelbildliche Anwendung des § 1059 Abs. 2 Nr. 1 a) bzw. Nr. 1c)[645]. Denn dem Gesetzgeber könne bei der Aussage, ein Prozessschiedsspruch sei „in der Regel lediglich im Aufhebungsverfahren anfechtbar"[646], zumindest keine zielbewusste gesetzgeberische Entscheidung unterstellt werden, den Katalog des § 1059 Abs. 2 ZPO so eng auszulegen wie es der BGH tue[647]. Aus Gründen der prozessualen Gleichbehandlung müsse die Zuständigkeitsversagung ebenso wie eine Zuständigkeitsbejahung der staatlichen Überprüfung unterstehen[648]. In die gleiche Richtung geht die Kritik von *Kröll*, eine Ungleichbehandlung von negativer und positiver Zuständigkeitsentscheidung sei insbesondere im internationalen Schiedsverfahren nicht gerechtfertigt[649]. Hier sei häufig gerade keine Partei bereit, den Streit vor den Gerichten der anderen Partei auszutragen[650]. Genau dazu verpflichte aber die Rechtsprechung des BGH den Schiedskläger[651].

Da die deutsche Literatur in dieser Frage recht gespalten erscheint, bleibt die weitere Entwicklung abzuwarten. Vorerst gilt aber aufgrund der Entscheidung des BGH: Negative Kompetenzentscheidungen des Schiedsgerichts können nur auf Verfahrensfehler, nicht aber inhaltlich überprüft werden.

---

[644] S. auch Hans.OLG Hamburg 30. August 2002, Az.: 11 Sch 02/00.

[645] *Münch*, SchiedsVZ 2003, 41 (42). Zustimmend *Triebel/Conen*, BB-Beilage 2003, Heft 25, S. 2 (5, dort Fußnote 18).

[646] BT-Drs. 13/5274, S. 44.

[647] *Münch*, SchiedsVZ 2003, 41 (41).

[648] *Münch*, SchiedsVZ 2003, 41 (42).

[649] *Kröll*, EWiR § 1059 ZPO 1/03, 295 (296).

[650] *Kröll*, EWiR § 1059 ZPO 1/03, 295 (296).

[651] *Kröll*, EWiR § 1059 ZPO 1/03, 295 (296).

3. Vergleich und Bewertung der Rechtsordnungen

Im Gegensatz zum schwedischen Schiedsverfahrensrecht hat es der deutsche Gesetzgeber versäumt, die Aufhebung negativer Zuständigkeitsentscheidungen zu regeln. Der lapidare Verweis der Gesetzesbegründung auf das Aufhebungsverfahren nach § 1059 Abs. 2 ZPO ohne nähere Angaben zu anwendbaren Aufhebungsgründen hat kaum für Klarheit gesorgt. Im Gegenteil führte er in der Interpretation des Bundesgerichtshofes faktisch zum Ausschluss einer solchen Überprüfung.

Meines Erachtens ist aber fraglich, ob die Aussage in der Gesetzesbegründung so eng interpretiert werden darf wie vom BGH vertreten. Aufgrund des äußerst knappen Verweises entsteht vielmehr der Eindruck, als habe der Gesetzgeber die Konsequenzen einer direkten Anwendung des § 1059 Abs. 2 ZPO auf negative Zuständigkeitsentscheidungen, insbesondere die notwendige Einordnung unter einen der Aufhebungsgründe, nicht weiter erwogen. Daher ist die Schlussfolgerung des BGH, hier habe es sich um eine bewusste Entscheidung des Gesetzgebers gehandelt, nicht allein zwingend. Vielmehr ist von einer planwidrigen Regelungslücke auszugehen.

In der Konsequenz führt der Ansatz des BGH dazu, dass negative Zuständigkeitsentscheidungen allein aufgrund von Verfahrensfehlern aufgehoben werden können. Darauf, ob das Schiedsgericht nach der Schiedsvereinbarung tatsächlich zuständig war, kommt es hingegen nicht an. Dieses Ergebnis kann vor allem deshalb nicht überzeugen, weil es allein daraus folgt, dass sich der Fall nicht unter einen der in § 1059 Abs. 2 ZPO genannten Aufhebungsgründe subsumieren lässt. Es geht hier jedoch nicht um die Vermeidung einer verbotenen *révision au fond* im eigentlichen Sinne. Sicherlich wird eine Entscheidung des Schiedsgerichts materiell überprüft, diese Entscheidung selbst ist aber rein prozessualer Art. Die dem Schiedsgericht vorgelegten materiellen Fragen werden hiervon nicht berührt. Das entspricht genau dem umgekehrten Fall einer positiven Zuständigkeitsentscheidung, die voll umfänglich durch ein staatliches Gericht überprüfbar ist. Es erscheint daher nicht einsichtig, warum die gleiche Prüfung den Parteien bei entgegengesetztem Ergebnis einer negativen Zuständigkeitsentscheidung verwehrt sein soll. Denn die Interessenlagen sind in beiden Situationen vergleichbar.

Das Argument, die Rechtsschutzgarantie werde den Parteien nicht genommen, da ihnen immer noch der Weg zu den staatlichen Gerichten offen stehe, geht an den praktischen Bedürfnissen der Schiedsgerichtsbarkeit, insbesondere in Fällen mit internationalem Bezug, vorbei. Die Parteien wählen Schiedsverfahren hier gerade als neutrale Alternative zu den Gerichten des Heimatstaates einer Partei. Würde man die fehlerhafte Entscheidung des Schiedsgerichts über die eigene Zuständigkeit bestehen lassen, würde die – ebenfalls verfassungsrechtlich garantierte – Parteiautonomie missachtet und der Rechtsschutz ggf. sogar verschlechtert[652]. Die deutschen

[652] Dieses Argument bildete zusammen mit der Gleichstellung gerichtlicher und schiedsgerichtlicher Verfahren den gesetzgeberischen Hintergrund für § 612 öZPO n. F., der eine gerichtliche Überprüfung negativer Kompetenzentscheidungen vorsieht. S. a. *Oberhammer*, S. 140 f.

Gerichte scheinen hier weniger die Gleichbehandlung von Schiedsgerichtsbarkeit und staatlicher Gerichtsbarkeit als ein veraltetes Verständnis von der Überlegenheit des staatlichen Zivilprozesses zugrunde zu legen. Dies ist in internationalen Verfahren noch aus einem zweiten Grund unangebracht. Sollen staatliche Gerichte über den Streit entscheiden, ist zunächst einmal deren internationale Zuständigkeit zu klären, die nicht immer eindeutig gegeben sein dürfte. Zudem gestaltet sich die Vollstreckung eines solchen Urteils zumindest im nicht-europäischen Ausland wesentlich schwieriger als die Vollstreckung eines Schiedsspruchs nach dem UNÜ. Demnach greift der Ansatz des BGH zumindest in internationalen Fällen zu kurz. Auch ist bedauerlich, dass der Gesetzgeber es versäumt hat, eine eindeutige Regelung in die ZPO aufzunehmen oder wenigstens in der Gesetzesbegründung aufzuzeigen, unter welche Vorschrift des § 1059 Abs. 2 ZPO der hier diskutierte Fall seiner Meinung nach zu fassen ist. Alternativ wäre ein entsprechender Hinweis zur Klarstellung hilfreich gewesen, wenn denn die materielle Überprüfung der Zuständigkeitsentscheidung wirklich ausgeschlossen werden sollte. Dies würde aber im Gegensatz zu einem international zu beobachtenden Trend[653] stehen und wäre aus den bereits genannten Gründen auch nicht zu begrüßen. Wie die praktischen Erfahrungen in Schweden zeigen, gibt es für eine Regelung nach Art des § 36 LSF durchaus Bedarf. Selbst wenn bei der Entscheidung des Schiedsgerichts keine Verfahrensfehler im eigentlichen Sinne auftreten, ist es doch wünschenswert, dem Willen der Parteien nach außergerichtlicher Streitbeilegung zu entsprechen. Das aber lässt sich nur verwirklichen, wenn die Entscheidung des Schiedsgerichts, nicht zuständig zu sein, inhaltlich voll überprüfbar ist. Im Rahmen einer zukünftigen Gesetzesreform wäre demnach die Einführung einer Regelung entsprechend § 36 LSF unbedingt zu empfehlen und bis dahin eine Analogie zuzulassen.

VI. Zusammenfassung

Die fortschreitende internationale Rechtsvereinheitlichung zeigt sich auch bei der Aufhebung von Schiedssprüchen nach deutschem und schwedischem Recht. Die vorangegangene Untersuchung hat ergeben, dass sich die Regelungen trotz unterschiedlicher Ausgangslagen in weiten Teilen ähneln. Zu einem großen Teil hängt dies sicher mit der Übernahme des UNCITRAL-Modellgesetzes durch den deutschen Gesetzgeber zusammen. Auch wenn sich der schwedische Gesetzgeber nicht in gleichem Maße davon beeinflussen ließ, orientierte er sich doch im Gesetzgebungsverfahren vor allem bei strittigen Einzelfragen an der Lösung des Modellgesetzes. Dass sich diese ähnlichen Herangehensweisen auf die Regelung des Schiedsverfahrens und somit auch auf die Behandlung von Aufhebungsanträgen auswirken, sollte daher nicht überraschen. Bemerkenswert erscheint, dass von 56 untersuchten

---

[653] S. etwa § 36 des schwedischen LSF, § 611 Abs. 2 Nr. 1 der österreichischen ZPO und Art. 190 Abs. 2 lit. b) des schweizerischen IPRG.

Aufhebungsverfahren in Deutschland immerhin zwölf (bzw. elf) Erfolg hatten, die Schiedssprüche also aufgehoben wurden. In Schweden wurden von insgesamt 45 untersuchten Aufhebungsverfahren nur vier Schiedssprüche aufgehoben.

Dies sollte allerdings nicht zu der Annahme verleiten, in Deutschland würden Schiedssprüche bereitwilliger aufgehoben als in Schweden. Zum einen können die Zahlen ein Beleg für die besonders hohe Qualität schwedischer Schiedsverfahren und Schiedssprüche sein. Zum anderen ist die Zahl der zur Verfügung stehenden Verfahren zu klein, um daraus verlässliche Angaben über die grundsätzliche Einstellung der staatlichen Gerichte gegenüber der Schiedsgerichtsbarkeit abzuleiten. Sie bieten eine gute Grundlage für die Untersuchung der praktischen Bedeutung einzelner Aufhebungs- bzw. Ungültigkeitsgründe, können für das Verhältnis zwischen staatlichen Gerichten und der Schiedsgerichtsbarkeit jedoch nur Indizien liefern.

Die Aufhebungsgründe des § 1059 ZPO lassen sich in die von Amts wegen zu berücksichtigenden und die von Parteiseite geltend zu machenden Aufhebungsgründe unterteilen. Auswirkungen hat diese Aufteilung vor allem auf gerichtliche Ausschlussfristen: Grundsätzlich ist ein Aufhebungsantrag innerhalb von drei Monaten zu stellen, die von Amts wegen zu berücksichtigende Aufhebungsgründe können auch noch nach Fristablauf im Rahmen der Vollstreckbarerklärung zur Aufhebung führen. Das schwedische Recht nimmt eine ähnliche Unterteilung vor. Zwar weist es mit der Aufteilung in Aufhebungs- und Ungültigkeitsgründe eine terminologische Besonderheit auf. Allerdings zeigt sich bei näherem Hinsehen, dass die Ungültigkeitsgründe vor allem Umstände umfassen, die nach deutschem Recht als von Amts wegen zu berücksichtigende Aufhebungsgründe ausgestaltet sind: Das Fehlen der objektiven Schiedsfähigkeit, der Verstoß gegen den *ordre public* oder die Verletzung von Formvorschriften. Hingegen kann die gerichtliche Feststellung der Ungültigkeit auch noch nach Ablauf der Aufhebungsfrist beantragt werden. Ein gerichtliches Vollstreckbarerklärungsverfahren wie im deutschen Recht gibt es nicht. Die mangelnde Erfüllung von Formvorschriften im schwedischen Recht ist als Ungültigkeitsgrund praktisch ohne Bedeutung geblieben.

Die objektive Schiedsfähigkeit bestimmt sich im deutschen Recht primär nach dem vermögensrechtlichen Charakter der Streitigkeit. Vorteilhaft ist an dieser Regelung, dass die wenigen nicht objektiv schiedsfähigen Gegenstände auch für ausländische Nutzer besser abgrenzbar sind, da kein Verweis auf materielles deutsches Recht erfolgt. Eine weitere Abgrenzung danach, ob der Staat sich ein Rechtsprechungsmonopol vorbehalten hat, sollte nicht stattfinden. Bei nicht vermögensrechtlichen Streitigkeiten kommt es nach wie vor auf die Vergleichsfähigkeit an.

Dieses Abgrenzungskriterium gilt in Schweden für sämtliche Streitigkeiten. Die Vergleichsfähigkeit ist anhand des anwendbaren materiellen schwedischen Rechts zu bestimmen, und zwar selbst dann, wenn auf die materiellen Fragen des Streits ausländisches Recht anwendbar ist. In solchen Fällen soll allerdings das ausländische Recht mit berücksichtigt werden. Grundsätzlich sind nach schwedischem

Recht Streitigkeiten nicht schiedsfähig, wenn sie Interessen Dritter oder der Allgemeinheit beeinträchtigen.

Im Zusammenhang mit gesellschaftsrechtlichen Beschlussmängelstreitigkeiten hat die Auseinandersetzung mit der deutschen Literatur und Rechtsprechung gezeigt, dass es im Grunde nicht um die Schiedsfähigkeit dieser Streitigkeiten geht. Vielmehr sind Fragen der Rechtskrafterstreckung betroffen, die demnach über eine sorgfältige Ausgestaltung der Schiedsvereinbarung und des Verfahrens gelöst werden müssen. Hier haben ein Vergleich mit der schwedischen Rechtsordnung und ein Blick auf die Rechtslage in Österreich ergeben, dass andere Rechtsordnungen die objektive Schiedsfähigkeit gesellschaftsrechtlicher Beschlussmängelstreitigkeiten längst anerkannt haben.

Der zweite von Amts wegen zu berücksichtigende Aufhebungsgrund des deutschen Rechts, der Verstoß gegen den *ordre public*, ist begrifflich nur schwer zu fassen. Im Wesentlichen soll einem Missbrauch der Schiedsgerichtsbarkeit vorgebeugt werden. Dabei zählen inzwischen zumindest die kartellrechtlichen Vorschriften der Artt. 81 und 82 EG zum deutschen *ordre public*. Teilweise werden auch die Grundfreiheiten des Europäischen Wirtschaftsraums, der freie Kapital- und Warenverkehr sowie die Dienstleistungs- und Niederlassungsfreiheit, dazugezählt.

Gegen den schwedischen *ordre public* verstoßen Schiedssprüche dann, wenn sie oder die Art ihres Zustandekommens mit den Grundlagen der schwedischen Rechtsordnung nicht übereinstimmen. Mit der Feststellung, dass hier grundlegende materielle oder prozessuale Rechtsprinzipien gemeint sind, ist für den ausländischen Rechtsanwender noch nicht viel gewonnen. Die Gesetzesvorarbeiten und die übrige Literatur beschränken sich auf wenige, wiederkehrende Beispiele wie Schiedssprüche mit inakzeptablem Strafcharakter oder Verpflichtungen zur Zahlung von Bestechungsgeldern. Strittig ist hingegen, ob die Verwendung gefälschter Beweismittel als Verstoß gegen den *ordre public* zu werten ist. Grundsätzlich gelten die Wiederaufnahmegründe des schwedischen Zivilprozessrechts nicht als Aufhebungsgründe.

Von Parteiseite geltend zu machende Aufhebungsgründe sind in beiden Rechtsordnungen das Fehlen einer gültigen Schiedsvereinbarung, die Überschreitung der schiedsgerichtlichen Kompetenz sowie die fehlerhafte Besetzung des Schiedsgerichts. Das deutsche Recht nennt außerdem die Verletzung des rechtlichen Gehörs. Das schwedische Recht enthält als weiteren Aufhebungsgrund den Verstoß gegen eine Vorschrift, wonach das Verfahren nicht hätte in Schweden stattfinden dürfen. Beide Rechtsordnungen enthalten schließlich eine Generalklausel, die sonstige Verfahrensfehler, die sich auf den Schiedsspruch ausgewirkt haben bzw. für das Ergebnis kausal waren, zum Aufhebungsgrund erklärt. Eine internationale Besonderheit des schwedischen Rechts ist die Möglichkeit, das Aufhebungsverfahren durch Parteivereinbarung auszuschließen. Auf die Ungültigkeitsgründe kann dagegen auch dort nicht im Voraus verzichtet werden.

Die Gültigkeit der Schiedsvereinbarung bestimmt sich nach den allgemeinen zivilrechtlichen Voraussetzungen eines Vertrags. Spezielle Formvorschriften enthält das schwedische Recht im Gegensatz zum deutschen nicht, so dass Schiedsvereinbarungen prinzipiell auch mündlich geschlossen werden könnten. Im Rechtsverkehr mit Verbrauchern sind nach deutschem Recht besondere Formerfordernisse zu beachten, der Abschluss einer Schiedsvereinbarung ist aber sowohl vor als auch nach Entstehen der Streitigkeit möglich. Im schwedischen Recht können derartige Schiedsvereinbarungen hingegen erst nach Entstehen der Streitigkeit wirksam abgeschlossen werden. Sind Schiedsklauseln in AGB enthalten, so müssen nach deutschem Recht die in den §§ 305 ff. BGB genannten Voraussetzungen für die Einbeziehung der Klausel erfüllt sein. Das schwedische Zivilrecht enthält insoweit kaum ausdrückliche Vorschriften. Entscheidend ist dort, dass der Vertragspartner die Bestimmungen zur Kenntnis nehmen kann.

Ein wesentlicher Unterschied der Rechtsordnungen besteht darin, dass Schiedsvereinbarungen nach schwedischem Recht auch zugunsten und zu Lasten des Bürgen bzw. Garantiegebers wirken können. Dieser in der Rechtsprechung entwickelte Grundsatz sollte allerdings vorsichtig angewandt werden, da es sich im zuletzt entschiedenen Fall um die Garantie eines Staates zugunsten eines von ihm kontrollierten Unternehmens handelte. Für die private Schiedsgerichtsbarkeit könnte anderes gelten. Nach deutschem Recht erstrecken sich Schiedsvereinbarungen grundsätzlich nicht auf Dritte.

Schiedsvereinbarungen können ebenso wie sonstige Verträge bei Verletzung wesentlicher Vertragspflichten gekündigt werden. Zumindest nach schwedischem Recht berechtigt allein die Veröffentlichung bestimmter vertraulicher Umstände allerdings noch nicht dazu, solange keine explizite Vertraulichkeitsvereinbarung besteht oder die Informationen der gesetzlichen Geheimhaltungspflicht unterliegen.

Bei der Kompetenzüberschreitung geht es nicht um die Gültigkeit der Schiedsvereinbarung, sondern um ihre Reichweite. Dabei dürfte eine weite Auslegung der Schiedsvereinbarung in aller Regel dem Interesse der Parteien bei ihrem Abschluss entsprechen. Denn es erscheint grundsätzlich wenig plausibel, einen Teil der Streitigkeiten aus einem Vertragsverhältnis vor einem Schiedsgericht auszutragen und einen Teil vor den staatlichen Gerichten, wenn die Parteien keine entsprechende Regelung getroffen haben. In der schwedischen Literatur wird allerdings nicht von einer allgemein weiten Auslegung gesprochen.

Inwieweit auch die Parteianträge die Kompetenz des Schiedsgerichts bestimmen, ist im deutschen Recht umstritten. Im schwedischen Recht wird dagegen allgemein davon ausgegangen, dass auch die Parteianträge das schiedsrichterliche Mandat mitbestimmen. In beiden Rechtsordnungen ist streitig, ob die Unterschreitung der Parteianträge einen Verstoß gegen die Mandatsbegrenzung darstellt. Dies lässt sich nur mit Blick auf die jeweilige Schiedsvereinbarung, die Parteianträge und die Entscheidung des Schiedsgerichts beantworten. Im schwedischen Recht wird außerdem diskutiert, ob zusätzlich ein implizites Kausalitätserfordernis erfüllt sein, die Mandatsüberschreitung sich also auf das Verfahrensergebnis ausgewirkt haben muss. Gegenforderungen können grundsätzlich im Wege der Aufrechnung geltend gemacht werden, wenn sie von der Schiedsvereinbarung umfasst sind. Das schwedische Recht betont insoweit ein Ermessen des Schiedsgerichts, das allerdings eingeschränkt sein soll, wenn der Gegner des Schiedsverfahrens, d. h. der Kläger der Hauptforderung, von sich aus keine Einwände erhebt.

Findet ein Schiedsverfahren unzulässigerweise in Schweden statt, so ist der Schiedsspruch aufzuheben. Praktische Relevanz hatte dieser Aufhebungsgrund bislang jedoch nicht.

Die im deutschen Recht ausdrücklich genannte Verletzung des rechtlichen Gehörs kann unter verschiedene Aufhebungsgründe gefasst werden. So kommen eine Verletzung des *ordre public*, ein Verstoß gegen Informationspflichten oder das Vorbringen von Angriffs- und Verteidigungsmitteln oder ganz allgemein ein Verfahrensfehler i. S. v. § 1059 Abs. 2 Nr. 1 d) 2. Alt. ZPO in Betracht. Unabhängig von der rechtlichen Einordnung sind die Schiedsrichter verpflichtet, den Vortrag der Parteien zur Kenntnis zu nehmen und geistig zu verarbeiten. Ein Rechtsgespräch braucht jedoch nicht stattzufinden.

Die erforderlichen persönlichen Voraussetzungen und Fähigkeiten der Schiedsrichter sind in den jeweiligen Schiedsverfahrensgesetzen geregelt, können aber auch durch Parteivereinbarungen konkretisiert und ergänzt werden. Das schwedische Gesetz enthält eine nicht abschließende Liste von Umständen, die Zweifel an der Unparteilichkeit und Unabhängigkeit der Schiedsrichter begründen können. Potenzielle Schiedsrichter sollen demnach alle Umstände offen legen, die Zweifel an ihrer Unabhängigkeit und Unparteilichkeit begründen. Die Verletzung dieser Offenbarungspflicht führt in keiner der beiden Rechtsordnungen zwangsläufig zu einem Verstoß gegen die Besetzungsgrundsätze und damit zu einem Aufhebungsgrund, sondern ist allenfalls als Indiz zu werten. Zur Bestimmung der offenbarungspflichtigen Umstände sollte im Gegensatz zur Rechtsprechung des deutschen Bundesgerichtshofes nicht auf den subjektiven Maßstab des Schiedsrichters, sondern auf einen objektiven Maßstab abgestellt werden. Aus den jeweiligen Frist- und Präklusionsregelungen des deutschen und schwedischen Rechts ergibt sich, dass die fehlerhafte Besetzung des Schiedsgerichts nur sehr selten im Aufhebungsverfahren noch relevant sein wird. Die fehlerhafte Besetzung muss kausal für das Ergebnis des Schiedsspruchs gewesen sein, was aber meist anzunehmen ist.

Nach dem Vorbild des UNCITRAL-Modellgesetzes enthält das deutsche ebenso wie das schwedische Recht mit dem „sonstigen Verfahrensfehler" einen Auffangtatbestand für alle formellen Verfahrensfehler, die keinem der speziellen Aufhebungsgründe unterliegen. Hierzu hat sich eine recht umfangreiche Kasuistik entwickelt. Entscheidend ist nach deutschem Recht, dass das Schiedsgericht nicht zur Einhaltung zivilprozessualer Verfahrensvorschriften außerhalb des Zehnten Buches der ZPO verpflichtet ist. Kausal soll der Fehler nach überwiegender Rechtsprechung und Literatur bereits dann sein, wenn ein anderer Verfahrensausgang bei Unterbleiben des Fehlers möglich erscheint. Dagegen muss sich der Verfahrensfehler nach schwedischem Recht mit Wahrscheinlichkeit auf das Ergebnis ausgewirkt haben. Die bloße Möglichkeit der Ergebnisbeeinflussung soll hier gerade nicht ausreichen. Zudem wird ausdrücklich bestimmt, dass Verfahrensfehler, die der Kläger des Aufhebungsverfahrens selbst verursacht hat, nicht geltend gemacht werden können.

Eine negative Kompetenzentscheidung der Schiedsrichter, d. h. eine Entscheidung, durch die sie ihre Zuständigkeit ablehnen und das Verfahren ohne Sachentscheidung beenden, soll nach dem Willen des deutschen Gesetzgebers ebenfalls gem. § 1059 ZPO überprüfbar sein. Verschiedene deutsche Gerichte haben in der Folge die Aufhebung eines verfahrensbeendenden Schiedsspruchs jedoch abgelehnt, da dieser Fall gerade nicht in § 1059 ZPO vorgesehen sei, es sich dabei aber offensichtlich nicht um eine unbewusste Regelungslücke handele, so dass keine analoge Anwendung in Betracht komme. Diese Auffassung erscheint zu eng und sollte daher, gerade im Vergleich mit der schwedischen Rechtslage, überdacht werden. Nach der dortigen Regelung in § 36 LSF können verfahrensbeendende Schiedssprüche, die die Kompetenz des Schiedsgerichts verneinen, ausdrücklich mit einer Aufhebungsklage angegriffen werden. Diese ist eigens normiert und erlaubt die inhaltliche Nachprüfung der Entscheidung der Schiedsrichter, ihre Zuständigkeit abzulehnen. Vorteilhaft ist an einer solchen Regelung, dass die negative Kompetenzentscheidung ebenso wie die positive gerichtlich nachprüfbar ist und somit keine Rechtsschutzlücke entsteht. Gerade in internationalen Streitfällen erscheint dies notwendig, da der Weg zu den staatlichen Gerichten für die Parteien zur Entscheidung der materiellen Streitfrage häufig nicht attraktiv sein wird.

Die im internationalen Vergleich seltene Möglichkeit des schwedischen Rechts, das Aufhebungsverfahren durch Parteivereinbarung auszuschließen, steht nur ausländischen Parteien in Wirtschaftsstreitigkeiten zur Verfügung. Obwohl diese Beschränkung einigen Kommissionsmitgliedern nicht weit genug ging, wurde hier ein Mittelweg gefunden, der interessierten Parteien die Möglichkeit des Ausschlusses eröffnet. Von vielen Praktikern wird eine solche Vereinbarung aber zu Recht als zu unsicher abgelehnt. Das Risiko eingeschränkter Angriffsmittel erscheint zu hoch, falls das Verfahren doch einmal gravierende Mängel aufweisen sollte.

E. Übertragbarkeit auf die Investitionsschiedsgerichtsbarkeit

Nachdem in den Abschnitten C. und D. die gesetzlichen Vorschriften in Deutschland und Schweden im Bereich des einstweiligen Rechtsschutzes und bei der Aufhebung von Schiedssprüchen im Einzelnen dargestellt und miteinander verglichen worden sind, soll hier untersucht werden, ob und inwieweit sich die Besonderheiten der Investitionsschiedsgerichtsbarkeit auf die beschriebenen Regeln auswirken. Auf das ICSID-Verfahren wird an einigen Punkten vergleichend eingegangen. Das Hauptaugenmerk liegt aber auf Verfahren, die nicht nach den Regeln des ICSID durchgeführt wurden und demnach der Aufhebung durch staatliche Gerichte unterliegen.

I. Einstweiliger Rechtsschutz in der Investitionsschiedsgerichtsbarkeit

In der Investitionsschiedsgerichtsbarkeit kann der Erlass einstweiliger Maßnahmen ebensolche Bedeutung haben wie in der privaten Wirtschaftsschiedsgerichtsbarkeit. Es stellt sich aber in besonderem Maße die Frage, inwieweit staatliche Gerichte neben dem Schiedsgericht für einstweiligen Rechtsschutz in Anspruch genommen werden sollen. Folgende Situationen sind in diesem Zusammenhang denkbar: Sowohl der Investor als auch der Gaststaat können grundsätzlich als Antragsteller einstweiligen staatlichen Rechtsschutz fordern oder umgekehrt als Antragsgegner vor dem staatlichen Gericht stehen. Je nach Schiedsort liegt das zuständige Gericht im Gaststaat, im Heimatstaat des Investors oder in einem „neutralen" Drittstaat.

Nach den Regeln des Völkerrechts ist aber grundsätzlich kein Staat der Jurisdiktion ausländischer Gerichte unterworfen, sofern er nicht auf seine Immunität verzichtet[1]. Ausnahmen gelten nur, wenn der Staat nicht in hoheitlicher Funktion handelt (*acta iure imperii*), sondern wie ein Privater am Wirtschaftsverkehr teilnimmt (*acta iure gestionis*)[2]. Der Staat kann eine einmal begonnene wirtschaftliche Betätigung auch nicht durch spätere staatliche Akte, etwa der Gesetzgebung, wieder „zurücknehmen" oder „überholen".[3] Maßstab der im Einzelfall schwierigen Unterscheidung zwischen privater und hoheitlicher Staatstätigkeit ist nach deutscher[4] und schwedischer Rechtspraxis[5] die Rechtsnatur, nicht das Motiv oder der Zweck des staatlichen Handelns[6].

---

[1] Ausführlich hierzu *Geimer*, Rn. 506 ff.; vgl. Art. 5 der – noch nicht in Kraft getretenen – UN-Konvention über Staatenimmunität von 2005 (*United Nations Convention On Jurisdictional Immunities Of States And Their Property*), ILM 2005, 801.

[2] *Nagel/Gottwald*, § 2 Rn. 6; Soergel/*Kronke*, Art 38 EGBGB Anh IV, Rn. 4; Zum Stand des schwedischen Rechts SOU 2008:2, S. 109, abrufbar unter www.riksdagen.se. Vgl. auch Art. 12 des Baseler Europäischen Übereinkommens über Staatenimmunität vom 16. Mai 1972, BGBl. II, 35 sowie Art. 10 Abs. 1 der UN-Konvention über Staatenimmunität.

[3] *Geimer*, Rn. 584 („once a trader, always a trader").

[4] BVerfG v. 30. April 1963, BVerfGE 16, 27 (61 f.)

[5] In diese Richtung wohl NJA 1999, 821. Eine eindeutige Stellungnahme aus der gerichtlichen Praxis fehlt allerdings bisher, vgl. SOU 2008:2, S. 110.

[6] *Geimer*, Rn 577 ff m. Beispielen.

Eine zweite mit der Immunität zusammenhängende Frage betrifft die Vollstreckbarkeit der einstweiligen Maßnahme. Auch hierfür müsste der Drittstaat seine Hoheitsgewalt gegenüber dem Gaststaat ausüben, was nach völkerrechtlichen Grundsätzen ebenfalls nur dann zulässig ist, wenn in Vermögen vollstreckt wird, das rein privatrechtlichen Zwecken, nicht aber der Erfüllung staatlicher Hoheitsaufgaben dient[7].

Geht es um den Erlass einer einstweiligen Maßnahme, entscheidet das staatliche Gericht aufgrund von Dringlichkeit und Erfolgsaussichten in der Hauptsache[8]. Wenn auch die Vorwegnahme der Hauptsache zu vermeiden ist, so muss das staatliche Gericht zur Bewertung der Erfolgsaussichten doch zumindest kursorisch die Handlungen des Gaststaates beurteilen. Dies wird problematisch, wenn der Schiedsort nicht im Gaststaat, sondern im Heimatstaat des Investors oder einem Drittstaat liegt. Der Gaststaat wird sich gegen eine vorläufige gerichtliche Beurteilung seines Handelns jedenfalls dann mit dem Einwand der Immunität wehren können, wenn es bei den vor dem Schiedsgericht angegriffenen Handlungen um hoheitliche Tätigkeiten geht.

1. Praxisbeispiele

Inwieweit hoheitliche Tätigkeiten überhaupt Gegenstand von Investitionsschiedsverfahren sind, soll zunächst anhand einiger Beispiele[9] aus den vergangenen Jahren illustriert werden. Dazu werden die konkret ergriffenen oder unterlassenen Maßnahmen des jeweiligen Gaststaates untersucht und anhand des oben dargelegten Kriteriums der Rechtsnatur als *acta iure gestionis* oder *acta iure imperii* eingeordnet. Die Auswahl der Beispiele erfolgte ausschließlich anhand öffentlich zugänglicher Informationen. Neben dem bereits genannten Verfahren *CME* wurden verschiedene Verfahrensarten und Gaststaaten berücksichtigt, darunter auch einige ICSID-Verfahren.

a) CME Czech Republic B.V. v Czech Republic

In dem am Beginn dieser Arbeit geschilderten UNCITRAL-Verfahren hatten die Anteile des Schiedsklägers an der tschechischen Gesellschaft ČNTS dadurch an Wert verloren, dass das tschechische Mediengesetz und infolgedessen der Gesellschaftsvertrag geändert worden waren. Die Intervention der tschechischen Medienbehörde, auf die die Änderung des Gesellschaftsvertrags hauptsächlich zurückzuführen war, ist wie die Gesetzesänderung als hoheitliche Maßnahme einzuordnen.

---

7 BVerfG v. 13. Dezember 1997, BVerfGE 46, 342 (354); Soergel/*Kronke*, Art 38 EGBGB Anh IV, Rn. 11; vgl. auch Art. 19 (c) der UN-Konvention über Staatenimmunität.

8 S. o. Abschnitt C.II.1.a) und b) zum schwedischen sowie C.II.2.a) und b) zum deutschen Recht.

9 Eine gut gepflegte Sammlung von Investitionsschiedssprüchen und Verfahrensentscheidungen bietet die Seite der University of Victoria, Kanada unter http://ita.law.uvic.ca.

b) Nagel v Czech Republic

In diesem SCC-Verfahren[10] hatte der spätere Schiedskläger mit einem staatlichen Unternehmen einen Vorvertrag zur künftigen Zusammenarbeit im Telekommunikationsbereich geschlossen. Entgegen den Verpflichtungen aus diesem Vorvertrag erfolgte jedoch eine öffentliche Ausschreibung, und der endgültige Auftrag wurde nicht an den Schiedskläger, sondern an Dritte vergeben. Hierbei handelte zwar ein staatlich kontrolliertes Unternehmen, m. E. ist der Bruch des Vorvertrags und die Entscheidung für einen anderen Vertragspartner jedoch als *actum iure gestionis* zu bewerten.

c) Sedelmayer v Russian Federation

Dieses UNCITRAL-Verfahren[11] betraf ein Joint Venture zwischen dem Schiedskläger und der Polizeibehörde St. Petersburg zur Lieferung von Polizei- und Sicherheitsequipment sowie zum Aufbau eines privaten Sicherheitsdienstes und die Vermittlung von Trainingsangeboten durch den Schiedskläger. Die Polizeibehörde stellte ihrerseits die notwendigen Gebäude in St. Petersburg zur Verfügung. Zwischen 1992 und 1995 versuchten russische Behörden mehrfach erfolglos, die durch das Joint Venture genutzten Gebäude in einen staatlichen Fond zu übertragen. Darauf ordnete eine dem Bürgermeister von St. Petersburg zuzuordnende Behörde in Ausführung einer vom russischen Präsidenten erlassenen Richtlinie die Eigentumsübertragung an. Anfang 1995 wurden die Gebäude aufgrund einer gerichtlichen Entscheidung beschlagnahmt und versiegelt. Dieses Vorgehen kann nur als *actum iure imperii* qualifiziert werden.

d) Nykomb Synergetics Technology Holding AB v Latvia

In dem diesem SCC-Verfahren[12] zugrunde liegenden Fall hatte die spätere 100%ige Tochtergesellschaft der Schiedsklägerin einen Vertrag über den Bau eines Kraftwerks und die Abnahme von Strom mit einem staatlichen Unternehmen abgeschlossen. Der von diesem Unternehmen zu zahlende Strompreis war gesetzlich zwingend festgelegt, wurde aber auch zusätzlich in den Vertrag aufgenommen. Infolge einer Gesetzesänderung, die den Strompreis deutlich verringerte, weigerte sich das staatliche Unternehmen, den vertraglich vereinbarten höheren Preis zu zahlen. Die lettische Regierung ordnete zwar an, dass der höhere Preis zu zahlen sei, diese Anordnung wurde aber vom Verfassungsgericht kassiert. Weitere Schritte unternahm die Regierung nicht.

Dieses staatliche Unterlassen scheint auf den ersten Blick einen hoheitlichen Akt darzustellen. Da aber die ursprüngliche Tätigkeit, der Vertragsabschluss über den Kraftwerkbau, eindeutig privatrechtlicher Art war, kann sich der Staat im Hinblick auf

---

[10] SCC Case 49/2002, SAR 2004:1, 141 (Auszüge).
[11] Schiedsspruch vom 7. Juli 1998, abrufbar unter http://ita.law.uvic.ca.
[12] SCC Case No. Arb. 118/2001 (ECT-Verfahren), abrufbar unter http://ita.law.uvic.ca.

sein späteres Tun oder Unterlassen nach den oben dargestellten Grundsätzen[13] nicht auf Immunität berufen.

e) Petrobart v Kyrgistan

Die spätere Schiedsklägerin[14] hatte einen Vertrag über Gaslieferungen mit einem Unternehmen abgeschlossen, das fast vollständig im Eigentum des kirgisischen Staates stand. Nachdem dieses Unternehmen die Zahlungen, zu denen es vertraglich verpflichtet war, eingestellt hatte, erstritt die Schiedsklägerin ein Urteil vor den kirgisischen Gerichten und beantragte die Vollstreckung in das Unternehmensvermögen. Nach Ankündigung der öffentlichen Versteigerung der Vermögenswerte verabschiedete Kirgisistan ein so genanntes „Stabilisierungsprogramm", das u. a. die Gründung zweier neuer staatlicher Unternehmen beinhaltete, auf die das gesamte Vermögen, nicht aber die Verbindlichkeiten des Vertragspartners der Schiedsklägerin übertragen wurde. Auch hier gilt, dass das spätere, für sich betrachtet hoheitliche Handeln, die ursprünglich private Tätigkeit nicht „überholen" und zur Immunität führen kann.

f) BG Group v Argentina

Das UNCITRAL-Verfahren[15] betraf die argentinische Notstandsgesetzgebung während der Wirtschaftskrise 1998 bis 2002. Um die argentinische Wirtschaft zu stabilisieren, wurden u. a. in US-Dollar ausgewiesene Schulden argentinischer Unternehmen per Gesetz in Pesos konvertiert und die bis dahin geltende Bindung des Peso an den US-Dollar aufgehoben. Diese Gesetzgebung stellt unzweifelhaft *acta iure imperii* dar.

g) RosInvestCo UK Ltd. v The Russian Federation

Dieses von der SCC administrierte Verfahren[16] steht im Zusammenhang mit der Zerschlagung des russischen Jukos-Konzerns. Die Schiedsklägerin, eine Jukos-Gesellschafterin, verlangt Schadensersatz für die Beschlagnahme und Versteigerung einer der profitabelsten Jukos-Tochtergesellschaften. Grund der Beschlagnahme und Versteigerung waren angebliche rückständige Steuerschulden gegen Jukos, die sich auf über 28 Mrd. US-Dollar beliefen. Die Tochtergesellschaft wurde von einer bis dahin unbekannten, ebenfalls in Russland ansässigen Briefkastenfirma, die nur wenige Tage später von einem staatseigenen Unternehmen gekauft wurde, für etwa die Hälfte des wahren Wertes erworben. Der eigentliche Erwerbsvorgang ist zwar ein privatrechtlicher Akt. Die vorherige Beschlagnahme und Versteigerung zur Erfüllung vermeintlicher Staatsforderungen müssen aber als hoheitliche Akte angesehen werden.

---

[13] Vgl. *Geimer*, Rn. 584, o. Fn. 3.
[14] SCC Case No. Arb. 126/2003 (ECT-Verfahren), abrufbar unter http://ita.law.uvic.ca.
[15] Schiedsspruch vom 24. Dezember 2007, abrufbar unter http://ita.law.uvic.ca.
[16] SCC Case No. Arb. V079/2005.

h) CCL v Republic of Kazakhstan

Hintergrund dieses SCC-Verfahrens[17] war eine Konzession, die der Staat Kasachstan der späteren Schiedsklägerin erteilt hatte, eine bis dahin zu etwa 90% in Staatseigentum befindliche Ölraffinerie zu nutzen und zu leiten. Die Ölraffinerie war zu diesem Zeitpunkt finanziell in einer offensichtlich schlechten Lage und sah sich den Forderungen weiterer Gläubiger ausgesetzt. Auf Betreiben des Generalstaatsanwalts, dessen Motive auch im späteren Schiedsverfahren unklar blieben, urteilten mehrere Gerichte, die Konzessionsvereinbarung sei aufzuheben. Der Staat Kasachstan nahm daraufhin die Konzession zurück. Die Vergabe von Konzessionen ist ein hoheitlicher Akt, ihre Rücknahme daher ebenfalls als solche einzuordnen.

i) Canadian Cattlemen v USA

In diesem Verfahren, das gem. Kapitel 11 des Nordamerikanischen Freihandelsabkommens und den UNCITRAL-Verfahrensregeln durchgeführt wurde[18], wehrten sich kanadische Landwirte gegen ein von den USA verhängtes Importverbot für Rinder. Bei diesem Importverbot handelt es sich eindeutig um einen *actum iure imperi*.

j) Eureko B.V. v Republic of Poland

Gegenstand dieses Adhoc-Schiedsverfahrens nach UNCITRAL-Regeln[19] war die Privatisierung eines staatlichen Versicherungsunternehmens. Nach einem längeren Bieterverfahren war ein Konsortium unter Beteiligung der Schiedsklägerin als Vertragspartnerin ausgewählt und ein Anteilskaufvertrag abgeschlossen worden, der Verkauf entwickelte sich aber aufgrund starker öffentlicher Proteste zu einer politischen Frage. Daraufhin versuchte die Regierung, sich durch Entlassungen bestimmter Personen aus dem Aufsichtsgremium des Konsortiums wieder stärkeren Einfluss auf das Versicherungsunternehmen zu sichern, und initiierte ein gerichtliches Verfahren, um den Vertrag für nichtig erklären zu lassen. Wegen dieser und bestimmter anderer Meinungsverschiedenheiten kam es nie zu dem ursprünglich vereinbarten öffentlichen Angebot der Anteile an der Börse. Die Nichteinhaltung der vertraglichen Verpflichtungen aus dem *SPA* mag politische Gründe gehabt haben, die Maßnahme als solche ist aber als rein wirtschaftlicher Akt, d.h. als *actum iure gestionis* zu qualifizieren.

---

17 SCC Case No. 122/2001.

18 Schiedsspruch über die Zuständigkeit abrufbar unter http://ita.law.uvic.ca.

19 Teilschiedsspruch vom 19. August 2005, abrufbar unter http://ita.law.uvic.ca; nähere Informationen zum Verfahren in *Investment Law and Policy News Bulletin* vom 15. September 2005, abrufbar unter www.iisd.org/investment/itn.

k) Saluka Investments B.V. v Czech Republic

Die Schiedsklägerin verlangte in diesem Adhoc-Verfahren nach UNCITRAL-Regeln[20] Schadensersatz mit der Begründung, ihr tschechisches Bankprojekt habe, anders als drei andere Großbanken, während der Finanzkrise im Jahr 2000 keine finanzielle Unterstützung für notleidende Kredite durch den tschechischen Staat erhalten. Da auch staatliches Unterlassen einen *actum iure imperii* darstellen kann und nicht erkennbar ist, nach welchen Kriterien die Kredite gewährt wurden, muss hier von rein hoheitlichem Handeln des Staates gesprochen werden.

l) Berschader v Russia

In diesem SCC-Verfahren[21] ging es um den Bau eines Gerichtsgebäudes in Moskau, zu dem sich die Schiedskläger in einem Vertrag mit dem russischen Obersten Gerichtshof verpflichtet und für das sie eine staatliche Baulizenz erhalten hatten. Aufgrund ausbleibender Zahlungen durch den Gerichtshof beriefen sich die späteren Schiedskläger auf ein Zurückbehaltungsrecht und verweigerten die Fortsetzung der Bauarbeiten. Daraufhin erhielten sie ein Schreiben der Präsidialverwaltung mit der Androhung, der Bauvertrag werde wegen der Verzögerungen annulliert. Im Schiedsverfahren trugen die Schiedskläger vor, aufgrund einer polizeilichen Anordnung des russischen Innenministeriums sei ihr Personal zudem von der Baustelle „vertrieben“ worden. Die Baulizenz wurde später durch ein russisches Gericht aufgehoben. Hier fällt die Einordnung der staatlichen Akte nicht ganz leicht. Soweit es um die mangelnde Zahlungsbereitschaft des Vertragspartners geht, ist dieses Unterlassen zweifelsohne als reiner *actum iure gestionis* einzuordnen. Auch die Androhung der „Annullierung“ des Vertrags wegen vermeintlich mangelnder Leistungsbereitschaft der Vertragspartner lässt sich dem noch zuordnen. Die polizeiliche Anordnung und ihre angebliche Durchsetzung sowie die Aufhebung der Baulizenz stellen hingegen hoheitliche Akte dar.

m) Desert Line Projects LLC v Yemen

Ein ähnlich komplexer Sachverhalt lag diesem ICSID-Verfahren[22] zugrunde, das ein Straßenbauprojekt im Jemen betraf. Als die vertraglich vereinbarten Zahlungen durch den jemenitischen Staat ausblieben, drohte der spätere Schiedskläger mit der Einstellung der Bauarbeiten. Dies hatte bewaffnete Auseinandersetzungen auf der Baustelle zur Folge, mit denen örtliche Subunternehmer ihre Lohnforderungen durchzusetzen versuchten. Der Schiedskläger machte geltend, der Straßenbau sei nicht hinreichend durch die örtlichen Behörden geschützt worden. Auch hier ist zu differenzieren. Die reine Nichterfüllung der vertraglichen Zahlungspflichten und die damit verbundenen Unstimmigkeiten über die vertraglichen Anforderungen stellen primär einen *actum*

[20] Teilschiedsspruch vom 17. März 2006, abrufbar unter http://ita.law.uvic.ca.
[21] SCC Case No. 080/2004.
[22] ICISD Case No. ARB/05/17.

iure gestionis dar. Das Unterlassen der geforderten Schutzmaßnahmen ist hingegen als hoheitliche Entscheidung zu qualifizieren.

n) Aguas del Tunari v Republic of Bolivia

Dieses ICSID-Verfahren[23] betraf eine Konzession für den Betrieb der Wasser- und Abwasserversorgung in einer bolivianischen Stadt, die von einer örtlichen Verwaltungsstelle[24] an eine von ausländischen Investoren getragene, in Bolivien inkorporierte Gesellschaft vergeben wurde. Die Konzession hatte eine Laufzeit von 40 Jahren, wurde aber wegen starken öffentlichen Widerstands, der im Wesentlichen auf der Befürchtung der Bevölkerung vor Preissteigerungen beruhte, kurzfristig wieder zurückgenommen. Die Schiedsklägerin machte außerdem geltend, ihre Vermögenswerte seien im Rahmen der entstandenen lokalen Unruhen nicht hinreichend durch den Staat geschützt worden. Sowohl die Rücknahme der Konzession als auch der angeblich fehlende staatliche Schutz des Vermögens sind als *acta iure imperii* zu qualifizieren.

o) Piero Foresti, Laura di Carli and others v Republic of South Africa

In diesem ICSID-Verfahren[25] wehren sich mehrere im südafrikanischen Edelsteinabbau tätige Privatpersonen gegen Gesetze, die im Rahmen des Regierungsprogramms „Black Economic Empowerment" erlassen wurden. Diese Gesetze hatten u.a. zur Folge, dass die Regierung alle Rechte zum Abbau von Bodenschätzen innehatte und so neue Lizenzen vergeben konnte. Die Lizenzen enthielten die Auflage, einen Teil der Abbauunternehmen an „schwarze oder historisch benachteiligte Personen" zu verkaufen. Gesetze und die auf deren Basis erfolgte Lizenzvergabe sind hoheitliche Akte.

2. Folgerungen für einstweilige Maßnahmen in Investitionsschiedsverfahren

Die vorstehende Untersuchung hat gezeigt, dass in der Praxis sowohl rein privatrechtliches Handeln als auch hoheitliche Maßnahmen eines Staates Gegenstand von Investitionsschiedsverfahren werden. Ob hoheitliche Maßnahmen häufiger vorkommen, wie es die dargestellten Beispiele vermuten lassen, kann aufgrund der vergleichsweise kleinen Stichprobe nicht mit Sicherheit beurteilt werden. Die Untersuchung illustriert jedoch, dass die Frage der staatlichen Immunität im Zusammenhang mit dem Erlass einstweiliger Maßnahmen keinesfalls theoretischer Art ist. Auch vermeintlich rein wirtschaftliche Betätigungen des Staates weisen häufig zusätzlich hoheitliche Aspekte auf, etwa wenn es um unterbliebene Schutz- oder Unterstützungsmaßnahmen geht.

---

[23] ICSID Case No. ARB/02/3.

[24] Ob es sich bei den „Water and Electricity Superintendencies" überhaupt um staatliche Stellen handelt, war einer der Streitpunkte des Schiedsverfahrens.

[25] ICSID Case No. ARB/(AF)/07/1. Nähere Informationen in *Investment Treaty News* vom 28. März 2008, abrufbar unter www.iisd.org/investment/itn.

So wird offensichtlich, dass es gerade in der Investitionsschiedsgerichtsbarkeit von Bedeutung ist, den Erlass einstweiliger Maßnahmen durch das Schiedsgericht beantragen zu können und nicht auf die staatlichen Gerichte angewiesen zu sein. Diese Möglichkeit sehen beide hier untersuchten Schiedsgesetze und auch viele Verfahrensordnungen in unterschiedlichem Ausmaß vor[26]. Allerdings nützt allein der Erlass einer Maßnahme dem Antragsteller noch nicht viel, wenn der Staat sich weigert, ihr freiwillig nachzukommen. Dann könnte die Möglichkeit, die Maßnahme wie nach deutschem Recht staatlich für vollstreckbar erklären zu lassen, einen Vorteil für den Investor bedeuten. Beschränkt sich die Kontrolle des staatlichen Gerichts im Rahmen der Vollziehbarkeitserklärung nach § 1041 Abs. 2 ZPO auf ein Minimum, d. h. auf eine reine Verfahrenskontrolle ohne die Ausübung eigenen Ermessens[27], dann lässt sich auch vertreten, dass die Immunität des Staates hierdurch nicht weiter betroffen wird als durch das Schiedsverfahren selbst[28]. Daher sollte, auch soweit in der Literatur für die Wirtschaftsschiedsgerichtsbarkeit anderes vertreten wird, die Befugnis der staatlichen Gerichte in diesem Bereich unbedingt auf eine Verfahrenskontrolle beschränkt werden. Die Vollziehbarkeitserklärung verleiht der schiedsrichterlichen Maßnahme dann zwar staatliche Legitimität, das staatliche Gericht beurteilt aber nicht die Handlungen eines fremden Staates. Über den Vollstreckungsakt selbst ist damit genauso wenig entschieden wie über die Erfolgsaussichten der Klage im Hauptverfahren.

Eine Beurteilung der Erfolgssaussichten im Hauptverfahren müsste hingegen erfolgen, wenn das staatliche Gericht originär über den Erlass der einstweiligen Maßnahme entscheidet. Daher geht es (auch) um die Beurteilung der hoheitlichen Maßnahmen des Gaststaates, die nach Ansicht des Investors eine Enteignung darstellen oder ihr gleichkommen, so dass sich der Gaststaat m. E. mit Erfolg auf seine Immunität berufen könnte. Ein Gericht des Drittstaates dürfte keine einstweilige Maßnahme erlassen. Demnach bietet die deutsche Regelung mit der Vollstreckbarerklärung einer schiedsrichterlichen Maßnahme einen ganz erheblichen Vorteil gegenüber dem weniger weit reichenden schwedischen Recht. Sie verleiht der Maßnahme staatliche Autorität, ohne dass die staatlichen Gerichte auch nur vorläufig über den materiellen Anspruch entscheiden und damit Jurisdiktion über einen fremden Staat ausüben müssten. Dies kann allerdings nur dann gelten, wenn der hier vertretenen Ansicht gefolgt wird, dem staatlichen Gericht lediglich eine Minimalkontrolle und keine eigene Entscheidungsbefugnis einzuräumen. Anderenfalls sähe sich schon die Vollstreckbarkeitserklärung dem Einwand der Immunität ausgesetzt. Darüber hinaus führt die Vollziehbarkeitserklärung bereits zu einer gewissen Öffentlichkeit des Verfahrens, den ein beklagter Staat in bestimmten Konstellationen u.U. sogar gern vermeiden würde. Die staatliche Legi-

---

[26] Vgl. Art. 26 der UNCITRAL-Verfahrensregeln, Art. 23 der ICC-Verfahrensordnung, § 31 der SCC-Verfahrensordnung bzw. § 26 der vereinfachten Verfahrensordnung, § 20 der DIS-Schiedsordnung, Art. 47 der ICSID-Verfahrensordnung und Art. 14 a der Wiener Regeln.

[27] Vgl. oben Abschnitt C. IV. 1. a) bb).

[28] In der Literatur wird teilweise bezweifelt, dass das eigentliche Schiedsverfahren überhaupt die Immunität des Staates berührt, vgl. *Schlosser*, Rdnr. 348. A.A.: *Fox*, I.C.L.Q. 1988, 1 (4).

timation, die die schiedsrichterliche Maßnahme für grundsätzlich vollstreckbar erklärt, kann an sich schon ausreichen, um politischen Druck auf den beklagten Staat auszuüben, selbst wenn es zur eigentlichen Vollstreckung nicht kommen sollte. Die Vollstreckung der staatlichen oder schiedsgerichtlichen Maßnahme selbst hängt schließlich davon ab, welche Art von Vermögen betroffen ist. Auch wenn grundsätzlich eine Vollziehung in (auch) wirtschaftlichen Zwecken dienendes Vermögen zulässig ist, kann es doch in der Praxis schwierig sein, festzustellen, welchen Zwecken bestimmtes staatliches Vermögen tatsächlich dient. Zudem müssen auch die zuständigen Behörden davon überzeugt werden, dass es sich nicht um hoheitliches Vermögen handelt. Daher dürfte die psychologische und politische Wirkung einer einstweiligen Maßnahme bedeutender und auch eher Erfolg versprechend sein als die Vollstreckung selbst. Damit stellt sich die Inanspruchnahme staatlichen einstweiligen Rechtsschutzes in der Investitionsschiedsgerichtsbarkeit im Gegensatz zur Wirtschaftsschiedsgerichtsbarkeit nicht mehr als echte Alternative dar. Vielmehr wird man im Regelfall auf einstweiligen schiedsrichterlichen Rechtsschutz zurückgreifen müssen.

Auch die Argumente, die in der privaten Wirtschaftsschiedsgerichtsbarkeit gegen den Ausschluss des staatlichen Rechtsschutzes vorgebracht werden, greifen in der Investitionsschiedsgerichtsbarkeit nicht recht durch: In der Wirtschaftsschiedsgerichtsbarkeit werden die mangelnde Vollstreckbarkeit der schiedsrichterlichen Maßnahmen bzw. der mit der Vollstreckbarerklärung einhergehende Zeitverlust angeführt, die es aus Rechtsschutzgründen nicht zuließen, den Erlass einstweiliger staatlicher Maßnahmen gänzlich auszuschließen. Die Vollstreckung ist aber in der Investitionsschiedsgerichtsbarkeit immer problematisch – unabhängig von der Art der Maßnahme – und der staatliche einstweilige Rechtsschutz aus den genannten Gründen keine echte Alternative zum schiedsgerichtlichen einstweiligen Rechtsschutz. Dies spricht dafür, entsprechende Ausschlussvereinbarungen zwischen den Streitparteien oder den Parteien des zugrunde liegenden bilateralen Abkommens zuzulassen. In Deutschland ist eine solche Tendenz zum Teil bereits für die private Wirtschaftsschiedsgerichtsbarkeit zu erkennen[29], sie sollte daher zumindest in der Investitionsschiedsgerichtsbarkeit zugelassen werden. Auch in ICSID-Verfahren ist der staatliche einstweilige Rechtsschutz grundsätzlich ausgeschlossen, sofern die Parteien nicht eine abweichende Vereinbarung getroffen haben[30]. Dies zeigt, dass gegen den Ausschluss staatlichen Rechtsschutzes in Investitionsschiedsverfahren keine grundsätzlichen Bedenken bestehen.

Aus den praktischen Vorteilen, die der schiedsgerichtliche einstweilige Rechtsschutz in Investitionsschiedsverfahren gegenüber dem staatlichen Rechtsschutz aufweist, lässt sich außerdem ableiten, dass das Schiedsgericht nicht auf die Maßnahmen des staatlichen einstweiligen Rechtsschutzes beschränkt bleiben sollte. Die Argumente sind

---

[29] S. oben Abschnitt C. VI. 1.

[30] S. dazu oben Abschnitt B. V. 5.

schon für die Wirtschaftsschiedsgerichtsbarkeit wenig überzeugend[31]. Geht man aber davon aus, dass es in Investitionsstreitigkeiten eher selten zur Vollstreckung einer einstweiligen Maßnahme kommt, scheint eine Anpassung der schiedsrichterlichen Maßnahme an das staatliche Verfahren erst recht nicht erforderlich. Selbst wenn man also für die private Schiedsgerichtsbarkeit der Ansicht folgt, Schiedsgerichte könnten nur solche einstweiligen Maßnahmen erlassen, die denen der staatlichen Gerichte entsprechen[32], sollte für die Investitionsschiedsgerichtsbarkeit anderes gelten.

Die hier besprochenen Abweichungen ergeben sich vor allem aus dem Recht eines souveränen Staates, sich vor den Gerichten eines anderen Staates auf seine Immunität zu berufen. Dies lässt sowohl den Erlass einstweiliger Maßnahmen durch die staatlichen Gerichte als auch deren Vollstreckung jedenfalls dann unpraktikabel, wenn nicht sogar unzulässig erscheinen, wenn Gegenstand des Schiedsverfahrens eine hoheitliche Maßnahme des Gaststaates im Sinne der oben dargestellten Definition ist.

II. Die Aufhebung und Ungültigkeit von Investitionsschiedssprüchen

Das Aufhebungsverfahren wird als Rechtsmittel in der Wirtschaftsschiedsgerichtsbarkeit immer attraktiver[33]. In Investitionsschiedsverfahren mag es für den unterlegenen Staat von noch größerer Bedeutung sein, einen nachteiligen Schiedsspruch von staatlichen Gerichten aufheben lassen zu können. Auch in Fällen, in denen ein solcher Antrag kaum Erfolgsaussichten hat, kann sich ein unterlegener Staat im innenpolitischen Interesse dazu verpflichtet fühlen, ein Aufhebungsverfahren anzustrengen. So wird wenigstens der Vorwurf vermieden, die Regierung habe nicht alles unternommen, um nachteilige Folgen für den Staatshaushalt abzuwenden. Wie bereits ausgeführt[34], ist Investitionsschiedsgerichtsbarkeit letztlich die materiellrechtliche Überprüfung staatlicher Handlungen, im Gegensatz zur Überprüfung von Vertragsverletzungen privater Personen. Wird die Entscheidung der Schiedsrichter in Investitionsstreitigkeiten durch eine Aufhebungsklage angegriffen, so steht damit vor dem staatlichen Gericht des Schiedsortes mittelbar auch das Verhalten eines fremden Staates auf dem Prüfstand.

Diese Besonderheit der Investitionsschiedsgerichtsbarkeit könnte es gebieten, das nationale Schiedsverfahrensrecht im Lichte einzelner Bestimmungen des Völkerrechts, nämlich bilateraler und multilateraler Investitionsschutzabkommen, anders auszulegen als in rein privatrechtlichen Sachverhalten oder zumindest eine andere Definition bestimmter Begriffe rechtfertigen. Es schließt sich die generelle Frage an, ob staatliche Gerichte überhaupt ein geeignetes Forum für die Aufhebung von Schiedssprüchen aus Investitionsstreitigkeiten sind und wenn nein, welche Alternativen sich anbieten.

---

[31] Hervorgehoben werden vor allem die Parallelität von staatlichem und schiedsgerichtlichem Rechtsschutz sowie die Anpassung im Rahmen der staatlichen Vollziehbarkeitserklärung. S. dazu und zu den Gegenargumenten näher oben C. III. 1.

[32] So *Schütze*, BB 1998, 1650 (1651).

[33] *Horn*, in: Horn, S. 3 (5).

[34] Abschnitt B. V. 1.

Im Folgenden sollen zunächst der bisher von den staatlichen Gerichten angewandte Maßstab bei Investitionsstreitigkeiten dargestellt (1.) und die generelle Anwendbarkeit des nationalen Verfahrensrechts überprüft werden (2.). Anschließend werden die einzelnen in Abschnitt D. erörterten Aufhebungsgründe auf ihre Vereinbarkeit mit Investitionsschiedssprüchen untersucht (3.). Nach einer Zwischenzusammenfassung (4.) werden alternative Gestaltungsmöglichkeiten dargestellt und kritisch beleuchtet (5.). Abschließend werden die Ergebnisse dieses Abschnitts zusammengefasst (6.).

1. Maßstab für Aufhebungsverfahren in Investitionsstreitigkeiten

Die bisher vor schwedischen Gerichten entschiedenen Aufhebungsklagen aus Investitionsschiedsverfahren zeigen, dass die einzelnen Aufhebungsgründe nach genau den gleichen Kriterien ausgelegt und angewandt wurden wie in der Wirtschaftsschiedsgerichtsbarkeit. Eine weitere oder engere Auslegung der Aufhebungs- oder Ungültigkeitsgründe scheint aus dieser Sicht offenbar nicht veranlasst. In Deutschland fehlt zu dieser Frage noch ausreichendes Rechtsprechungsmaterial. Gewisse Hinweise lassen sich aber aus den Beschlüssen des BGH vom 4. Oktober 2005 ableiten[35]. Dabei ging es um die Vollstreckung eines schwedischen Schiedsspruchs gegen die russische Föderation[36]. Der deutsche Investor beantragte beim Amtsgericht Berlin-Mitte Vollstreckung in die Umsatzsteuer-Rückerstattungsansprüche der Russischen Föderation gegen die Bundesrepublik Deutschland und in einem weiteren Verfahren vor dem Amtsgericht Köln Vollstreckung in Zahlungsansprüche der Russischen Föderation aus der Einräumung von Überflugrechten, Transitrechten und Einfuhrrechten gegen die Bundesrepublik Deutschland. Die Vollstreckung wurde jedoch in beiden Verfahren aus Gründen der staatlichen Immunität Russlands bzw. der Unzuständigkeit deutscher Gerichte für unzulässig erklärt, was der BGH in den genannten Beschlüssen bestätigte.

Zwar ging es in diesen Verfahren um die Vollstreckung, nicht um die Aufhebung eines Schiedsspruchs. Doch lässt sich daran immerhin die Tendenz ablesen, dass auch deutsche Gerichte keinen Anlass sehen, Investitionsschiedssprüche in staatlichen Verfahren anders zu behandeln als Schiedssprüche aus traditionellen Wirtschaftsschiedsverfahren. Es fehlt zumindest jeder Hinweis darauf, dass überhaupt erwogen wurde, deren Besonderheiten im Rahmen der Vollstreckungsverfahren zu berücksichtigen. Ob dieser Ansatz aber langfristig auch Zustimmung in der Literatur finden wird, erscheint fraglich. So kritisiert beispielsweise *Raeschke-Kessler* an diesen Entscheidungen, dass das Völkerrecht nicht hinreichend berücksichtigt worden sei[37]. Aus juristischer Sicht seien die Beschlüsse zwar „ordentlich gemacht", man habe aber aufgrund der völkerrechtlichen Verpflichtung der Russischen Föderation gegenüber der Bundesrepublik Deutschland aus dem Investitionsschutzabkommen, Investoren für staatliche Enteig-

[35] BGH, Az.: VII ZB 08/05, SchiedsVZ 2006, S. 44 ff., und Az.: VII ZB 09/05, S. 47 ff.

[36] Franz Sedelmayer v. Russian Federation, Schiedsspruch vom 7. Juli 1998, abrufbar unter http://ita.law.uvic.ca.

[37] *Raeschke-Kessler*, SchiedsVZ 2006, 51 f.

nungen zu entschädigen, die Grenzen der Immunität in diesem Fall deutlich enger ziehen können. *Raeschke-Kessler* ist insofern zuzustimmen, als dass ein Investitionsschiedsspruch sich zwar der Form der Wirtschaftsschiedsgerichtsbarkeit bedient, letztlich aber eine andere Qualität besitzt als ein Schiedsspruch aus einer Miet- oder Werkvertragsstreitigkeit[38]. Es bleibt abzuwarten, ob sich auch die Gerichte und andere Autoren in der deutschen schiedsgerichtlichen Literatur der Kritik anschließen werden.

2. Anwendbarkeit nationalen Verfahrensrechts

Grundsätzlich gilt sowohl in Schweden als auch in Deutschland das Territorialitätsprinzip[39]. Danach sind die deutschen bzw. schwedischen Gerichte immer dann zuständig, wenn der Schiedsort in ihrem Staatsgebiet lag oder liegt. Anderes gilt nur für ICSID-Verfahren, in denen die Zuständigkeit der staatlichen Gerichte gerade ausgeschlossen und allein das Ad-hoc-Komitee für die Aufhebung zuständig ist[40]. Im Aufhebungsverfahren *Russische Föderation v. Sedelmayer* vor dem Stockholmer Amtsgericht[41] und in zweiter Instanz vor dem Hofgericht[42] versuchte der im Schiedsverfahren obsiegende *Sedelmayer*, die Anwendung schwedischen Schiedsverfahrensrechts und damit die Zuständigkeit der schwedischen Gerichte für die Aufhebung des Schiedsspruchs mit dem Argument in Frage zu stellen, es handele sich bei dem Streit um eine völkerrechtliche Angelegenheit. Daher sei weder das Schiedsverfahren noch der Schiedsspruch schwedischem Recht unterworfen.

Das Stockholmer Amtsgericht wies die Argumentation *Sedelmayers* zurück und erklärte, das Territorialitätsprinzip gelte auch in Investitionsstreitigkeiten unverändert[43]. Die Tatsache, dass das Schiedsverfahren seine Grundlage in einem zwischenstaatlichen Vertrag habe, veranlasse jedenfalls dann keine andere Beurteilung, wenn eine der Streitparteien kein souveräner Staat, sondern ein Privatrechtssubjekt sei[44]. Ebenso sah es das Stockholmer Hofgericht im Aufhebungsverfahren *Tschechische Republik v. CME*[45]. Danach veranlasst der Umstand, dass der Fall internationale Bezüge aufweist, nichts anderes, als dass die Frage der Ungültigkeit oder Aufhebbarkeit des Schiedsspruchs hauptsächlich nach schwedischem Recht zu beantworten ist[46]. Soweit ausländisches Recht für die Entscheidung von Bedeutung sei und einen anderen Inhalt habe als

38 *Raeschke-Kessler.*, a.a.O. (51).

39 Zum deutschen Recht s. § 1051 Abs. 1 ZPO, *Lachmann*, S. 57 f.; zum schwedischen Recht s. § 46 LSF, *Heuman*, Practice and Procedure, S. 57 f.

40 S. o. Abschnitt B. V. 6.

41 Az.: T 6-583-98, Urteil vom 18. Dezember 2002.

42 Az.: T 525-03, Urteil vom 15. Juni 2005. Das Verfahren richtete sich nach dem alten schwedischen SML, weshalb das Amtsgericht als Erst- und das Hofgericht als Zweitinstanz zuständig war.

43 Stockholm Tingsrätt, Az.: T 6-583-98, S. 16.

44 S. 16 des Urteils.

45 Svea Hovrätt, Az.: T 8735-01 vom 15. Mai 2005.

46 S. 78 des Urteils.

das schwedische Recht, könne dieses mit berücksichtigt werden[47]. Im deutschen Recht gibt es, soweit ersichtlich, bisher keine Rechtsprechung dazu.

Es erscheint jedoch überzeugend, die Zuständigkeit nationaler Gerichte nicht davon abhängig zu machen, ob die Schiedsvereinbarung ihre Grundlage in einer privatrechtlichen Vereinbarung oder in einem völkerrechtlichen Abkommen findet. Denn die Unzuständigkeit der nationalen Gerichte am Schiedsort hätte zur Konsequenz, dass sich u. U. überhaupt kein staatliches Gericht für zuständig erklärt, um über die Aufhebung des Schiedsspruchs zu entscheiden. Eine Überprüfung wäre dann nur noch im Rahmen der Vollstreckung möglich. Folglich müsste sich die im Schiedsverfahren unterlegene Partei in wiederkehrenden Verfahren vor der jeweiligen Vollstreckungsbehörde verteidigen, ohne jemals Rechtssicherheit erlangen zu können.

Man mag zwar durchaus bezweifeln, ob staatliche Gerichte das korrekte Forum für die Aufhebung von Investitionsschiedssprüchen sind[48]. Wird dies allerdings verneint, so müsste im Interesse der Rechtssicherheit zumindest eine Alternative zur Verfügung stehen. Da eine solche bislang jedoch nicht existiert, bleibt an dieser Stelle nur festzuhalten, dass staatliche Gerichte am Schiedsort auch dann für die Aufhebung eines zwischen einer Privatperson und einem Staat ergangenen Schiedsspruchs zuständig sind, wenn das Verfahren auf einem völkerrechtliches Investitionsschutzabkommen basiert.

3. Die einzelnen Aufhebungsgründe im Investitionsschiedsverfahren

Um zu überprüfen, ob nationale Gerichte ein geeignetes Forum für die Aufhebung von Investitionsschiedssprüchen darstellen und ob solche Schiedssprüche ggf. anders zu behandeln sind als Wirtschaftsschiedssprüche, sollen im Folgenden die einzelnen Aufhebungsgründe vor dem Hintergrund der bereits oben[49] herausgearbeiteten Besonderheiten der Investitionsschiedsgerichtsbarkeit näher betrachtet werden. Abschließend sollen die bestehenden Regelungen anhand der Rechtspraxis bewertet werden.

a) Betroffene Drittinteressen: Ordre public und objektive Schiedsfähigkeit

Prinzipielle Probleme könnten die Aufhebungsgründe des Verstoßes gegen den *ordre public* und der mangelnden Schiedsfähigkeit aufwerfen. Denn in Investitionsschiedsverfahren sind in besonderem Maße Interessen Dritter und der Allgemeinheit betroffen[50]. Dies allein kann allerdings keine Aufhebung des Schiedsspruchs begründen. Denn berührt sind i. d. R. die Interessen des beteiligten Staates, während der Staat des

[47] S. 78 des Urteils.

[48] *Rubins*, in: Weiler, S. 359 (361), spricht von „pushing the investor-state struggle into national courts".

[49] Vgl. oben Abschnitt B. V.

[50] *Bernasconi-Osterwalder*, JWIT 2005, 69 (70); *Werner*, JWI 2003, 767 (768 u. 783).

Schiedsortes meist keine besondere Beziehung zum Streitfall aufweist[51]. Voraussetzung für die Aufhebung eines Schiedsspruchs wegen Verstoßes gegen den *ordre public* in den hier untersuchten Rechtsordnungen ist aber gerade, dass die Anerkennung oder Vollstreckung des Schiedsspruchs gegen den *ordre public* am Schiedsort verstoßen würde[52] bzw. dass der Schiedsspruch selbst gegen die Grundlagen der öffentlichen Ordnung am Schiedsort verstößt[53]. Auch die Frage der objektiven Schiedsfähigkeit betrifft die Wertungen der am Schiedsort geltenden nationalen Rechtsordnung[54].

aa) Ordre public

Der Begriff des *ordre public* lässt sich nicht genau definieren. Gemeinhin werden drei Formen des *ordre public* unterschieden. So bezieht sich der engere *ordre public interne* auf rein inländische Sachverhalte[55]. In Verfahren mit Auslandsbezug, beispielsweise bei der Anerkennung eines ausländischen Gerichtsurteils, soll der weitere *ordre public international* zur Anwendung kommen[56]. Internationale Schiedsgerichte legen häufig den Maßstab des *ordre public transnational* an, der sich an Grundprinzipien orientiert, die von Staaten verschiedener politischer und rechtlicher Ausrichtung allgemein anerkannt werden[57]. Dies gilt in besonderem Maße für die Investitionsschiedsgerichtsbarkeit[58].

Im Unterschied zum *ordre public international* ist der *ordre public transnational* nicht mit einer einzelnen Rechtsordnung verknüpft, sondern ergibt sich aus dem Zusammenwirken verschiedener Rechtsordnungen. Er ist daher enger als der *ordre public international* bestimmter einzelner Staaten. Während sich also internationale Schiedsgerichte eher am *ordre public transnational* orientieren, entscheiden staatliche Gerichte am Maßstab ihres nationalen *ordre public*, wobei aber der internationale Charakter des Streits über die (u. U. zusätzliche) Heranziehung des *ordre public international* berücksichtigt wird. Dieser nationale Maßstab gilt grundsätzlich auch für die Entscheidung über Anträge auf Aufhebung eines internationalen Schiedsspruchs[59].

Handelt es sich dabei um einen Schiedsspruch aus einem internationalen Investitionsstreit, könnte jedoch der Maßstab des *ordre public transnational* angebracht sein. Dies würde im Ergebnis zu einer noch engeren Auslegung des *Ordre-public*-Begriffs bei der Aufhebung von Investitionsschiedssprüchen führen, denn ein Verstoß gegen den *ordre public transnational* dürfte noch seltener vorkommen als ein Verstoß gegen den jeweils anwendbaren *ordre public international* des Schiedsortes. Problematisch ist an

---

51 Als Schiedsort wird meist ein „neutraler" Ort gewählt, zu dem keine der Parteien eine besondere Verbindung hat, vgl. *Redfern/Hunter*, Rdnr. 6-13.

52 § 1059 Abs. 2 Nr. 2 b) ZPO. Vgl. oben Abschnitt D. II. 2 b).

53 § 33 Abs. 1 Nr. 2 LSF. Vgl. oben Abschnitt D. II. 1 b).

54 S. oben Abschnitt D. II. 1 a) und 2 a).

55 *Redfern/Hunter*, Rdnr. 9-30.

56 *Redfern/Hunter*, Rdnr. 9-30.

57 *Hunter/Conde E Silva*, JWI 2003, 367 (367 u. 370) m. w. N.

58 *Hunter/Conde E Silva*, JWI 2003, 367 (372).

59 S. o. Abschnitt D. II. 1 b) und 2 b).

dieser Auslegung des *Ordre-public*-Begriffs, dass die staatlichen Gerichte damit auf ihren nationalen Standard verzichten müssten. Bestimmte Verhaltensweisen oder Rechtsregeln, die gegen ihren *ordre public international* verstoßen, könnten vom *ordre public transnational* geduldet werden. Dennoch ist m. E. eine Orientierung am Maßstab des *ordre public transnational* in Aufhebungsverfahren gerechtfertigt. Investitionsschiedssprüche basieren prozessual auf einer Schiedsvereinbarung in einem völkerrechtlichen Vertrag und betreffen materielle völkerrechtliche Ansprüche. Es entspricht diesem völkerrechtlichen Charakter der Streitigkeit, auch nach Erlass des Schiedsspruchs Besonderheiten nationaler Rechtsordnungen außer Acht zu lassen.

Vor dem Hintergrund eines so verstandenen *ordre public* könnte vor allem der Missbrauch der Schiedsgerichtsbarkeit einen Aufhebungsgrund darstellen. Gegenüber dem prinzipiellen Anliegen des *ordre public* (deutscher Prägung), Private vor einem solchen Missbrauch zu schützen, werden in der Investitionsschiedsgerichtsbarkeit Fälle diskutiert, in denen Investoren oder Investorengruppen bestimmte gesellschaftsrechtliche Strukturen vorsätzlich zum Nachteil der Gaststaaten ausnutzen und beispielsweise Briefkastenfirmen in anderen Staaten gründen, um so in den Anwendungsbereich eines BIT zu kommen[60]. Nach Ansicht einiger Autoren steht die Investitionsschiedsgerichtsbarkeit gerade deshalb in der Kritik, weil der Eindruck erweckt werde, ihre Mechanismen wirkten einseitig zugunsten der Investoren und böten zuviel Raum für Missbrauch[61]. Diese Sicht der Dinge ist zu einseitig. Es lässt sich aber auch keineswegs ausschließen, dass einzelne Investoren und Investorengruppen durchaus in der Lage sind, die Strukturen bilateraler Investitionsschutzabkommen zu ihren Gunsten auszunutzen. Das allein ist aber weder *ordre-public*-widrig noch sonst verwerflich. Die Grenze ist m. E. dort zu ziehen, wo erkennbar Unternehmensstrukturen geschaffen wurden, um in den Schutzbereich verschiedener BITs zu gelangen und diese Strukturen im Streitfall dann auch ausgenutzt, d. h. Klagen im Namen verschiedener Rechtspersönlichkeiten und unter verschiedenen BITs erhoben werden. Lässt sich hier der wahre Empfänger der geforderten und ggf. gezahlten Schadensersatzsummen ermitteln und sind die dahinter stehenden natürlichen oder juristischen Personen identisch, könnte mit Hilfe des *Ordre-public*-Vorbehalts ein Missbrauch der Investitionsschiedsgerichtsbarkeit verhindert werden. Dies gilt umso mehr, wenn auf der Beklagtenseite ein Entwicklungs- oder Schwellenland steht. Umgekehrt wird es gerade auch dem *ordre public transnational* entsprechen, wenn Staaten für die Missachtung ihrer völkerrechtlichen Verpflichtungen zur Verantwortung gezogen werden – und zwar unabhängig von der zu zahlenden Schadensersatzsumme. So können jedenfalls die häufig unter dem Stichwort der staatlichen Souveränität diskutierten Interessen der Öffentlichkeit an der Erhaltung des Staatshaushaltes und daran, bestimmte regulatorische Maßnahme überhaupt ergreifen zu können[62], keine Aufhebung eines Schiedsspruchs wegen Verstoßes

60 *Jagusch/Sinclair* in: Ribeiro, S. 73 (98 ff.) mit Hinweisen zu Regelungen im ECT und einzelnen BITs, die solchen Missbrauch auszuschalten versuchen. Vgl. dazu bereits oben B. V. 4.

61 *Bernasconi-Osterwalder*, JWIT 2005, 69 (69).

62 Vgl. *Wälde*, JWI 2001, 223 (226 f.). A. A.: *Rubins*, in: Weiler, S. 359 (384).

gegen den *ordre public* bedingen. Hier muss ein vernünftiger Ausgleich zwischen Investoren- und Staateninteresse geschaffen werden. Dieser Ausgleich liegt nicht nur im Interesse der beteiligten Staaten, sondern wegen der damit verbundenen politischen und wirtschaftlichen Stabilität auch in dem der übrigen Staatengemeinschaft.

Das bislang noch verbreitete Misstrauen gegenüber der internationalen Schiedsgerichtsbarkeit[63] ließe sich weiter abbauen, wenn bekannt würde, dass es sich hierbei nicht um ein einseitiges Verfahren handelt, das regelmäßig einen großen „westlichen" Investor favorisiert. Beispielsweise erhielt der Schiedsspruch, der die Tschechische Republik zur Zahlung von 355 Mio. US-Dollar Schadensersatz an CME verpflichtete, ein riesiges Echo in den einschlägigen Fachzeitschriften und auf Konferenzen. Ein ähnliches Investitionsschiedsverfahren mit dem gegenteiligen Ergebnis, nämlich der Abweisung der Klage[64], wurde aber fast überhaupt nicht weiter zur Kenntnis genommen.

So würde es auch gerade dem *ordre public* entsprechen, wenn ein bestimmtes betrügerisches oder sonst zu missbilligendes Verhalten eines Investors staatlich sanktioniert oder reguliert wird, also etwa Waffenhandel unter staatliche Kontrolle gestellt, der An- und Verkauf von international geschützten Kulturgütern eingeschränkt oder die Beschäftigung von Arbeitnehmern unter Missachtung der Menschenrechte sanktioniert wird. In der unwahrscheinlichen Konstellation, dass ein international besetztes Schiedsgericht in diesem Fall dem Investor Recht geben würde, wäre der Schiedsspruch nachträglich wegen *Ordre-public*-Widrigkeit aufzuheben.

Die hier vorgeschlagene Auslegung des *Ordre-public*-Begriffs hätte zur Folge, dass staatliche Gerichte anhand eines transnationalen bzw. völkerrechtlichen Maßstabs über die Aufhebbarkeit des Schiedsspruchs entscheiden müssten. Prinzipiell ist eine solche Kontroll- und Aufhebungsmöglichkeit wünschenswert. Allerdings dürften die Gerichte eines Staates, der noch dazu keine anderen Berührungspunkte zu dem Streit aufweist als dass sich der Schiedsort auf seinem Territorium befindet, dafür kaum das geeignete Forum darstellen. Weitaus passender erscheint eine internationale Instanz.

bb) Schiedsfähigkeit

Grundsätzlich gilt für Fragen der Schiedsfähigkeit wie für den *ordre public* das nationale Recht am Schiedsort, da es letztlich eine rechtspolitische Entscheidung des jeweiligen Staates ist, in welchen Grenzen private Gerichtsbarkeit zugelassen werden soll[65].

In Deutschland sind nach § 1030 Abs. 1 S. 1 ZPO alle vermögensrechtlichen Streitigkeiten schiedsfähig, so dass sich hier keine größeren Probleme ergeben. Denn in aller Regel geht es in Investitionsschiedsverfahren um die Zahlung von Entschädigung oder Schadensersatz. In Schweden kommt es hingegen für die Schiedsfähigkeit auf die

[63] UNCTAD, Key Issues I, S. 349.

[64] William Nagel v. The Czech Republic, Schiedsspruch vom 9. September 2003, SAR 2004:1, 141 (Auszüge). Die Aufhebungsklage vor dem Stockholmer Hofgericht wurde abgewiesen, Beschluss vom 30. Mai 2005, Az.: T 9059-03, vgl. dazu SIAR 2006:2, 147 m. Anm. *Polkinghorne/Secomb.*

[65] *Redfern/Hunter*, Rdnr. 3-21.

Dispositionsfreiheit der Parteien oder Vergleichsfähigkeit der Streitigkeit an. Daran fehlt es, wenn die streitenden Parteien nicht über den Streitgegenstand verfügen können, weil z. B. Interessen Dritter oder der Allgemeinheit entgegenstehen. Aufgrund der völkerrechtlichen Aspekte ist es in Investitionsschiedsverfahren zumindest denkbar, dass durch den Ausgang des Schiedsverfahrens auch Interessen Dritter betroffen werden. Zwar lässt sich bei entsprechend enger Auslegung des Streitgegenstands vertreten, dass es sich auch in Investitionsschiedsverfahren lediglich um Ersatzansprüche zwischen den beteiligten Parteien handelt, die keine unmittelbaren Auswirkungen auf Dritte haben. Dies griffe aber zu kurz. Denn der Ausgang eines Investitionsschiedsverfahrens sowie das Verfahren selbst betreffen immer auch die Bevölkerung des beteiligten Staates. Selbst wenn der Gaststaat im Verfahren obsiegt, so kann sich doch allein dessen Beteiligung am Schiedsverfahren negativ auf seinen internationalen Ruf und seine Stellung in der Staatengemeinschaft auswirken. Ebensolche Folgen lassen sich prognostizieren, je häufiger ein Staat von ausländischen Investoren vor internationalen Schiedsgerichten verklagt wird. Hinzu kommen die zum Teil massiven finanziellen Auswirkungen auf den Staatshaushalt bei einer Verurteilung zu Schadensersatzzahlungen und bei häufiger Beteiligung an Schiedsverfahren auch steigende Kosten für die Rechtsberatung[66]. Demnach lässt sich die Schiedsfähigkeit von Investitionsstreitigkeiten zumindest nicht einfach mit der Dispositionsbefugnis der Parteien begründen.

Faktisch hat jedoch die Großzahl der existierenden Staaten durch die Aufnahme von Schiedsklauseln in die meisten ihrer bilateralen Investitionsschutzabkommen die Schiedsfähigkeit von Investitionsstreitigkeiten anerkannt. So hat Schweden 56 solcher Abkommen geschlossen[67], die Bundesrepublik Deutschland mit 120 fast doppelt so viele[68]. Zwar sehen nicht alle dieser Abkommen Schiedsverfahren für Streitigkeiten zwischen Investor und Gastland vor. Beispielsweise fehlt eine solche Klausel im deutsch-äthiopischen BIT von 1964 und im schwedisch-chinesischen BIT von 1982. In fast allen neueren BITs finden sich aber entsprechende Schiedsklauseln. Im Übrigen wäre auch fraglich, welchem alternativen Forum Investitionsstreitigkeiten zuzuweisen wären, wenn nicht der internationalen Schiedsgerichtsbarkeit. Denn zweifellos sind staatliche Gerichte zur Beilegung solcher Streitigkeiten noch deutlich weniger geeignet: Sind die Gerichte des Gaststaates mit dem Investitionsstreit befasst, so besteht immer auch die Gefahr einer parteilichen Entscheidung. Gerichten anderer Staaten fehlt aufgrund der staatlichen Immunität des Gaststaates schon die Kompetenz, über dessen hoheitliche Maßnahmen zu entscheiden. Die vorgehenden Überlegungen zeigen aber, dass der Begriff der Schiedsfähigkeit im Rahmen von Investitionsstreitigkeiten weiter auszulegen ist als in der Wirtschaftsschiedsgerichtsbarkeit, und dass es auf die Dispositionsfreiheit der Parteien allein nicht ankommen kann. Vielmehr lässt sich die Frage

---

66 UNCTAD, Investor-State Disputes, S. 8 u. 17.

67 Die Liste ist abrufbar unter www.regeringen.se/sb/d/3029.

68 Aufgelistet und kommentiert bei *Dolzer/Bloch* in: Handbuch Internationales Wirtschaftsrecht, S. 1043 (1104), Rdnr. 135.

nach der Schiedsfähigkeit des Streitgegenstandes nur unter Auslegung und Berücksichtigung des jeweils anzuwendenden BITs zufriedenstellend beantworten.

cc) Sonderfall: Der Schutz geistigen Eigentums

Ein Sonderproblem stellt in diesem Zusammenhang der Schutz geistigen Eigentums dar. Nach vielen BITs gelten diese Rechte als Investition und fallen somit unter den Schutz des jeweiligen Abkommens[69]. Nach nationalem Schiedsverfahrensrecht sind aber z. B. Patent- oder Urheberrechtsstreitigkeiten nicht immer und in jeder Hinsicht schiedsfähig[70]. So dürfen Schiedsgerichte unter schwedischem und deutschem Recht nicht über die Gültigkeit oder Ungültigkeit von Patent- oder Urheberrechten entscheiden, wohl aber feststellen, ob ein solches bestehendes Recht verletzt wurde und dementsprechend Schadensersatz zusprechen. In diesem Rahmen dürften sich meist auch die zu entscheidenden Fragen in einem Investitionsstreit halten. Falls sich allerdings die Gültigkeit eines Patents oder sonstigen geistigen Rechts als vorgelagerte oder inzidente Frage doch einmal im Investitionsschiedsverfahren stellt, entsteht ein Konflikt zwischen nationalem Verfahrensrecht und völkerrechtlichem Abkommen. Das Schiedsgericht könnte dann das Verfahren aussetzen und eine Entscheidung der jeweils zuständigen Behörde abwarten, was aber u. U. sehr zeit- und kostenintensiv werden kann. Es könnte auch eine abschließende Entscheidung treffen und die Aufhebung des Schiedsspruchs riskieren, oder es könnte das Verfahren wegen fehlender Schiedsfähigkeit des Streitgegenstandes einstellen. Zumindest in Schweden wäre ein solcher Schiedsspruch aber ebenfalls mit Hilfe des § 36 LSF angreifbar.

Insgesamt bietet sich für diesen wohl seltenen Konfliktfall keine einheitliche Lösung an, so dass es dem Schiedsgericht im Einzelfall überlassen bleiben muss, einen gangbaren Lösungsweg zu finden. Wo dies praktisch möglich und nach dem Verfahrensrecht zulässig ist, erscheint aber die Aussetzung des Verfahrens und das Abwarten einer behördlichen Entscheidung als sicherster Weg.

b) Ungültigkeit oder Fehlen der Schiedsvereinbarung

Die Schiedsvereinbarung für Investitionsschiedsverfahren im hier verstandenen Sinne[71] ergibt sich immer aus einem bilateralen Investitionsschutzabkommen zweier Staaten. Zusätzlich kann im eigentlichen Investitionsvertrag zwischen dem Investor und dem jeweiligen Gaststaat eine Schiedsklausel enthalten sein. Eine solche Schiedsklausel erfasst dann jedoch nur die aus diesem Vertrag resultierenden Ansprüche. Will der Investor in einem internationalen Schiedsverfahren Ansprüche aus dem BIT geltend machen, so muss er sich auf eine darin enthaltene Schiedsvereinbarung bzw. die Unter-

---

[69] Vgl. z. B. Art. 8 des deutsch-bangladeschischen BITs, Art. 1 des deutsch-weißrussischen BITs; alle hier zitierten BITs sind abrufbar unter www.unctad.org.

[70] S. oben Abschnitt D. II. 1 a) aa) zur schwedischen und D. II. 2 a) cc) zur deutschen Rechtslage.

[71] S. oben Abschnitt B. II.

werfung des jeweiligen Gaststaates unter die internationale Schiedsgerichtsbarkeit nach bestimmten Verfahrensregeln berufen und den darin vorgesehenen Rechtsweg beschreiten. Der Großteil der bis heute in Kraft getretenen BITs sieht internationale Schiedsgerichtsbarkeit als Streitbeilegungsmechanismus vor, wenn auch manche Abkommen zunächst die Erschöpfung des staatlichen Rechtsweges im Gaststaat vorschreiben. Wie am Beginn dieser Arbeit bereits ausgeführt[72], hat der Investor meist die Wahl zwischen verschiedenen Verfahrensarten.

Vor allem aber setzt ein Schiedsverfahren wegen Verletzung eines Investitionsschutzabkommens voraus, dass der Anwendungsbereich dieses Abkommens eröffnet ist. Dazu muss zunächst der Geschädigte als „Investor" im Sinne des Abkommens gelten, und seine finanziellen oder ideellen Leistungen müssen eine „Investition" darstellen. Dies ist nicht nur Voraussetzung für einen materiellen Schadensersatz- oder Entschädigungsanspruch, sondern auch dafür, überhaupt ein Schiedsverfahren durchführen zu können. Denn erst wenn der BIT an sich anwendbar ist, kann die darin enthaltene Schiedsvereinbarung auch Grundlage des Schiedsverfahrens sein. Und nur wer Investor im Sinne des jeweiligen Abkommens ist, kann sich auf dessen Schutz berufen und bestimmte Maßnahmen des Gaststaates als Verletzung des Abkommens rügen. Somit erfüllt die Definition des Begriffs „Investor" bzw. „Investition" zwei Funktionen: Zum einen normiert sie einen Teil der materiellen Voraussetzungen für die Gewährung von Schadensersatz. Zum anderen legt sie prozessual fest, wer sich auf die von zwei Staaten geschlossene Schiedsvereinbarung im BIT berufen kann. Damit haben Entscheidungen des Schiedsgerichts über seine Zuständigkeit bzw. die Existenz und Gültigkeit der Schiedsvereinbarung immer auch materiellrechtlichen Charakter. Sie stellen fest, ob eine Person Investor im Sinne des Abkommens ist.

Es stellt sich demnach die Frage, ob die Gültigkeit der Schiedsvereinbarung von einem staatlichen Gericht im Rahmen des Aufhebungsverfahrens aus einem Investitionsschiedsspruch überhaupt geprüft werden darf. Mit der Entscheidung über die Gültigkeit der Schiedsvereinbarung würde das staatliche Gericht zugleich auch darüber entscheiden, ob das Schiedsgericht den völkerrechtlichen Vertrag richtig ausgelegt und angewendet hat, also die richtige Anwendung materiellen Rechts prüfen. Dies widerspricht dem fundamentalen Prinzip der Schiedsgerichtsbarkeit, materielle Überprüfungen durch ein staatliches Gericht nicht zuzulassen[73]. Dies gilt auch dann, wenn weitere Bewertungen des Schiedsgerichts, wie z. B. die Entscheidung darüber, ob eine Enteignung oder Maßnahmen gleicher Wirkung vorliegen, nicht Gegenstand der gerichtlichen Prüfung sind. Die für den Schiedsspruch zentrale Frage, ob eine Person als Investor gilt und eine Investition im Sinne des Abkommens getätigt hat, würde trotzdem vom staatlichen Gericht materiellrechtlich überprüft.

So sahen es auch das Stockholmer Amtsgericht bzw. das Stockholmer Hofgericht in den Aufhebungsverfahren *Russische Föderation v. Sedelmayer*[74], *Tschechische Republik v.*

[72] S. oben Abschnitt B. II.

[73] *Lachmann*, S. 1, Rdnr. 5; *Berger*, S. 462; *Lew/Mistelis/Kröll*, S. 5 u. 373 f.

[74] Stockholm Tingsrätt, Az.: 6-583-98, bestätigt vom Svea Hovrätt, Az.: T 525-03.

CME[75] und *Nagel v. Tschechische Republik*[76]. Nach der Entscheidung im Fall *Sedelmayer* braucht eine Partei lediglich zu behaupten, dass sich ihr Anspruch aus einem Vertrag ergebe, der auch eine Schiedsklausel enthält. Sofern diese Behauptung nicht offensichtlich unbegründet ist, gilt das Schiedsgericht im Verfahren vor dem staatlichen Gericht als zuständig. Nach dieser so genannten Behauptungsdoktrin (*påståendedoktrin*)[77] reichte zur Begründung der Zuständigkeit eines internationalen Schiedsgerichts schon *Sedelmayers* Behauptung im Schiedsverfahren, er sei Investor mit ständigem Wohnsitz in Deutschland und demnach berechtigt, Investitionsschutz nach dem deutsch-russischen BIT zu beanspruchen[78]. Wie die Schiedsrichter schließlich diese Fragen beurteilten, war nach Ansicht des Gerichts eine Entscheidung in materieller Hinsicht, die nicht Gegenstand gerichtlicher Überprüfung werden konnte.

In *Nagel v. Tschechische Republik* strengte der im Schiedsverfahren unterlegene Kläger *William Nagel* ein Aufhebungsverfahren nach § 36 LSF an, da das Schiedsgericht das Verfahren fälschlicherweise ohne Sachprüfung abgeschlossen habe. Die Schiedsrichter hatten die Klage abgewiesen, da *Nagel* ihrer Auffassung nach kein Investor im Sinne des bilateralen Investitionsschutzabkommens zwischen Großbritannien und der Tschechischen Republik war[79]. Nach Ansicht des Schiedsgerichts war dies keine vorläufige Entscheidung über seine eigene Zuständigkeit, sondern eine abschließende Entscheidung über den materiellen Anspruch des Klägers[80]. *Nagel* beantragte die Aufhebung des Schiedsspruchs mit der Begründung, die Entscheidung darüber, ob er „Investor" im Sinne des Abkommens sei, habe Bedeutung für die Zuständigkeit des Schiedsgerichts und sei damit als formelle Entscheidung vom Hofgericht nachprüfbar.

Im Aufhebungsverfahren stimmte das Stockholmer Hofgericht der Ansicht des Schiedsgerichts zu: Auch wenn das Schiedsgericht bei der Abweisung der Schiedsklage den etwas unklaren englischen Begriff *„dismissed"* verwendet habe, so gehe doch aus dem Zusammenhang eindeutig hervor, dass die Schiedsrichter eine materielle Beurteilung vorgenommen und den Streit in der Sache entschieden hätten[81]. Eine Überprüfung komme damit nicht in Betracht[82].

Entsprechend äußerte sich das Hofgericht *obiter dictum* auch in *Tschechische Republik v. CME.* Ob CME Schaden für einen Zeitraum geltend machen konnte, in dem sie womöglich gar nicht „Investor" im Sinne des BIT war und ob dem Schiedsgericht

---

75 Svea Hovrätt. Az.: T 8735-01.

76 Beschluss des Stockholmer Hofgerichts vom 30. Mai 2005, Az.: T 9059-03; SIAR 2006:2, S. 139.

77 *Heuman*, Skiljemannarätt, S. 76; NJA 1982, 738; Stockholm Tingsrätt, Az.: T 6-583-98 („Sedelmayer"), S. 16 f. des Urteils.

78 Stockholm Tingsrätt, Az.: T 6-583-98, S. 17 des Urteils.

79 Svea Hovrätt, Az.: T 9050-03, S. 2 des Beschlusses.

80 S. 2 des Beschlusses.

81 S. 6 des Beschlusses.

82 S. 6 des Beschlusses.

daher die Zuständigkeit für diesen Zeitraum fehlte, seien Fragen materiellrechtlicher Art und könnten daher nicht mittels Aufhebungsklage geprüft werden[83].

Die schwedischen Gerichte verzichten demnach ganz auf eine Überprüfung der Zuständigkeit des Schiedsgerichts nach § 34 Abs. 1 Nr. 1 LSF, soweit sich diese aus einem internationalen Investitionsschutzabkommen ergibt und von der Interpretation der Begriffe „Investor" bzw. „Investition" abhängt. Die Interpretation und Auslegung dieser Begriffe wird vielmehr als materielle Entscheidung in der Sache angesehen. Allerdings hatte zumindest im Verfahren *Nagel v. Tschechische Republik* bereits das Schiedsgericht die Qualifizierung des Klägers als Investor ausdrücklich als materiellrechtliche Frage und nicht als Frage der Zuständigkeit beurteilt. Es ist jedenfalls nicht auszuschließen, dass diese ausdrückliche Einordnung durch das Schiedsgericht selbst auch die Entscheidung des staatlichen Gerichts beeinflusst hat.

Insgesamt erscheint es aber nachvollziehbar und sinnvoll, dass staatliche Gerichte im Rahmen von Investitionsstreitigkeiten auf die Überprüfung der schiedsgerichtlichen Kompetenz wegen einer womöglich fehlenden Schiedsvereinbarung verzichten. Denn zum einen wäre zur richtigen Beurteilung dieser Fragen spezifisches völkerrechtliches Fachwissen auf dem Gebiet des Investitionsschutzrechts nötig, das dem staatlichen Gericht häufig fehlen dürfte. Zum anderen aber käme dies einer materiellen Überprüfung des Schiedsspruchs gleich. Außerdem werden die Begriffe des Investors und der Investition bisher nicht einheitlich definiert. Vielmehr enthalten die meisten BITs jeweils für ihren Anwendungsbereich eine eigene Definition. Dies kann zu Folge haben, dass eine Person nach einem bestimmten BIT als Investor anzusehen ist, nach einem anderen aber gerade nicht[84]. Zwar können sich die Schiedsrichter bei ihrer Beurteilung an früheren Entscheidungen anderer Schiedsgerichte orientieren[85], dabei ist jedoch immer zu bedenken, dass jede Klausel eines BITs nach ihrem eigenen Wortlaut und Normzusammenhang auszulegen ist und eine frühere Entscheidung damit auch nur für diesen bestimmten Fall einen echten Anhaltspunkt bietet.

In dieser unklaren Situation dem staatlichen Gericht das letzte Wort über die Zuständigkeit des Schiedsgerichts zu geben, widerspräche dem Sinn des völkerrechtlichen Abkommens, das gerade ein von staatlichen Gerichten unabhängiges Rechtsschutzverfahren vorsieht. Die Gerichte eines dritten Staates, der mit dem BIT keine andere Verbindung aufweist als dass das Schiedsverfahren auf seinem Territorium stattfindet oder stattfand, sollten nicht im Ergebnis über die Gewährung von Schadensersatz entscheiden[86]. Denn dies wäre letztlich die Konsequenz, ließe man staatliche Gerichte abschließend beurteilen, ob das Schiedsgericht eine wesentliche Voraussetzung für die Gewährung von Schadensersatz richtig ausgelegt hat. Da sich aber im Rahmen der Investitionsschiedsgerichtsbarkeit die prozessualen Voraussetzungen für die Zuständig-

[83] Az.: T 8735-01, S. 96 des Urteils.

[84] Zur Bestimmung der Nationalität des Investors s. o. Abschnitt B. V. 4.

[85] *Rubins/Hory*, SIAR 2005:1 (o. S.).

[86] Vgl. schon Kritik an *„joint submissions/interpretations"* der beteiligten Staaten durch *Price*, JWIT 2005, 73 (77).

keit des Schiedsgerichts bzw. für die Existenz einer gültigen Schiedsvereinbarung auf der einen und die materiellen Voraussetzungen für die Gewährung von Schadensersatz auf der anderen Seite überlagern, muss dem Schiedsgericht hier ein weiterer Spielraum eigener und unabhängiger Entscheidungsbefugnis eingeräumt werden als sonst üblich.

Es besteht demnach ein gewisses Spannungsverhältnis zwischen staatlichen Gerichten und Schiedsgerichten. Der komplette Verzicht staatlicher Gerichte auf die Prüfung, ob tatsächlich eine gültige Schiedsvereinbarung vorlag, stellt unter diesen Umständen die bessere Alternative dar. Im schwedischen und auch im deutschen Schiedsverfahrensrecht hat aber seit der Reform ausdrücklich das staatliche Gericht das „letzte Wort" bei der Entscheidung über die Gültigkeit der Schiedsvereinbarung[87]. Auch wäre es nicht systemkonform, wollte man Schiedsgerichtsbarkeit ohne erkennbare gültige Schiedsvereinbarung zulassen. Um diese Spannung so weit wie möglich auszugleichen, wäre folgender Kompromiss denkbar: Grundsätzlich sollte ein Schiedsspruch aus Investitionsstreitigkeiten nicht wegen fehlender Schiedsvereinbarung aufgehoben werden können. Dies kann allerdings dann nicht gelten, wenn offensichtlich auszuschließen ist, dass eine gültige Schiedsvereinbarung besteht, sich also der angebliche „Investor" unter keinen Umständen auf den Schutz des von ihm geltend gemachten völkerrechtlichen Investitionsschutzabkommens berufen kann.

Eine weitere Besonderheit im Zusammenhang mit der Gültigkeit der Schiedsvereinbarung ergibt sich aus dem (von manchen angenommenen) Grundsatz der Vertraulichkeit. Wenn schon allgemein zweifelhaft ist, ob es einen solchen Grundsatz überhaupt gibt und worauf er sich gründet, so ist in Investitionsschiedsverfahren noch größere Zurückhaltung angebracht. Sind staatliche Maßnahmen Gegenstand eines Schiedsverfahrens, so besteht in aller Regel ein berechtigtes öffentliches Interesse an Informationen über Verhandlungen und Erkenntnisse während des Verfahrens[88]. Dem beklagten Staat mag die Geheimhaltung des Verfahrens zwar entgegenkommen, dieses staatliche Interesse wird aber in der Investitionsschiedsgerichtsbarkeit meist dem öffentlichen Interesse weichen müssen. Unabhängig von der oben geführten Diskussion sollte die Veröffentlichung bestimmter Informationen hier nicht von einem staatlichen Gericht als Grund für die Kündigung der Schiedsvereinbarung akzeptiert werden. Während die Verletzung der Vertraulichkeit also im Privatrechtsverkehr teilweise als Bruch der Schiedsvereinbarung angesehen wird, kann dies m. E. in Investitionsschiedsverfahren nicht gelten.

c) Mandatsüberschreitung

Sowohl in Deutschland als auch in Schweden sind Schiedssprüche aufzuheben, wenn die Schiedsrichter ihr Mandat bzw. ihren Auftrag überschritten haben. Nach dem oben dargelegten Verständnis in der Wirtschaftsschiedsgerichtsbarkeit umfasst das

---

[87] Zum deutschen Recht vgl. § 1040 Abs. 3 ZPO und Gesetzesbegründung BT-Drs. 13/5274, S. 44; zum schwedischen Recht vgl. § 2 LSF und Prop. 1998/99:35, S. 74 f.

[88] S. dazu *Kühn/Gantenberg*, FS-Schlosser, S. 461 (475) und unten Abschnitt E. II 3. a).

„Mandat" die Schiedsvereinbarung selbst sowie die von den Parteien gestellten Anträge. Je nach Auffassung kann auch eine Mandatsunterschreitung, also eine Entscheidung, die sich nicht mit allen von den Parteien gestellten Anträgen befasst, unter den Aufhebungsgrund der Mandatsüberschreitung fallen. Dies entspricht der h. M. in Schweden[89]. In Deutschland stellt die Mandatsunterschreitung hingegen nach h. M. einen „sonstigen" Verfahrensfehler dar[90]. Da beide Fälle jedoch von der Auslegung des „Mandats" abhängen, sollen sie hier gemeinsam behandelt werden. Im Folgenden wird untersucht, unter welchen Voraussetzungen in Investitionsschiedsverfahren eine Mandatsüber- oder -unterschreitung vorliegen kann.

In der Investitionsschiedsgerichtsbarkeit wird grundlegend zwischen völkerrechtlichen Ansprüchen aus bi- oder multilateralen Abkommen (*„treaty claims"*) und privatrechtlichen Ansprüchen aus dem Investitionsvertrag zwischen Investor und Staat (*„contract claims"*) unterschieden[91]. Je nach Abkommen und Ausformulierung der Schiedsklausel können beide Anspruchsarten oder aber nur die völkerrechtlichen Ansprüche, die sich direkt aus dem bi- oder multilateralen Abkommen ergeben, von der Schiedsvereinbarung erfasst sein. Zwar kommt es auch vor, dass in dem eigentlichen Investitionsvertrag eine Schiedsklausel enthalten ist. Interessieren sollen hier jedoch entsprechend der eingangs vorgenommenen Abgrenzung vordringlich Schiedsklauseln in völkerrechtlichen Abkommen.

In Schweden gilt als Mandatsüberschreitung auch der Fall, dass das Schiedsgericht das anwendbare materielle Recht fehlerhaft bestimmt. In Deutschland gilt dies als Verfahrensfehler im Sinne des § 1059 Abs. 2 Nr. 1 d) ZPO. Aufgrund seines Umfangs und der Bedeutung der Abgrenzung zwischen vertrags- und völkerrechtlichen Ansprüchen wird dieser Fall im nächsten Abschnitt separat behandelt[92].

aa) Verwendung so genannter „umbrella clauses"

Viele der bis Ende 2006 weltweit abgeschlossenen 2.573 BITs enthalten so genannte „Schirmklauseln" (*umbrella clauses*), in denen die Staatsparteien vereinbaren, alle vertraglichen Verpflichtungen, die sie gegenüber einem Investor des anderen Staates übernehmen werden, einzuhalten[93]. Mit solchen Klauseln werden bestimmte, eigentlich rein vertragliche Pflichten zwischen Staat und Investor dem Schirm (*umbrella*) des BIT unterworfen. Dies wirft die Frage auf, ob das Schiedsgericht weiterhin nur die unmittelbar aus dem BIT resultierenden völkerrechtlichen Ansprüche prüfen darf, oder durch die *umbrella clause* auch zur Prüfung der vertraglichen Ansprüche des Investors

---

[89] S. oben Abschnitt D. III. 2. a).

[90] S. oben Abschnitt D. III. 4. b).

[91] S. dazu *Cremades/Cairns*, in: Horn, S. 325 (326 ff.).

[92] S. unten d), S. 219.

[93] Vgl. z. B. Art. 11 des schweizerisch-pakistanischen BIT, Art. X (2) des schweizerisch-philippinischen BIT, Art. 2 (2) Satz 2 des britisch-malaysischen BIT.

ermächtigt ist[94]. Teilweise wird die Auffassung vertreten, das Schiedsgericht sei zur Prüfung der vertraglichen Ansprüche nicht nur ermächtigt, sondern sogar verpflichtet[95]. Eine unterlassene Prüfung vertraglicher Ansprüche stelle daher zugleich eine Mandatsunterschreitung dar[96]. Nach der Gegenansicht[97] sind vertragliche und völkerrechtliche Ansprüche deutlich zu trennen, da sie auf verschiedenen Grundlagen beruhten, unterschiedlich weit reichten und jeweils anderes materielles Recht auf sie anwendbar sei. Die Verletzung eines privatrechtlichen Vertrags sollte nach dieser Auffassung nicht mittels einer *umbrella clause* in den Stand einer Verletzung völkerrechtlicher Pflichten erhoben werden[98].

Eine herrschende Meinung zur richtigen Einordnung und Auslegung von *umbrella clauses* hat sich bisher nicht herausgebildet[99]. Dies dürfte auch daran liegen, dass sich diese Klauseln von Fall zu Fall in ihrem Wortlaut unterscheiden. Demnach sind Entscheidungen früherer Schiedsgerichte nur von begrenzter Aussagekraft für spätere Verfahren. Solange sich jedoch keine einheitliche Auffassung durchsetzen kann, wiegt die persönliche Rechtsauffassung der Schiedsrichter in dieser Frage besonders schwer. Je nach Besetzung des Schiedsgerichts wird sich das Schiedsgericht in einem BIT-Verfahren auch zur Entscheidung über vertragliche Ansprüche für berufen halten, oder aber fürchten, gerade dadurch sein Mandat zu überschreiten und demnach seine Zuständigkeit verneinen. Umgekehrt kann es aber auch eine Mandatsunterschreitung darstellen, wenn das Schiedsgericht über bestimmte Fragen nicht entscheidet, die von der Schiedsvereinbarung umfasst sind. Dies verdeutlicht, wie riskant letztlich die Entscheidung des Schiedsgerichts über seine eigene Zuständigkeit im Bereich der Investitionsschiedsgerichtsbarkeit ist. Geht man weiter davon aus, dass es den staatlichen Gerichten in der Regel an völkerrechtlichem Expertenwissen fehlen dürfte, so muss man bezweifeln, ob staatliche Gerichte im Rahmen von Aufhebungsklagen über diese international höchst umstrittenen Fragen entscheiden können und dürfen.

---

94 So vertreten vom Schiedsgericht in SGS Société Générale de Surveillance S.A. v. Republic of the Philippines, ICSID Case No. ARB/02/6; Schreuer, Transnational Dispute Management, August 2005, S. 6 (10 u. 16); Mehrheit des Schiedsgerichts in Eureko B.V. v. Republic of Poland (ad-hoc), Teilschiedsspruch vom 19. August 2005 abrufbar unter http://ita.law.uvic.ca.

95 *Cremades*, TDM August 2005, 42 (43).

96 *Cremades*, a.a.O.

97 *Blackaby*, TDM August 2005, 15 (15 f.); SGS Société Générale de Surveillance S.A. v. Islamic Republic of Pakistan, ICSID Case No. ARB/01/13; El Paso International Company v. Argentine Republic, ICSID Case No. ARB /03/15 und ihm folgend das fast gleich besetzte Tribunal in BP America Production Co. v. Argentine Republic, ICSID Case No. ARB 04/8.

98 *Blackaby*, TDM August 2005, S. 15 (15).

99 Ebenso die Einschätzung von *Dolzer/Bloch*, in: Handbuch Internationales Wirtschaftsrecht, S. 1043 (1075), Rdnr. 83. Vgl. auch die Ausführungen von *Vis-Dunbar* zum ICSID-Verfahren Malaysian Historical Salvors v. Malaysia, Investment Treaty News v. 11. April 2006 und die Entscheidung des Schiedsgerichts über seine Zuständigkeit in R.F.C.C. v. Morocco, ICSID Case No. ARB/00/6, sowie *Peterson*, Analysis, Investment Treaty News vom 15. Juni 2006.

bb) Staatlicher Rechtsschutz vor Schiedsgerichtsbarkeit

Viele BITs enthalten neben der Schiedsvereinbarung Klauseln, die den Investor verpflichten, nach einer gewissen Abkühlungsphase von mehreren Monaten zunächst staatlichen Rechtsschutz im Gaststaat in Anspruch zu nehmen, bevor er als *ultima ratio* ein internationales Schiedsgericht anrufen darf. Vertragliche oder völkerrechtliche Verpflichtungen, zunächst staatlichen Rechtsschutz im Gastland in Anspruch zu nehmen, bevor ein internationales Schiedsgericht angerufen werden darf, wirken sich direkt auf die Zuständigkeit des Schiedsgerichts aus. Allerdings dürfte das staatliche Gericht am Schiedsort im Rahmen des Aufhebungsverfahrens in der Lage sein, diese Frage mit einem Blick in den anwendbaren BIT und ggf. den jeweiligen Investitionsvertrag zu beantworten. Besonderheiten sollten sich daher für diesen Fall nicht ergeben, wenn nicht im Einzelfall Streit über die Reichweite dieser Pflicht besteht.

cc) Verwendung von „Fork in the road"- Klauseln

Besteht sowohl ein separater Investitionsvertrag zwischen Investor und Gaststaat bzw. dessen zuständiger Behörde als auch ein bilaterales Investitionsschutzabkommen zwischen dem Heimatstaat des Investors und dem Gaststaat, so sind parallele Verfahren denkbar. Der Investor könnte z. B. Ansprüche aus dem BIT in einem internationalen Schiedsverfahren, Ansprüche aus dem Investitionsvertrag dagegen vor staatlichen Gerichten des Gaststaates geltend machen. Dies versuchen so genannte *„fork in the road"*-Klauseln in den Abkommen zu verhindern, die sich häufig u. a. in lateinamerikanischen BITs finden[100]. Danach kann der Investor nur entweder staatlichen Rechtsschutz im Gastland oder internationalen Rechtsschutz vor einem Schiedsgericht in Anspruch nehmen, nicht aber beide kumulativ. Sobald er einen Weg beschritten hat, ist ihm der andere verschlossen. Wie diese Klauseln zu interpretieren sind, ist höchst umstritten: Zwingen sie den Investor nur zur abschließenden Wahl eines Forums für die völkerrechtlichen Ansprüche aus dem BIT oder betrifft die Wahl alle möglichen Ansprüche aus dem Investitionsstreit, d. h. auch die einzelvertraglichen[101]? Welche Folgen hat es für die völkerrechtlichen Ansprüche aus dem BIT, wenn der Investor ein staatliches Gerichtsverfahren oder ein Schiedsverfahren auf Grundlage des privatrechtlichen Investitionsvertrags anstrengt? Verzichtet der Investor also mit der Wahl des Forums automatisch und endgültig auf einen Teil seiner Ansprüche?

Eine denkbare Auslegung ist, dass das Schiedsgericht durch eine *Fork-in-the-road*-Klausel nur dann unzuständig wird, wenn die Parteien und die geltend gemachten Anspruchsgrundlagen in beiden Verfahren identisch sind (*„identity of parties"* und *„identity of cause of action"*)[102]. Dies entspräche dem üblichen Verständnis in der Wirtschaftsschiedsgerichtsbarkeit, wonach Ansprüche, die in einem staatlichen Gerichtsverfahren

---

[100] *Turner*, TDM August 2005, 19 (20). Vgl. auch Art. 10 (3) des deutsch-ecuadorianischen BIT.
[101] *Cremades/Cairns*, in: Horn, S. 333.
[102] *Turner*, TDM, August 2005, S. 19 (21).

geltend gemacht werden, obwohl sie von einer Schiedsklausel erfasst werden, später nicht erneut in einem Schiedsverfahren erhoben werden können[103]. Übertragen auf die Investitionsschiedsgerichtsbarkeit würde dies bedeuten, dass der *„Fork-in-the-road“*-Mechanismus nur dann ausgelöst wird, wenn die in einem staatlichen Gerichtsverfahren oder privatrechtlichen Schiedsverfahren zwischen denselben Parteien geltend gemachte Anspruchsgrundlage auch von der Schiedsklausel im BIT erfasst wird. Nur in diesem Fall wäre ein weiteres, völkerrechtliches, Schiedsverfahren auf Grundlage des BIT unzulässig. Dies entspricht nach einer UNCTAD-Studie aus dem Jahr 2005[104] der bisherigen Praxis der ICSID-Schiedsgerichte, die solche Klauseln nur angewendet haben, wenn die klagenden Parteien vor den staatlichen Gerichten des Gaststaates und vor dem internationalen Schiedsgericht identisch waren.

Andere lehnen diese „klassische“ Auslegung des Verzichts in der Investitionsschiedsgerichtsbarkeit ab. Danach soll es nicht so sehr auf Identität von Parteien und Anspruchsgrundlagen ankommen, sondern vielmehr auf die Identität des konkreten Anspruchsziels, beispielsweise Schadensersatz, und die Identität der angegriffenen bzw. zu überprüfenden staatlichen Maßnahmen[105]. Eine einheitliche Antwort auf diese Frage kann es jedoch kaum geben, denn wie auch bei den oben behandelten *umbrella clauses* hängt die Reichweite einer *„Fork-in-the-road“*-Klausel vor allem von ihrem Wortlaut und ihrer Formulierung ab, und die weltweit 2.573 BITs unterscheiden sich darin zum Teil erheblich[106]. Ob ein Investor durch die Wahl des staatlichen oder schiedsgerichtlichen Forums auf einen Teil seiner Ansprüche verzichtet, kann daher nur für den im Einzelfall anwendbaren BIT und nach dem Sinn und Zweck der darin enthaltenen Klausel beantwortet werden. Zu bedenken ist außerdem, dass sich völkerrechtliche und vertragliche Ansprüche in der Praxis nicht immer so klar und eindeutig trennen lassen. So hängt z. B. die Gewährung von Schadensersatz nach dem BIT auch von der Interpretation bzw. der Verletzung des jeweiligen Investitionsvertrags ab. Dies zeigt, dass das mit einem Aufhebungsverfahren befasste staatliche Gericht auch bei der Frage der Mandatsüberschreitung oder Mandatsunterschreitung schwierige völkerrechtliche Bewertungen vornehmen muss. Ein Blick in das anwendbare völkerrechtliche Investitionsschutzabkommen dürfte hier im Regelfall nicht mehr ausreichen, sondern es müssten - sofern dem Schiedsgericht selbst diese Expertise fehlt - im Rahmen der Beweisaufnahme völkerrechtliche Sachverständige zu Rate gezogen werden.

d) Fehlerhafte Rechtsanwendung als Verfahrensfehler

Ein Schiedsspruch kann in Schweden wegen Mandatsüberschreitung aufgehoben werden, wenn die Schiedsrichter das „falsche“ Recht auf den Streit angewendet haben[107].

---

[103] *Lew/Mistelis/Kröll*, Rdnr. 7-87.
[104] UNCTAD, Investor-State Disputes, S. 21.
[105] *Kantor*, TDM, August 2005, S. 23 (26).
[106] *Sacerdoti*, TDM, August 2005, S. 17 (17).
[107] S. oben Abschnitt D. III. 2. a).

In Deutschland gilt dies als „sonstiger Verfahrensfehler“ im Sinne von § 1059 Abs. 2 Nr. 1 d) ZPO[108]. Unabhängig von der rechtlichen Einordnung steht fest, dass in beiden Rechtsordnungen die Schiedsrichter an eine Rechtswahl der Parteien gebunden sind. So dürfen sie keinesfalls einen Streit nach bloßen Billigkeitsgesichtspunkten entscheiden, wenn die Parteien sie nicht dazu ermächtigt haben[109]. Aber auch in anderen Fällen ist nicht immer eindeutig, ob die Schiedsrichter das anwendbare Recht in Übereinstimmung mit der Parteivereinbarung ermittelt haben. Zum einen kann die Rechtswahlklausel der Parteien unklar sein, so dass dem Schiedsgericht ein gewisses Ermessen zuzugestehen ist. Hier schließt sich die Frage an, ob die Schiedsrichter das ihnen gewährte Ermessen richtig ausgeübt haben. Zum anderen ist fraglich, ob allein die fehlerhafte Bestimmung oder auch die fehlerhafte Anwendung des richtig, d. h. in Übereinstimmung mit der Parteivereinbarung, bestimmten Rechts eine Mandatsüberschreitung bzw. einen Verstoß gegen das rechtliche Gehör darstellt.

Im schwedischen und deutschen Schiedsverfahrensrecht wird zur Feststellung eines Verfahrensfehlers eine bewusste Missachtung des von den Parteien gewählten Rechts gefordert[110]. Die fehlerhafte Subsumtion unter das richtig bestimmte Recht hingegen stellt eine materielle Beurteilung dar, die der Überprüfung der staatlichen Gerichte entzogen ist[111]. Wie schwierig allerdings die richtige Differenzierung zwischen fehlerhafter Bestimmung des anwendbaren Rechts und fehlerhafter Anwendung des richtig bestimmten anwendbaren Rechts sein kann, zeigt die ICSID-Aufhebungsentscheidung *Klöckner v. Cameroon*[112]. In diesem Verfahren hatte das Schiedsgericht nach Ansicht des Aufhebungskomitees zwar das anwendbare Recht richtig identifiziert, es dann aber nicht angewendet, sondern seine Entscheidung auf ein breites Billigkeitskonzept gestützt, ohne dessen Existenz im positiven Recht zu begründen[113].

In Investitionsstreitigkeiten finden sich die Rechtsgrundlagen für den zu entscheidenden Streit häufig im BIT selbst. So enthält der niederländisch-tschechische BIT, der im Investitionsschiedsverfahrens zwischen CME und der Tschechischen Republik zur Anwendung kam (oben B. I.), eine Rechtswahlklausel, wonach das Schiedsgericht „auf der Grundlage des Rechts“ entscheiden und „insbesondere, wenn auch nicht ausschließlich, das geltende Recht des Vertragsstaates, die Vorschriften dieses Vertrages und anderer Verträge zwischen den Vertragsparteien, die Vorschriften besonderer Vereinbarungen bezüglich der Investition und allgemeine Prinzipien des Völkerrechts berücksichtigen“ sollte[114]. Im Aufhebungsverfahren vor dem Stockholmer Hofgericht machte die Tschechische Republik geltend, das Schiedsgericht habe entgegen dieser

---

108 S. oben Abschnitt D. III. 4. b).

109 S. oben Abschnitt D. III. 2. a) und b).

110 Zum deutschen Recht vgl. *Berger*, S. 480 f.; Zöller-*Geimer*, § 1059, Rdnr. 66; zum schwedischen Recht vgl. *Heuman*, Practice and Procedure, S. 603.

111 S. oben Abschnitt D. III. 2. a) und b).

112 ICSID Case No. ARB/81/2 vom 3.5.1985, I.L.R. 1999 (Bd. 114), 243.

113 I.L.R. 1999 (Bd. 114), 243 (268 ff.).

114 Art. 8.6 des niederländisch-tschechischen BIT.

Rechtswahlklausel nach Billigkeitsgrundsätzen entschieden und das eigentlich anwendbare tschechische Recht als Recht des Gaststaates sowie das Völkerrecht missachtet und dadurch sein Mandat überschritten[115]. Das Hofgericht wies dieses Vorbringen zurück. Eine Mandatsüberschreitung liege nur dann vor, wenn das Schiedsgericht entgegen einer ausdrücklichen Anweisung, das Recht eines bestimmten Staates anzuwenden, das Recht eines anderen Staates zugrunde lege[116]. Soweit die Rechtswahlklausel nicht eindeutig sei und daher ausgelegt werden müsse, könne nur dann eine Mandatsüberschreitung vorliegen, wenn sich die Auslegung durch die Schiedsrichter als derart unbegründet erweise, dass sie mit einer schon fast bewussten Missachtung einer Rechtswahlklausel gleichzusetzen sei[117]. Im vorliegenden Fall seien die angegebenen Rechtsquellen nicht nummeriert und auch nicht in der Weise markiert gewesen, dass das zuerst genannte Recht des Vertragsstaates primär und das zuletzt genannte Völkerrecht subsidiär anzuwenden sei. Für die Beurteilung einer Mandatsüberschreitung sei es ausreichend festzustellen, ob die Schiedsrichter irgendeine der angegebenen Rechtsquellen angewendet hätten oder ob sie ihre Entscheidung überhaupt nicht auf eine Rechtsordnung gegründet, sondern nach allgemeiner Billigkeit entschieden hätten[118]. Dass nicht für jede rechtliche Ausführung im Schiedsspruch eine Rechtsregel angegeben werde, stelle keine Billigkeitsentscheidung dar[119].

Das Stockholmer Hofgericht legte somit zur Beurteilung der Frage, ob das Schiedsgericht das anwendbare Recht fehlerhaft bestimmt und sein Mandat überschritten hatte, die gleichen Maßstäbe an wie in traditionellen Wirtschaftsschiedsverfahren und hielt sich bei der Überprüfung der geltend gemachten Verfahrensfehler stark zurück.

Im Gegensatz zur traditionellen Wirtschaftsschiedsgerichtsbarkeit ist das Völkerrecht in Investitionsschiedsverfahren und damit auch in staatlichen Aufhebungsverfahren grundsätzlich relevant[120]. Nach h. M. soll dies auch gelten, wenn sich kein ausdrücklicher Verweis auf anwendbares Völkerrecht im Investitionsschutzabkommen findet[121]. Ein staatliches Gericht kann und soll demnach überprüfen, ob Völkerrecht im Rahmen von Investitionsschiedsverfahren berücksichtigt wurde, aber nicht, ob dieses auch richtig angewendet wurde. Dies erscheint nach traditioneller Betrachtungsweise völlig angemessen und entspricht dem Grundsatz, dass Schiedssprüche inhaltlich nicht nachzuprüfen sind. Mit Blick auf die Ausgangsfrage ist jedoch zu überlegen, ob diese Beschränkung auch dann angemessen ist, wenn erhebliche Summen des staatlichen Budgets auf dem Spiel stehen. Dies führt zu grundlegenden konzeptionellen Fragen, die nicht speziell mit dem anwendbaren Recht bzw. der Mandatsüberschreitung

---

115 S. 22 des Urteils.
116 S. 84 des Urteils.
117 S. 85 des Urteils.
118 S. 86 des Urteils.
119 S. 86 f. des Urteils.
120 *Kreindler*, in: Horn, S. 401 (403) und (416).
121 *Schreuer*, Art. 42, Rdnr. 63 ff.

oder der Gewährung rechtlichen Gehörs zusammenhängen und daher weiter unten für die Investitionsschiedsgerichtsbarkeit allgemein diskutiert werden sollen.

e) Fehlerhafte Wahl eines (schwedischen) Schiedsorts

Nach § 33 Abs. 1 Nr. 3 des schwedischen LSF stellt es einen Aufhebungsgrund dar, wenn ein Schiedsverfahren entgegen Parteivereinbarung oder gesetzlicher Vorschrift in Schweden stattfand. Bisher ist kein Fall veröffentlicht worden, in dem dies zu einer Aufhebungsklage geführt hätte. Der Aufhebungsgrund könnte jedoch dann relevant werden, wenn in einem BIT die Inanspruchnahme staatlicher Gerichte im Gastland als erster Rechtsschutzweg zwingend vorgeschrieben ist[122]. Ignoriert der Investor diese Bestimmung und lässt sich auch das angerufene Schiedsgericht auf das Verfahren ein, so könnte dies zur Aufhebung wegen Missachtung der Forumsvereinbarung führen.

f) Besetzung des Schiedsgerichts

Die Auswahl und Benennung der „richtigen" Schiedsrichter kann für den Ausgang eines Schiedsverfahrens entscheidend sein[123]. So wird insbesondere für die Investitionsschiedsgerichtsbarkeit vorgeschlagen, Schiedsrichter nicht nur aufgrund ihrer juristischen Qualifikationen zu benennen, sondern stärker auf Personen mit wirtschaftlichen und politischen Erfahrungen zurückzugreifen, wie z. B. ehemalige Finanz- oder Wirtschaftsminister[124]. In manchen BITs sind bereits jetzt besondere Anforderungen an die fachliche Qualifikation der Schiedsrichter enthalten[125]. Doch die richtige Auswahl der Schiedsrichter verlangt nicht nur die Berücksichtigung besonderer Fähigkeiten und die Erfahrung der Schiedsrichter, ein faires und unparteiisches Verfahren zu gewährleisten und sachlich richtige Entscheidungen zu treffen, sondern betrifft auch das Verhältnis der Schiedsrichter untereinander. Sind die Schiedsrichter nicht in der Lage, sich miteinander zu einigen und eine gemeinsame Entscheidung zu fällen, muss das Verfahren möglicherweise ganz unterbrochen und das Tribunal komplett neu besetzt werden.

aa) Unparteilichkeit und Unabhängigkeit

Sowohl der durch eine Partei als auch der durch Dritte benannte Schiedsrichter ist nach deutschem und schwedischem Schiedsverfahrensrecht zu Unparteilichkeit und Unabhängigkeit verpflichtet[126]. Dies wirft in Zeiten der Globalisierung und der Zusammenschlüsse großer internationaler Anwaltskanzleien schon in „normalen" Wirt-

---

[122] Vgl. Art. X des argentinisch-kanadischen BIT

[123] *Lew/Mistelis/Kröll*, S. 232.

[124] *Werner*, JWI 2001, 277 (282).

[125] Art. 13 Abs. 2 des schwedisch-mexikanischen BIT: „Members of arbitral tribunals shall have experience in international law and investment matters."

[126] Dies entspricht fast allen modernen Schiedsordnungen, vgl. Art. 12 UNCITRAL-Modellgesetz.

schaftsschiedsverfahren Schwierigkeiten auf[127]. In Investitionsschiedsverfahren kommt die Besonderheit hinzu, dass einer der Schiedsrichter (bei Benennung durch die Parteien) immer durch einen Staat benannt wird, für den politisch sehr viel auf dem Spiel steht. So ist es durchaus denkbar, dass dieser Schiedsrichter nicht primär nach seiner internationalen Erfahrung und Fachkenntnissen im Völkerrecht, sondern vor allem danach ausgesucht wird, ob er die Interessen des Staates angemessen vertreten kann. In dieser Situation sieht sich der von Seiten des Staates benannte Schiedsrichter dem Druck hoher politischer Erwartungen ausgesetzt, um die drohenden wirtschaftlichen Folgen einer Niederlage im Schiedsverfahren zu vermeiden[128]. Zwar erscheint dieses Verhalten eines Staates durchaus verständlich, die Vertretung von Interessen einer Partei ist jedoch keinesfalls Aufgabe eines Schiedsrichters, der einen Fall nach den regelmäßig in BITs vorgesehenen Schiedsverfahrensordnungen unparteiisch und objektiv zu entscheiden hat. Der von staatlicher Seite ernannte Schiedsrichter läuft dann Gefahr, sich durch eine zu einseitige Sicht der Dinge innerhalb des Tribunals selbst zu isolieren[129]. Um diese Folgen zu verhindern, kann ein Staat andererseits auch alles daran setzen, einen in erster Linie hoch qualifizierten und über alle Zweifel der Steuerbarkeit oder Abhängigkeit erhabenen Schiedsrichter zu benennen[130].

In Investitionsschiedsverfahren liegt damit der Verdacht der Parteilichkeit bzw. Abhängigkeit eines Schiedsrichters besonders nahe, wenn der beklagte Staat einen seiner Staatsangehörigen als Schiedsrichter benennt. Einen Aufhebungsgrund kann dies jedoch nur im Zusammenhang mit weiteren Umständen darstellen. Hinzu kommt, dass Zweifel an der Unparteilichkeit und Unabhängigkeit eines Schiedsrichters nur dann zur Aufhebung führen dürfen, wenn die andere Partei aus von ihr nicht zu vertretenden Gründen daran gehindert war, diese Umstände schon im Schiedsverfahren vorzubringen oder damit nicht gehört wurde[131]. Das beschriebene Problem stellt sich somit eher im Schiedsverfahren selbst als im späteren Aufhebungsverfahren.

bb) Befangenheit durch vorherige öffentliche Stellungnahmen

Die Unabhängigkeit und Unparteilichkeit des Schiedsrichters kann speziell in Investitionsschiedsverfahren auch im Zusammenhang mit öffentlichen Äußerungen in Frage stehen. Grundsätzlich machen rechtliche Stellungnahmen vor Beginn des Schiedsverfahrens und ohne Bezug zu dem zu entscheidenden Sachverhalt einen Schiedsrichter nicht befangen[132]. Dies leuchtet ein, da die abstrakte Beurteilung einer Rechtsfrage kaum etwas darüber aussagt, welche Entscheidung diese Person in einer konkreten Si-

---

127 *Lachmann*, S. 262 f., Rdnr. 988 ff.

128 *Horn*, in: Horn, S. 6 u. 28.

129 Vgl. in Bezug auf das Stockholmer Tribunal im CME-Schiedsverfahren *de Ly*, JWIT 2005, 59 (60) und unten E.II.3.g) bb).

130 So im Schiedsverfahren Nagel v. Czech Republic, vgl. Nachweise in Fußnote 10 dieses Abschnitts.

131 S. oben Abschnitt D. III. 3.

132 S. o. Abschnitt D. III. 3 a) bb) und b) bb) sowie D. III. 3 c).

tuation fällen wird. Zudem müssen zukünftige Schiedsrichter solche Stellungnahmen notwendigerweise verfassen und veröffentlichen, um sich überhaupt in diesem Bereich profilieren zu können[133]. Gerade „Neulinge“ müssen mit fundierten Äußerungen auf sich aufmerksam machen, um überhaupt irgendwann einmal als Schiedsrichter nominiert zu werden. Daher sollte eine vorausgegangene Stellungnahme grundsätzlich keine Auswirkungen auf die Befangenheitsbeurteilung im konkreten Fall haben.

In Investitionsschiedsverfahren stellt sich allerdings die Lage etwas anders dar. Hier geht es immer auch um die Bewertung und gegebenenfalls Verurteilung bestimmter politischer Maßnahmen als völkerrechts- und vertragswidrig. So berichtet *Legum* von einem NAFTA-Verfahren, in dem ein Schiedsrichter wegen einer zuvor gehaltenen öffentlichen Rede für befangen gehalten wurde und daraufhin zurücktrat[134]. Dem Fall lagen mehrere Handelsstreitigkeiten zwischen Kanada und den USA zugrunde, die u. a. im November 2002 zu dem gerade genannten NAFTA-Schiedsverfahren führten. Darin ging es um die von den USA erhobenen Einfuhrzölle auf Nutzholz. Der betreffende Schiedsrichter hatte sich im Mai 2001 in einer öffentlichen Rede zu den laufenden Streitigkeiten geäußert und dabei das Verhalten der USA insgesamt als „Belästigung“ (*harassment*) bezeichnet.

Der Fall zeigt sehr anschaulich, wie schnell im sensiblen Bereich des internationalen Investitionsschutzrechts lediglich allgemein gehaltene öffentliche Aussagen einen Schiedsrichter disqualifizieren können. Auch dies wird aber in der Praxis eher zu einem früheren Verfahrenszeitpunkt als bei der Aufhebung des Schiedsspruchs relevant.

cc) Besondere Anforderungen in ICSID-Verfahren

Die Schiedsrichter eines ICSID-Verfahrens müssen nach Art. 14 Abs. 1 bzw. Art. 40 Abs. 2 i. V. m. Art. 14 Abs. 1 ICSID „Personen von hohem moralischen Charakter und anerkannter Kompetenz im juristischen, wirtschaftlichen, industriellen oder finanziellen Bereich“ sein[135]. Liegen diese Voraussetzungen nicht vor, kann der Schiedsspruch nach Art. 52 annulliert werden. Diese Grundsätze lassen sich jedoch nicht allgemein auf BIT-Verfahren außerhalb des ICSID übertragen. Sicher ist es sinnvoll und wünschenswert, die Schiedsrichterbank mit Experten aus dem jeweils betroffenen Rechts- oder Wissenschaftsgebiet besetzen zu können. Eine generelle Anforderung an Investitionsschiedsverfahren ergibt sich daraus jedoch nicht.

---

[133] *Lachmann*, S. 216 f., Rdnr. 819 ff., etwa hält es für entscheidend, dass der ausgewählte Schiedsrichter in der jeweiligen Materie „zu Hause“ ist und Erfahrung mitbringt.

[134] *Legum*, Arbitration International 2005, 241 (242 ff.). Der Generalsekretär des ICSID als *„appointing authority“* informierte den Schiedsrichter vorab über die geplante Entscheidung, woraufhin der Schiedsrichter zurücktrat. Ein schriftlicher Beschluss wurde daher nicht gefasst.

[135] S. dazu *Schreuer*, Art. 14, Rdnr. 6 ff.

g) Sonstige Verfahrensfehler

Aufgrund ihrer Unbestimmtheit bietet die Generalklausel nach § 1059 Abs. 2 Nr. 1 d) 2. Alt. ZPO im deutschen und § 34 Abs. 1 Nr. 6 LSF im schwedischen Schiedsverfahrensrecht auch für Aufhebungsklagen aus BIT-Verfahren die weitesten Angriffsmöglichkeiten. Darunter könnten insbesondere alle mit BIT-Schiedsverfahren verbundenen strukturellen Probleme fallen, die nicht unter die bereits genannten Aufhebungsgründe zu fassen sind. Grundsätzlich wird die Generalklausel ebenso wie die übrigen Aufhebungsgründe eng ausgelegt[136]. Im Folgenden ist zu untersuchen, ob dies auch für Investitionsschiedsverfahren gelten soll oder ob es vielmehr angebracht ist, im Rahmen der Generalklausel die strukturellen Besonderheiten der Investitionsschiedsgerichtsbarkeit stärker zu berücksichtigen.

aa) Parallelverfahren

Internationale Aufmerksamkeit erregten die *CME/Lauder*-Schiedsverfahren vor allem deshalb, weil hier fast zeitgleich zwei vollkommen entgegengesetzte Entscheidungen trotz nahezu gleicher Fakten und – auf Klägerseite – eng miteinander verbundener Parteien getroffen wurden. Im anschließenden Aufhebungsverfahren hatte sich das Stockholmer Hofgericht u. a. mit der Frage auseinanderzusetzen, ob die zeitlich spätere Entscheidung des Stockholmer Schiedsgerichts gegen die Grundsätze der Rechtskraft bzw. Rechtshängigkeit verstieß, indem sie das Ergebnis des Londoner Schiedsverfahrens unberücksichtigt ließ. In der internationalen Schiedsgerichtsbarkeit ist nach wie vor umstritten, ob die Grundsätze der Rechtskraft (*res iudicata*) und Rechtshängigkeit (*lis pendens*) auch im Verhältnis zwischen Schiedsgerichten gelten[137]. Damit eng verbunden ist die Frage, ob sich die Parteien auf die Existenz eines Schiedsspruchs bzw. eines Schiedsverfahrens in derselben Sache berufen müssen, oder ob ein Schiedsgericht dies „von Amts wegen" prüfen muss[138].

Das Stockholmer Hofgericht führte in seinem CME-Urteil[139] aus, es sei jedenfalls nicht auszuschließen, dass die Prinzipien *res iudicata* und *lis pendens* auch im Verhält-

---

[136] S. oben Abschnitt D. III. 4. a) und b).

[137] Dafür *Oetiker*, S. 99 ff. Im deutschen Recht hat ein Schiedsspruch nach § 1055 ZPO ausdrücklich unter den Parteien die Wirkungen eines rechtskräftigen Urteils. Dies gilt nach den Vorarbeiten und der h. M. aber nur, sofern sich eine der Parteien darauf beruft oder wenn der Schiedsspruch schon für vollstreckbar erklärt wurde. Vgl. Baumbach/Lauterbach/Albers/Hartmann-*Albers*, § 1055, Rdnr. 4; *Lachmann*, S. 437, Rdnr. 1785; MüKo-*Münch*, § 1055, Rdnr. 8; Thomas/Putzo-*Reichold*, § 1055, Rdnr. 2; BT-Drs. 13/5274, S. 56 f. A. A. Musielak-*Voit*, § 1055, Rdnr. 5 f.; *Schwab/Walter*, Kapitel 21, Rdnr. 6. Das UNCITRAL-Modellgesetz und das schwedische LSF enthalten keine ausdrücklichen Vorschriften dazu. Nach *Heuman*, Practice and Procedure, S. 357 und S. 707, ist die Einrede der beklagten Partei notwendig.

[138] S. Nachweise in Fn. 117 in diesem Abschnitt. Im deutschen Schiedsverfahrensrecht gilt die Missachtung eines rechtskräftigen Urteils als Verstoß gegen den *ordre public*. Nach schwedischem Recht muss sich auch im Aufhebungsverfahren eine der Parteien darauf berufen.

[139] Zum Sachverhalt s. oben Abschnitt B. I.

nis zweier internationaler Schiedsverfahren zueinander Anwendung fänden[140]. Nach schwedischem Schiedsverfahrensrecht gilt eine Nichtbeachtung dieser Prinzipien als Verfahrensfehler im Sinne des § 34 LSF, auf den sich die Parteien berufen müssen, nicht als Verstoß gegen den *ordre public*, den das staatliche Gericht von Amts wegen zu berücksichtigen hätte[141]. Obwohl im vorliegenden Fall einiges dafür sprach, dass die Tschechische Republik die Einreden zu spät vorgebracht hatte, ließ das Hofgericht die Frage der Präklusion offen und prüfte gleich, ob die Voraussetzungen für *lis pendens* und *res iudicata* tatsächlich vorlagen.

Ronald Lauder hielt etwa 30% der Anteile an der Muttergesellschaft der CME und übte die tatsächliche Kontrolle über dieses Unternehmen aus. Unbestritten lag demnach keine formelle Identität zwischen der natürlichen Person Ronald Lauder einerseits und dem Unternehmen CME andererseits vor. Die Tschechische Republik brachte jedoch vor, sie seien praktisch als identisch zu betrachten, da wegen der internationalen Dimension des Streits und der kontrollierenden Funktion Lauders im CME-Konzern kein allzu enger Maßstab angelegt werden dürfe[142]. Das Gericht stellte zunächst fest, dass keine internationale vergleichbare Entscheidung vorlag, in der im Zusammenhang mit *lis pendens* und *res iudicata* der beherrschende Aktionär mit dem von ihm kontrollierten Unternehmen gleichgestellt worden war[143]. Da es somit nach Ansicht des Gerichts an internationalen Leitlinien fehlte, stützte sich das Gericht allein auf die Maßstäbe des nationalen Rechts. Wesentliche Voraussetzung für *lis pendens* und *res iudicata* nach schwedischem – wie auch nach deutschem – Recht ist die Parteiidentität[144]. In einem Fall wie dem vorliegenden konnte aber von Identität zwischen Aktionär und dem Unternehmen selbst nicht gesprochen werden. Ein Verfahrensfehler i. S. d. § 34 Abs. 1 Nr. 6 LSF lag nach Ansicht des Hofgerichts somit nicht vor[145].

Soltysinski/Olechowski[146] kritisieren diesen engen nationalen Ansatz des Hofgerichts in zweierlei Hinsicht. Erstens sei es ein Grundanliegen, widersprüchliche Ergebnisse innerhalb der gleichen Rechtsordnung zu vermeiden[147]. Widersprüchliche Schiedssprüche, die auf identischen Fakten und identischen Vorschriften aus BITs basieren, bedrohten die Integrität der internationalen Rechtsordnung. Daher sei es gerechtfertigt, *lis pendens* und *res iudicata* als Teil des internationalen *ordre public* anzusehen[148]. Zweitens müsse das grundsätzliche Prinzip, Aktionär und Unternehmen als verschiedene Rechtspersönlichkeiten zu behandeln, im Falle von Missbrauch aufgegeben werden[149].

---

[140] S. 87 des Urteils.
[141] S. oben Abschnitt D. III. 4 a).
[142] S. 34 des Urteils
[143] S. 90 des Urteils.
[144] Kapitel 13, § 6 RB und Kapitel 17, § 11 Abs. 3 RB. Vgl. dazu *Fitger/Mellqvist*, S. 83 u. 114 f.
[145] S. 90 des Urteils.
[146] SAR 2003:2, S. 215 ff.
[147] *Soltysinski/Olechowski*, SAR 2003:2, S. 215 (230).
[148] *Soltysinski/Olechowski*, SAR 2003:2, S. 215 (231).
[149] *Soltysinski/Olechowski*, SAR 2003:2, S. 215 (235).

Der Hintergrund des Falles sowie die verschiedenen Verfahren, die von CME bzw. Lauder selbst angestrengt worden waren, hätten angesichts der identischen wirtschaftlichen Interessen, des identischen Anspruchsinhalts und fast wortgleicher Bestimmungen der BITs ein etwas vorsichtigeres Herangehen erfordert[150]. Die Größe des gehaltenen Anteils am Unternehmen könne nicht entscheidend sein, worauf es ankomme, sei die tatsächliche Ausübung von Kontrolle[151].

Zu dieser Kritik ist allerdings anzumerken, dass kaum international einheitliche Regeln bestehen, die festlegen, wann der Grundsatz der Trennung zwischen Anteilsinhaber und Unternehmen aufzugeben wäre, was genau einen „Missbrauch" dieser Trennung darstellt und ab welcher Beteiligungshöhe von einer Kontrolle des Unternehmens durch den Anteilsinhaber gesprochen werden kann. Auch hängt die Beantwortung der Frage, ob eine Missachtung der Rechtskraft oder der Rechtshängigkeit als Verstoß gegen den *ordre public* oder als sonstiger Verfahrensfehler einzuordnen ist, vom rechtlichen Hintergrund des jeweils anwendbaren Schiedsverfahrensrechts ab. In Deutschland gilt dieser Fall als *Ordre-public*-Verstoß, in Schweden als sonstiger Verfahrensfehler. Demnach lässt sich die vom Hofgericht vorgenommene Einordnung m. E. kaum kritisieren, denn sie entspricht nationalem Recht.

Das Missbrauchsargument ist auch deshalb schwer nachvollziehbar, weil die Tschechische Republik alle Versuche durch CME, das Londoner und das Stockholmer Schiedsverfahren zu verbinden, ablehnte[152]. Unabhängig von den besonderen Umständen dieses Falles stellt sich aber die Frage, ob Situationen wie diese nicht eine weitere, „internationalere" Auslegung der Grundsätze *res iudicata* und *lis pendens* bzw. der Parteiidentität erfordern.

Rein rechtlich ist die enge Auslegung des Stockholmer Hofgerichts nicht zu beanstanden. Rechtspolitisch hätte sich hier jedoch eine Gelegenheit geboten, die strukturelle Frage paralleler Verfahren in Investitionsschiedsverfahren ausführlicher zu behandeln und ggf. einen Lösungsweg für die internationale Schiedsgerichtsbarkeit aufzuzeigen. Auch die Einschätzung des Hofgerichts, es fehle an internationalen Leitlinien, greift zu kurz. Denn die *ALI/UNIDROIT Principles of Transnational Civil Procedure*, deren Anliegen es ist, „to offer a system of fair procedure for litigants involved in legal disputes arising from transnational commercial transactions"[153] und die den nationalen Gerichten ein Regelwerk allgemein anerkannter Prinzipien des Zivilprozesses an die Hand geben[154], enthalten in Principle 28.3 das Konzept der Rechtshängigkeit und Rechtskraft im grenzüberschreitenden Rechtsverkehr. Hierauf hätte sich das Gericht ergänzend stützen können. Auch wenn dies am Ergebnis nichts geändert hätte, so hätte sich das Gericht doch nicht den Vorwurf gefallen lassen müssen, einen internationalen Rechtsstreit allein anhand nationaler Kriterien entschieden zu haben.

---

150 *Soltysinski/Olechowski*, a.a.O.

151 *Soltysinski/Olechowski*, a.a.O.

152 *Kühn/Gantenberg*, SchiedsVZ 2004, 1 (9).

153 ALI/UNIDROIT Principles, S. 11.

154 ALI/UNIDROIT Principles, S. 12.

So gilt die „CME-Saga“[155] zwar als Paradebeispiel dafür, wie die Anwendung verschiedener BITs bei gleichen Fakten und Beteiligung zumindest ähnlicher Parteien zu vollkommen entgegen gesetzten Ergebnissen führen kann und der Investor dennoch am Ende seinen Schaden ersetzt bekommt. Eine Lösung des Problems bietet das Urteil des Aufhebungsverfahrens jedoch nicht an. Hinzu kommt, dass bislang kein international einheitliches Verständnis darüber existiert, ob die Rechtskraft im Schiedsverfahren nur auf Parteieinrede oder von Amts wegen zu berücksichtigen ist. Dieser Unterschied veranlasste auch einen Großteil der Kritik im *CME*-Aufhebungsverfahren[156]. Sofern diese prozessuale Frage nicht einheitlich geregelt wird, erhöht sie noch einmal die Bedeutung nationaler Gerichte am Schiedsort für den Ausgang des Verfahrens.

(1) Bedarf für eine Reform oder weitere Auslegung des res iudicata/lis pendens-Prinzips?

Im Folgenden soll der Frage nachgegangen werden, ob staatliche Gerichte bei der Überprüfung internationaler Investitionsschiedssprüche befugt sein sollten, die Prinzipien der Rechtskraft und Rechtshängigkeit weiter auszulegen als nach ihrem nationalen Recht. Nach Bekanntwerden der beiden parallelen CME-Verfahren und der Entscheidung des Stockholmer Hofgerichts entwickelte sich eine internationale Debatte über die Gefahr widersprüchlicher Schiedssprüche aus Investitionsstreitigkeiten und potenzielle Lösungsmöglichkeiten[157]. Bevor weiter unten auf die strukturellen Lösungsvorschläge wie z. B. die Schaffung eines neuen internationalen Schiedsgerichtshofs einzugehen ist, sollen hier zunächst die moderateren Ansätze untersucht werden, die eine Lösung innerhalb des bestehenden Systems suchen.

Nach wie vor ist umstritten, ob es sich bei den *CME/Lauder*-Verfahren und ihren entgegen gesetzten Ergebnissen um einen ungewöhnlichen Fall[158] oder um ein strukturelles Problem der Investitionsschiedsgerichtsbarkeit handelt, das jederzeit wieder auftreten könnte und dem nach Möglichkeit vorzubeugen ist[159].

Bedenkt man die hohe Zahl der inzwischen weltweit geschlossenen Investitionsschutzabkommen, so liegt die Vermutung nahe, dass es sich hier nicht um einen Einzelfall handelt. Die Strukturierung von Auslandsinvestitionen über ein in einem Drittstaat inkorporiertes Unternehmen kann sogar für einen Investor recht attraktiv sein, um in den Schutzbereich eines bestimmten BIT zu kommen. In der Tat zeigen weitere veröffentlichte Entscheidungen, dass es sich beim *CME/Lauder*-Verfahren zwar um ein

[155] So bezeichnet von *Kühn/Gantenberg*, SchiedsVZ 2004, 1 (1).

[156] *Carver*, JWIT 2004, S. 23 (28); *Bagner*, JWIT 2004, S. 31 (33), hält zwar die vorgenommene Auslegung für korrekt, befürwortet aber, das Konzept in der Investitionsschiedsgerichtsbarkeit zu überdenken.

[157] S. beispielsweise die Diskussionen auf dem 10th und 11th Global Geneva Arbitration Forum, abgedruckt in: JWIT 2004 und 2005, oder die Diskussion des Third Investment Treaty Forum des British Institute for International and Comparative Law, abgedruckt in: TDM April 2005.

[158] *Kühn/Gantenberg*, SchiedsVZ 2004, 1 (13).

[159] *Franck*, Fordham Law Review 2005, 1521 (1559); *Gantz*, Vanderbilt Journal of Transnational Law 2006, 39 (45).

Extrembeispiel handelt, soweit es um die Höhe der Schadensersatzsumme geht, dass aber auch in anderen Investitionsschiedsverfahren verschiedene Schiedsgerichte in einander ähnelnden Fällen zu widersprüchlichen Ergebnissen gekommen sind. So entschied in den *SGS*-Verfahren ein Schiedsgericht, die im schweizerisch-pakistanischen BIT enthaltene *umbrella clause* sei nicht so zu verstehen, dass Verletzungen des privaten Investitionsvertrages gleichzeitig eine Verletzung des völkerrechtlichen Investitionsschutzabkommens darstellten[160]. Ein weiteres Schiedsgericht, das über den gleichen Sachverhalt unter dem schweizerisch-philippinischen BIT zu entscheiden hatte, kam dagegen zu dem Schluss, dass die in diesem BIT enthaltene *umbrella clause* Verletzungen des privaten Investitionsvertrags mit erfasse[161].

Dass nicht nur die Auslegung ähnlicher Rechtsgrundlagen, sondern auch die Interpretation ein und derselben Norm zu widersprüchlichen Ergebnissen führen kann, zeigen die NAFTA-Entscheidungen *SD Myers v. Canada*[162], *Metalclad Corp. v. United Mexican States*[163] und *Pope & Talbot Inc. v. Canada*[164], in denen es jeweils um die Auslegung des Ausdrucks *„fair and equitable treatment"* in Art. 1105 NAFTA ging. So kann es kaum als Einzelfall bezeichnet werden, wenn die Handlungen eines Staates zu mehreren Verfahren führen und ähnliche Klauseln durch verschiedene Schiedsgerichte unterschiedlich ausgelegt werden.

Auch die Frage der Rechtskraft von Entscheidungen, die aus der gleichen Maßnahme des Gaststaates resultieren, hat sich bereits in anderen Investitionsschiedsverfahren gestellt. Rechtskraft setzt nach klassischem Verständnis Identität von Parteien und Streitgegenstand voraus. Während sich das *CME*-Aufhebungsverfahren mit der Frage der Parteiidentität befasste, ging es in zwei weiteren Aufhebungsverfahren vor dem Stockholmer Hofgericht um die Identität des Streitgegenstandes. Den Verfahren lag jeweils der bereits oben[165] geschilderte Streit zwischen der Firma Petrobart Ltd. mit Sitz in Gibraltar (Petrobart) und dem Staat Kirgisien zugrunde[166].

In einem ersten in Stockholm nach den UNCITRAL-Verfahrensregeln durchgeführten Schiedsverfahren unter Anwendung des nationalen Investitionsschutzrechts Kirgisiens erklärte sich das Schiedsgericht für unzuständig, da *Petrobart* kein Investor im Sinne des kirgisischen Rechts sei. Gegen diese Entscheidung ging *Petrobart* mit der

---

[160] SGS Société Générale de Surveillance S.A.v Islamic Republic of Pakistan, ICSID Case No. ARB/01/13, Decision on objections to jurisdiction.

[161] SGS Société Générale de Surveillance S.A. v. The Republic of the Philippines, ICSID Case No. ARB/02/06, Decision on objections to jurisdiction.

[162] S.D. Myers Inc. v. The Government of Canada (UNCITRAL Arbitration Rules) vom 13. November 2000, abrufbar unter www.naftalaw.org.

[163] Metalclad Corporation v. The United Mexican States, ICSID Case No. ARB(AF)/97/1 vom 30. August 2000, abrufbar unter www.naftalaw.org.

[164] Pope & Talbot Inc. v. The Government of Canada (UNCITRAL Arbitration Rules), Award on the Merits of Phase 2, 10. April 2001, abrufbar unter www.dfait-maeci.jc.ca/tnc-nac/awards_10apr01-en.asp.

[165] Abschnitt E.I.1.e).

[166] S. dazu ITN vom 2. November 2005, abrufbar unter www.iisd.org/investment/invest-sd.

Aufhebungsklage nach § 36 LSF vor, allerdings erfolglos[167]. Gleichzeitig leitete das Unternehmen ein weiteres Schiedsverfahren unter dem Energiechartavertrag nach den SCC-Verfahrensregeln ein. Das SCC-Tribunal gab der Schiedsklage statt[168], woraufhin Kirgisien Aufhebungsklage nach § 34 LSF erhob. In seiner Entscheidung befasste sich das Schiedsgericht auch mit der Frage, ob das zuvor durchgeführte UNCITRAL-Verfahren den Investor daran hinderte, ein zweites Verfahren unter dem Energiechartavertrag einzuleiten. Es verneinte die Frage, da das UNCITRAL-Verfahren seine Grundlage nicht im Energiechartavertrag, sondern im nationalen Investitionsrecht Kirgisiens gefunden habe und demnach auch nur darüber entschieden wurde, ob Kirgisien seine Verpflichtungen aus dem nationalen Recht verletzt hatte[169]. Dies sei ein entscheidender Unterschied zum SCC-Verfahren[170]. Auch bestehe nach dem Energiechartavertrag keine Verpflichtung, ein UNCITRAL-Verfahren durchzuführen, sondern der Investor könne ohne zeitliche Begrenzungen eine der vorgegebenen Verfahrensarten wählen[171]. Und selbst wenn Petrobart auch für seine Ansprüche unter dem Energiechartavertrag ein UNCITRAL-Verfahren gewählt hätte, so hätte dies doch ebenfalls zu zwei verschiedenen Verfahren führen können[172].

Auf einen Einwand Kirgisiens hin befasste sich das SCC-Tribunal auch mit der Frage, ob Petrobart zumindest durch das Rechtsinstitut der Verwirkung („*collateral estoppel*") an der Erhebung der zweiten Schiedsklage gehindert war, wenn schon keine formale Identität des Streitgegenstands vorlag[173]. Kirgisien argumentierte, ein Investor dürfe eine Klage unter dem Energiechartavertrag nicht erheben, wenn er es versäumt habe, seine völkerrechtlichen Ansprüche in einem vorangegangenen Schiedsverfahren oder nationalen staatlichen Gerichtsverfahren geltend zu machen[174]. Das Schiedsgericht wies dies mit der Begründung zurück, der Energiechartavertrag selbst enthalte weder eine ausdrückliche Verpflichtung zur Geltendmachung der völkerrechtlichen Ansprüche in privatrechtlichen Verfahren noch eine „*fork in the road*"-Klausel, die unter Umständen dahingehend interpretiert werden könnte[175]. Das UNCITRAL-Verfahren sei zwar vom Investor initiiert worden, das Tribunal habe sich aber nur mit dem nationalen Recht des Gaststaates befasst und im Übrigen auch keine Entscheidung in der Sache getroffen[176].

---

[167] Urteil des Stockholmer Hofgerichts (Svea Hovrätt) vom 13. April 2006, Az.: T 3739-03.

[168] Petrobart Ltd. v. Kyrgyz Republic, SCC Institute Arbitration No. 126/2003, Entscheidung vom 29. März 2005, abrufbar unter http://ita.law.uvic.ca.

[169] S. 65 des Schiedsspruchs.

[170] A.a.O.

[171] S. 66 des Schiedsspruchs.

[172] A.a.O.

[173] A.a.O.

[174] A.a.O.

[175] S. 67 des Schiedsspruchs.

[176] S. 67 f. des Schiedsspruchs.

Im Januar 2007 wurde auch die zweite Aufhebungsklage durch das Stockholmer Hofgericht abgewiesen[177]. Die Frage der Verwirkung oder der Rechtshängigkeit wurde jedoch mit keiner Silbe erwähnt. In der Konsequenz bedeuten diese Entscheidungen, dass einem Investor je nach Strukturierung des Unternehmens verschiedene Rechtsschutzwege offen stehen, die auch parallel, gleichzeitig oder nacheinander beschritten werden können. Für den beklagten Staat hat dies umgekehrt zur Folge, dass er sich u. U. in mehreren Verfahren verteidigen muss und eine erfolgreich abgewiesene Schadensersatz- oder Entschädigungsklage noch nicht das Ende der Streitigkeit bedeuten muss. Will man diese mehrfachen Klagen vermeiden, so muss über eine andere Auslegung von Parteiidentität und Identität des Streitgegenstandes in der Investitionsschiedsgerichtsbarkeit oder über die Änderung der BITs selbst nachgedacht werden.

(2) „Internationale" Auslegung

Eine Möglichkeit wäre, den Parteibegriff in Investitionsschiedsverfahren grundsätzlich weiter auszulegen, so dass nicht nur das klagende Unternehmen, sondern auch seine Anteilseigner davon erfasst werden. Dieses „*lifting of the corporate veil*" wird u. a. von *Alexandrov* beschrieben[178]. Erhebt dann ein Unternehmen als Investor oder die Investition selbst Schiedsklage gegen den Gaststaat, so wären die Anteilseigner daran gehindert, ebenfalls im eigenen Namen ein Schiedsverfahren einzuleiten[179]. Umgekehrt müsste dies ebenso für den Fall gelten, dass zunächst einer der Anteilseigner Schiedsklage gegen den Gaststaat erhebt[180]. Dieses Verfahren müsste sowohl das Unternehmen als auch die übrigen Anteilseigner an einer Klageerhebung hindern.

Problematisch an dieser Lösung ist, dass der zuerst klagende Anteilseigner sämtliche Vorteile in der Hand hält. Er kann die Verfahrensordnung frei wählen, er kann die bzw. einen Schiedsrichter bestimmen, und er kann darüber entscheiden, welche Ansprüche er geltend machen und auf welche Rechtsnormen er sich berufen will. Das Unternehmen und die übrigen Anteilseigner wären an diese Wahl gebunden. Diese Beschränkung kann unangemessen erscheinen. Auf der anderen Seite ist das Interesse des Gaststaates zu berücksichtigen, sich nicht in einer Vielzahl von Verfahren unter dem gleichen Sachverhalt verteidigen zu müssen, und das Risiko bestimmter gesetzgeberischer Maßnahmen im Zusammenhang mit ausländischen Investitionen besser abschätzen zu können. Auch ist nicht auszuschließen, dass Investoren in missbräuchlicher Absicht ihre Investitionen in einer Form strukturieren, die eine möglichst breite Inanspruchnahme von Investitionsschutzabkommen ermöglicht.

Ein Kompromiss bei der Abwägung der Interessen der Investoren gegenüber den Interessen der Gaststaaten könnte sein, auf Seiten der Investoren eine gewisse Mindestbeteiligung am Unternehmen oder die Ausübung faktischer Kontrolle über das Unter-

---

[177] Urteil vom 19. Januar 2007, Az.: T 5208-05.

[178] *Alexandrov*, JWIT 2005, 387 (402). Vgl. Fallübersicht bei *Wisner/Gallus*, JWIT 2004, 927 (944).

[179] *Bagner*, JWIT 2004, 31 (34 f.).

[180] *Söderlund*, Journal of International Arbitration 2005, 301(319).

nehmen zu fordern[181]. So wären zumindest Klein- und Kleinstanleger an einer Klageerhebung gehindert und die Zahl möglicher Kläger überschaubarer. Um eine einheitliche Auslegung zu gewährleisten, müssten entsprechende Vorgaben in die BITs aufgenommen werden. Dagegen dürfte eine einfache Klausel, die „das Tribunal verpflichtet, eine Frage als ‚*res iudicata*' zu behandeln, wenn nach Ansicht des Tribunals die Frage bereits in einer anderen Klage eines anderen Anteilsinhabers entschieden wurde"[182], nicht ausreichen. Gerade aufgrund des international unterschiedlichen Verständnisses müsste man zumindest abgrenzen, unter welchen Voraussetzungen Streitparteien als identisch zu behandeln sind und der Streit als „gleich" zu verstehen ist.

Eine weitere Möglichkeit zur Beschränkung missbräuchlicher Klagen oder Anträge sehen z. B. Art. 10.19.6 des Freihandelsabkommens zwischen Chile und den USA und Art. 28.6 des erst kürzlich abgeschlossenen BIT zwischen Uruguay und den USA vor. Das Tribunal kann danach die Kosten des Schiedsverfahrens und die Anwaltskosten derjenigen Partei auferlegen, die nach Ansicht der Schiedsrichter missbräuchliche Ansprüche („*frivolous claims*") erhoben hat. Dies kann sowohl den Schiedskläger als auch das Verteidigungsvorbringen der beklagten Partei betreffen.

Da Unternehmen häufig in Drittstaaten inkorporiert sind, würde eine Änderung einzelner BITs jedoch zu kurz greifen. Sie würden nur für die jeweils beteiligten Staaten gelten, was aber nicht ausschließt, dass unter anderen BITs eine Klagebefugnis gegeben ist. Änderte beispielsweise die Bundesrepublik Deutschland ihren BIT mit der Tschechischen Republik entsprechend, so dass deutsche Gesellschaften von einer Klage ausgeschlossen wären, sobald einer ihrer Anteilsinhaber Klage gegen den Gaststaat erhoben hat, würde dies etwa einen niederländischen Anteilsinhaber derselben Gesellschaft nicht daran hindern, unter dem niederländisch-tschechischen BIT zu klagen. Demnach wäre zur Begrenzung der Klagebefugnis der Anteilseigner ein staatenübergreifender multilateraler Ansatz erforderlich. Alternativ könnten Staaten ihre BITs auf bilateraler Ebene aneinander anpassen. Dies wäre allerdings zum einen sehr zeitintensiv, zum anderen bestünde die Gefahr, dass einzelne einflussreiche Staaten „ihr" Modell durchsetzen, gegebenenfalls im politischen Tauschgeschäft mit Zugeständnissen, die in keinem Zusammenhang mit dem internationalen Investitionsschutzrecht stehen. Von daher wäre eine Lösung auf multilateraler Ebene grundsätzlich vorzugswürdig. Auch das ist zwar keine Garantie gegen politische „Tauschgeschäfte". Der Unterschied bestünde lediglich darin, dass sich nicht einzelne Staaten in bilateralen Verhandlungen gegenüberstünden, sondern eher Gruppen von Staaten, die sich im Voraus auf gemeinsame Positionen verständigen konnten. Für kleinere Staaten kann dies aber eine Gelegenheit bieten, ihrer Position im Verbund mit anderen Staaten mehr Nachdruck zu verleihen als dies in bilateralen Verhandlungen möglich wäre.

---

[181] Vgl. auch Chapter 11 NAFTA, das für die Klage „substantial business activities" eines Investors im Gaststaat voraussetzt.

[182] UNCTAD, Investor-State Disputes, S. 18.

(3) *Streitgegenstand*

Um zu vermeiden, dass wie im *Petrobart*-Streit mehrere Verfahren über den gleichen Sachverhalt, aber in Anwendung verschiedener materiellrechtlicher Normen durchgeführt werden, könnte über eine vermehrte Einführung von „*fork in the road*"-Klauseln nachgedacht werden. Problematisch an diesen Klauseln ist, dass sich bisher keine einheitlich völkerrechtliche Auslegung durchgesetzt hat[183]. Außerdem besteht die Gefahr, dass sich das jeweils angerufene staatliche Gericht oder Schiedsgericht nicht für zuständig hält, die völkerrechtlichen Ansprüche aus dem BIT bzw. die Ansprüche aus dem privatrechtlichen Vertrag im gleichen Verfahren zu prüfen. In diesen Fällen muss dem Investor dann dennoch das Recht zustehen, ein weiteres Verfahren anzustrengen, um die im ersten Verfahren nicht geprüften Ansprüche durchsetzen zu können. Dies könnte durch die zusätzliche Aufnahme von Öffnungsklauseln erreicht werden, die den anderen Rechtsweg weiterhin zulassen, wenn sich das angerufene (Schieds-) Gericht für einen Teil der Ansprüche für unzuständig erklärt.

(4) *Klageverzicht oder Verbindung von Verfahren*

Ein anderer Weg zur Vermeidung paralleler Verfahren und damit der Gefahr sich widersprechender Schiedssprüche wäre die Vereinbarung eines Klageverzichts oder die Verbindung der Verfahren. Das nationale Investitionsrecht des jeweiligen Gaststaates könnte einen automatischen Verzicht auf parallele Verfahren vorsehen[184], oder die Parteien des privaten Investitionsvertrags könnten einen solchen Verzicht vertraglich vereinbaren[185]. Fraglich ist allerdings, inwieweit dieser Bindungswirkung für Verfahren entfaltet, in denen ausschließlich eine Verletzung des BIT geltend gemacht wird und in denen nicht der direkte Investor klagt, sondern eine mit diesem verbundene Person.

Eine Verfahrensverbindung durch die Schiedsgerichte setzt grundsätzlich die Zustimmung der Parteien im Einzelfall voraus, die angesichts der vielfältigen inhaltlichen und taktischen Überlegungen aber in der Praxis nur sehr selten zu erreichen sein wird. Außerdem setzt sie voraus, dass die Verfahren tatsächlich gleichzeitig stattfinden, und vor allem, dass das jeweilige Schiedsgericht überhaupt Kenntnis von dem oder den parallelen Verfahren erhält. Alternativ könnten Vorschriften zur Verfahrensverbindung in die Verfahrensordnungen von UNCITRAL, ICC und SCC aufgenommen werden[186]. Allerdings kann auch eine solche Regelung nur greifen, wenn alle betroffenen Verfahren nach der gleichen Verfahrensordnung durchgeführt werden. Demnach gewährt im Grunde nur eine Regelung im BIT selbst hinreichende Sicherheit. Ein gutes Beispiel für eine Klausel zur Verfahrensverbindung findet sich in Art. 14 (1) des

---

183 S. oben Abschnitt E. II. 3. c) cc).

184 *Mendelson*, JWIT 2004, 45 (45).

185 *Brower/Brower/Sharpe*, Arbitration International 2003, 415 (439).

186 Eine Änderung der Verfahrensordnungen hält die Studie von UNCTAD, Investor-State Disputes, S. 56, in Bezug auf die Transparenz der Verfahren für praktikabler als die Änderung der BITs. Dies lässt sich m. E. auch für andere Reformen, hier die Verfahrensverbindung, vertreten.

schwedisch-mexikanischen BIT[187]. Diese Klausel gibt dem Gaststaat als Streitpartei das Recht, eine Verbindung mehrerer Verfahren zu verlangen, wenn sie von verschiedenen Anteilsinhabern des gleichen Unternehmens eingeleitet wurden oder wenn sie aus den gleichen rechtlichen oder tatsächlichen Umständen entstanden sind (*arising from common legal or factual issues*). Der Streit soll dann einem dritten Schiedsgericht zugewiesen werden, dessen Mitglieder durch den Generalsekretär des ICSID benannt werden. Lehnt der Gaststaat eine Verfahrensverbindung wie in den *CME/Lauder*-Verfahren ab, hilft eine solche Klausel allerdings auch nicht weiter. Es lässt sich dann aber immerhin im Aufhebungsverfahren gut vertreten, dass der Gaststaat mit dem Einwand der Rechtskraft oder anderweitigen Rechtshängigkeit präkludiert sei.

M. E. empfiehlt sich sowohl eine vorsichtige Modifikation der Prinzipien von *res iudicata* und *lis pendens* bei der Kontrolle von Investitionsschiedssprüchen durch die staatlichen Gerichte als auch eine Überarbeitung der BITs. Hierin sollten vor allem Klauseln zum Klageverzicht und zur Verfahrensverbindung aufgenommen werden.

bb) „Ausschluss" eines Schiedsrichters von den Beratungen oder der Urteilsfindung

Auch der Ausschluss eines Schiedsrichters könnte im Rahmen der Investitionsschiedsgerichtsbarkeit anders zu bewerten sein als in Wirtschaftsschiedsverfahren. Wie oben bereits angedeutet[188], hängt die Funktionsfähigkeit des Tribunals davon ab, wie gut die einzelnen Schiedsrichter miteinander zusammenarbeiten. Obwohl weder das schwedische noch das deutsche Schiedsverfahrensrecht ausdrückliche Regeln über die Entscheidungsfindung und Beschlussfassung der Schiedsrichter enthalten[189], so gelten doch die Grundsätze der Fairness und Gleichbehandlung auch für die Schiedsrichter untereinander[190]. Prinzipiell müssen demnach alle Schiedsrichter gleichermaßen an der Entscheidung beteiligt sein. Gerade in solchen Investitionsschiedsverfahren, in denen der vom Staat ernannte Schiedsrichter sich mehr als Vertreter dieses Staates denn als vollkommen neutraler Dritter fühlt und auch entsprechend auftritt, wird dies aber nicht immer durchzusetzen sein. Hier stellt sich dann die Frage, wie sich die verbleibenden Schiedsrichter zu verhalten haben und inwieweit auch eine Mehrheitsentscheidung noch verfahrensgemäß ist.

Im schwedischen Aufhebungsverfahren *Tschechische Republik v. CME* machte die Tschechische Republik geltend, der von ihr ernannte Schiedsrichter sei von den Beratungen und der Entscheidung über die Ansprüche des Investors ausgeschlossen worden und der Schiedsspruch demnach wegen Verletzung des *ordre public* aufzuheben. Das

---

187 Auszugsweise abgedruckt in Anhang II zu dieser Arbeit.

188 S. oben Abschnitt E. II. 3. f).

189 Nach *Lew/Mistelis/Kröll*, Rdnr. 24-35, bestehen international keine einheitlichen Grundsätze darüber, wie Schiedssprüche erstellt werden; *Redfern/Hunter*, Rdnr. 8-29, weisen lediglich darauf hin, dass die Schiedsrichter gemeinsam beraten sollten.

190 Zur „tribunal psychology" s. *Redfern/Hunter*, Rdnr. 8-30 f.

Stockholmer Gericht behandelte diese Frage dagegen als Fall des § 34 LSF, ohne jedoch genau auf die rechtliche Einordnung des Aufhebungsgrundes einzugehen, und wies die Argumentation zurück. In seinem Urteil[191] stützte es sich auf § 21 LSF, wonach die Schiedsrichter einen Streit unparteiisch, zielgerichtet und zügig entscheiden sollen, und auf § 30 LSF, wonach die Tatsache, dass ein Schiedsrichter nicht an der Entscheidung über eine bestimmte Frage teilnimmt, die übrigen Schiedsrichter nicht daran hindert, diese Frage allein zu entscheiden. Nach Ansicht des Gerichts beinhaltet das Fehlen besonderer Formvorschriften über die schiedsrichterlichen Beratungen und die Entscheidung auch, dass der Vorsitzende nicht verpflichtet ist, eine formelle Abstimmung durchzuführen, wenn sich zwei der Schiedsrichter auf ein Ergebnis geeinigt haben, das der dritte nicht mittragen kann[192]. In dem betreffenden Schiedsverfahren habe sich während eines Treffens der Schiedsrichter in Düsseldorf eindeutig geklärt, welcher der Schiedsrichter welche Position vertrete. Der von Tschechien benannte Schiedsrichter sei spätestens zu diesem Zeitpunkt ganz offensichtlich in der Minderheit gewesen und habe auch zum Ausdruck gebracht, dass er an der Ausformulierung des Schiedsspruches nicht teilnehmen wolle[193].

Nach Ansicht des Stockholmer Hofgerichts beinhalten die Vorschrift des § 30 LSF und das Bedürfnis nach einer schnellen Entscheidung, dass ein Schiedsrichter das Verfahren nicht durch das Verlangen nach weiteren Diskussionen verzögern darf, um die anderen von der Richtigkeit seiner Ansicht zu überzeugen, wenn sich zwei der Schiedsrichter auf ein Ergebnis geeinigt haben[194]. Dem Schiedsrichter solle jedoch die Möglichkeit gegeben werden, den übrigen seine Anmerkungen zum Entwurf des Schiedsspruchs mitzuteilen[195]. Im zu entscheidenden Fall bewertete das Stockholmer Hofgericht die Anmerkungen des tschechischen Schiedsrichters größtenteils als Wiederholung der während des Treffens in Düsseldorf vorgebrachten Argumente und stellte fest, er sei so behandelt worden wie es die Höflichkeit unter Kollegen im allgemeinen erfordere[196]. Sein Gefühl der Ausgeschlossenheit sei wohl im Wesentlichen darauf zurückzuführen, dass er kein Gehör für seine rechtliche Auffassung gefunden habe[197]. Der Vorsitzende habe demgegenüber die Pflicht gehabt, die Mitteilung des Schiedsspruchs nicht unnötig zu verzögern[198].

Die vom Hofgericht angelegten Maßstäbe sind teilweise kritisiert worden. So wurde insbesondere verlangt, dass bei Uneinigkeit des Tribunals eine formelle Abstimmung herbeizuführen sei oder der abweichende Schiedsrichter zumindest schriftlich über die

---

[191] Az.: T 8735-01, Urteil vom 15.5.2003.
[192] S. 80 des Urteils.
[193] S. 81 des Urteils.
[194] S. 80 des Urteils.
[195] A.a.O.
[196] S. 82 des Urteils.
[197] S. 82 des Urteils.
[198] S. 82 f. des Urteils.

Mehrheitsmeinung zu informieren sei[199]. Es ist sicher richtig, dass die Ausführungen des Hofgerichts zu dieser Frage auch international von Bedeutung sind, da das Fehlen solcher Vorschriften in den meisten Staaten eher die Regel als die Ausnahme sein dürfte[200]. Eine formelle Abstimmung eines Dreier-Schiedsgerichts zu verlangen, wenn die Positionen eindeutig sind, erscheint m. E. jedoch als unnötige Förmelei und Zeitverzögerung und ist daher abzulehnen.

Ein weiterer Kritikpunkt der Literatur betraf die Kommunikation der Schiedsrichter vor und nach dem eintägigen Treffen in Düsseldorf. Nach Ansicht des Hofgerichts wurden bei diesem Treffen die wesentlichen Standpunkte geklärt und die Mehrheitsentscheidungen getroffen[201]. Daher stellte es auch keinen Aufhebungsgrund dar, dass bestimmte rechtliche Ausführungen, die zur Begründung der Mehrheitsmeinung dienten, dem Minderheitsschiedsrichter nicht oder nicht rechtzeitig zugestellt wurden[202]. Nach Meinung der Kritiker hätten jedoch alle Dokumente jedem der drei Schiedsrichter zugehen müssen, bis der Schiedsspruch unterzeichnet war[203]. In diese Richtung geht auch die Kritik von *Wiwen-Nilsson*, das Hofgericht habe eine Expertenaussage nicht beachtet, wonach angesichts der politischen Implikationen das Schiedsgericht in internationalen Investitionsschiedsverfahren verpflichtet sei, die Argumente des Staates umfassend zu verstehen, zu berücksichtigen und im Schiedsspruch zu behandeln[204]. Demnach müsse das Schiedsgericht sich mehr Zeit nehmen als in normalen Wirtschaftsschiedsverfahren und „den Extrakilometer gehen“, um zu vermeiden, dass der vom Staat benannte Schiedsrichter von der Mehrheitsmeinung abweiche[205].

Dieser letzte Punkt ist sicher der Wichtigste, wenn es um die Aufhebung eines Schiedsspruchs aus Investitionsstreitigkeiten geht. Da der Anreiz, ein Aufhebungsverfahren anzustrengen, gerade in diesen Verfahren besonders hoch ist, sollte das Schiedsverfahren selbst möglichst wenig Anlass zur Aufhebung des Schiedsspruchs geben. Daher sind den übrigen Schiedsrichtern und insbesondere dem Vorsitzenden größere Anstrengungen als in sonstigen Schiedsverfahren zuzumuten, um eine einheitliche Entscheidung zu erreichen. Auch dann muss aber zu einem bestimmten Zeitpunkt ein Schlussstrich unter die Verhandlungen gezogen werden dürfen, ab dem die verbleibenden Schiedsrichter allein entscheiden können. Das staatliche Gericht, das über die Aufhebung entscheidet, sollte dann vor allem prüfen, ob die Mehrheit der Schiedsrichter dem abweichenden Schiedsrichter auch und gerade vor dem politischen Hintergrund des Falles hinreichend Gelegenheit gegeben hat, an der Entscheidung mitzuwirken und die gesamte maßgebliche Korrespondenz zur Kenntnis zu nehmen.

---

[199] *Soltysinski/Olechowski*, SAR 2003: 2, S. 215 (223).
[200] *Wiwen-Nilsson*, SAR 2003: 2, S. 250 (254).
[201] S. 80 f. des Urteils.
[202] S. 83 des Urteils.
[203] *Soltysinski/Olechowski*, a.a.O., S. 223.
[204] *Wiwen-Nilsson*, a.a.O., S. 254.
[205] *Wiwen-Nilsson*, a.a.O., spricht im englischen Original von „*going the extra mile*“.

4. Zusammenfassung

Die systematische Untersuchung der einzelnen Aufhebungsgründe zeigt, dass sich die anfangs herausgearbeiteten Besonderheiten der Investitionsschiedsgerichtsbarkeit auch auf das Aufhebungsverfahren auswirken. So erweisen sich insbesondere die Bestimmung des schiedsrichterlichen Mandats, die Gültigkeit der Schiedsvereinbarung und die Beurteilung eines Verfahrensfehlers bei Parallelverfahren oder bei der schiedsrichterlichen Entscheidungsfindung als schwierig.

Das schiedsrichterliche Mandat lässt sich nur durch eine Auslegung des BIT korrekt bestimmen. Dafür sind auch spezifische völkerrechtliche Kenntnisse erforderlich, etwa bei der Auslegung von „*umbrella clauses*“ oder der Bestimmung des anwendbaren Rechts. Gleiches gilt für die Beurteilung, ob eine gültige Schiedsvereinbarung vorliegt. Auch hierfür ist immer die Auslegung des BIT maßgeblich, und es muss die Frage beantwortet werden, ob das Abkommen im jeweiligen Fall überhaupt anwendbar ist.

Daraus wird deutlich, dass nationale Gerichte zum einen über besondere völkerrechtliche Kenntnisse verfügen und zum anderen auch materielle Beurteilungen treffen müssten, wenn die aufgeworfenen Fragen umfassend beantwortet werden sollen. Weder das eine noch das andere ist aber im Rahmen staatlicher Aufhebungsverfahren gewährleistet oder überhaupt gewollt. Einem staatlichen Richter dürften im Regelfall Spezialkenntnisse im völkerrechtlichen Investitionsschutzrecht fehlen, und eine materiellrechtliche Nachprüfung eines Schiedsspruchs durch staatliche Gerichte widerspräche grundlegend dem Konzept der hier untersuchten Rechtsordnungen.

Das schwedische und das deutsche Schiedsverfahrensrecht sehen keine Aufhebung wegen materiellrechtlicher Fehlentscheidungen vor, sondern lediglich eine Überprüfung formeller Verfahrensfehler. Allgemein verlangen beide Rechtsordnungen eine enge Auslegung der einzelnen Aufhebungsgründe und generelle Zurückhaltung bei der Aufhebung eines Schiedsspruchs. Mit Blick auf die Ausgangsfrage ist also festzuhalten, dass staatliche Gerichte nur bedingt geeignet sind, die Besonderheiten der Investitionsschiedsgerichtsbarkeit im Rahmen nationaler Aufhebungsverfahren zu berücksichtigen.

Bisher begegnen die staatlichen Gerichte diesem Problem, indem sie Investitionsschiedssprüche noch zurückhaltender als Wirtschaftsschiedssprüche beurteilen und in Zweifelsfragen ein Rechtsproblem eher gar nicht entscheiden als damit eine materiellrechtliche Frage zu beurteilen, die in die alleinige Kompetenz der Schiedsrichter fallen könnte. Dies ist sicher ein gangbarer Weg. Alternativ käme aber auch in Betracht, den staatlichen Gerichten im Rahmen von Investitionsstreitigkeiten einen größeren Spielraum als in Wirtschaftsschiedsverfahren zu gewähren. So könnte das staatliche Gericht bei seiner Aufhebungsentscheidung z. B. das *lis pendens/res iudicata*-Prinzip weiter auslegen als sonst nach nationalem Verfahrensrecht vorgesehen und so Verflechtungen großer Konzerne besser berücksichtigen. Schiedsverfahren könnten damit schon dann als unzulässig gelten, wenn nach dem Investor eine weitere, mit diesem eng verbundene natürliche oder juristische Person ein zweites Schiedsverfahren anstrengt.

Allgemein könnten die Besonderheiten der Investitionsschiedsgerichtsbarkeit im Rahmen von Aufhebungsklagen so weit wie möglich berücksichtigt werden, um auch die Folgen eines Schiedsspruchs für den Gaststaat und dessen Bevölkerung auf der einen sowie für den Investor auf der anderen Seite stärker zu bedenken. Die in beiden hier untersuchten Rechtsordnungen vorhandene Generalklausel bietet nach ihrem Wortlaut jedenfalls hinreichenden Spielraum für eine solche erweiterte Auslegung.

Es erscheint jedoch mehr als fraglich, ob ein erweiterter Auslegungsmaßstab der nationalen Gerichte automatisch zu größerer Konsistenz auf dem Gebiet der Investitionsschiedsgerichtsbarkeit führt. Denn es bliebe der gravierende Nachteil, dass nationale Gerichte in der Regel nur über Schiedssprüche entscheiden können, die auf dem Territorium ihres Staates gefällt wurden[206]. Eine internationale Abstimmung über die „richtige", investitionsrechtliche Auslegung bestimmter Aufhebungsgründe wäre nicht gewährleistet. Damit würden die bestehenden Unsicherheiten über die Auslegung umstrittener völkerrechtlicher Begriffe nur auf eine andere, aber rein nationale Ebene verlagert. Darüber hinaus entstünden bei verschiedenen Auslegungsmethoden je nach Streitigkeit Abgrenzungsschwierigkeiten. Ein staatlicher Richter müsste zunächst entscheiden, welche Streitigkeit noch als Wirtschaftsschiedsgerichtsbarkeit und welche schon als Investitionsschiedsgerichtsbarkeit gilt. So ist z. B. fraglich, ob allein die Berufung auf ein völkerrechtliches Investitionsschutzabkommen ausreichen würde, um das Verfahren als Investitionsstreitigkeit zu qualifizieren.

Schließlich könnte ein unterschiedlicher Auslegungsmaßstab für Wirtschafts- und Investitionsschiedssprüche in Konflikt mit der New Yorker Konvention von 1958 oder dem Europäischen Übereinkommen über die internationale Handelsschiedsgerichtsbarkeit von 1961 (EuÜ)[207] kommen. So impliziert zwar Art. V (1) (e) der New Yorker Konvention, dass die Entscheidung über die Aufhebbarkeit eines Schiedsspruchs allein den staatlichen Gerichten am Schiedsort zukommt[208]. Verschiedene Gerichte haben jedoch in der Vergangenheit Schiedssprüche vollstreckt, obwohl sie von den zuständigen Gerichten am Schiedsort aufgehoben worden waren[209]. Das zeigt, dass die Mitgliedsstaaten der New Yorker Konvention bzw. deren staatliche Gerichte nicht vollkommen frei sind, den Aufhebungsmaßstab zu erweitern. Ähnliches gilt für die Mitgliedsstaaten des Europäischen Übereinkommens: Nach Art. IX (1) EuÜ stellt die Aufhebung am Schiedsort nur dann einen Versagungsgrund für die Vollstreckung des Schiedsspruchs dar, wenn sie auf einem der im Abkommen abschließend aufgeführten Gründe beruht. Dieser Konflikt ließe sich möglicherweise noch mit dem Argument ausräumen, dass das Europäische Übereinkommen nach dem Wortlaut seines Art. I (1) a) nur auf Streitigkeiten aus internationalen Handelsgeschäften anwendbar sein soll. Vor allem aber bestünde die Gefahr, dass das Aufhebungsverfahren zu einem überaus politischen Verfahren würde, in dem versucht wird, von außen Druck auf die

[206] *Berger*, S. 463.
[207] BGBl. 1964 II S. 425 ff.
[208] Vgl. *van den Berg*, S. 357 f.
[209] S. dazu *Lew/Mistelis/Kröll*, Rdnr. 26-103 f. und *Nienaber*, S. 44 ff. u. 106 ff.

Richter des Verfahrensstaates auszuüben. Damit aber verlöre die Schiedsgerichtsbarkeit ihre Stellung als internationales, neutrales Forum zur Streitbeilegung[210].

Eine weitere Auslegung der Aufhebungsgründe mag angesichts der strukturellen Besonderheiten der Investitionsschiedsgerichtsbarkeit zunächst gerechtfertigt erscheinen. Unabhängig von den damit verbundenen praktischen Problemen der Auslegung und Abgrenzung hätte ein solches Vorgehen aber nicht mehr viel mit dem gesetzlich vorgesehenen Aufhebungsverfahren gemeinsam. Angesichts der spezifischen völkerrechtlichen Fragestellung sind nationale Gerichte auch nur bedingt geeignet, die Besonderheiten der Investitionsschiedsgerichtsbarkeit im Rahmen von Aufhebungsverfahren angemessen zu berücksichtigen. Es erscheint daher insgesamt nicht richtig, die Besonderheiten der Investitionsschiedsgerichtsbarkeit und damit möglicherweise eine materielle Überprüfung der Schiedssprüche „durch die Hintertür" einzuführen. Wie aber insbesondere der CME-Fall illustriert hat, ist auch die derzeitige Situation beschränkter Überprüfungsmöglichkeiten durch staatliche Gerichte in der Investitionsschiedsgerichtsbarkeit nicht sehr befriedigend. Es muss also im Folgenden nach anderen Lösungswegen gesucht werden.

5. Alternative Gestaltungsmöglichkeiten

Obwohl die Meinungen über die richtige Gestaltung von Aufhebungsverfahren für Investitionsschiedssprüche derzeit weit auseinandergehen und sich die Reformvorschläge teilweise überschneiden, lassen sich zwei grobe Richtungen unterscheiden. Die Vertreter der einen Richtung sehen keinen größeren Änderungsbedarf, wollen die bestehenden Regelungen beibehalten und mögliche Konflikte zwischen nationalem Recht und Völkerrecht bzw. widersprüchliche Entscheidungen als systemimmanent akzeptieren[211]. Die Vertreter der entgegengesetzten Richtung wollen sich damit nicht abfinden und schlagen u. a. die Schaffung oder Verwendung einer zentralen Aufhebungsinstanz für die Investitionsschiedsgerichtsbarkeit vor[212]. Dies war auch Gegenstand eines ICSID-Rerformvorschlags im Oktober 2004[213]. Ein weniger aufwendiger Reformansatz, der auch von einigen Vertretern der ersten Richtung befürwortet wird,

---

[210] Auf diese Gefahr macht *Goldhaber*, Wanted: A World Investment Court, (o. S.), aufmerksam.

[211] So z. B. *Brower/Sharpe*, JWI 2003, 211 (222); *Gill*, TDM April 2005, 12 (15); *Klein*, JWIT 2005, 65 (66); *Kühn/Gantenberg*, SchiedsVZ 2004, 1 (12 f.); *Paulsson* in: van den Berg, ICCA International Arbitration Congress 2004, S. 132 (149); *Price*, JWIT 2005, 73 (77); *Söderlund*, Journal of International Arbitration 2005, 301 (319); *Williams*, in: van den Berg, ICCA International Arbitration Congress 2002, S. 444 (467).

[212] So z. B. *Bernasconi-Osterwalder*, JWIT 2005, 69 (71); *Bishop*, TDM April 2005, 8 (10); *Blackaby*, TDM April 2005, 16 (19 f.); *Franck*, Fordham Law Review 2005, 1521 (1609 f. u. 1617 ff.); *Goldhaber*, Wanted: A World Investment Court (o. S.); *Legum*, Arbitration International 2003, 143 (146); *Raeschke-Kessler*, JWIT 2004, 41 (41); *Rubins*, TDM April 2005, 40 (43); *Wälde*, JWIT 2004, 43; *Wälde*, TDM April 2005, 71 (72 f.).

[213] ICSID Secretariat Discussion Paper vom 22. Oktober 2004, Possible Improvements of the Framework for ICSID Arbitration. Abrufbar unter www.worldbank.org/icsid.

ist die Änderung der bestehenden BITs und eine bessere Abstimmung dieser völkerrechtlichen Verträge untereinander[214]. Sowohl im Zusammenhang mit der Anpassung der BITs als auch im Zusammenhang mit der Schaffung einer zentralen Aufhebungsinstanz wird teilweise vorgeschlagen, ein neues multilaterales Abkommen zu schließen[215]. Darüber hinaus wird z. Zt. diskutiert, die UNCITRAL *Arbitration Rules* um spezielle Regeln zur Investitionsschiedsgerichtsbarkeit zu ergänzen[216].

a) Reformbedarf

Bevor die verschiedenen Reformvorschläge näher beleuchtet werden können, ist zunächst zu klären, ob überhaupt ein Bedarf für eine Reform der Investitionsschiedsgerichtsbarkeit besteht. Es ist sicher richtig, dass viele der in der Investitionsschiedsgerichtsbarkeit aufgeworfenen Probleme nicht neu sind. So hat die Frage der Rechtskraftwirkung oder der Rechtshängigkeit schon in der Wirtschaftsschiedsgerichtsbarkeit für Diskussion gesorgt, denn auch hier können widersprüchliche Entscheidungen vorkommen[217]. Strengt eine Partei nach einem ersten Schiedsverfahren ein zweites Verfahren an und nimmt die Gegenpartei dies hin, so kann dieses zweite Verfahren nach h. M. problemlos durchgeführt werden und u. U. auch mit einer gegenteiligen Entscheidung enden[218]. Der Unterschied zur Investitionsschiedsgerichtsbarkeit besteht darin, dass Grundlage eines Wirtschaftsschiedsverfahrens allein eine Vereinbarung zwischen den beteiligten Parteien ist. Somit können die Parteien sich auch ausdrücklich oder konkludent auf ein zweites Verfahren einlassen, denn in jedem Fall waren beide Seiten an der Entscheidung darüber beteiligt.

Grundlage eines Investitionsschiedsverfahrens hingegen sind die in den BITs enthaltenen Schiedsklauseln, die nicht nur die natürliche oder juristische Person zur Klageerhebung berechtigen, die letztlich den Investitionsvertrag mit dem Gaststaat abgeschlossen und direkt eine finanzielle oder sonstige Leistung erbracht hat, sondern unter bestimmten Voraussetzungen auch andere mit dem Investor durch Unternehmensbeteiligungen verbundene Personen. Entscheidend ist, dass in einem Investitionsstreit nicht nur ein, sondern parallel mehrere BITs zur Anwendung kommen können, die natürliche und juristische Personen verschiedener Nationalitäten vor den Folgen hoheitlichen Handelns des Gaststaates schutzen. So kann ein und dieselbe staatliche Maßnahme zu mehreren Schiedsverfahren führen, in denen sich der Staat zwar verschiedenen Klägern, aber den gleichen Vorwürfen ausgesetzt sieht. In diesen Verfahren können ver-

[214] Vorgeschlagen etwa von *Bagner*, JWIT 2004, 31 (34); *Carver*, JWIT 2004, 23 (29); *Kühn*, JWIT 2004, 7 (17); *Söderlund*, Journal of International Arbitration 2005, 301 (319).

[215] Zur Vereinheitlichung der BITs: *de Ly*, JWIT 2005, 59 (63); *Carver*, JWIT 2004, 23 (29); zur Vereinbarung eines zentralen Aufhebungsmechanismus: *Shifman*, TDM April 2005, 60 (62 f.).

[216] Vgl. dazu Report of the Working Group on Arbitration and Conciliation on the work of its forty-eighth session vom Februar 2008, Doc.No. A/CN.9/646, abrufbar unter www.uncitral.org.

[217] S. dazu oben Fn. 117 in diesem Abschnitt.

[218] MüKo-*Münch*, § 1055, Rdnr. 8; *Söderlund*, Journal of International Arbitration 2005, 301 (303). A. A.: Musielak-*Voit*, § 1055, Rdnr. 8.

schiedene BITs und damit unterschiedliche materielle Entscheidungsgrundlagen anwendbar sein. Daher ist die Situation nicht mehr mit dem oben geschilderten Fall aus der Wirtschaftsschiedsgerichtsbarkeit zu vergleichen, in dem sich die beteiligten Parteien übereinstimmend auf ein weiteres Verfahren einlassen. Das aber bedeutet, dass besonders die Investitionsschiedsgerichtsbarkeit wegen ihrer strukturellen Grundlagen Gelegenheit zu parallelen Verfahren und entgegengesetzten Entscheidungen bietet.

Daher ist zumindest die Annahme unzutreffend, bei den *CME/Lauder*-Verfahren habe es sich um einen Einzelfall gehandelt[219]. Vielmehr wird an diesem Fall deutlich, dass das derzeitige System von etwa 2.500 verschiedenen bilateralen Abkommen nicht praktikabel ist. Im übrigen mögen die widersprüchlichen Ergebnisse der *CME/Lauder*-Verfahren und die hohen Schadensersatzsummen der Anlass gewesen sein, über eine Neuordnung der internationalen Investitionsschiedsgerichtsbarkeit und des Aufhebungsverfahrens nachzudenken, sie sind aber längst nicht der einzige Grund. So werfen insbesondere auch die Klagebefugnis des Investors und die damit verbundene Bestimmung seiner Nationalität, die Zuständigkeit des Schiedsgerichts für die Entscheidung über völkerrechtliche und vertragliche Anspruchsgrundlagen sowie die richtige Besetzung des Schiedsgerichts und seine Entscheidungsfindung in der Investitionsschiedsgerichtsbarkeit neue Fragen auf, deren Beantwortung staatliche Gerichte im Rahmen ihres nationalen Verfahrensrechts nur beschränkt leisten können. Die Verlagerung von Aufhebungsverfahren auf eine internationale Ebene erscheint damit grundsätzlich auch außerhalb von ICSID-Verfahren sinnvoll.

b) Schaffung einer internationalen Aufhebungsinstanz

Die in der Literatur vorgebrachten Ideen zur Schaffung einer neuen Aufhebungsinstanz für Investitionsschiedssprüche unterscheiden sich vor allem in Bezug auf den Prüfungsmaßstab und die Gestaltung einer solchen Instanz. So reichen die Vorschläge von einer reinen Verlagerung des Aufhebungsprozesses auf ein international einheitliches Organ[220] bis zur Schaffung einer echten zweiten Instanz mit der Befugnis, Schiedssprüche auch inhaltlich zu überprüfen[221]. Auch die Frage, wie eine solche Instanz zu gestalten wäre, wird unterschiedlich beantwortet. Teilweise wird vorgeschlagen, bestehende Institutionen wie das ICSID in Washington, den Schiedsgerichtshof der Internationalen Handelskammer in Paris (ICC) oder den Ständigen Internationalen Schiedsgerichtshof in Den Haag (Permanent Court of Arbitration, PCA) zu nutzen und lediglich ihren Auftrag zu erweitern[222], teilweise wird aber auch die Schaffung ei-

---

[219] Vgl. oben E. II. 3. g) aa) *(1)*, Fn. 136 und 137.

[220] *Wälde*, TDM April 2005, 71 (75).

[221] *Bishop*, TDM April 2005, 8 (12); *Blackaby*, TDM April 2005, 16 (19); *Franck*, Fordham Law Review 2005, 1521 (1609 f. und 1617 ff.); *Veeder*, TDM April 2005, 6 (7); tendenziell auch befürwortend *Raeschke-Kessler*, TDM April 2005, 26 (26); *Price*, TDM April 2005, 47 (48 f.).

[222] *Raeschke-Kessler*, JWIT 2004, 41 (41); *Franck*, Fordham Law Review 2005, 1521 (1609 f.); *Wälde*, TDM April 2005, 71 (72 ff.).

ner ganz neuen Institution befürwortet[223]. Hier sollen zunächst die unterschiedlichen Ansätze dargestellt werden, um abschließend beurteilen zu können, ob eine solche internationale Aufhebungsinstanz sinnvoll und praktikabel ist.

aa) Prüfungsmaßstab

Sollte eine internationale Aufhebungsinstanz geschaffen werden, so müssten zu Beginn zwei Fragen geklärt werden. Zum einen müsste entschieden werden, ob eine Aufhebung nur aufgrund von Verfahrensfehlern, ähnlich wie nach den bestehenden Aufhebungsregelungen in nationalen Schiedsgesetzen, im UNCITRAL-Model Law und im UNÜ vorgesehen, möglich sein soll, oder ob auch eine materielle Überprüfung der Schiedssprüche gewollt ist. Zum zweiten wäre zu klären, welche Rolle die staatlichen Gerichte am Schiedsort dann noch im Aufhebungsprozess spielen würden.

Einander widersprechende Schiedssprüche könnten letztlich nur durch eine echte zweite Instanz, die auch eine inhaltliche Prüfung des Schiedsspruchs vornimmt, verhindert oder nachträglich beseitigt werden. Außerdem könnte so eine größere inhaltliche Übereinstimmung der Entscheidungen gewährleistet werden[224]. Dagegen spricht, dass eine zweite Instanz fast zwangsläufig eine längere Verfahrensdauer zur Folge hätte[225]. Die Zügigkeit und Finalität des Schiedsverfahrens würden zugunsten von Rechtssicherheit und Rechtseinheit geopfert. Dies mag in der Investitionsschiedsgerichtsbarkeit, anders als in der Wirtschaftsschiedsgerichtsbarkeit, sogar dem Willen der Parteien und deren Berater entsprechen[226]. Zwar ist auch eine zweite Instanz nicht immer eine Garantie für rechtlich „richtige" Entscheidungen. Sie bietet aber die Gewähr stärkerer Rechtsvereinheitlichung und damit langfristig auch größere Planungs- und Handlungssicherheit für Gaststaaten. Nun ließe sich vertreten, stärkere Rechtssicherheit und Rechtseinheit seien auch schon mit Hilfe einer bloß formellen Überprüfung durch ein zentrales Organ zu erreichen. Dies mag richtig sein. Die obigen Erwägungen haben aber gezeigt, dass die vermeintlich prozessualen Fragen nach der Auslegung von „*umbrella clauses*", der Verpflichtung zur Ausschöpfung des staatlichen Rechtsweges („*Fork-in-the-road*"-Klauseln) und nach der Auslegung des Investorbegriffs ebenso materiellrechtlicher Art sind. Gerade in diesen umstrittenen Fragen würde also eine rein formelle Überprüfung nicht weiterführen. Ein zentrales Organ sähe sich vielmehr den gleichen Beschränkungen ausgesetzt wie derzeit die staatlichen Gerichte, die mit Aufhebungsanträgen aus Investitionsschiedsverfahren konfrontiert werden. Einziger erkennbarer Vorteil eines so ausgestatteten zentralen Organs wäre seine Internationalität. Ob dies allein aber den Aufwand seiner Errichtung rechtfertigt, ist zu bezweifeln. Daher sollte, soweit ein staatenübergreifendes Interesse und ein tatsächlicher praktischer Bedarf für eine echte zweite Instanz festzustellen sind, eine materielle Überprüfung der

[223] *Feliciano*, JWI 2001, 215 (218); *Goldhaber*, Wanted: A World Investment Court (o. S.).

[224] *Franck*, Fordham Law Review 2005, 1521 (1606); *Gantz*, Vanderbilt Journal of Transnational Law 2006, 39 (74).

[225] Vgl. nur *de Ly*, JWIT 2005, 59 (62).

[226] *Veeder*, TDM April 2005, 6 (6).

Investitionsschiedssprüche ermöglicht werden. Die Prüfungskompetenz ließe sich auf reine Rechtsfragen beschränken, so dass die Tatsachenfeststellung weiterhin allein dem ersten Schiedsgericht überlassen bliebe.

Von der Ausgestaltung des internationalen Aufhebungsverfahrens hängt letztlich auch die Rolle der staatlichen Gerichte ab. Überprüft die internationale Instanz den Schiedsspruch anhand gleicher oder zumindest ähnlicher Maßstäbe wie es derzeit die staatlichen Gerichte tun, so bestünde kein Anlass, einen doppelten Rechtsweg zuzulassen. Für staatliche Aufhebungsverfahren nach dem bisherigen Modell bliebe dann kein Raum mehr. Problematisch an dieser Vorgehensweise könnte sein, dass das UNÜ in Art. V 1 (e) ausdrücklich ein Aufhebungsverfahren vor nationalen staatlichen Gerichten vorsieht. Eine Änderung des UNÜ kann nicht ernsthaft in Betracht gezogen werden. Nun zeigt aber die ICSID-Konvention, dass es durchaus internationale Abkommen gibt, die eine Kontrolle von Schiedssprüchen vor staatlichen Gerichten ausschließen (Art. 53 ICSID), ohne dass damit ihre Vereinbarkeit mit dem UNÜ in Frage gestellt wird[227]. So verpflichtet Art. 54 (1) ICSID die Mitgliedstaaten, Schiedssprüche anzuerkennen und die daraus folgenden finanziellen Verpflichtungen so zu vollstrecken, als ob es sich um ein gerichtliches Urteil dieses Staates handelt. Zur Absicherung enthalten viele BITs die zusätzliche Verpflichtung, dass Schiedssprüche, die nach einem der vereinbarten Verfahren ergehen, gemäß den Vorschriften des UNÜ zu vollstrecken sind. Daher erscheinen die mit dem Prüfungsmaßstab verbundenen praktischen Schwierigkeiten insgesamt lösbar.

bb) Internationale Einordnung einer neuen Aufhebungsinstanz

Teilweise wird in Anlehnung an ältere Diskussionen in der Wirtschaftsschiedsgerichtsbarkeit vorgeschlagen, einen völlig neuen ständigen Gerichtshof für die Investitionsschiedsgerichtsbarkeit zu schaffen. Dieser „*World Investment Court*“ solle die ausschließliche Kompetenz zur Aufhebung eines Investitionsschiedsspruchs haben, also das bestehende System der Aufhebung durch die staatlichen Gerichte ablösen[228].

Einfacher als die vollkommene Neuschaffung einer Aufhebungsinstanz erscheint die Verwendung bestehender Institutionen, d. h. die Übertragung dieser neuen Aufgabe auf eine bereits bestehende Einrichtung. Eine wichtige Voraussetzung dafür wäre eine breite internationale Akzeptanz dieser Institution. Das auf den ersten Blick am besten geeignete ICSID beispielsweise wird von vielen Entwicklungsländern, aber auch manchen Industrienationen, insbesondere von Russland, wegen seiner Nähe zur Weltbank abgelehnt[229]. Die vom ICSID-Sekretariat vorgeschlagene Einführung einer so genannten „*Appeals Facility*“ musste nach heftiger Kritik erst einmal auf unbestimmte Zeit verschoben werden. Als Hauptgründe für das Scheitern führte der damalige stellvertre-

---

[227] Die ICSID-Konvention überlagert als *lex posterior* und als *lex specialis* das UNÜ zwischen den beteiligten Staatsparteien im Bereich der Investitionsschiedsgerichtsbarkeit.

[228] *Goldhaber*, Wanted: A World Investment Court (o. S.).

[229] Kritisch auch *Mann/Cosbey/Peterson/von Moltke*, S. 13.

tende Generalsekretär *Antonio Parra* an, die Einrichtung einer zweiten Instanz müsse in Ruhe überlegt und beschlossen werden, und es habe sich eine überraschend große Zahl organisatorischer Schwierigkeiten gezeigt[230]. Dazu gehörte etwa die Frage, ob die *Appeals Facility* in Form eines ständigen oder eines Ad-hoc-Gremiums zu bilden sei, welchen Prüfungsmaßstab diese anlegen solle und wie Änderungen an der ICSID-Konvention praktisch zu bewerkstelligen seien. Zudem war man der Ansicht, die Einführung einer zweiten ICSID-Instanz sei nicht so dringend, wie man Ende 2004 vermutet hatte[231]. Als Grund für das Scheitern wurde also nicht die materielle Überprüfung von Schiedssprüchen an sich genannt, sondern eher die damit verbundenen praktischen Schwierigkeiten, deren Überwindung mehr Zeit und inhaltliche Arbeit verlangen würde als es dem tatsächlichen Bedarf entspricht.

Eine andere Möglichkeit wäre die Schaffung einer internationalen Aufhebungsinstanz beim *Permanent Court of Arbitration* in Den Haag[232]. Dieser ist im Gegensatz zum Internationalen Gerichtshof oder zum WTO-Streitbeilegungsmechanismus auch auf Streitigkeiten zwischen Privaten und Staaten eingestellt und stellt anders als der Schiedsgerichtshof der ICC eine intergouvernementale Organisation dar. Problematisch wäre daran vor allem die Finanzierung. Der PCA finanziert sich aus Beiträgen seiner Mitgliedsstaaten. Zu überlegen wäre daher eine finanzielle Ausstattung auf „*case-by-case*"-Basis durch die Staaten, die das System in Anspruch nehmen. Dies würde zwar kein ständiges Gremium erlauben, aber zumindest die Organisation einer solchen Instanz am PCA[233]. Der Internationale Gerichtshof in Den Haag (IGH) als neutrales Streitschlichtungsorgan der Vereinten Nationen ist dagegen ausschließlich auf zwischenstaatliche Konflikte ausgerichtet und seine Entscheidungen werden durch den UN-Sicherheitsrat vollzogen[234]. Er dürfte sich daher eher für eine Anrufung in Konflikten über die Auslegung einer BIT-Klausel eignen, wenn sich die Vertragsstaaten nicht auf eine gemeinsame Position einigen können und die Festlegung durch einen neutralen Dritten vorziehen. Art. 64 ICSID und einige BITs sehen ein solches Verfahren bereits vor, in der Praxis wird es jedoch bisher wenig gebraucht[235]. Der Vorteil dieses Verfahrens liegt darin, dass eine international anerkannte Autorität über die Auslegung entscheidet und damit zur einheitlichen Anwendung der streitigen Klauseln beiträgt.

Ein Vorschlag von *Wälde* bietet eine andere praktikable Lösung[236]: Danach sollten die bestehenden Schiedsinstitutionen wie z. B. das Schiedsinstitut der Stockholmer Handelskammer SCC eine Appellationsinstanz schaffen. Die Anwender, also Staaten, Investoren und deren Anwälte könnten dann selbst entscheiden, ob dieses Angebot für sie attraktiv ist. Diese Instanz sollte nach *Wälde* ähnlich wie eine zweite staatliche Ge-

---

[230] S. dazu Invest-SD Newsletter vom 10. Juni 2005, unter www.iisd.org/investment/itn/archive.asp
[231] A.a.O.
[232] *Raeschke-Kessler*, JWIT 2004, 41 (41); *Franck*, Fordham Law Review 2005, 1521 (1609 f.).
[233] Vorschlag von *Shifman*, TDM April 2005, 60 (62 f.).
[234] S. dazu *Franck*, Fordham Law Review 2005, 1521 (1609 f).
[235] *Tams*, S. 10.
[236] *Wälde*, TDM April 2005, 71 (72 ff.).

richtsinstanz nur eine rechtliche, aber keine tatsächliche Überprüfung der ersten Entscheidung vornehmen, aus einem ständigen Gremium bestehen, den Verzicht auf andere rechtliche Überprüfungsmöglichkeiten beinhalten und eine durchdachte und faire Kostenverteilung vorsehen, die sich mit einer Art Prozesskostenhilfe für ärmere Staaten verbinden ließe. Nach diesem Vorschlag soll jedenfalls die im Schiedsverfahren obsiegende Partei nicht die Kosten des Aufhebungsverfahrens tragen müssen. *Wäldes* Vorschlag bietet den Vorteil, dass diejenigen, die in täglicher Arbeit mit der Investitionsschiedsgerichtsbarkeit befasst sind, über den Sinn und die Notwendigkeit einer Aufhebungs- oder Appellationsinstanz entscheiden würden, indem sie sie je nach tatsächlichem Bedarf nutzen würden oder nicht.

Der Nachteil allerdings liegt auf der Hand: Eine solche Regelung hätte das in den *CME/Lauder*-Verfahren aufgetretene Problem der parallelen Verfahren nicht verhindert, da kein Investor gezwungen ist, Verfahren vor einer Schiedsinstitution einzuleiten, sofern dies nicht schon im BIT verbindlich vorgesehen ist. Nach den meisten BITs hat der Investor die freie Wahl zwischen mehreren institutionellen oder Ad-hoc-Verfahren. Fraglich ist auch, ob sich Investor und Staat separat auf die Anwendung des Aufhebungsverfahrens einigen müssten oder ob dieser Mechanismus automatisch für Investitionsschiedsverfahren zur Verfügung stünde, die bei der entsprechenden Institution eingeleitet werden. Denn ist der Streit erst einmal entstanden, so dürfte eine Einigung auf bestimmte Verfahrensschritte schwer, wenn nicht gar unmöglich sein.

cc) Völkerrechtlicher Rahmen einer neuen Aufhebungsinstanz

Schließlich wäre zu klären, auf welcher völkerrechtlichen Basis eine neue Aufhebungsinstanz geschaffen werden könnte. Trotz des Misserfolgs des multilateralen Investitionsabkommens 1998 (*multilateral agreement on investment*, MAI) unter der Leitung der OECD befürworten Teile der Literatur den Abschluss eines neuen multilateralen Abkommens[237]. Uneinigkeit herrscht allerdings darüber, welche Regelungen ein solches neues Abkommen enthalten sollte. Ein Teil derjenigen, die ein neues multilaterales Investitionsabkommen überhaupt für sinnvoll halten, spricht sich für eine rein prozessuale Regelung aus, die also die existierenden BITs nicht ersetzen, sondern nur ergänzen würde[238]. Ein Teil fordert, die BITs durch ein einheitliches Abkommen zu ersetzen[239]. Letzteres dürfte jedoch praktisch nicht machbar sein. Denn die Staaten schließen bilaterale Abkommen gerade auch deswegen, um gezielt auf die jeweiligen Bedürfnisse der beiden Vertragspartner eingehen zu können und die Ausgestaltung ihrer konkreten Beziehungen dem politischen und wirtschaftlichen Einzelfall anzupassen. Diesen Unterschieden in den interstaatlichen Beziehungen kann aber ein multila-

[237] *Grigera Naón*, JWI 2000, 59 (61); *de Ly*, JWIT 2005, 59 (63); *Shifman*, TDM April 2005, 60 (62 f.); *Hobér*, JWIT 2004, 93 (94), hält es für sinnvoll und wünschenswert, aber praktisch nicht umsetzbar.

[238] *Gantz*, Vanderbilt Journal of Transnational Law 2006, 39 (71f.).

[239] *de Ly*, JWIT 2005, 59 (63).

terales Abkommen kaum gerecht werden. Auch scheiterte das MAI 1998 u. a. am vorgesehenen Streitbeilegungsmechanismus, der Schiedsgerichtsbarkeit[240]. Nüchtern betrachtet erscheint dies zwar merkwürdig, da auch zu jenem Zeitpunkt schon ca. 2.000 BITs bestanden[241], von denen die Mehrzahl Schiedsklauseln enthielt. Der Vorgang zeigt aber, wie schwierig es ist, eine einheitliche Lösung für eine Vielzahl von Staaten mit unterschiedlichem politischen und wirtschaftlichen Hintergrund auf dem Gebiet der Investitionsschiedsgerichtsbarkeit zu finden, besonders wenn der Prozess von einer wachsamen und kritischen Öffentlichkeit begleitet wird.

Ein ähnlicher Weg wäre die Einbindung der Aufhebungsinstanz für Investitionsschiedsverfahren in die Welthandelsorganisation WTO. Auch deren Streitbeilegungsmechanismus ist prinzipiell nur für Verfahren zwischen zwei Staaten vorgesehen, was aber im Rahmen eines multilateralen Abkommens geändert werden könnte. Die bestehenden WTO-Abkommen enthalten bereits einige Vorschriften, die auch im Investitionsschutzrecht von Bedeutung sind. So hält das Allgemeine Übereinkommen über den Handel mit Dienstleistungen (*General Agreement on Trade in Services,* GATS) die „wirtschaftliche Präsenz“ (*commercial presence*) eines Unternehmers eines Mitgliedstaats in einem anderen Mitgliedstaat für ausreichend, um den Anwendungsbereich dieses Abkommens zu eröffnen[242]. Darunter fällt fast jeder Investor im hier verstandenen Sinne. Das TRIMs-Abkommen erfasst „*trade related investment measures*“. Weitere vereinzelte Vorschriften, die auch im Investitionsschutzrecht relevant werden können, enthält das Übereinkommen über handelsbezogene Aspekte der Rechte am geistigen Eigentum (*Agreement on Trade-Related Aspects of Intellectual Property Rights,* TRIPS). Die Ausarbeitung eines MAI unter der Schirmherrschaft der WTO wurde auch in die so genannten „Singapore Issues“ aufgenommen, scheiterte jedoch letztlich 2003 in Cancún am Widerstand der Entwicklungsländer.

Insgesamt ist es daher zur Zeit nur schwer vorstellbar, dass sich eine Großzahl von Entwicklungs- und Industrieländern in einem multilateralen Abkommen auf eine gemeinsame internationale Aufhebungsinstanz verständigen könnte, und zwar unabhängig davon, ob es sich um eine rein formelle Überprüfung oder auch materiellrechtliche Beurteilung von Schiedssprüchen als echte zweite Instanz handelt.

c) Ergänzung der UNCITRAL *Arbitration Rules*

Im Rahmen der Überarbeitung der UNCITRAL-Verfahrensregeln[243] wurde diskutiert, ob diese künftig auch Regeln zur Investitionsschiedsgerichtsbarkeit, insbesondere zu höherer Transparenz und einer stärkeren Beteiligung der Öffentlichkeit, enthalten soll-

---

[240] *Wallace-Bruce,* JWI 2001, 53 (57 u. 63). Zu diesen und weiteren Gründen des Scheiterns s. *UNCTAD,* Lessons from the MAI, S. 19 u. 23 f.

[241] *UNCTAD,* Investor-State Dispute Settlement, S. 3.

[242] Mode 3 des Art. 1:2 GATS.

[243] Vgl. dazu das Working Paper vom 26. Juli 2006, Doc.No. A/CN.9/WG.II/WP.143, abrufbar unter www.uncitral.org/uncitral/en/commission/working_groups/2Arbitration.html.

ten[244]. Der Vorschlag wurde von den meisten Mitgliedern der Arbeitsgruppe zurückhaltend bewertet, und auch über die Art der Umsetzung war man sich uneinig[245]. Die Mitglieder stimmten aber darin überein, dass die häufig genutzten UNCITRAL *Arbitration Rules* nur bedingt für Investitionsschiedsverfahren geeignet seien und daher eine entsprechende Anpassung generell wünschenswert sei[246]. Allerdings wollte man vermeiden, die aktuelle Überarbeitung der Verfahrensregeln durch langwierige und komplexe Diskussionen über die Besonderheiten der Investitionsschiedsgerichtsbarkeit zu verzögern[247]. Daher soll nun in Abstimmung mit der UN-Kommission[248] geklärt werden, ob sich die Arbeitsgruppe nach Abschluss ihres aktuellen Auftrags detailliert mit Fragen der Schiedsgerichtsbarkeit im Rahmen völkerrechtlicher Abkommen (*treaty-based arbitration*) auseinandersetzen wird[249]. Einigkeit besteht bislang dahingehend, dass keine speziellen Regeln zur Investitionsschiedsgerichtsbarkeit in die UNCITRAL *Arbitration Rules* selbst aufgenommen werden sollen[250].

d) Änderung und Anpassung bestehender BITs

Praktikabel erscheint vor diesem Hintergrund vor allem die inhaltliche Anpassung der bilateralen völkerrechtlichen Abkommen, wenn zukünftig vermieden werden soll, dass nationale Gerichte im Rahmen von Aufhebungsklagen spezifische völkerrechtliche Fragen vor dem Hintergrund ihres nationalen Verfahrensrechts beantworten müssen.

Zunächst einmal könnten die betroffenen Staaten in ihre BITs besondere Verfahrensvorschriften für Schiedsverfahren zwischen Investor und Gaststaat aufnehmen. In den meisten BITs finden sich bislang nur Hinweise auf bestimmte Schiedsordnungen, ohne jedoch zu berücksichtigen, dass diese – bis auf das ICSID-Verfahren – für die private Schiedsgerichtsbarkeit entwickelt wurden. So könnten die BITs jeweils die bestehenden Regeln um eigene Verfahrensvorschriften ergänzen und damit den strukturellen Besonderheiten der Investitionsschiedsgerichtsbarkeit gerecht werden. Denkbar wäre z. B. eine Begrenzung der Klagebefugnis von Investoren wie oben skizziert. Die Klageerhebung durch eine Gesellschaft würde dann weitere Klagen durch die an ihr beteiligten Gesellschafter hindern und umgekehrt, sofern der klagende Gesellschafter Anteile in ausreichender Höhe hält. Es muss also gar nicht einmal eine so weitgehende

[244] Vgl. dazu insbesondere den Vorschlag des *Center for International Enwironmental Law (CIEL)* und des *International Institute for Sustainable Development (IISD)* vom Dezember 2007, abrufbar unter www.ciel.org/Publications/pubtae.html.

[245] Report of the Working Group on Arbitration and Conciliation on the work of its forty-eighth session, February 2008, Doc.No. A/CN.9/646, S. 15; abrufbar unter www.uncitral.org/uncitral/en/commission/working_groups/2Arbitration.html. Vgl. dazu auch die Stellungnahme des Milan Club of Arbitrators, a.a.O., Annex II, S. 21.

[246] Report of the Working Group on Arbitration and Conciliation, a.a.O., S. 16.

[247] Report of the Working Group on Arbitration and Conciliation. a.a.O.

[248] United Nations Comission on International Trade Law, UNCITRAL.

[249] Report of the Working Group on Arbitration and Conciliation, a.a.O.

[250] Report of the Working Group on Arbitration and Conciliation, a.a.O.

Lösung wie die Vereinbarung einer zweiten Instanz gesucht werden. Folgende Regelungen könnten die geänderten BITs zusätzlich enthalten:

- Regelungen zur Vermeidung paralleler Verfahren, die aus der gleichen staatlichen Maßnahme resultieren,
- Regelungen zur Bestimmung der Nationalität eines Investors,
- Anforderungen an die fachliche und persönliche Qualifikation der Schiedsrichter,
- Regelungen über das schiedsrichterliche Verfahren zur Entscheidungsfindung, insbesondere bei Mehrheitsentscheidungen.

Ein Beispiel bietet der bereits genannte BIT zwischen Mexiko und Schweden aus dem Jahr 2001, der in seinem Kapitel Zwei, insbesondere in Art. 8 (3) und (4) (Beschränkung der Klagebefugnis) und Art. 14 (Verfahrensverbindung), sehr detaillierte Vorschriften zu „*multiple proceedings*“ enthält. Es erscheint sinnvoll, solche Regelungen nicht nur in den privaten Investitionsvertrag aufzunehmen, sondern auch in den BIT selbst, da nur dieser ausreichend Bindungswirkung für alle Beteiligten entfaltet. Zu bedenken ist, dass diese Vereinbarung nur das jeweilige Abkommen betreffen und somit Parteien aus anderen Staaten nicht an der Erhebung weiterer Klagen hindern würde. Die Staaten müssten also versuchen, so viele BITs wie möglich aneinander anzupassen und so ein „Netz“ entsprechender Vereinbarungen zu schaffen, das parallele Verfahren verhindert. Nur so könnte eine abschließende und einheitliche Regelung erreicht werden. Dies dürfte in manchen Fällen zwar schwierig und zeitintensiv, aber dennoch nicht aussichtslos sein. Die Tschechische Republik beispielsweise hat entsprechende Schritte bereits angekündigt[251].

In einem zweiten Schritt könnten die jeweils betroffenen Staaten in bilateralen Verhandlungen versuchen, in ihren BITs eine zweite Instanz und deren Organisation und Besetzung zu vereinbaren, sofern dies überhaupt gewollt ist. Ein ähnliches Ziel wird mit dem *US Trade Act 2002* verfolgt, wonach es Verhandlungsziel für von den USA geschlossene Freihandelsabkommen ist, eine Appellationsinstanz zu vereinbaren[252]. Möglich wäre dann auch, je nach Schiedsort, der Ausschluss staatlicher Gerichte vom Überprüfungsverfahren[253]. Voraussetzung dafür ist allerdings, dass der Verfahrensstaat auf eine Kontrolle des Schiedsspruchs durch seine Gerichte verzichtet. Das schwedische Schiedsverfahrensrecht lässt bereits jetzt nach § 51 LSF, wie auch das schweizerische und belgische Recht, den Ausschluss des staatlichen Aufhebungsverfahrens durch ausländische Parteien in privaten Streitigkeiten zu. Dann erscheint es aber nur folgerichtig, Gleiches auch für Investitionsschiedsverfahren, an denen kein schwedischer Staatsbürger beteiligt ist, zu erlauben. Dass einer Verlagerung der Kontrolle von Investitionsschiedssprüchen der grundsätzliche Anspruch staatlicher Gerichte am Schiedsort

[251] *Peterson*, Investment Treaty News vom 29. März 2006.
[252] S. dazu *Legum* in: Gaillard/Banifatemi, S. 289 ff.
[253] *UNCTAD*, Key Issues I, S. 377.

auf eine Kontrolle der dort stattfindenden Schiedsverfahren nicht entgegenstehen muss, zeigt auch die ICSID-Konvention, die staatliche Aufhebungsverfahren automatisch ausschließt. Ob eine Ausschlussvereinbarung für Schiedssprüche, die nicht aus ICSID-Verfahren resultieren, vor deutschen Gerichten anerkannt würde, ist demgegenüber fraglich. Eine rein privatrechtliche Vereinbarung zwischen Investor und Gaststaat würde nach geltendem Recht wohl nicht anerkannt, da ihr die gleichen Argumente entgegengehalten werden können wie in der privaten Wirtschaftsschiedsgerichtsbarkeit, nämlich (1) die allgemeine Verkürzung des Rechtsschutzes und (2) die Verschlechterung der Rechtsstellung des unterlegenen Schiedsklägers, der durch die Verlagerung der Kontrolle auf das Vollstreckungsverfahren keine Angriffsmöglichkeiten mehr hat[254]. Anderes sollte aber gelten, wenn der Verzicht auf die Aufhebungsklage bereits im BIT enthalten und ähnlich wie Art. 26 ICSID ausgestaltet ist, wonach die Streitparteien durch ihre Zustimmung zum ICSID-Verfahren gleichzeitig auf jedes andere Rechtsmittel verzichten. In diesem Fall bestünde eine völkerrechtliche Verpflichtung zum Verzicht, die zumindest den Gaststaat bindet. Aber auch für den Investor sollte der Verzicht im BIT bindend sein: Wer sich auf den Schutz des BIT beruft, sollte auch dessen Beschränkungen unterliegen.

Ist die Vereinbarung einer zweiten Instanz in BITs politisch nicht gewollt oder nur schwer durchsetzbar, so bietet der beschriebene Vorschlag von *Wälde*, solche Instanzen bei den internationalen Schiedsinstitutionen einrichten zu lassen, eine langfristige Lösung. Wenn einige Schiedsinstitutionen dem Vorschlag folgten, könnten sie mit dem Angebot einer Appellationsinstanz für Investitionsschiedsverfahren einen Beitrag zu größerer Transparenz und damit auch zu Qualitätssteigerung und womöglich auch größerer Akzeptanz der Investitionsschiedsgerichtsbarkeit insgesamt leisten. Dies gilt zumindest dann, wenn betroffene Parteien gezielt Verfahren bei diesen Institutionen einleiten oder die BITs entsprechend geändert würden. Daran würde deutlich, ob tatsächlich ein Bedarf für eine zweite Instanz besteht. Unter dieser Voraussetzung könnte nach einiger Zeit vielleicht sogar erneut über einen zentralen „*World Investment Court*" nachgedacht werden. Um eine parallele Kontrolle der Schiedssprüche durch staatliche Gerichte und die Aufhebungsinstanzen der Schiedsinstitution zu vermeiden, müsste die Inanspruchnahme des institutionellen Verfahrens jedoch gleichzeitig das staatliche Verfahren ausschließen. Eine zweite Instanz entspricht zwar nicht dem „Wesen der Schiedsgerichtsbarkeit"[255], aber die Investitionsschiedsgerichtsbarkeit unterscheidet sich selbst in wesentlichen Punkten von der allgemeinen Wirtschaftsschiedsgerichtsbarkeit. Dogmatische Argumente lassen sich m. E. daher nur sehr beschränkt gegen eine zweite Instanz ins Feld führen. Vielmehr kommt es darauf an, ob sie von ihren Anwendern langfristig – und nicht nur nach einzelnen, verlorenen Verfahren – verlangt wird.

[254] S. oben Abschnitt D. III. 7 b).

[255] *Cremades*, JWIT 2004, 89; *Kühn*, JWIT 2004, 7 (16).

e) Zusammenfassung

Die Idee einer zentralen internationalen Aufhebungsinstanz für Investitionsschiedssprüche hat ihren Reiz, ihre praktische Umsetzung erscheint angesichts der vielen zu klärenden Einzelfragen allerdings schwierig. Will man überhaupt eine zweite Instanz oder eine zentrale Aufhebungsinstanz schaffen, sollte auf bestehende Institutionen wie den PCA, das ICSID oder die Schiedsinstitute der internationalen Handelskammern zurückgegriffen werden. Existierte eine zweite Instanz bei einer dieser Institutionen, ließen sich entsprechende Vereinbarungen in die bilateralen Abkommen aufnehmen, die Institution und Voraussetzungen für ein Aufhebungsverfahren bestimmen. BITs könnten auch nach dem Vorbild der neueren US-amerikanischen Abkommen ein eigenes Aufhebungsverfahren vorsehen. Sinnvollerweise müsste mit solchen Vereinbarungen der Ausschluss staatlicher Aufhebungsverfahren einhergehen. Dies ist zumindest in Schweden (wie in Belgien und der Schweiz) ohne Änderung des geltenden nationalen Schiedsverfahrensrechts möglich. So würde vermieden, dass staatliche Gerichte im Aufhebungsverfahren über Spezialfragen des Völkerrechts entscheiden müssten.

Zugleich könnte die Zahl der möglichen Klagen eines Investors durch entsprechende Klauseln in den BITs selbst beschränkt werden. Die Wirksamkeit dieses Vorgehens setzt allerdings voraus, dass sich ein weit gespanntes, möglichst lückenloses Netz solcher Klauseln entwickelt, damit die einzelnen BITs nicht isoliert bleiben.

Unabhängig davon lassen sich Verfahrensvorschriften in BITs aufnehmen, die die Besonderheiten der Investitionsschiedsgerichtsbarkeit angemessen berücksichtigen und das Verfahren entsprechend ausgestalten. Dies hätte zur Folge, dass etwaige Verfahrensverstöße ganz ohne juristische Verrenkungen notfalls im Aufhebungsverfahren behoben werden könnten. Die jeweiligen Verfahrensvorschriften in den BITs ließen sich recht problemlos als Parteivereinbarungen über das Verfahren interpretieren. Ein Verstoß hiergegen würde also auch schon nach dem jetzt bestehenden privaten Schiedsverfahrensrecht zur Aufhebung führen. Eine „besondere" Auslegung der Aufhebungsgründe durch die staatlichen Gerichte würde sich erübrigen. Dies würde auch durch eine Ergänzung der UNCITRAL *Arbitration Rules* erreicht, so dass diese Reformabsichten grundsätzlich zu begrüßen sind.

6. Ergebnis: Aufhebungsverfahren in der Investitionsschiedsgerichtsbarkeit

Staatliche Aufhebungsverfahren bergen einen systemimmanenten Konflikt zwischen nationalem Verfahrensrecht und enger Auslegung der Aufhebungsgründe einerseits und den völkerrechtlichen Besonderheiten der Investitionsschiedsgerichtsbarkeit andererseits. Die derzeit zu beobachtende Praxis, wonach Aufhebungsklagen extrem zurückhaltend beurteilt werden und im Zweifel unter Hinweis auf den materiellrechtlichen Charakter der Fragestellung eine Entscheidung vermieden wird, entspricht zwar den Vorgaben der hier untersuchten nationalen Schiedsverfahrensgesetze. Den speziellen Umständen der Investitionsschiedsgerichtsbarkeit wird sie aber nicht gerecht.

Letztlich sind staatliche Gerichte jedoch auch nicht dazu berufen, im Rahmen von Aufhebungsklagen, die nur Verfahrensfehler sanktionieren sollen, schwierige völkerrechtliche Fragen zu beantworten. Festzuhalten bleibt, dass schwedische Gerichte Investitionsschiedssprüche ebenso behandeln wie Wirtschaftsschiedssprüche und so zumindest die Sicherheit bieten, dass Schiedssprüche aufrechterhalten werden, solange keine gravierenden Verfahrensfehler erkennbar sind. Der Begriff des „Verfahrensfehlers" wird dabei sehr ernst genommen, denn die Richter haben sich bisher auf keine materielle Prüfung, und sei sie auch eng mit einer verfahrensrechtlichen Frage verknüpft, eingelassen. Dies gilt jedenfalls in Schweden. Mangels Entscheidungsmaterials kann für deutsche Gerichte eine ähnliche Herangehensweise nur vermutet werden.

Wer jedoch eine stärkere Berücksichtigung der Tatsache fordert, dass es sich um Investitions- und nicht um Wirtschaftsschiedsgerichtsbarkeit handelt, muss sich um eine Änderung der BITs bemühen und spezielle Aufhebungsverfahren für Investitionsschiedssprüche vereinbaren. Wo diese Aufhebungsverfahren anzusiedeln und wie sie zu organisieren bzw. die Gremien zu besetzen sind, ist eine zweite Frage. Eine gute Möglichkeit wäre die Einrichtung durch bestehende Schiedsinstitutionen. Praktisch scheint diese Reform der Investitionsschiedsgerichtsbarkeit, sofern sie denn von den Beteiligten gewollt wird, derzeit nur auf bilateralem Wege erreichbar zu sein.

Viele der bisher im Zusammenhang mit Investitionsschiedsverfahren aufgetretenen Schwierigkeiten werden sich aber schon mit Ergänzungen und Änderungen der bestehenden Verfahrensvorschriften in den BITs oder einer Erweiterung der UNCITRAL *Arbitration Rules* lösen lassen. Eine Korrektur über eine besondere Ausformung des Aufhebungsverfahrens würde dadurch entbehrlich. Die Schaffung einer internationalen Aufhebungsinstanz erscheint daher insgesamt zwar langfristig möglich, aber aus praktischen und auch aus rechtlichen Gesichtspunkten nicht unbedingt notwendig.

F. Ergebnis und Ausblick

Die vorliegende Arbeit hat das Verhältnis der staatlichen Gerichte zur Schiedsgerichtsbarkeit in Deutschland und Schweden zum Gegenstand. Dazu wurden zunächst die gesetzlichen Regelungen und ihre Auslegung durch Literatur und Rechtsprechung im Bereich einstweiliger Maßnahmen sowie im Zusammenhang mit der Aufhebung von Schiedssprüchen eingehend untersucht. In einem zweiten Schritt wurde geprüft, inwieweit die für die private Wirtschaftsschiedsgerichtsbarkeit entwickelten Grundsätze auf die Investitionsschiedsgerichtsbarkeit übertragen werden können. Diese Art der Streitbeilegung wird im internationalen Geschäftsverkehr immer wichtiger, was sich auch an der zwar kleinen, aber steigenden Zahl von Aufhebungsklagen aus solchen Verfahren zeigt. Im Folgenden werden die Ergebnisse dieser Arbeit kurz zusammengefasst.

I. Der Erlass einstweiliger Maßnahmen in Deutschland und Schweden

Der durchgeführte Rechtsvergleich zur Regelung der einstweiligen Maßnahmen im deutschen und schwedischen Schiedsverfahrensrecht hat Folgendes ergeben:

- Staatlicher und schiedsgerichtlicher einstweiliger Rechtsschutz stehen parallel zur Verfügung.
- Schiedsgerichtliche Maßnahmen sind in Deutschland mittelbar vollstreckbar, in Schweden jedoch nicht.
- In der internationalen Schiedsgerichtsbarkeit wird sich dieser Unterschied weniger stark auswirken als in nationalen Verfahren.

Einstweilige Maßnahmen können sowohl in Schweden als auch in Deutschland vom Schiedsgericht erlassen werden. Daneben sind die staatlichen Gerichte weiterhin zuständig, was vor allem in dringenden Fällen aus Zeitgründen für unerlässlich gehalten wird. Der auffälligste Unterschied des schwedischen Schiedsverfahrensrechts gegenüber der deutschen Regelung liegt darin, dass schiedsrichterliche einstweilige Maßnahmen nicht staatlich vollstreckbar sind. So hat der Erlass einer einstweiligen Maßnahme durch das Schiedsgericht auch keinerlei Einfluss auf die Entscheidung des staatlichen Gerichts, was umgekehrt ebenso gilt. Als Vorteil einer schiedsrichterlichen einstweiligen Maßnahme bleibt die Wahrung der Vertraulichkeit des Verfahrens. Demgegenüber ist das deutsche Recht deutlich moderner ausgestaltet, indem es den Erlass vollstreckbarer einstweiliger Maßnahmen vorsieht. Damit entscheidet das auch in der Hauptsache zuständige Schiedsgericht originär über den Erlass der Maßnahme, das staatliche Gericht darf höchstens eine Anpassung vornehmen, wenn staatlicher Zwang in Anspruch genommen werden soll.

Insbesondere in internationalen Streitigkeiten dürfte sich dieser Unterschied zwischen dem deutschen und schwedischen Recht aber nicht besonders stark auswirken. Entscheidend ist die Möglichkeit, einstweiligen Rechtsschutz auch vor dem

Schiedsgericht beantragen zu können. Dies sehen beide Rechtsordnungen vor. Die Vollstreckung der Maßnahme wird in aller Regel in internationalen Verfahren jedoch nicht am Schiedsort zu beantragen sein, sondern an dem Ort, an dem sich Vermögen des Vollstreckungsschuldners befindet. Dies wird aber meist gerade nicht am Ort des Schiedsverfahrens liegen, sondern im Heimatstaat des Schuldners. Daher wird sich die vorteilhaftere Regelung des deutschen Rechts in der Praxis nur dann auswirken, wenn sich Vermögen in Deutschland befindet.

Ein Blick auf die Reform des Art. 17 des UNCITRAL-Modellgesetzes hat gezeigt, dass die internationale Entwicklung im Bereich der einstweiligen Maßnahmen inzwischen noch einen Schritt weitergegangen ist. So enthalten die neuen Art. 17 ff. des Modellgesetzes detaillierte Vorschriften zur Art der vom Schiedsgericht zu erlassenden Maßnahmen und zur Vollstreckung dieser Maßnahmen. Dazu kommt die Möglichkeit, nicht vollstreckbare Ex-parte-Maßnahmen vor dem Schiedsgericht zu beantragen. Diese Entwicklungen sollten bei einer erneuten Reform des Schiedsverfahrensrechts in Deutschland und vor allem in Schweden berücksichtigt werden.

II. Die Aufhebung von Schiedssprüchen in Deutschland und Schweden

Die Verfahrensregelungen und damit auch die Auslegung der Aufhebungsgründe in Deutschland und Schweden ähneln sich in weiten Teilen. Dies ist zum Großteil auf die verstärkte Rechtsvereinheitlichung durch das UNCITRAL-Modellgesetz zurückzuführen. Einige auffällige Unterschiede sind aber doch hervorzuheben:

- Unterscheidung zwischen Ungültigkeit und Aufhebbarkeit im schwedischen Recht
- Bestimmung der objektiven Schiedsfähigkeit
- Ausschluss des Aufhebungsverfahrens durch Parteivereinbarung
- Rechtsschutz gegen negative Kompetenzentscheidungen des Schiedsgerichts

Im Gegensatz zum deutschen Recht unterscheidet das schwedische Schiedsverfahrensgesetz nach wie vor zwischen Ungültigkeits- und Aufhebungsgründen. Wenn dies auch international unüblich ist, so hat doch die nähere Betrachtung gezeigt, dass sich in der praktischen Behandlung keine großen Unterschiede ergeben. Gleiches gilt für den zunächst gravierend erscheinenden Unterschied bei der Bestimmung der objektiven Schiedsfähigkeit. Der Vorteil der deutschen Regelung liegt hier vor allem in seiner besseren Verständlichkeit für ausländische Rechtsanwender, denen ein Rückgriff auf materielles deutsches Zivilrecht erspart bleibt.

Ein wesentlicher Unterschied des schwedischen Rechts zum deutschen Recht ist die Möglichkeit ausländischer Parteien, nach § 51 LSF den Ausschluss des Aufhebungsverfahrens zu vereinbaren. Wie oben ausführlich erörtert, bietet eine Norm nach Art des § 51 LSF zwar eine interessante, wenn auch keine notwendige Erweiterung der Parteiautonomie. Sie verhindert zwar eine doppelte Kontrolle des Schiedsspruchs durch die Gerichte am Schiedsort und die Gerichte des Vollstreckungsstaates. Gleichzeitig wird damit der unterlegenen Partei aber auch abverlangt, jeden einzelnen Vollstreckungsantrag separat abwenden zu müssen, ohne auf eine Aufhebungsentscheidung am Schiedsort verweisen zu können. Wenn auch in der Vergangenheit bereits Schiedssprüche vollstreckt wurden, die am Schiedsort aufgehoben worden waren, bietet doch die Aufhebung eines Schiedsspruchs ein wichtiges Indiz für die Ablehnung seiner Vollstreckung.

Im Gegensatz zum deutschen Recht sieht das schwedische Schiedsverfahrensgesetz ausdrücklich die Möglichkeit vor, zuständigkeitsverneinende Entscheidungen des Schiedsgerichts mit einer Aufhebungsklage nach § 36 LSF vor Gericht anzugreifen. Eine solche Regelung erscheint nach den obigen Ausführungen sinnvoll und wünschenswert. Sie bietet allen Beteiligten hinreichende Klarheit über den zur Verfügung stehenden Rechtsweg und eröffnet ebenso wie eine unberechtigte bejahende Kompetenzentscheidung des Schiedsgerichts den Weg zu den staatlichen Gerichten. Die im deutschen Recht entstandenen Unklarheiten über die Anwendbarkeit des Aufhebungsverfahrens bzw. die umgekehrt analoge Anwendung einzelner Aufhebungsgründe könnten auf diese Weise ausgeräumt werden. Das schwedische Recht enthält somit wertvolle Anregungen für eine weitere Verbesserung des deutschen Schiedsverfahrensrechts. Insgesamt ist aber zu konstatieren, dass in den hier untersuchten Bereichen in beiden Rechtsordnungen ein ausgewogenes Verhältnis zwischen Staatsgerichten und Schiedsgerichten besteht. Die Bundesrepublik Deutschland und das Königreich Schweden eignen sich daher gleichermaßen als Austragungsort für internationale Schiedsverfahren.

III. Übertragbarkeit der Verfahrensgrundsätze auf die internationale Investitionsschiedsgerichtsbarkeit?

Zu Beginn dieser Arbeit wurde außerdem die Frage aufgeworfen, ob sich die Grundsätze der herkömmlichen Wirtschaftsschiedsgerichtsbarkeit auf die Investitionsschiedsgerichtsbarkeit übertragen lassen. Dabei wurden Verfahren nach den Regeln des ICSID weitgehend unberücksichtigt gelassen, da in diesen Verfahren die staatlichen Gerichte am Schiedsort weder für einstweilige Maßnahmen noch für die Aufhebung des Schiedsspruchs zuständig sind. Gerade das Verhältnis zwischen den staatlichen Gerichten am Schiedsort und Schiedsgerichten interessierte aber im vorliegenden Zusammenhang. Die Ergebnisse lassen sich wie folgt zusammenfassen:

- Die Besonderheiten der Investitionsschiedsgerichtsbarkeit wirken sich auf den Erlass einstweiliger Maßnahmen geringer aus als angenommen.
- Im Rahmen des Aufhebungsverfahrens sind die Besonderheiten stärker zu berücksichtigen und sollten sich auf die Auslegung einzelner Aufhebungsgründe auswirken.
- Größere Einheitlichkeit bei der Auslegung von Verfahrensgrundsätzen in der Investitionsschiedsgerichtsbarkeit ist primär durch eine Modernisierung und Anpassung der bilateralen Investitionsschutzabkommen herzustellen.
- Eine internationale Appellationsinstanz sollte, sofern ein praktischer Bedarf dafür festgestellt wird, bei bestehenden Schiedsinstitutionen eingerichtet und als Angebot ausgestaltet sein.
- Die Annahme eines solchen Angebots sollte mit dem Ausschluss des staatlichen Aufhebungsverfahrens am Schiedsort einhergehen.

Zunächst musste festgestellt werden, dass sich beim Erlass einstweiliger Maßnahmen durch staatliche Gerichte in der Investitionsschiedsgerichtsbarkeit keine größeren konzeptionellen Besonderheiten ergeben. Zu berücksichtigen ist in der Praxis allerdings die Immunität des Gaststaates, wenn dieser Antragsgegner ist. Die hoheitliche Immunität kann dazu führen, dass ein staatliches Gericht am Schiedsort entweder gar nicht zum Erlass der Maßnahme befugt ist oder aber die Maßnahme letztlich nicht vollzogen werden kann, weil nur Vermögen zu ermitteln ist, das hoheitlichen Zwecken dient und damit nicht Gegenstand der Vollstreckung sein kann. Daher erscheint es im Verhältnis zwischen Gaststaat und Investor durchaus sinnvoll, wenn neben dem staatlichen Gericht auch dem Schiedsgericht selbst die Kompetenz zum Erlass vollstreckbarer einstweiliger Maßnahmen zusteht. Ist der Staat im Idealfall bereit, die verhängte Maßnahme freiwillig zu vollziehen, kann der Weg zu den staatlichen Gerichten ganz vermieden werden. Muss staatliche Hilfe beim Vollzug der Maßnahme in Anspruch genommen werden, so erscheint die deutsche Regelung sinnvoller, die eine staatliche Vollstreckbarerklärung der schiedsrichterlichen Maßnahme ausreichen lässt.

Die Besonderheiten der Investitionsschiedsgerichtsbarkeit wirken sich stärker im Aufhebungsverfahren aus. Bei der Anwendung aller gesetzlich vorgesehenen Aufhebungsgründe macht es sich bemerkbar, wenn die Parteien des Schiedsverfahrens nicht zwei private Personen sind, sondern auf der einen Seite ein Staat steht, und wenn Grundlage des Schiedsverfahrens keine beiderseitige Schiedsvereinbarung, sondern eine in einem völkerrechtlichen Abkommen enthaltene Schiedsklausel ist.

Allgemein ist festzuhalten, dass die vorurteilslose Übertragung von Rechtsprechungsgrundsätzen, die für die Aufhebung von Schiedssprüchen aus der privaten Wirtschaftsschiedsgerichtsbarkeit entwickelt wurden, wenig sinnvoll ist. Allerdings wird einem staatlichen Gericht kaum vorzuschreiben sein, wie es die gesetzlichen Aufhebungsgründe in einem Investitionsstreit auszulegen hat. Dies gilt auch wegen der damit verbundenen Abgrenzungsprobleme, etwa der Frage, wann überhaupt ein

Investitionsstreit vorliegt. Es ist aber immerhin anzuregen, dass solche Umstände in Zukunft stärker berücksichtigt werden sollten. Dies muss nicht im Widerspruch zur grundsätzlichen Zurückhaltung der staatlichen Gerichte stehen. Es wird aber dem Umstand, dass es sich bei einem Streit um ein Investitionsschiedsverfahren handelt und nicht um einen Streit zwischen zwei privaten Parteien, eher gerecht.

Die bisher veröffentlichte, wenig umfangreiche schwedische Rechtsprechung deutet jedoch darauf hin, dass in der Praxis in der Bewertung keine Unterscheidungen getroffen werden, sondern dieselben Grundsätze und Auslegungsprinzipien wie in Streitigkeiten zwischen zwei privaten Personen herangezogen werden. In Deutschland gibt es bisher, soweit ersichtlich, kein Aufhebungsverfahren aus einem Investitionsstreit. Allmählich scheint sich aber die Erkenntnis durchzusetzen, dass Deutschland neben den traditionellen Schiedsländern als Austragungsort für internationale Investitionsschiedsverfahren gut geeignet ist. Zudem wird auch in der deutschen Literatur vermehrt auf die Rechtsschutzmöglichkeiten hingewiesen, die sich deutschen und ausländischen Investoren durch die bilateralen Investitionsschutzabkommen bieten. Daher wird langfristig mit einem Anstieg von Investitionsschiedsverfahren in Deutschland zu rechnen sein.

Als Alternativen zur staatlichen Kontrolle eines Investitionsschiedsspruchs werden die Schaffung eines internationalen Schiedsgerichtshofes für Investitionsstreitigkeiten, der Abschluss eines multilateralen Investitionsvertrags oder die Änderung der bestehenden BITs diskutiert. Abgesehen von den organisatorischen Schwierigkeiten, die mit der Schaffung eines neuen, internationalen Schiedsgerichtshofes verbunden sind, stellt sich vor allem die Frage, inwieweit dieser Ansatz über den des ICSID hinausgehen würde. Zum einen müsste das Verhältnis der Institutionen zueinander geklärt werden, zum anderen müsste aber zunächst einmal die Notwendigkeit einer zusätzlichen speziellen Institution für die Investitionsschiedsgerichtsbarkeit gesichert sein. Der bestehenden Abneigung gegen die ICISD-Verfahren in vielen Entwicklungsländern ist sicher nicht mit der Schaffung einer neuen „westlichen" Organisation gedient. Demnach erscheint höchstens die Einrichtung einer internationalen Appellationsinstanz außerhalb des ICSID durchführbar. Wie die Erfahrungen mit der vorgeschlagenen ICSID *„Appeals Facility"* gezeigt haben, müsste der Einrichtung einer solchen Instanz eine langfristige Planung vorangehen, die verschiedene Institutionen mit einbezieht und nicht zwingend im Rahmen des ICSID anzusiedeln ist. Aufgrund der Überlegungen in Abschnitt E. erscheint es sinnvoll, eine solche Appellationsinstanz als Angebot auszugestalten, das die Beteiligten entweder bereits im BIT oder aber auch erst nach Entstehen des Streits vereinbaren können. Mit der Annahme bzw. Vereinbarung dieser Instanz müsste der Ausschluss einer staatlichen Kontrolle einhergehen, um die Rechtsmittel zu beschränken und zu vereinheitlichen.

Ein neues multilaterales Investitionsabkommen scheint aktuell nur wenig praktische Chancen zu haben, auch wenn die Hoffnung darauf zumindest in der Literatur noch nicht aufgegeben wird. Tatsächlich hat die Idee eines einzigen umfassenden Vertragswerks gegenüber einer Vielzahl von BITs ihren Reiz. Wenn allerdings schon die bloße Bezeichnung als multilaterales Investitionsschutzabkommen öffentlichen Widerstand provoziert, muss nach Alternativen gesucht werden. So haben die USA und die Tschechische Republik damit begonnen, ihre bilateralen Investitionsschutzabkommen zu ändern und die darin enthaltenen Streitbeilegungsmechanismen besser aufeinander abzustimmen. Dies mag eine zeitraubende Angelegenheit sein, verspricht aber besseren Erfolg als erneute Versuche, die große Zahl bilateraler Abkommen in einem einheitlichen Abkommen zusammenzuführen.

Entsprechende Schritte wären auch der Bundesrepublik Deutschland und dem Königreich Schweden zu empfehlen. Zwar ist keines dieser Länder als klassisches Investitionsland zu bezeichnen. Beide Staaten haben aber Anlass, auf einen funktional optimalen Schutz ihrer Investoren im Ausland hinzuarbeiten. Auch lassen sich Verpflichtungen und rechtliche Inanspruchnahme aus ihren 119 bzw. 56 BITs mit zunehmender Globalisierung und international stark verflochtenen Unternehmensstrukturen immer weniger ausschließen. Der deutsche Staat haftet z. B. auch für beeinträchtigende staatliche Maßnahmen einzelner Bundesstaaten, des Bundeskartellamts oder auch der Regierung gegenüber internationalen Unternehmen. Sicher hat Deutschland mit dem Abschluss des ersten bilateralen Investitionsschutzabkommens 1959 weltweit Pionierarbeit geleistet. Dies ist aber kein Schutz vor finanziellen Entschädigungsansprüchen ausländischer Investoren aus ehemaligen Entwicklungsländern. Um mehrfache Schadensersatzklagen ähnlich wie im Fall der Tschechischen Republik für Deutschland auszuschließen, wäre eine Änderung und Abstimmung der BITs der sicherste Weg.

Unabhängig von einer stärkeren Vereinheitlichung und Anpassung der Streitbeilegungsmechanismen sollten staatliche Gerichte, die mit der Aufhebung eines Investitionsschiedsspruchs befasst sind, die Anwendung jedes einzelnen schiedsrechtlichen Grundsatzes kritisch hinterfragen. Denn in Abwandlung des eingangs genannten Zitates lässt sich als Ergebnis festhalten: „What was good für commercial arbitration is not *necessarily* good for arbitration."

Anhang

Anhang I: Deutsche Übersetzung des *Lag (1999:116) om skiljeförfarande*
von *Strempel/Jarvin*
abrufbar im Internet unter www.sccinstitute.se/se/Lagar_och_konventioner

Die Schiedsvereinbarung

§ 1 [Schiedsfähigkeit, Tatsachenfeststellung, Lückenfüllung, Wettbewerbsfragen]
Streitigkeiten in Fragen, über welche die Parteien einen Vergleich schließen können, können durch eine Vereinbarung einem oder mehreren Schiedsrichtern zur Entscheidung vorgelegt werden. Eine derartige Vereinbarung kann sich auch auf zukünftige Streitigkeiten beziehen, die aus einem in der Vereinbarung angegebenen Rechtsverhältnis entstehen. Die Streitigkeit kann auch das Vorliegen eines bestimmten Umstandes betreffen.

Die Parteien können die Schiedsrichter ermächtigen, Verträge über die Grenzen der Grundsätze der Vertragsauslegung hinaus zu ergänzen.

Die Schiedsrichter dürfen die zivilrechtlichen Wirkungen des Wettbewerbsrechts zwischen den Parteien prüfen.

§ 2 [Vorläufige Kompetenzkompetenz]
Die Schiedsrichter können selbst darüber entscheiden, ob sie für die Beilegung der ihnen vorliegenden Streitigkeit zuständig sind. Ein Gericht wird dadurch nicht daran gehindert, diese Frage auf Antrag einer Partei zu prüfen. Die Schiedsrichter können das schiedsrichterliche Verfahren in Erwartung der Entscheidung des Gerichts fortsetzen.

Selbst wenn die Schiedsrichter während des Verfahrens durch Beschluss ihre eigene Zuständigkeit für die Entscheidung der Streitigkeit festgestellt haben, ist dieser Beschluss nicht bindend. Für Rechtsbehelfe gegen einen Schiedsspruch, welcher eine Entscheidung über die Zuständigkeit beinhaltet, gelten die Vorschriften der §§ 34 und 36.

§ 3 [Schiedsklausel als eigenständige Vereinbarung]
Steht bei einer Prüfung der Zuständigkeit der Schiedsrichter die Gültigkeit einer Schiedsvereinbarung, die Bestandteil einer anderen Vereinbarung ist, in Frage, ist die Schiedsvereinbarung als eigenständige Vereinbarung zu behandeln.

§ 4 [Einrede der Schiedsvereinbarung, sichernde Maßnahmen durch ein Gericht]
Wird vor einem Gericht Klage in einer Angelegenheit erhoben, die Gegenstand einer Schiedsvereinbarung ist, so hat das Gericht die Klage als unzulässig abzuweisen, sofern der Beklagte dies rügt.

Die Einrede der Schiedsvereinbarung ist vorzubringen, sobald der Beklagte sich zur Sache vor Gericht einlässt, vorzubringen. Später vorgebrachte Rügen sind ohne Wirkung, wenn nicht ein triftiger Hinderungsgrund vorlag und die Rüge unmittelbar nach dem Wegfall des Hinderungsgrundes erhoben wird. Die Einrede der Schiedsvereinbarung ist selbst dann zu beachten, wenn die rügende Partei eine Frage, die von der Schiedsvereinbarung erfasst ist, von der Vollstreckungsbehörde im Mahnverfahren oder bei der Anordnung von Zwangsmitteln prüfen lässt.

Ein Gericht kann vor oder nach Beginn des Schiedsverfahrens unabhängig von der Schiedsvereinbarung sichernde Maßnahmen anordnen, für deren Anordnung nach dem Gesetz das Gericht zuständig ist.

§ 5 [Verlust des Einrederechts]
Eine Partei verliert das Recht auf die Einrede der Schiedsvereinbarung als Prozesshindernis, wenn die Partei

1. dem Antrag auf Einleitung des schiedsrichterlichen Verfahrens entgegengetreten ist,

2. nicht rechtzeitig den Schiedsrichter benennt, oder

3. nicht rechtzeitig ihren Anteil der eingeforderten Sicherheit für die Kostenerstattung der Schiedsrichter stellt.

§ 6 [Sonderregelungen zum Verbraucherschutz, bei Miet- und Pachtverhältnissen]
Betrifft eine Streitigkeit zwischen einem Unternehmer und einem Verbraucher eine Ware, Dienstleistung oder anderes Gut, das hauptsächlich für den privaten Gebrauch geliefert worden ist, so darf eine vor Entstehung der Streitigkeit geschlossene schiedsrichterliche Vereinbarung nicht geltend gemacht werden. Solche schiedsrichterlichen Vereinbarungen gelten jedoch in Miet- oder Pachtverhältnissen, in denen ein hyres- oder arrendenämnd (regionales Miet- oder Pachteinigungsamt) als Schiedsgericht fungieren soll, soweit sich etwas Abweichendes nicht aus Kap. 8 § 28 oder Kap. 12 § 66 Jordabalken 2 ergibt.

Absatz 1 gilt nicht, wenn die Streitigkeit einen Vertrag zwischen einem Versicherer und einem Versicherungsnehmer über eine Versicherung betrifft, die sich auf einen allgemeinen Tarifvertrag oder auf einen Gruppentarifvertrag gründet und von Vertretern der Gruppe wahrgenommen wird. Absatz 1 gilt zudem auch dann nicht, wenn sich etwas anderes aus von Schweden eingegangenen internationalen Verpflichtungen ergibt.

Die Schiedsrichter

§ 7 [Zulassung als Schiedsrichter]
Jeder, der geschäftsfähig ist und über sein Eigentum unbeschränkt verfügen kann, kann Schiedsrichter sein.

§ 8 [Unparteilichkeit]
Ein Schiedsrichter muss unparteiisch sein.

Auf Antrag einer Partei ist ein Schiedsrichter seines Amtes zu entheben, falls Umstände vorliegen, die das Vertrauen in seine Unparteilichkeit erschüttern können. Ein solcher Umstand ist stets als gegeben anzusehen,

1. wenn der Schiedsrichter oder ein diesem Schiedsrichter Nahestehender eine Partei ist oder auf andere Weise erheblichen Nutzen oder Schaden aus dem Ausgang der Streitigkeit erwarten kann,

2. wenn der Schiedsrichter oder ein diesem Schiedsrichter Nahestehender ein Mitglied des Verwaltungsrates einer Gesellschaft oder einer anderen Vereinigung, welche Partei ist, oder in sonstiger Weise Vertreter einer Partei oder einer anderen Person ist, welche erheblichen Nutzen oder Schaden aus dem Ausgang der Streitigkeit erwarten kann,

3. wenn der Schiedsrichter als Sachverständiger oder in sonstiger Weise in der Streitigkeit Stellung bezogen hat oder einer Partei behilflich gewesen ist, ihre Klage vorzubereiten oder durchzuführen, oder

4. wenn der Schiedsrichter entgegen § 39 Abs. 2 eine Kostenerstattung entgegengenommen oder sich ausbedungen hat.

§ 9 [Offenlegungspflicht möglicher Hindernisse]
Derjenige, dem ein Schiedsrichteramt angetragen wird, hat unverzüglich sämtliche Umstände offenzulegen, die gemäß § 7 oder § 8 ein Hindernis für die Ausübung dieses Amtes durch ihn darstellen könnten. Ein Schiedsrichter hat die Parteien und die anderen Schiedsrichter über solche Umstände sofort nach der Bestellung sämtlicher Schiedsrichter und danach während des schiedsrichterlichen Verfahrens sofort nach Kenntniserlangung eines neuen Umstandes zu unterrichten.

§ 10 [Ablehnungsverfahren]
Ein Ablehnungsantrag auf Grund eines in § 8 genannten Umstandes ist innerhalb von fünfzehn Tagen von dem Zeitpunkt an zu stellen, in dem die Partei sowohl von der Benennung des Schiedsrichters als auch von dem relevanten Umstand

Kenntnis erhalten hat. Über den Antrag ist durch die Schiedsrichter zu entscheiden, es sei denn, die Parteien haben die Entscheidung durch jemand anderen vereinbart.

Der Ablehnungsbeschluss ist nicht anfechtbar.

Eine Partei, die mit einem Beschluss unzufrieden ist, durch welchen ein Antrag als unbegründet abgewiesen oder als verspätet zurückgewiesen wurde, kann beim Amtsgericht einen Antrag auf Ablehnung des Schiedsrichters stellen. Der Antrag ist innerhalb von dreissig Tagen nach Zustellung des Beschlusses einzureichen. Die Schiedsrichter können das schiedsrichterliche Verfahren bis zum Vorliegen des Gerichtsentscheids fortsetzen.

§ 11 [Ablehnung durch ein Schiedsinstitut]
Die Parteien können entscheiden, dass der in § 10 Abs. 1 genannte Antrag abschließend von einem Schiedsinstitut zu prüfen ist.

§ 12 [Parteivereinbarungen hinsichtlich der Bestellung und Zahl der Schiedsrichter]
Die Parteien entscheiden über die Anzahl der Schiedsrichter und über das Verfahren ihrer Bestellung.

Liegt keine Parteivereinbarung vor, gelten die §§ 13-16.

Das Amtsgericht hat die Schiedsrichter auch in anderen Fällen als den in §§ 14-17 genannten zu bestellen, wenn die Parteien dieses vereinbart haben und eine Partei dieses beantragt.

§ 13 [Subsidiäre gesetzliche Bestimmungen, drei Schiedsrichter]
Das Schiedsgericht besteht aus drei Schiedsrichtern. Jede Partei bestellt einen Schiedsrichter, und die so ernannten bestellen den dritten Schiedsrichter.

§ 14 [Bestellung der Schiedsrichter, Fristen]
Haben die Parteien selbst einen Schiedsrichter zu bestellen, und hat eine der Parteien in ihrem Antrag auf Einleitung eines Schiedsverfahrens der anderen Partei die Bestellung ihres Schiedsrichters gemäß § 19 mitgeteilt, so hat die andere Partei der antragenden Partei innerhalb von dreissig Tagen vom Erhalt der Mitteilung an schriftlich die Bestellung ihres Schiedsrichters anzugeben.

Eine Partei, die auf diese Weise die andere Partei von ihrer Bestellung eines Schiedsrichters unterrichtet hat, kann die Bestellung nicht ohne Zustimmung der anderen Partei widerrufen.

Bestellt die andere Partei ihren Schiedsrichter nicht innerhalb der angegebenen Frist, so ist der Schiedsrichter auf Antrag der auffordernden Partei vom tingsrätt (Amtsgericht) zu bestellen.

§ 15 [Bestellung durch das tingsrätt (Amtsgericht)]
Ist ein Schiedsrichter von anderen Schiedsrichtern zu bestellen und bestellen diese ihn nicht innerhalb von dreißig Tagen vom Zeitpunkt an, in dem der letzte von ihnen bestellt wurde, bestellt das Amtsgericht auf Antrag einer Partei diesen Schiedsrichter.

Hat die Bestellung eines Schiedsrichters durch jemand anderen als eine Partei oder die Schiedsrichter zu erfolgen, aber erfolgt dies nicht innerhalb von dreißig Tagen, nachdem die Partei, welche die Bestellung wünscht, die zur Bestellung verpflichtete Person dazu aufgefordert hat, so erfolgt die Bestellung durch das tingsrätt (Amtsgericht) auf Antrag der Partei. Dies gilt auch, wenn die Schiedsrichterbestellung durch die Parteien gemeinsam zu erfolgen hat, diese sich jedoch nicht innerhalb von dreißig Tagen nach Empfang der Benachrichtigung der einen durch die andere Partei einigen können.

§ 16 [Bestellung eines Ersatzschiedsrichters]
Tritt ein Schiedsrichter zurück oder wird er seines Amtes enthoben, bestellt das Amtsgericht auf Antrag einer Partei einen neuen Schiedsrichter. Treten die Umstände, wegen deren der Schiedsrichter seinen Auftrag nicht vollenden kann, nach der Bestellung ein, erfolgt die Bestellung des neuen Schiedsrichters jedoch durch die Partei, die den zu ersetzenden Schiedsrichter zu bestellen hatte. Für diese Bestellung gelten die §§ 14 und 15 entsprechend. Auch für die das schiedsrichterliche Verfahren einleitende Partei gilt eine Frist von dreißig Tagen; diese Frist läuft für sämtliche Beteiligte von dem Zeitpunkt an, in welchem sie Kenntnis von ihrer Verpflichtung zur Bestellung erlangen.

§ 17 [Verfahrensverzögerung durch Schiedsrichter]
Verursacht ein Schiedsrichter eine Verspätung des schiedsrichterlichen Verfahrens, enthebt das Amtsgericht auf Antrag einer Partei den Schiedsrichter seines Amtes und bestellt einen anderen Schiedsrichter. Die Parteien können vereinbaren, dass ein derartiger Antrag stattdessen abschließend von einem Schiedsinstitut entschieden wird.

§ 18 [Verweigerung der Schiedsrichterbestellung nur im Ausnahmefall]
Hat eine Partei den Antrag auf Schiedsrichterbestellung gemäß § 12 Abs. 3 oder der §§ 14-17 gestellt, darf das Amtsgericht nur dann dem Antrag nicht stattgeben, wenn die gesetzlichen Voraussetzungen für die Durchführung des schiedsrichterlichen Verfahrens offenkundig fehlen.

Das Verfahren

§ 19 [Beginn des schiedsrichterlichenVerfahrens]
Haben die Parteien nichts anderes vereinbart, so wird das schiedsrichterliche Verfahren dadurch eingeleitet, dass die andere Partei den Antrag auf Einleitung des Verfahrens gemäß Absatz 2 empfängt.

Der Antrag muss schriftlich erfolgen und Folgendes beinhalten:

1) den ausdrücklichen und unbedingten Antrag, die Streitigkeit einem Schiedsgericht vorzulegen,

2) Angaben über den von der Schiedsvereinbarung erfassten Streitgegenstand, den die Schiedsrichter prüfen sollen, und

3) falls die Schiedsrichterbestellung durch die Parteien zu erfolgen hat, Angaben über die von der Partei getroffene Bestellung.

§ 20 [Vorsitz des Schiedsgerichts]
In einem Schiedsgericht, das aus mehreren Schiedsrichtern besteht, ist einer von ihnen als Vorsitzender zu ernennen. Haben die Parteien oder die Schiedsrichter nichts anderes festgelegt, so ist derjenige Vorsitzender, der von den anderen Schiedsrichtern oder, an deren Stelle, vom Amtsgericht bestellt wurde.

§ 21 [Verfahrensgrundsätze für die Schiedsrichter]
Die Schiedsrichter haben die Streitigkeit unparteiisch, zweckmäßig und schnell zu behandeln. Dabei haben sie, sofern keine Hindernisse hierfür vorliegen, den Vereinbarungen der Parteien zu folgen.

§ 22 [Ort des schiedsrichterlichen Verfahrens]
Die Parteien vereinbaren den Ort des schiedsrichterlichen Verfahrens. Fehlt eine solche Vereinbarung, so wird der Ort des schiedsrichterlichen Verfahrens vom Schiedsgericht bestimmt.

Haben die Parteien nichts anderes vereinbart, so kann das Schiedsgericht an jedem Ort innerhalb oder außerhalb Schwedens zusammentreten.

§ 23 [Klage und Klagebeantwortung]
Innerhalb der vom Schiedsgericht bestimmten Frist hat der Kläger seine Ansprüche in der Sache, welche in dem Begehren auf Erlass eines Schiedsspruches angegeben wurden, sowie diejenigen Tatsachen darzulegen, auf die sich diese Ansprüche stützen. Der Beklagte hat danach innerhalb der von dem Schiedsgericht festgelegten

Frist zu den geltend gemachten Ansprüchen Stellung zu nehmen und die Tatsachen darzulegen, auf die er sich stützt.

Der Kläger darf neue Ansprüche und der Beklagte eigene Ansprüche vorbringen, soweit diese von der Schiedsvereinbarung umfasst werden und das Schiedsgericht es im Hinblick auf den Zeitpunkt der Vorlage oder andere Umstände nicht für unangebracht erachtet, hierüber zu entscheiden. Unter denselben Voraussetzungen kann jede der Parteien während des schiedsrichterlichen Verfahrens bereits geltend gemachte Ansprüche ändern oder ergänzen und neue Tatsachen zur Begründung ihres Begehrens vorbringen.

Der erste und der zweite Absatz gelten nicht, wenn die Parteien etwas anderes bestimmt haben.

§ 24 [Mündliches und schriftliches Verfahren, Zugänglichkeit der Beweismittel, Säumnis einer Partei]
Das Schiedsgericht hat den Parteien Gelegenheit zu geben, im vollen erforderlichen Umfang ihr Begehren schriftlich oder mündlich auszuführen. Vor der Entscheidung einer dem Schiedsgericht überlassenen Frage findet eine mündliche Verhandlung statt, wenn dies eine Partei verlangt und die Parteien nichts anders bestimmt haben.

Einer Partei ist die Möglichkeit zu geben, von allen Unterlagen und allem sonstigen Material, welches die Streitigkeit betrifft und den Schiedsrichtern von der anderen Partei oder jemand anderem vorgelegt wurde, Kenntnis zu erlangen.

Wenn eine Partei ohne triftigen Grund zu einer Verhandlung nicht erscheint oder es in irgendeiner anderen Hinsicht unterlässt, eine Anordnung des Schiedsgerichts zu beachten, führt dies nicht zu einem Hinderungsgrund gegen die Fortführung des schiedsrichterlichen Verfahrens und gegen eine Entscheidung der Streitigkeit aufgrund des vorliegenden Materials.

§ 25 [Beweiserhebung]
Die Parteien sind für die Beweiserhebung zuständig. Das Schiedsgericht kann jedoch Sachverständige benennen, wenn nicht beide Parteien widersprechen.

Das Schiedsgericht darf ein Beweisangebot zurückweisen, wenn es offenkundig keine Bedeutung für die Streitigkeit hat oder wenn dies im Hinblick auf den Zeitpunkt des Beweisangebots begründet ist.

Das Schiedsgericht darf keinen Eid und keine eidesstattliche Versicherung abnehmen. Es darf auch nicht ein Ordnungsgeld auferlegen oder andere Zwangsmittel einsetzen, um ein gefordertes Beweismittel zu beschaffen.

Wenn die Parteien sich nicht anders geeinigt haben, kann das Schiedsgericht auf Antrag einer Partei anordnen, dass die andere Partei während des schiedsrichterlichen Verfahrens eine bestimmte Maßnahme zu ergreifen hat, um den Anspruch zu sichern, welcher von dem Schiedsgericht zu entscheiden ist. Das Schiedsgericht kann anordnen, dass die Partei, welche die Maßnahme begehrt, eine angemessene Sicherheit für den Schaden zu stellen hat, welcher der anderen Partei durch die Maßnahme entstehen könnte.

§ 26 [Gerichtliche Unterstützung bei der Beweisaufnahme]
Wenn eine Partei will, dass ein Zeuge oder ein Sachverständiger unter Eid oder eine Partei unter Ableistung einer eidesstattlichen Versicherung vernommen wird, kann die Partei dies nach Zulassung durch das Schiedsgericht bei dem Amtsgericht beantragen. Das Gleiche gilt, wenn eine Partei möchte, dass es einer Partei oder jemand anderem auferlegt wird, als Beweismittel ein Schriftstück oder einen Gegenstand einzubringen. Ist das Schiedsgericht im Hinblick auf die Sachverhaltsermittlung der Auffassung, dass die Maßnahme zulässig ist, hat es die Erlaubnis zur Antragstellung zu erteilen. Sind die gesetzlichen Anspruchsvoraussetzungen für die Maßnahme erfüllt, hat das Amtsgericht dem Antrag stattzugeben.

Die Vorschriften des Zivilprozessgesetzes finden hinsichtlich der im ersten Absatz beschriebenen Maßnahmen Anwendung. Die Schiedsrichter sind zu einer Vernehmung eines Zeugen, eines Sachverständigen oder einer Partei zu laden und ihnen ist Gelegenheit zu geben, Fragen zu stellen. Erscheint ein Schiedsrichter nicht zu einer Vernehmung, stellt dies kein Hindernis für die Durchführung der Vernehmung dar.

Der Schiedsspruch

§ 27 [Entscheidungsformen]
Die dem Schiedsgericht vorgelegten Fragen werden durch Schiedsspruch entschieden. Beendet das Schiedsgericht das schiedsrichterliche Verfahren, ohne über diese Fragen zu entscheiden, geschieht dies ebenfalls durch einen Schiedsspruch.

Vergleichen sich die Parteien, kann das Schiedsgericht auf deren Antrag den Vergleich in einem Schiedsspruch niederlegen.

Andere Entscheidungen, die nicht in einen Schiedsspruch aufgenommen werden, werden als Beschlüsse bezeichnet.

Der Auftrag des Schiedsgerichts wird als beendet betrachtet, wenn es einen abschließenden Schiedsspruch verkündet hat, es sei denn, es würde sich aus § 32 oder § 35 etwas anderes ergeben.

§ 28 [Rücknahme eines Antrages]
Zieht eine Partei einen Antrag zurück, so hat das Schiedsgericht diesen Teil der Streitigkeit als erledigt zu betrachten, wenn nicht die andere Partei beantragt, dass das Schiedsgericht über den Antrag entscheiden soll.

§ 29 [Zwischenurteil]
Ein Teil der Streitigkeit oder eine bestimmte Frage mit Bedeutung für den Ausgang der Streitigkeit kann durch Zwischenurteil entschieden werden, wenn sich nicht beide Parteien dem entgegenstellen. Über eine Forderung, mit der die Aufrechnung erklärt wird, ist jedoch in demselben Schiedsspruch zu entscheiden wie über die Hauptforderung.

Hat eine Partei eine Forderung ganz oder teilweise anerkannt, ist ein Zwischenurteil über den anerkannten Teil zulässig.

§ 30 [Entscheidung durch ein Schiedsrichterkollegium]
Nimmt ein Schiedsrichter ohne hinreichenden Grund nicht an der Entscheidung des Schiedsgerichts zu einer Frage teil, hindert dies die übrigen Schiedsrichter nicht daran, über diese Frage zu entscheiden.

Haben die Parteien nichts anderes vereinbart, gilt als Ansicht des Schiedsgerichts diejenige, auf die sich die Mehrheit der an der Entscheidung mitwirkenden Schiedsrichter geeinigt hat. Wird für keine Ansicht eine Mehrheit erreicht, gilt diejenige, die der Vorsitzende vertritt.

§ 31 [Form und Inhalt des Schiedsspruches]
Ein Schiedsspruch ist schriftlich abzufassen und von den Schiedsrichtern zu unterzeichnen. Es reicht aus, dass der Schiedsspruch von der Mehrzahl der Schiedsrichter unterzeichnet ist, wenn der Grund, weswegen nicht alle Schiedsrichter den Schiedsspruch unterzeichnet haben, darin angegeben ist. Die Parteien können bestimmen, dass der Vorsitzende des Schiedsgerichts allein den Schiedsspruch unterzeichnet.

In dem Schiedsspruch ist der Tag seiner Verkündung und der Ort des schiedsrichterlichen Verfahrens anzugeben.

Der Schiedsspruch ist den Parteien unverzüglich zuzustellen.

§ 32 [Berichtigung, Auslegung und Ergänzung des Schiedsspruchs]
Wenn das Schiedsgericht feststellt, dass ein Schiedsspruch irgendeine offenkundige Inkorrektheit infolge eines Schreibfehlers, Rechenfehlers oder vergleichbarer Versehen der Schiedsrichter oder eines anderen enthält, oder dass das Schiedsgericht versehentlich eine Frage nicht entschieden hat, die in dem Schiedsspruch zu behandeln war, können die Schiedsrichter innerhalb von dreissig Tagen von dem Tage der Verkündung des Schiedsspruches an über eine Berichtigung beschließen oder den Schiedsspruch ergänzen. Sie können einen Schiedsspruch auch berichtigen oder ergänzen oder den Tenor des Schiedsspruches auslegen, wenn eine der Parteien dies innerhalb von dreissig Tagen, nachdem der Partei der Schiedsspruch zugestellt wurde, beantragt.

Wenn das Schiedsgericht auf Antrag einer der Parteien eine Berichtigung oder eine Auslegung des Schiedsspruches beschließt, hat dies innerhalb von dreissig Tagen, nachdem das Schiedsgericht den Antrag der Partei empfangen hat, zu erfolgen. Beschließt das Schiedsgericht, das Urteil zu ergänzen, so hat dies innerhalb von sechzig Tagen zu erfolgen.

Bevor das Schiedsgericht einen Beschluss nach diesem Paragraphen fasst, ist den Parteien Gelegenheit zur Stellungnahme zu der Maßnahme zu geben.

Ungültigkeit und Aufhebung des Schiedsspruches

§ 33 [Ungültigkeit]
Ein Schiedsspruch ist ungültig,

1. wenn dieser die Entscheidung über eine Frage beinhaltet, welche nach schwedischem Recht nicht von einem Schiedsgericht entschieden werden darf,

2. wenn der Schiedsspruch oder die Art seines Zustandekommens offenkundig mit den Grundlagen der Rechtsordnung in Schweden unvereinbar ist, oder

3. wenn der Schiedsspruch nicht die Anforderungen des § 31 Abs. 1 nach Schriftform und Unterzeichnung erfüllt.

Die Ungültigkeit kann einen bestimmten Teil des Schiedsspruches betreffen.

§ 34 [Aufhebung des Schiedsspruchs]
Ein Schidsspruch, der nicht nach § 36 angegriffen werden kann, muss, nach seiner Umsetzung, bei Rüge einer Partei ganz oder teilweise aufgehoben werden,

1. wenn dieser nicht von einer wirksamen Schiedsvereinbarung zwischen den Parteien erfasst wird,

2. wenn das Schiedsgericht den Schiedsspruch nach Ablauf der von den Parteien bestimmten Zeitfrist erlassen hat, oder das Schiedsgericht auf andere Weise über seinen Auftrag hinausgegangen ist,

3. wenn das schiedsrichterliche Verfahren gemäß § 47 nicht in Schweden hätte stattfinden dürfen,

4. wenn ein Schiedsrichter im Widerstreit mit der Vereinbarung der Parteien oder diesem Gesetz bestellt wurde,

5. wenn ein Schiedsrichter aufgrund eines in § 7 oder 8 aufgeführten Umstandes nicht zuständig war, oder

6. wenn, ohne Verschulden seitens der Parteien, in irgendeiner anderen Weise ein Verfahrensfehler vorgelegen hat, der sich wahrscheinlich auf den Schiedsspruch ausgewirkt hat.

Ein Umstand darf von einer Partei nicht geltend gemacht werden, wenn durch rügeloses Verhandeln oder aufgrund anderen Verhaltens angenommen werden kann, dass sie auf die Geltendmachung dieses Umstandes verzichtet hat. Aus der Tatsache, dass eine Partei einen Schiedsrichter bestellt hat, folgt nicht, dass sie die Zuständigkeit des Schiedsrichters hinsichtlich der Entscheidung über den vorgelegten Anspruch anerkannt hat. Aus §§ 10 und 11 folgt, dass eine Partei ihr in Absatz 1 Nr. 5 oben genanntes Rügerecht zur Geltendmachung eines in § 8 angegebenen Umstandes verlieren kann.

Der Antrag auf Aufhebung ist innerhalb von drei Monaten von dem Tag an gerechnet einzulegen, an dem die Partei von dem Schiedsspruch oder, bei Berichtigung, Ergänzung oder Auslegung nach § 32, von dem Schiedsspruch in dessen endgültiger Fassung Kenntnis erhalten hat. Nach Ablauf dieser Frist kann die Partei keinen neuen Grund für ihr Begehren auf Aufhebung des Schiedsspruches geltend machen.

§ 35 [Aussetzung des gerichtlichen Verfahrens]
Ein Gericht kann das Verfahren zur Feststellung der Ungültigkeit oder zur Aufhebung des Schiedsspruches für eine gewisse Zeit aussetzen, um das Schiedsgericht in die Lage zu versetzen, das schiedsrichterliche Verfahren wieder aufzunehmen oder andere Maßnahmen zu ergreifen, die nach Meinung des Schiedsgerichts den Grund für die Ungültigkeit oder die Aufhebung beseitigen,

1. wenn das Gericht zu dem Schluss gekommen ist, dass der Klage stattzugeben ist und eine Partei Aussetzung beantragt hat, oder

2. beide Parteien Aussetzung beantragt haben.

Erlässt das Schiedsgericht einen neuen Schiedsspruch, kann eine Partei innerhalb einer vom Gericht festgesetzten Frist ohne Klageerhebung insoweit Widerspruch gegen den Schiedsspruch erheben, als dieser sich auf das wieder aufgenommene Verfahren oder eine Änderung des ersten Schiedsspruches bezieht.

Die Fortsetzung der Hauptverhandlung kann ungeachtet des Kap. 43 § 11 Abs. 2 Zivilprozessordnung durchgeführt werden, auch wenn die Aussetzung länger als fünfzehn Tage dauert.

§ 36 [Änderung eines Schiedsspruchs]
Ein Schiedsspruch kann auf Antrag einer Partei ganz oder teilweise geändert werden, wenn über Ansprüche, die dem Schiedsgericht zur Entscheidung vorgelegt waren, von diesem nicht entschieden wurde. Der Antrag ist innerhalb von drei Monaten, nachdem die Partei von dem Schiedsspruch oder, bei Berichtigung, Ergänzung oder Auslegung nach § 32, von dem Schiedsspruch in dessen endgültiger Fassung Kenntnis erhalten hat, zu stellen. Der Schiedsspruch muss einen eindeutigen Hinweis darauf enthalten, was die Partei, die gegen den Schiedsspruch vorgehen will, zu tun hat.

Ein Antrag gemäß Absatz 1, der ausschließlich eine Angelegenheit gemäß § 42 betrifft, ist zulässig, wenn sich im Schiedsspruch das Schiedsgericht hinsichtlich der Entscheidung der Streitigkeit für unzuständig erklärt hat. Betrifft der Schiedsspruch etwas anderes, kann eine Partei, welche den Beschluss angreifen will, gegen den Schiedsspruch nach § 34 einen Rechtsbehelf einlegen.

Die Kosten des schiedsrichterlichen Verfahrens

§ 37 [Entscheidung über die Kosten]
Die Parteien haben gesamtschuldnerisch den Schiedsrichtern eine angemessene Erstattung für Arbeit und Unkosten zu zahlen. Hat das Schiedsgericht durch den Schiedsspruch seine Unzuständigkeit, die Streitigkeit zu entscheiden, festgestellt, so liegt eine Zahlungsverpflichtung des Beklagten nur in dem Umfang vor, in welchem dies durch besondere Umstände gerechtfertigt ist.

Die Schiedsrichter können in einem abschließenden Schiedsspruch die Parteien verpflichten, die Kostenerstattung einschließlich Zinsen ab dem Tag an sie zu zahlen, der einen Monat nach dem Tag der Verkündung des Schiedsspruches liegt. Die Erstattung ist für jeden Schiedsrichter gesondert anzugeben.

§ 38 [Sicherheiten]
Die Schiedsrichter können verlangen, dass für ihre Erstattungsansprüche eine Sicherheit gestellt wird. Sie können gesonderte Sicherheiten für einzelne Ansprüche verlangen. Stellt eine Partei nicht innerhalb der von den Schiedsrichtern vorgeschriebenen Frist ihren Anteil der verlangten Sicherheit, kann die andere Partei die Sicherheit stellen. Wird die verlangte Sicherheit nicht gestellt, dürfen die Schiedsrichter das Verfahren ganz oder teilweise beenden.

Die Schiedsrichter dürfen während des schiedsrichterlichen Verfahrens beschließen, die Sicherheit zu verwerten, um Auslagen zu decken. Soweit die Erstattung für die Schiedsrichter durch einen abschließenden Schiedsspruch feststeht und der Schiedsspruch diesbezüglich vollstreckbar ist, dürfen die Schiedsrichter die Sicherheiten zwecks Befriedigung ihrer Erstattungsansprüche in Anspruch nehmen, wenn die Parteien ihrer Zahlungsverpflichtung aus dem Schiedsspruch nicht nachkommen. Das Sicherungsrecht umfasst auch die Früchte des Eigentums.

§ 39 [Besondere Parteivereinbarung]
Die Bestimmungen der §§ 37 und 38 sind nicht anzuwenden, wenn die Parteien gemeinsam eine für die Schiedsrichter verbindliche andere Vorgehensweise vereinbart haben.

Vereinbarungen über die Erstattung für die Schiedsrichter, die nicht von den Parteien gemeinsam getroffen wurden, sind unwirksam. Hat eine Partei die ganze Sicherheit gestellt, kann die Partei jedoch allein die Sicherheit zwecks Deckung der Erstattung der Schiedsrichter für ausgeführte Tätigkeiten freigeben.

§ 40 [Kein Zurückbehalten des Schiedsspruchs]
Die Schiedsrichter dürfen den Schiedsspruch in Erwartung der Zahlung ihrer Erstattung nicht zurückhalten.

§ 41 [Beschwerde gegen Entscheidung über Kosten]
Eine Partei oder ein Schiedsrichter kann beim Amtsgericht Beschwerde gegen die im Schiedsspruch enthaltene Entscheidung über die Erstattung an die Schiedsrichter einlegen. Die Beschwerde ist innerhalb von drei Monaten von dem Tag gerechnet einzulegen, an dem die Partei von dem Schiedsspruch Kenntnis erhalten hat; für einen Schiedsrichter läuft diese Frist von der Verkündung des Schiedsspruches an. Liegt eine Berichtigung, Ergänzung oder Auslegung nach § 32 vor, ist der Widerspruch von einer Partei innerhalb von drei Monaten von dem Zeitpunkt an einzulegen, an dem die Partei Kenntnis von dem Schiedsspruch in dessen endgültiger

Fassung erhalten hat. Für einen Schiedsrichter gilt die gleiche Frist von dem Tag an, an dem der Schiedsspruch seine endgültige Fassung erhalten hat. Der Schiedsspruch muss einen eindeutigen Hinweis darauf enthalten, was eine Partei, die gegen den Schiedsspruch in dieser Hinsicht Rechtsbehelf einlegen will, zu tun hat.

Ein Urteil, durch welches die an einen Schiedsrichter zu zahlende Erstattung herabgesetzt wird, gilt auch für die Partei, die nicht gegen den Schiedsspruch Rechtsbehelf eingelegt hat.

§ 42 [Verteilung der Kosten unter den Parteien]
Soweit die Parteien nichts anderes vereinbart haben, hat das Schiedsgericht auf Antrag der einen Partei die andere Partei zu verpflichten, die Kosten dieser Partei für die Rechtsverfolgung zu tragen und zu entscheiden, wie die Kosten des schiedsrichterlichen Verfahrens zwischen den Parteien zu verteilen sind. Die Anordnung des Schiedsgerichts kann sich auch auf Zinsen beziehen, wenn die Partei dies beantragt hat.

Zuständigkeitsfragen und Rechtsbehelfsfristen

§ 43 [Rechtsbehelfe gegen den Schiedsspruch und Entscheidungen über Kostenerstattung]
Das hovrätt (Oberlandesgericht), in dessen Bezirk der Ort des schiedsrichterlichen Verfahrens liegt, ist für Rechtsbehelfe gemäß der §§ 33, 34 und 36 zuständig. Ist der Ort des schiedsrichterlichen Verfahrens im Schiedsspruch nicht angegeben, kann ein Rechtsbehelf beim Svea hovrätt (Stockholmer Oberlandesgericht) eingelegt werden.

Gegen die Entscheidung des hovrätt (Oberlandesgericht) ist ein Rechtsbehelf nicht zulässig. Das hovrätt darf einen Rechtsbehelf jedoch zulassen, wenn es grundlegende Bedeutung für die Rechtsanwendung hat, dass über den Rechtsbehelf durch den Högsta domstolen (Oberster Gerichtshof) entschieden wird.

Zuständig für den Rechtsbehelf gegen die Entscheidung auf Erstattung an einen Schiedsrichter ist das tingsrätt (Amtsgericht) am Ort des schiedsrichterlichen Verfahrens. Ist der Ort des schiedsrichterlichen Verfahrens im Schiedsspruch nicht angegeben, kann die Beschwerde beim Stockholms tingsrätt (Amtsgericht Stockholm) eingelegt werden.

§ 44 [Richterliche Zuständigkeit bei Bestellung oder Amtsenthebung eines Schiedsrichters, Anträge auf Beweiserhebung]
Anträge, die sich auf Fragen der Bestellung eines Schiedsrichters oder dessen Amtsenthebung beziehen, sind von dem tingsrätt (Amtsgericht) zu behandeln, in dessen

Bezirk eine der Parteien ihren Wohnsitz oder Sitz hat oder in dessen Bezirk der Ort des schiedsrichterlichen Verfahrens liegt. Der Antrag kann auch vom Stockholms tingsrätt (Amtsgericht Stockholm) behandelt werden. Der anderen Partei soll, soweit möglich, Gelegenheit gegeben werden, sich zu dem Antrag zu äußern, bevor diesem stattgegeben wird. Betrifft der Antrag die Amtsenthebung eines Schiedsrichters, ist auch dem Schiedsrichter Gelegenheit zu geben, sich zu äußern.

Ein Antrag auf Beweisaufnahme nach § 26 wird von dem durch die Schiedsrichter bestimmten tingsrätt (Amtsgericht) behandelt. Liegt ein derartiger Beschluss nicht vor, ist das Stockholms tingsrätt (Amtsgericht Stockholm) zuständig.

Die Entscheidung des tingsrätt (Amtsgericht), einem Antrag auf Bestellung oder Amtsenthebung eines Schiedsrichters stattzugeben, ist nicht anfechtbar. Weiterhin ist eine nach § 10 Abs. 3 getroffene Entscheidung des tingsrätt nicht anfechtbar.

§ 45 [Antrag auf Verkündung des Schiedsspruchs]
Ist laut Gesetz oder Vertrag ein Rechtsbehelf innerhalb einer bestimmten Frist einzulegen, wird jedoch der Rechtsbehelf von einer Schiedsvereinbarung umfasst, so hat die Partei innerhalb dieser Frist die Verkündung des Schiedsspruches gemäß § 19 zu beantragen.

Ist der Antrag auf Verkündung des Schiedsspruches rechtzeitig gestellt worden, das schiedsrichterliche Verfahren aber beendet worden, ohne dass über die Ansprüche, die Gegenstand des schiedsrichterlichen Verfahrens sind, rechtskräftig entschieden worden ist, und beruht dies nicht auf dem Verschulden einer Partei, so gilt der Rechtsbehelf als fristgerecht eingelegt, wenn die Partei innerhalb von dreissig Tagen von dem Tag an, an dem sie Kenntnis des Schiedsspruches erhielt, ein Schiedsverfahren beantragt oder ein gerichtliches Verfahren einleitet. Handelt es sich um einen aufgehobenen oder einen für unwirksam erklärten Schiedsspruch oder ist der Rechtsbehelf gegen den Schiedsspruch nach § 36 abgewiesen worden, läuft die Frist von der Rechtskraft des Urteils darüber an.

Internationale Angelegenheiten

§ 46 [Anwendungsbereich]
Die Vorschriften dieses Gesetzes sind anzuwenden, wenn der Ort des schiedsrichterlichen Verfahrens in Schweden liegt, selbst wenn der Rechtsstreit eine internationale Anknüpfung hat.

§ 47 [Ort des Schiedsverfahrens]
Ein schiedsrichterliches Verfahren nach diesem Gesetz darf in Schweden eingeleitet werden, wenn der Schiedsvereinbarung nach der Ort des schiedsrichterlichen Ver-

fahrens in Schweden liegt oder das Schiedsgericht oder eine Schiedsgerichtsinstitution in Übereinstimmung mit der Vereinbarung bestimmt hat, dass der Ort des schiedsrichterlichen Verfahrens in Schweden liegen soll, oder wenn die zweite Partei dem in anderer Form zugestimmt hat.

Ein schiedsrichterliches Verfahren nach diesem Gesetz darf auch in Schweden eingeleitet werden, wenn der Beklagte seinen Wohnsitz in Schweden hat oder aus anderen Gründen in diesem Streit vor einem ordentlichen Gericht in Schweden verklagt werden kann, wenn sich nicht aus der Schiedsvereinbarung ergibt, dass das schiedsrichterliche Verfahren im Ausland stattfinden soll.

In anderen Fällen können schiedsrichterliche Verfahren nach diesem Gesetz in Schweden nicht durchgeführt werden.

§ 48 [Auf die Schiedsvereinbarung anwendbares Recht]
Hat eine Schiedsvereinbarung ein internationales Anknüpfungsmoment, so ist auf die Schiedsvereinbarung das Recht anzuwenden, welches von den Parteien als darauf anwendbar bezeichnet worden ist. Haben die Parteien eine solche Vereinbarung nicht getroffen, so hat das Schiedsgericht das Recht des Staates anzuwenden, in welchem das schiedsrichterliche Verfahren aufgrund der Vereinbarung zwischen den Parteien stattgefunden hat oder stattfinden soll.

Absatz 1 gilt nicht für die Beurteilung der Frage, ob eine Partei befugt war, eine Schiedsvereinbarung einzugehen, oder diesbezüglich vorschriftsmäßig vertreten war.

§ 49 [Einrede der Schiedsvereinbarung bei Anwendbarkeit ausländischen Rechts]
Ist ausländisches Recht auf die Schiedsvereinbarung anzuwenden, gelten die Bestimmungen des § 4 für Fragen, die von der Vereinbarung umfasst sind, außer wenn

1. die Vereinbarung nach dem anzuwendenden Recht ungültig, ohne Wirkung oder undurchführbar ist, oder

2. die Streitigkeit nach schwedischem Recht nicht von einem Schiedsgericht entschieden werden darf.

Dass ein Gericht ohne Berücksichtigung der Schiedsvereinbarung Beschlüsse hinsichtlich sichernder Maßnahmen verkünden kann, für die das Gericht nach dem Gesetz zuständig ist, ergibt sich aus § 4 Absatz 3.

§ 50 [Beweisaufnahme im Ausland]
Die Vorschriften in § 26 und § 44 über die Beweisaufnahme während des schiedsrichterlichen Verfahrens in Schweden sind auch für schiedsrichterliche Verfahren anzuwenden, die im Ausland stattfinden, wenn das Verfahren aufgrund einer Schiedsvereinbarung stattfindet und die in der Streitigkeit zu entscheidenden Fragen nach schwedischem Recht schiedsfähig sind.

§ 51 [Ausschluss der Aufhebungsgründe]
Wenn keine der Parteien ihren Sitz oder ihre Betriebsstätte in Schweden hat, können die Parteien in einer Geschäftsbeziehung durch eine ausdrückliche schriftliche Vereinbarung die Anwendbarkeit der Gründe für die Aufhebung des Schiedsspruches gemäß § 34 ausschließen oder einschränken.

Ein Schiedsspruch, der von einer derartigen Vereinbarung gedeckt ist, wird nach denjenigen Vorschriften in Schweden anerkannt und vollstreckt, welche auf ausländische Schiedssprüche anzuwenden sind.

Anerkennung und Vollstreckung ausländischer Schiedssprüche und dergleichen

§ 52 [Ausländischer Schiedsspruch]
Ein im Ausland verkündeter Schiedsspruch gilt als ausländisch.

Nach diesem Gesetz wird ein Schiedsspruch als in dem Land verkündet angesehen, in dem der Ort des schiedsrichterlichen Verfahrens liegt.

§ 53 [Anerkennung und Vollstreckung]
Ein ausländischer Schiedsspruch wird in Schweden anerkannt und vollstreckt, wenn sich nicht aus den §§ 54 bis 60 etwas anderes ergibt.

§ 54 [Gründe der Nichtanerkennung]
Ein ausländischer Schiedsspruch wird in Schweden nicht anerkannt und für vollstreckbar erklärt, wenn die Partei, gegen welche der Schiedsspruch geltend gemacht wird, nachweist,

1. dass die Parteien nach dem auf sie anwendbaren Recht zum Abschluss der Schiedsvereinbarung nicht befugt waren oder nicht wirksam vertreten wurden, oder dass die Schiedsvereinbarung nach dem von den Parteien einvernehmlich als darauf anwendbar bezeichneten Recht oder, falls es diesbezüglich keine Anhaltspunkte gibt, nach dem Recht des Landes, in welchem der Schiedsspruch verkündet wurde, unwirksam ist,

2. dass die Partei, gegen welche der Schiedsspruch geltend gemacht wird, nicht in ordnungsgemäßer Weise über die Ernennung eines Schiedsrichters oder das schiedsrichterliche Verfahren unterrichtet wurde oder aus anderen Gründen nicht dazu in der Lage war, ihr Anliegen vorzubringen,

3. dass der Schiedsspruch eine Streitigkeit zum Gegenstand hat, deren Entscheidung durch Schiedsspruch die Parteien in ihrem Antrag nicht begehrt haben oder die ihr Antrag nicht umfasst, oder dass der Schiedsspruch Entscheidungen zu einer Frage enthält, welche aus dem Anwendungsbereich der schiedsrichterlichen Vereinbarung herausfällt. Jedoch ist der Teil des Schiedsurteils, der einen Beschluss über eine vom schiedsrichterlichen Antrag umfasste Frage enthält, anzuerkennen und zu vollstrecken, falls dieser trennbar ist von einem Beschluss in einer Frage, die nicht vom Auftrag umfasst wird.

4. dass die Ernennung oder Zusammensetzung des Schiedsgerichts, oder das Schiedsverfahren insgesamt, gegen die Parteivereinbarung verstößt, oder, falls es an einer diesbezüglichen Abrede fehlt, gegen das Gesetz des Landes verstößt, in welchem das schiedsrichterliche Verfahren stattgefunden hat, oder

5. dass der Schiedsspruch für die Parteien noch nicht rechtskräftig geworden ist oder dieser von der zuständigen Behörde in dem Staat aufgehoben oder dessen Vollstreckbarkeit ausgesetzt worden ist, in welchem der Schiedsspruch oder nach dessen Recht dieser verkündet wurde.

§ 55 [Nichtanerkennung]
Ein ausländischer Schiedsspruch wird auch nicht anerkannt oder für vollstreckbar erklärt, wenn das Gericht erkennt,

1. dass der Schiedsspruch die Prüfung einer Frage beinhaltet, welche nach schwedischem Recht nicht von Schiedsrichtern entschieden werden darf, oder

2. dass es mit den Grundlagen der Rechtsordnung in Schweden offenkundig unvereinbar wäre, den Schiedsspruch anzuerkennen oder für vollstreckbar zu erklären.

§ 56 [Antrag auf Vollstreckbarerklärung]
Der Antrag auf Vollstreckbarerklärung eines ausländischen Schiedsspruchs ist beim Svea hovrätt (Oberlandesgericht Stockholm) zu stellen.

Dem Antrag ist der Schiedsspruch im Original oder als beglaubigte Abschrift beizufügen. Wenn das Gericht es nicht anders anordnet, ist zudem eine beglaubigte Übersetzung des ganzen Schiedsspruches in die schwedische Sprache beizufügen.

§ 57 [Anhörung der anderen Partei]
Dem Antrag auf Vollstreckbarerklärung darf nicht stattgegeben werden, ohne dass der Gegenpartei die Gelegenheit gegeben wurde, sich dazu zu äußern.

§ 58 [Einwendungen gegen Anerkennung und Vollstreckung]
Wendet die andere Partei ein, dass keine Schiedsabrede getroffen wurde, hat der Antragsteller die Schiedsvereinbarung im Original oder als beglaubigte Abschrift einzureichen sowie, falls das Gericht nichts anderes angeordnet hat, eine beglaubigte Übersetzung in die schwedische Sprache vorzulegen oder auf andere Weise nachzuweisen, dass eine Schiedsvereinbarung getroffen wurde.

Wendet die andere Partei ein, dass ein Antrag auf Aufhebung des Schiedsspruches oder auf Aussetzung der Vollstreckbarkeit bei einer in § 54 Nr. 5 bezeichneten Stelle gestellt wurde, darf das Gericht die Entscheidung aufschieben sowie, wenn der Antragsteller dies begehrt, der anderen Partei auferlegen, eine angemessene Sicherheit zu stellen mit der Maßgabe, dass ein Beschluss der Vollstreckbarerklärung ansonsten zugestellt werden kann.

§ 59 [Wirkung des anerkannten Schiedsspruchs]
Gibt das hovrätt (Oberlandesgericht) dem Antrag statt, wird der Schiedsspruch wie ein rechtskräftiges Urteil eines schwedischen Gerichts vollstreckt, wenn nicht der Högsta domstolen (Oberster Gerichtshof) nach einem Rechtsbehelf gegen die Entscheidung des hovrätt (Oberlandesgericht) etwas anderes entscheidet.

§ 60 [Sicherungsmaßnahmen]
Ist eine Sicherungsmaßnahme gemäß dem 15. Kapitel des Zivilprozessgesetzes bewilligt worden, ist bei der Anwendung von § 7 dieses Kapitels ein Antrag auf Einleitung eines Schiedsverfahrens, der im Ausland gestellt wird, einer Klageerhebung in Schweden gleichzustellen, wenn dieses Schiedsverfahren in einen Schiedsspruch münden kann, der in Schweden anerkannt ist und durchgesetzt werden kann.

Nachdem ein Antrag auf Vollstreckbarerklärung eines ausländischen Schiedsspruches gestellt wurde, ist es Aufgabe des Gerichts, über einen Antrag auf Sicherungsmaßnahmen oder über die Aufhebung eines solchen Beschlusses zu entscheiden.

[Übergangsbestimmungen]

Anhang II: Auszug aus dem Abkommen zwischen der Regierung des Königreichs Schweden und der Regierung der Vereinten Mexikanischen Staaten über die Förderung und den gegenseitigen Schutz von Investitionen von 2000

[...]

Chapter Two: Dispute Settlement
Section I
Settlement of disputes between a Contracting Party and an investor of the other Contracting Party

Article 8
Scope and Standing

[...]

(3) An investor of one Contracting Party may not allege that the Contracting Party has breached an obligation under this Agreement both in arbitration and in proceedings before a national court or administrative tribunal of the latter Contracting Party. Where an enterprise constituted or organized under the laws of a Contracting Party being an investment of an investor of the other Contracting Party, alleges in proceedings before a national court or administrative tribunal that the former Contracting Party has breached an obligation under this Agreement, the investor may not allege the breach in an arbitration under this Agreement.

(4) An enterprise that is an investment may not make a claim under this Section.

[...]

Article 14

Consolidation of Multiple Claims

(1) In the event an investor submits a claim on behalf of an enterprise being its investment, and simultaneously, another investor or other investors participating in the same enterprise but not controlling it, submit claims on their behalf as a consequence of the same breach of the Agreement; or, when two or more claims are submitted to arbitration in separate proceedings arising from common legal or factual issues, the Contracting Party, party to the dispute, may request that all or

part of the claims be submitted for consolidated consideration by a separate arbitral tribunal established under this Article.

(2) The Contracting Party, party to the dispute, shall deliver the request to each investor party to the proceedings sought to be consolidated.

(3) A tribunal of consolidation established under this Article shall be installed under the UNCITRAL Arbitration Rules and shall conduct its proceedings in accordance with those Rules, except as modified by this Section. The members of the Arbitral Tribunal shall be appointed by the Secretary-General of ICSID.

(4) The arbitral tribunal shall assume jurisdiction over all or part of the disputes and the other arbitral proceedings shall be stayed or adjourned, as appropriate if, after considering the views of the parties, it decides that to do so would best serve the interest of fair and efficient resolution of the disputes and that the disputes fall within the scope of this Article.

(5) At the request of the Contracting Party, party to the dispute, the arbitral tribunal established under this Article may decide, on the same basis and with the same effect as under paragraph 4, whether to assume jurisdiction over all or part of a dispute falling within the scope of this Article which is submitted to arbitration after the initiation of consolidation proceedings.

[...]

Literaturverzeichnis

Aden, Menno — Gewährung rechtlichen Gehörs im Schiedsgerichtsverfahren, NJW 1993, S. 1964 ff.

Aden, Menno — Internationale Handelsschiedsgerichtsbarkeit, Kommentar zu den Schiedsverfahrensordnungen ICC - DIS - Wiener Regeln - UNCITRAL - LCIA, 2. Auflage, München 2003.

Agell, Anders/ Malmström, Åke — Civilrätt, 19. Auflage, Malmö 2005.

Aksen, Gerald — Sweden's Review of Arbitral Awards: a US Perspective, Arbitration International 2001, S. 419 ff.

Alexandrov, Stanimir — The "Baby Boom" of Treaty-Based Arbitrations and the Jurisdiction of ICISD Tribunals, JWIT 2005, S. 387 ff.

American Law Institut/ UNIDROIT — ALI/UNIDROIT Principles of Transnational Civil Procedure as adopted and promulgated by the American Law Institute at Washington D.C., USA, May 2004 and by UNIDROIT at Rome, Italy, April 2004, Cambridge 2006.

Andersson, Torbjörn — Svensk skiljedomsrätt och EG:s konkurrensrätt, JT 1999 /2000, S. 443 ff.

Bandel, Stefan — Einstweiliger Rechtsschutz im Schiedsverfahren, Zulässigkeit und Wirkungen schiedsrichterlicher und gerichtlicher einstweiliger Maßnahmen gemäß den Bestimmungen des SchiedsVfG, München 2000.

Bagner, Hans — Attachments and other interim court remedies in support of arbitration in Sweden, Swedish and International Arbitration 1985, S. 24 ff.

Bagner, Hans — How to Avoid Conflicting Awards, The Lauder and CME Cases, JWIT 2004, S. 31 ff.

Bagner, Hans — How to Avoid Conflicting Awards, The Lauder and CME Cases – Discussion Session, JWIT 2004, S. 40.

Baumbach, Adolf/ Hueck, Alfred — GmbH-Gesetz, 18. Auflage, München 2006, zitiert: Baumbach/Hueck-*Bearbeiter*.

Baumbach, Adolf/ Lauterbach, Wolfgang/ Albers, Jan/ Hartmann, Peter — Zivilprozessordnung mit Gerichtsverfassungsgesetz und anderen Nebengesetzen, 64. Auflage, München 2006, zitiert: Baumbach/Lauterbach/Albers/Hartmann-*Bearbeiter*.

Bayer, Walter — Schiedsfähigkeit von GmbH-Streitigkeiten, ZIP 2003, S. 881 ff.

van den Berg, Albert J. — The New York Arbitration Convention of 1958, towards a uniform judicial interpretation, Deventer u.a. 1994 (Reprint der Ausgabe von 1981).

Berger, Klaus Peter — Internationale Wirtschaftsschiedsgerichtsbarkeit, Berlin u. a. 1992, zitiert: Berger.

Berger, Klaus Peter — Das neue Schiedsverfahrensrecht in der Praxis – Analyse und aktuelle Entwicklungen, RIW 2001, S. 7 ff.

Berglund, Hadar — Om skiljeavtal och skiljedom: bidrag till läran om skiljeavtalets och den därpå grundade skiljedomens processuella verkningar enligt svensk rätt, Uppsala 1920.

Bergström, Sture/ Andersson, Torbjörn/ Håstad, Torgny/ Lindblom, Per Henrik — Juridikens termer, 9. Auflage, Stockholm 2002.

Bernasconi-Osterwalder, Nadine — Who Wins and Who Loses in Investment Arbitration? Are Investors and Host States on a Level Playing Field? - The Lauder/Czech Republic Legacy, JWIT 2005, S. 69 ff.

van Bevern, Marcus/ Littbarski, Erin — Effektivere Schiedsverfahren für Auslandsinvestitionen, Börsen-Zeitung vom 23. Dezember 2004.

Bishop, Doak — Is there a Need for an Appellate System? The Case for an Appellate Panel and its Scope of Review; Beitrag zur Investment Treaty Conference des British Institute for International and Comparative Law vom 7. Mai 2004, TDM April 2005, S. 8 ff.

Blackaby, Nigel — Public Interest and Investment Treaty Arbitration, in: van den Berg, Albert J. (Hrsg.), International Commercial Arbitration: Important Contemporary Questions, ICCA International Arbitration Congress 2002, Den Haag 2003, S. 355 ff.

Blackaby, Nigel Is there a Need for an Appellate System? - Testing the Procedural Limits of the Treaty System: The Argentinean Experience, Beitrag zur Investment Treaty Conference des British Institute for International and Comparative Law vom 7. Mai 2004, TDM April 2005, S. 16 ff.

Blackaby, Nigel The Coexistence of Local and International Law Remedies, Diskussionsbeitrag zur Third Investment Treaty Forum Conference des British Institute of International and Comparative Law vom 10. September 2004, TDM August 2005, S. 15 f.

Blanke, Gordon Defining the Limits of Scrutiny of Awards Based on Alleged Violations of European Competition Law, Journal of International Arbitration 2006, S. 249 ff.

Böcker, Christian Das Sach- und Kollisionsrecht der objektiven Schiedsfähigkeit nach der Schiedsverfahrensnovelle, Aachen 1998.

Bösch, Axel Provisional remedies in international commercial arbitration, Berlin u.a. 1994.

Bogdan, Michael Internationell privat- och processrätt, 6. Auflage, Stockholm 2004.

Boivin, Richard International Arbitration with States: An Overview of the Risks, Journal of International Arbitration 2002, S. 285 ff.

Bolding, Per Olof Skiljeförfarande och rättegång, en studie i processuell organisation och rättstillämpningsmetodik, Stockholm 1956, zitiert: Bolding, Skiljeförfarande och rättegång.

Bolding, Per Olof Skiljedom: studier i rättspraxis beträffande svensk skiljedoms giltighet och verkställbarhet, Stockholm 1962, zitiert: Bolding, Skiljedom.

Borges, Georg Die Anerkennung und Vollstreckung von Schiedssprüchen nach dem neuen Schiedsverfahrensrecht, ZZP 111 (1998), S. 487 ff.

Bork, Reinhard Der Begriff der objektiven Schiedsfähigkeit, ZZP 100 (1987), S. 249 ff.

Born, Gary B. International Commercial Arbitration, Commentary and Materials, 2. Auflage, Ardsley, New York 2001.

Boyd, Stewart/ Kuckenburg, Joachim	Anmerkung zu Esselte v. State Pension Fund, Entscheidung des Högsta Domstolen vom 3. April 1998, Stockholm Arbitration Report 1999:2, S. 96 ff.
Branson, Cecil O. D.	The Enforcement of Interim Measures of Protection „Awards", in: van den Berg, Albert J., International Commercial Arbitration: Important Contemporary Questions, ICCA International Arbitration Congress 2002, Den Haag 2003, S. 163 ff.
Brower, Charles N./ Brower II, Charles H./ Sharpe, Jeremy K.	The Coming Crisis in the Global Adjudication System, Arbitration International 2003, S. 415 ff.
Brower, Charles N./ Sharpe, Jeremy K.	Multiple and Conflicting International Arbitral Awards, JWI 2003, S. 211 ff.
Bühler, Michael	Schiedsgerichtliche Aufhebungskontrolle am Schiedsort? Zur Reform Belgiens, IPrax 1987, 253.
Busse, Daniel	Die Bindung Dritter an Schiedsvereinbarungen, SchiedsVZ 2005, S. 118 ff.
Cars, Thorsten	Lagen om skiljeförfarande: en kommentar, Stockholm 2001, zitiert: Cars.
Cars, Thorsten/ Hobér, Kaj	Lag (1999:116) om skiljeförfarande in: Karnov, svensk lagsamling med kommentarer, Supplement III 1998/99, zitiert: *Bearbeiter* in: Karnov.
Carsten, Gebhard	Finna Rätt oder Rechtsfindung in Schweden, ZEuP 1996, S. 541 ff.
Carver, Jeremy	How to Avoid Conflicting Awards, The Lauder and CME Cases, JWIT 2004, S. 23 ff.
Craig, W. Laurence/ Park, William W./ Paulsson, Jan	International Chamber of Commerce Arbitration, 3. Auflage, Dobbs Ferry, New York 2000.
Cremades, Bernardo	Has the Proliferation of BITs Gone Too Far? Is It Now Time for a Multilateral Investment Treaty?, JWIT 2004, S. 89 ff.
Cremades, Bernardo	Contractual Claims, Courts and Bilateral Investment Treaties, Beitrag zur Third Investment Treaty Forum Conference des British Institute of International and Comparative Law, TDM August 2005, S. 42 ff.

Cremades, Bernardo/ Cairns, David J.A. Contract and Treaty Claims and Choice of Forum in Foreign Investment Disputes; in Horn, Norbert (Hrsg.), Arbitrating Foreign Investment Disputes, Procedural and Substantive Legal Aspects, Den Haag 2004, S. 325 ff.

Dillén, Nils Bidrag till läran om skiljeavtalet, Stockholm 1933.

Dillén, Nils Om skiljeklausul vid ogiltig huvudavtal, SvJT 1937, S. 674 ff.

Dolzer, Rudolf/ Bloch, Felix Der rechtliche Schutz ausländischer Investoren, in: Kronke, Herbert/Melis, Werner/Schnyder, Anton K., Handbuch Internationales Wirtschaftsrecht, Köln 2005 S. 1043 ff.

Donovan, Donald Francis The Scope and Enforceability of Provisional Measures in International Commercial Arbitration: A Survey of Jurisdictions, the Work of UNCITRAL and Proposals for Moving Forward, in: van den Berg, Albert J. (Hrsg.), International Commercial Arbitration: Important Contemporary Questions, ICCA International Arbitration Congress 2002, Den Haag 2003, S. 82.

Drahozal, Christopher R. Party Autonomy and Interim Measures in International Commercial Arbitration, in: van den Berg, Albert J. (Hrsg.), International Commercial Arbitration: Important Contemporary Questions, ICCA International Arbitration Congress 2002, Den Haag 2003, S. 179 ff.

Ebbing, Frank Schiedsvereinbarungen in Gesellschaftsverträgen, NZG 1998, S. 281 ff.

Eberl, Walter As Night Follows Day – Shakespeare und die schiedsrichterliche Kompetenz gemäß Art. V 1c des UNÜ vom 10.6.1958, SchiedsVZ 2003, S. 109 ff.

Edelstam, Henrik Offentlighet och sekretess i rättegång, Stockholm 2000.

Ehricke, Ulrich Die Beschleunigung der Finalität von Schiedssprüchen nach dem neuen deutschen Schiedsverfahrensrecht, ZZP 113 (2000), S. 453 ff.

Eilmannsberger, Thomas Die Bedeutung der Art. 81 und 82 EG für Schiedsverfahren, SchiedsVZ 2006, S. 5 ff.

Ek, Ralf Das neue schwedische Schiedsverfahrensrecht, RIW 2000, S. 31 ff.

Ekelöf, Per Olof/ Edelstam, Henrik/ Rättegång, första häftet, 8. Auflage, Stockholm 2002, zitiert: Rättegång I.

Ekelöf, Per Olof/ Bylund, Torleif/ Boman, Robert Rättegång, tredje häftet, 7. Auflage, Stockholm 2006, zitiert: Rättegång III.

Eklund, Hans Rättsbildning i en ny miljö – hur har domstolarnas roll och betydelse förandrats?, SvJT 2004, S. 205 ff.

Epping, Manja Die Schiedsvereinbarung im internationalen privaten Rechtsverkehr nach der Reform des deutschen Schiedsverfahrensrechts, München 1999.

Fagerberg, Arne Civilrätt, 2. Auflage, Lund 1992.

Fasching, Hans W. Kommentar zu den Zivilprozessgesetzen, 2. Auflage, Wien 2007.

Feliciano, Florentino Current Issues in Investment Disputes, JWI 2001, S. 215 ff.

Fitger, Peter/ Mellqvist, Mikael Domstolsprocessen: en kommentar till rättegångsbalken, 2. Auflage Stockholm 2002.

Flöther, Lucas F. Schiedsverfahren und Schiedsabrede unter den Bedingungen der Insolvenz, DZWir 2001, S. 89 ff.

Fouchard, Philippe/ Gaillard, Emmanuel/ Goldman, Berthold On International Commercial Arbitration, Den Haag 1999.

Fox, Hazel States and the Undertaking to Arbitrate, I.C.L.Q. 1988, S. 1 ff.

Franck, Susan D. The Legitimacy Crisis in Investment Treaty Arbitration: Privatizing Public International Law through Inconsistent Decisions, Fordham Law Review 2005, S. 1521 ff.

Franke, Ulf Internationales Schiedsverfahrensrecht in Schweden, in: Kronke, Herbert/ Melis, Werner/ Schnyder, Anton K., Handbuch Internationales Wirtschaftsrecht, Köln 2005, S. 2097 ff.

Gamauf, Christian Aktuelle Probleme des ordre public im Schiedsverfahren, insbesondere im Hinblick auf Eingriffsnormen, ZfRV 2000, S. 41 ff.

Gantz, David A. An Appellate Mechanism for Review of Arbitral Decisions in Investor-State Disputes: Prospects and Challenges, Vanderbilt Journal of Transnational Law 2006, S. 39 ff.

Geimer, Reinhold Internationales Zivilprozessrecht, 5. Auflage, Köln 2005.

Geimer, Reinhold Anmerkung zu OLG Nürnberg, Beschluss vom 30.11.2004, Az.: 12 U 2881/04, SchiedsVZ 2005, S. 52.

Gharavi, Hamid G. The international effectiveness of the anulment of an arbitral award, Den Haag 2002.

Gill, Judith Inconsistent Decisions: An Issue to be Adressed or a Fact of Life?, Beitrag zur Investment Treaty Conference des British Institute for International and Comparative Law vom 7. Mai 2004, TDM April 2005, S. 12 ff.

Goldhaber, Michael D. Wanted: A World Investment Court, The American Lawyer, Focus Europe, Summer 2004, abrufbar unter: www.americanlawyer.com.

Goldmann, Björn/ Magnusson, Kristofer Verkan av skiljeklausul i konsumentförhållande, JT 2003/2004, S. 410 ff.

Gottwald, Peter Internationale Schiedsgerichtsbarkeit, in: Gottwald, Peter (Hrsg.), Internationale Schiedsgerichtsbarkeit: Generalbericht und Nationalberichte, Bielefeld 1997, S. 1 ff.

Gottwald, Peter Die sachliche Kontrolle internationaler Schiedssprüche durch staatliche Gerichte, in: Habscheid, Walther J./ Schwab, Karl-Heinz (Hrsg.), Beiträge zum internationalen Verfahrensrecht und zur Schiedsgerichtsbarkeit, Festschrift für Heinrich Nagel zum 75. Geburtstag, Münster 1987, S. 54 ff.

Gottwald, Peter/ Adolphsen, Jens Das neue deutsche Schiedsverfahrensrecht, DStR 1998, S. 1017 ff.

Grigera Naón, Horacio A. The Settlement of Investment Disputes between States and Private Parties - An Overview from the Perspective of the ICC, JWI 2000, S. 59 ff.

Habscheid, Walther J. Das neue Recht der Schiedsgerichtsbarkeit, JZ 1998, S. 445 ff.

Habscheid. Walther J. Zur Kompetenz-Kompetenz nach dem neuen Schiedsverfahrensrecht, in: Bachmann, Birgit/ Breidenbach, Stephan/ Coester-Waltjen, Dagmar/ Heß, Burkhard/ Nelle, Andreas/ Wolf, Christian (Hrsg.), Grenzüberschreitungen, Beiträge zum Internationalen Verfahrensrecht und zur Schiedsgerichtsbarkeit, Festschrift für Peter Schlosser zum 70. Geburtstag, Tübingen 2005, S. 247 ff.

Hatzidaki-Dahlström, Lea EU:s internationella privat- och processrätt – Den femte friheten, 2. Auflage, Lund 2004.

Hanefeld, Inka/ Wittinghofer, Mathias Schiedsklauseln in Allgemeinen Geschäftsbedingungen, SchiedsVZ 2005, S. 217 ff.

Hanqvist, Dan Ur askan i elden? Valet mellan rättegång och skiljeförfarande, SvJT 1998, 110 ff.

van Harten, Gus Judicial Supervision of NAFTA Chapter 11 Arbitration: Public or Private Law?, Arbitration International 2005, S. 493 ff.

Hassler, Åke/ Cars, Thorsten Skiljeförfarande, 2. Auflage, Stockholm 1989.

Hausmann, Rainer Die Aufhebung von Schiedssprüchen nach neuem deutschen Schiedsverfahrensrecht, in: Hohloch, Gerhard (Hrsg.), Festschrift für Hans Stoll zum 75. Geburtstag, Tübingen 2001, S. 593 ff.

Heini, Anton/ Keller, Max/ Siehr, Kurt/ Vischer, Frank/ Volken, Paul IPRG Kommentar, Kommentar zum Bundesgesetz über das Internationale Privatrecht (IPRG) vom 1. Januar 1989, Zürich 1993.

Hellner, Jan Kommersiell Avtalsrätt, 4. Auflage, Stockholm 1993.

Herrmann, Gerold Die Bedeutung der Schiedsgerichtsbarkeit im gegenwärtigen politischen und wirtschaftlichen Umfeld, in: Böckstiegel, Karl-Heinz (Hrsg.), Schiedsgerichtsbarkeit im Umfeld von Politik, Wirtschaft und Gerichtsbarkeit, DIS-Schriftenreihe Bd. 9, Köln 1992, S. 12 ff.

Herrmann, Gerold	The Arbitrator's Responsibilities for the Proper Conduct of Proceedings and the Role of the Courts in Providing Supervision, in: van den Berg, Albert J. (Hrsg.), International Arbitration and National Courts: The Never Ending Story, ICCA International Arbitration Conference 2000, Den Haag 2001, S. 71 ff.
Heukamp, Friso	Schiedszusagen in der Europäischen Fusionskontrolle: Zur Nutzung privater Streitbeilegungsverfahren durch die Exekutive, Köln 2006.
Heuman, Lars	Skyldighet för part som beviljats kvarstad att påkalla skiljeförfarande inom den i RB 15:7 angivna fristen, JT 1997/98, 230.
Heuman, Lars	Skiljemannarätt, Stockholm 1999, zitiert: Heuman, Skiljemannarätt.
Heuman, Lars	Specialprocess, Utsökning och konkurs, 5. Auflage, Stockholm 2000, zitiert: Heuman, Specialprocess.
Heuman, Lars	Tystnadsplikt och underlåtenhet att ställa säkerhet i skiljetvist, JT 2000/01, S. 662 ff.
Heuman, Lars	Arbitration Law of Sweden: Practice and Procedure, Huntington, New York 2003, zitiert: Heuman, Practice and Procedure.
Heuman, Lars	Kan ett utomstående rättssunjekt träda in eller tvingas in i ett pågående skiljeförfarande?, JT 2003/04, S. 146 ff.
Hirsch, Günter	Schiedsgerichte – ein Offenbarungseid für die staatlichen Gerichte?, SchiedsVZ 2003, S. 49 ff.
Hobér, Kaj	Some Comments On the Arbitration Agreement and On State Immunity, Vortrag aus Anlass des fünfjährigen Bestehens des neuen Schiedsverfahrensrechts, abrufbar unter www.sccinstitute.se/artikelarkiv.
Hobér, Kaj	Arbitration Reform in Sweden, Arbitration International 2001, S. 351 ff.
Hobér, Kaj	Has the Proliferation of BITs gone too far? Is it now Time for a Multilateral Investment Treaty?, JWIT 2004, S. 93 ff.

Hobér, Kaj/ Strempel Hans Länderbericht Schweden, in Weigand, Frank-Bernd (Hrsg.), Practitioner's Handbook on Arbitration, München 2002, S. 1001 ff.

Hochbaum, Johann-Friedrich Missglückte internationale Schiedsvereinbarungen, Zweckverfehlung bei internationalen Schiedsvereinbarungen nach deutschem Recht, Heidelberg 1995.

Hoffmann, Bernd von Internationale Handelsschiedsgerichtsbarkeit, Frankfurt u. a. 1970.

Hoffmann-Riem, Wolfgang Konfliktbewältigung in einer angebotsorientierten Rechtsschutzordnung, ZRP 1997, S. 190 ff.

Holstad, Sigvard Sekretess i allmän verksamhet, En introduktion till de grundläggande reglerna, 2. Auflage, Stockholm 2003.

Honsell, Heinrich/ Vogt, Nedim Peter/ Schnyder, Anton K./ Berti, Stephen V. Basler Kommentar Internationales Privatrecht, 2. Auflage, Basel 2007.

Horn, Norbert Arbitration and the Protection of Foreign Investments: Concepts and Means, in: Horn, Norbert (Hrsg.), Arbitrating Foreign Investment Disputes, Procedural and Substantive Legal Aspects, Den Haag 2004, S. 3 ff.

Hübinette, Anders Ordre public inom skiljemannarätten – en studie av ordre public i New Yorkkonventionen, Benettonfallet och den nya lagen om skiljeförfarande, Uppsala 2000.

Hüffer, Uwe Aktiengesetz, 8. Auflage, München 2008.

Hunter, Martin/ Conde E Silva, Gui Transnational Public Policy and its Application in Investment Arbitrations, JWI 2003, S. 367 ff.

Isensee, Josef/ Kirchhof, Paul Handbuch des Staatsrechts, Band III, Das Handeln des Staates, 2. Auflage, Heidelberg 1996, zitiert: *Bearbeiter* in: Isensee/Kirchhof.

Jagusch, Stephen/ Sinclair, Anthony The Limits of Protection for Investments and Investors under the Energy Charter Treaty, in: Ribeiro, Clarisse, Investment Arbitration and the Energy Charter Treaty, Huntington, New York 2006, S. 73 ff.

Jänterä-Jareborg, Marit Internationell privaträtt, in: Strömholm, Stig (Hrsg.), Svensk Rätt – en översikt, Uppsala 2001, S. 87 ff.

Jarvin, Sigvard/ Trappe, Johannes	Schwedisches und deutsches Schiedsverfahrensrecht im Vergleich, in: Briner, Robert/ Fortier, Yves L./ Berger, Klaus Peter/ Bredow, Jens (Hrsg.), Law of International Business and Dispute Settlement in the 21st Century, Liber Amicorum Karl-Heinz Böckstiegel, Köln u.a. 2001, S. 319 ff.
Juhlin, Eddie	Tillfredsställelse och missnöje med Tjeckien-dom, Bericht vom 23. Mai 2005, abrufbar unter www.pointlex.se.
Kantor, Mark	The "Fork in the Road" Revisited, Beitrag zur Third Investment Treaty Forum Conference des British Institute of International and Comparative Law, TDM August 2005, S. 23 ff.
Karlbom, Johan	Ytterligare om borgensavtalet och skiljeavtalet, JT 1998/99, S. 979 ff.
Karnell, Gunnar	Patent och skiljedom, giltighets- och intrångsfrågor, in: Lindskog, Stefan/Mullern, Mats/Unger, Sven (Hrsg.), Festskrift till Sveriges Advokatsamfund 1887-1987, Stockholm 1987, S. 285 ff.
Klein, Bohuslav	How to Avoid Conflicting Awards, The Lauder and CME Cases, JWIT 2004, S. 19 ff.
Klein, Bohuslav	Who Wins and Who Loses in Investment Arbitration? Are Investors and Host States on a Level Playing Field? – The Lauder/Czech Republic Legacy, JWIT 2005, S. 65 ff.
Kleinemann, Jan	Borgensmannen och skiljeavtalet, JT 1997/98, S. 846 ff.
Köhne, Hans-Clemens/ Langner Sören D.	Geltendmachung von Gegenforderungen im internationalen Schiedsverfahren, RIW 2003, S. 361 ff.
Kornmeier, Udo	Die Schiedsfähigkeit GmbH-rechtlicher Nichtigkeits- und Anfechtungsklagen, Bochum 1980.
Kreindler, Richard H.	The Law Applicable to International Investment Disputes, in: Horn, Norbert (Hrsg.), Arbitrating Foreign Investment Disputes, Procedural and Substantive Legal Aspects, Den Haag 2004, S. 401 ff.
Kreindler, Richard H.	Approaches to the Application of Transnational Public Policy by Arbitrators, JWI 2003, S. 239.

Kröll, Stefan Die Ablehnung eines Schiedsrichters nach deutschem Recht, ZZP 116 (2003), S. 195 ff.

Kröll, Stefan Kurzkommentar zu BGH, Beschluss vom 6. Juni 2002, Az.: III ZB 44/01, EWiR 2003, § 1059 ZPO 1/03, S. 295 ff.

Kröll, Stefan Schiedsrchtliche Rechtsprechung 2003, SchiedsVZ 2004, S. 113 ff.

Kröll, Stefan Die schiedsrechtliche Rechtsprechung 2004, SchiedsVZ 2005, S. 139 ff.

Kröll, Stefan Die internationale Zuständigkeit deutscher Gerichte für einstweiligen Rechtsschutz bei ausländischem Schiedsort, IHR 2005, S. 142 ff.

Kronke, Herbert Internationale Schiedsverfahren nach der Reform, RIW 1998, S. 257 ff.

Kronke, Herbert Entwicklungen des internationalen Kapitalmarktrechts und Schiedsgerichtsbarkeit, in: Briner, Robert/Fortier, Yves L./Berger, Klaus Peter/Bredow, Jens (Hrsg.), Law of International Business and Dispute Settlement in the 21st Century, Liber Amicorum Karl-Heinz Böckstiegel, Köln u.a. 2001, S. 431 ff.

Kronke, Herbert/ Mazza, Francesca Korporations- und Gesellschaftsrecht, in: Kronke, Herbert/Melis, Werner/Schnyder, Anton K., Handbuch Internationales Wirtschaftsrecht, Köln 2005, S. 1111 ff.

Kühn, Wolfgang How to Avoid Conflicting Awards – The Lauder and CME Cases, JWIT 2004, S. 7 ff.

Kühn, Wolfgang/ Gantenberg, Ulrike Die CME-Saga – ein internationaler Investitionsstreit, SchiedsVZ 2004, S. 1 ff.

Kühn, Wolfgang/ Gantenberg, Ulrike Confidentiality in Arbitration, in: Bachmann, Birgit/ Breidenbach, Stephan/ Coester-Waltjen, Dagmar/ Heß, Burkhard/ Nelle, Andreas/ Wolf, Christian (Hrsg.), Grenzüberschreitungen, Beiträge zum Internationalen Verfahrensrecht und zur Schiedsgerichtsbarkeit, Festschrift für Peter Schlosser zum 70. Geburtstag, Tübingen 2005, S. 461 ff.

Kvart, Johan/ Olsson, Bengt Tvistlösning genom skiljeförfarande, Stockholm 1999.

Labes, Hubertus W./ Lörcher, Torsten — Das neue deutsche Recht der Schiedsgerichtsbarkeit, MDR 1997, S. 420 ff.

Lachmann, Jens-Peter — Handbuch für die Schiedsgerichtspraxis, 2. Auflage, Köln 2002, zitiert: Lachmann, 2. A.

Lachmann, Jens-Peter — Handbuch für die Schiedsgerichtspraxis, 3. Auflage, Köln 2008, zitiert: Lachmann.

Legum, Barton — Trends and Challenges in Investor-State Arbitration, Arbitration International 2003, S. 143 ff.

Legum, Barton — The Introduction of an Appellate Mechanism: the U.S. Trade Act of 2002, in: Gaillard, Emmanuel/Banifatemi, Yas (Hrsg.), Anulment of ICSID Awards, S. 289 ff., Huntigton, New York 2004.

Legum, Barton — Investor-State Arbitrator Disqualified for Pre-Appointment Statements on Challenged Measures, Arbitration International 2005, S. 241 ff.

Lew, Julian D. M./ Mistelis, Loukas A./ Kröll, Stefan M. — Comparative International Commercial Arbitration, Den Haag u.a. 2003.

Liebscher, Christoph — The Healthy Award – challenge in international commercial arbitration, Den Haag u.a. 2003.

Lindblom, Per Henrik — Allmän domstol som alternativt tvistlösningsorgan, in: Lindblom, Per Henrik (Hrsg.), Studier i processrätt, Stockholm 1993, S. 83 ff.

Lindell, Bengt — Alternativ tvistlösning, Uppsala 2000, zitiert: Lindell, Alternativ tvistlösning.

Lindell, Bengt — Civilprocessen, 2. Auflage, Uppsala 2003, zitiert: Lindell, Civilprocessen.

Lindskog, Stefan — Skiljeförfarande, En kommentar, Stockholm 2005.

Lindstedt, Gustaf — Om förlikning i rättegångsmål, SvJT 1950, S. 675 ff.

Lionnet, Klaus/ Lionnet, Annette — Handbuch der internationalen und nationalen Schiedsgerichtsbarkeit, 3. Auflage, Stuttgart u. a. 2005.

de Ly, Filip — Who Wins and Who Loses in Investment Arbitration? Are Investors and Host States on a Level Playing Field? The Lauder/Czech Republic Legacy, JWIT 2005, S. 59 ff.

Madsen, Finn	Commercial Arbitration in Sweden: a commentary on the Arbitration Act (1999:116) and the Rules of the Arbitration Institute of the Stockholm Chamber of Commerce, Stockholm 2004.
Magnusson, Kristofer	Avtal om sekretess i skiljeförfarande, JT 2002/03, S. 161 ff.
Mann, Howard/ Cosbey, Aaron/ Peterson, Luke/ von Moltke, Konrad	Comments on ICSID Discussion Paper, "Possible Improvements of the framework for ICSID Arbitration"; International Institute for Sustainable Development, December 2004, abrufbar unter www.iisd.org/investment.
Martens, Frank	Wirkungen der Schiedsvereinbarung und des Schiedsverfahrens auf Dritte, Frankfurt u. a. 2005.
von Mehren, Robert	The Eco-Swiss Case and International Arbitration, Arbitration International 2003, S. 465 ff.
von Mehren, George M./ Salomon, Claudia T./ Paroutsas, Aspasia A.	Navigating Through Investor-State Arbitrations – An Overview of Bilateral Investment Treaty Claims, Dispute Resolution Journal 2004, S. 69 ff.
Mendelson, Maurice	How to Avoid Conflicting Awards, The Lauder and CME Cases, Diskussionsbeitrag zum 10th Geneva Global Arbitration Forum, JWIT 2004, S. 45.
Meyer, Ulrich C.	The law applicable to the arbitration agreement - the solutions adopted by the new Swedish Arbitration Act in an international context, Swedish and International Arbitration 1997, S. 6 ff.
Musielak, Hans-Joachim	Grundkurs ZPO, 8. Auflage, München 2005, zitiert: Musielak, Grundkurs ZPO.
Musielak, Hans-Joachim (Hrsg.)	Kommentar zur Zivilprozessordnung mit Gerichtsverfassungsgesetz, 5. Auflage, München 2006; zitiert: Musielak-*Bearbeiter*.
Münch, Joachim	Anmerkung zu BGH, Beschluss vom 6. Juni 2002, Az.: III ZB 44/01, SchiedsVZ 2003, S. 41 ff.
v. Münch, Ingo/ Kunig, Philip	Grundgesetz-Kommentar, Band 1 (Präambel bis Art. 19), 5. Auflage, München 2000, zitiert: v. Münch/Kunig-*Bearbeiter*.
Münchener Kommentar zur Zivilprozessordnung	Hrsg. von Lüke/Wax, Band 3, §§ 803 - 1066, 2. Auflage, München 2001, zitiert: MüKo-*Bearbeiter*.

Münchener Kommentar zur Zivilprozessordnung Hrsg. von Lüke/Walchshöfer, Band 3, §§ 803 - 1048, 1. Auflage, München 1992, zitiert: MüKo-*Bearbeiter*, 1. Auflage.

Nacimiento, Patricia Abschied von der Vertraulichkeit im Schiedsverfahren? Zum Urteil des schwedischen Högsta Domstolen vom 27.10.2000, BB-Beilage 6 zu Heft 31, 2001, S. 7 ff.

Nagel, Heinrich/ Gottwald, Peter Internationales Zivilprozessrecht, 6. Auflage, Köln 2007.

Nerep, Erik Till frågan om skiljeavtalets särställning i svensk avtalsrätt, in: Lindskog, Stefan/Mullern, Mats/Unger, Sven (Hrsg.), Festskrift till Sveriges Advokatsamfund 1887-1987, S. 389 ff., Stockholm 1987, S. 389 ff.

Nienaber, Volker Die Anerkennung und Vollstreckung im Sitzstaat aufgehobener Schiedssprüche, Frankfurt u. a. 2002.

Niggemann, Friedrich Europäisches Wettbewerbsrecht und Schiedsgerichtsbarkeit: EcoSwiss und europäischer ordre public in der praktischen Anwendung in Frankreich, SchiedsVZ 2005, S. 265 ff.

Nordenson, Ulf K. Anmärkning till Arbitration in Sweden, SvJT 1977, S. 714 ff.

Nordh, Roberth Rättegång, in: Strömholm, Stig (Hrsg.), Svensk Rätt – en översikt, Uppsala 2001, S. 655 ff.

Nordquist, Jonas Domstolar i det svenska politiska systemet – om demokrati, juridik och politik under 1900-talet, Edsbruk 2001.

Obadia, Eloïse Current Issues in Investment Disputes, JWI 2001, S. 219 ff.

Oberhammer, Paul Entwurf eines neuen Schiedsverfahrensrechts, Wien 2002.

Oetiker, Christian Eintritt und Wirkungen der Rechtshängigkeit in der internationalen Schiedsgerichtsbarkeit unter besonderer Berücksichtigung der Schiedsordnungen der ICC, des LCIA, der Zürcher Handelskammer und der UNCITRAL, des schweizerischen und englischen Schiedsverfahrensrechts, des UNCITRAL-Modell-gesetzes über die internationale Handelsschiedsgerichtsbarkeit sowie des materiellen schweizerischen und englischen Rechts, St. Gallen 2003.

Olsson, Bengt/ Kvart, Johan	Lagen om skiljeförfarande. En kommentar, Stockholm 2000.
Pachelbel-Gehag, Johann von	Das reformierte deutsche und schwedische Schiedsverfahrensrecht - eine vergleichende Betrachtung unter Berücksichtigung des UNCITRAL-Modellgesetzes über die internationale Handelsschiedsgerichtsbarkeit, Frankfurt a. M. 2002.
Papmehl, Markus A.	Die Schiedsfähigkeit gesellschaftsrechtlicher Streitigkeiten, Frankfurt 2001.
Papmehl, Markus A.	Anmerkung zu BGH 19.7.2004, GmbHR 2004, S. 1217 ff.
Park, William W.	The *Lex Loci Arbitri* and International Commercial Arbitration, I.C.L.Q. 1983, S. 21 ff.
Park, William W.	Duty and Discretion in International Arbitration, American Journal of International Law 1999, 805.
Parker School of Foreign and Comparative Law (Columbia University)	International Arbitration and the Courts: a source guide, Dobbs Ferry, New York 1990.
Paulsson, Jan	What Authority Do International Arbitrators Have over States? in: van den Berg, Albert J. (Hrsg.), New Horizons in International Commercial Arbitration and Beyond, ICCA International Arbitration Congress 2004, Den Haag 2005.
Pålsson, Lennart	Säkerhetsåtgärder och andra interimistiska åtgärder i internationella tvister, SvJT 1996, S. 385 ff.
Perezcano, Hugo	Damages in Investment Arbitration – Are the Standards different from Commercial Arbitration? The Need for Consistency, JWIT 2005, S. 39 ff.
Peterson, Luke Eric	Bilateral Investment Treaties and Development Policy Making, International Institute for Sustainable Development, November 2004, abrufbar unter www.iisd.org, zitiert: Peterson, Bilateral Investment Treaties and Development Policy Making.
Peterson, Luke Eric	Analysis: Tribunal distinguishes regulation from expropriation in latest Czech case, Investment Treaty News vom 29. März 2006 (Newsletter), abrufbar unter: www.iisd.org/investment/itn.

Peterson, Luke Eric Analysis: Tribunal stirs up storm with 'umbrella' clause ruling, Investment Treaty News vom 15. Juni 2006 (Newsletter), abrufbar unter: www.iisd.org/investment/itn.

Philip, Allan The Arbitrators, Stockholm Arbitration Report 1999:1, S. 33 ff.

Philip, Allan The Eco Swiss Judgement and International Arbitration, in: Nafziger, James A. R./Symeonides, Symeon C. (Hrsg.), Law and Justice in a Multi State World, Ardsley, New York 2002, S. 528 ff.

Price, Daniel M. NAFTA Challenges – US Trade Promotion Legislation, Beitrag zur Investment Treaty Conference des British Institute for International and Comparative Law vom 7. Mai 2004, TDM April 2005, S. 47 ff.

Price, Daniel M. Who Wins and Who Loses in Investment Arbitration? Are Investors and Host States on a Level Playing Field? – The Lauder/Czech Republic Legacy, JWIT 2005, S. 73 ff.

Prütting, Hanns Vertraulichkeit in der Schiedsgerichtsbarkeit und in der Mediation, in: Briner, Robert/Fortier, Yves L./Berger, Klaus Peter/Bredow, Jens (Hrsg.), Law of International Business and Dispute Settlement in the 21st Century, Liber Amicorum Karl-Heinz Böckstiegel, Köln u.a. 2001, S. 629 ff.

von Quitzow, Carl Michael Nya tider för skiljedomstolar, Konsekvenserna av EG-Domstolens avgörande i fallet Benetton, Advokaten 1999, Heft 6, S. 12 ff.

Raeschke-Kessler, Hilmar How to Avoid Conflicting Decisions, The Lauder and CME Cases, Diskussionsbeitrag zum 10th Geneva Global Arbitraion Forum, JWIT 2004, S. 41 f.

Raeschke-Kessler, Hilmar Diskussionsbeitrag zur Investment Treaty Conference des British Institute for International and Comparative Law vom 7. Mai 2004, TDM April 2005, S. 26.

Raeschke-Kessler, Hilmar Anmerkung zu BGH, Beschlüsse vom 4.10.2005, SchiedsVZ 2006, Az.: VII ZB 8/05 und VII ZB 9/05, S. 44 ff. und S. 47 ff., SchiedsVZ 2006, S. 51 f.

Raeschke-Kessler, Hilmar/Berger, Klaus Peter Recht und Praxis des Schiedsverfahrens, 3. Auflage, Köln 1999.

Ramberg, Jan — The Arbitration Agreement, Stockholm Arbitration Report 1999:1, S. 23 ff.

Ramberg, Christina/ Ramberg, Jan — Allmän avtalsrätt, 6. Auflage, Stockholm 2003.

Redfern, Alan/ Hunter, Martin — Law and practice of international commercial arbitration, 4. Auflage, London 2004.

Reichert, Jochem — Beschlussmängelstreitigkeiten und Schiedsgerichtsbarkeit, in: Habersack, Matthias/ Hommelhoff, Peter/ Hüffer, Uwe/Schmidt, Karsten (Hrsg.), Festschrift für Peter Ulmer, Berlin 2003, S. 511 ff.

Reiner, Andreas — Schiedsverfahren und rechtliches Gehör, ZfRV 2003, S. 52 ff.

Reiner, Andreas — Das neue österreichische Schiedsrecht, SchiedsRÄG 2006, Wien 2006.

Ring, Gerhard/ Olsen-Ring, Line — Einführung in das skandinavische Recht, München 1999.

Romander, Claes — Confidentiality in Swedish Arbitration Proceedings, abrufbar unter: www.sccinstitute.se.

Rubins, Noah — Judicial Review of Investment Arbitration Awards, in: Weiler, Todd (Hrsg.), NAFTA Investment Law and Arbitration: Past Issues, Current Practice, Future Prospects, Ardsley, New York 2004, zitiert: Rubins, in: Weiler.

Rubins, Noah — NAFTA Challenges – Judicial Review of Investment Arbitration Awards, Beitrag zur Investment Treaty Conference des British Institute for International and Comparative Law vom 7. Mai 2004, TDM April 2005, S. 40 ff.

Rubins, Noah/ Hory, Alexander — Investment Arbitration Introduction, Stockholm International Arbitration Report 2005:1, o. S.

Rubino-Sammartano, Mauro — International arbitration law and practice, Den Haag u. a. 2001.

Runesson, Erik M. — Licensavtalet, skiljeavtalet och immaterialrätten, JT 2002/2003, S. 673 ff.

Ruotsi, Mikael — Klander och ogiltighet av skiljedom: Mål anhängiggjorda vid Svea Hovrätt 1999-2003, Uppsala 2003.

Ruzik, Andy	Die Anwendung von Europarecht durch Schiedsgerichte, Universität Halle-Wittenberg, Beiträge zum Transnationalen Wirtschaftsrecht, August 2003.
Sacerdoti, Giorgio	The "Fork in the Road" Revisited, Beitrag zur Third Investment Treaty Forum Conference des British Institute of International and Comparative Law, TDM August 2005, S. 17 ff.
Sachs, Klaus	Schiedsgerichtsverfahren über Unternehmenskaufverträge – unter besonderer Berücksichtigung kartellrechtlicher Aspekte, SchiedsVZ 2004, S. 123 ff.
Samuel, Adam	Jurisdictional Problems in International Commercial Arbitration: A Study of Belgian, Dutch, English, French, Swedish, Swiss, U.S. and West German Law, Zürich 1989.
Sandrock, Otto	„Gewöhnliche" Fehler in Schiedssprüchen: Wann können sie zur Aufhebung des Schiedsspruchs führen? BB 2001, S. 2173 ff.
Sands, Philippe	The Coexistence of Local and International Law Remedies, Beitrag zur Third Investment Treaty Forum Conference des British Institute of International and Comparative Law, TDM August 2005, S. 11 ff.
von Saucken, Alexander	Die Reform des österreichischen Schiedsverfahrensrechts auf der Basis des UNCITRAL-Modellgesetzes über die internationale Handelsschiedsgerichtsbarkeit, Ein Diskussionsbeitrag, Frankfurt a. M. u. a. 2004.
Schäfer, Jan K.	Dornröschenschlaf – Schiedsverfahren nach deutschen Investitionsförderungsabkommen, BB 2004, S. 1069 f.
Schenck, Mia	The Group of Companies Doctrine, JT 2001/02, S. 420 ff.
Schlosser, Peter	Das Recht der internationalen privaten Schiedsgerichtsbarkeit, 2. Auflage, Tübingen 1989.
Schlosser, Peter	Das neue deutsche Recht der Schiedsgerichtsbarkeit, in: Gottwald, Peter, Revision des EuGVÜ- Neues Schiedsverfahrensrecht, Bielefeld 2000, S. 163 ff., zitiert: *Schlosser*, in: Gottwald.
Schmidt, Karsten	Neues Schiedsverfahrensrecht und Gesellschaftsrechtspraxis, ZHR 162 (1998), S. 265 ff.

Schmidt, Karsten Schiedsklauseln und Schiedsverfahren im Gesellschaftsrecht als prozessuale Legitimationsprobleme – Ein Beitrag zur Verzahnung von Gesellschafts- und Prozessrecht, BB 2001, S. 1857 ff.

Schmidt, Karsten Kartellrecht im Schiedsverfahren – Neuorientierung durch VO 1/2003 und 7. GWB-Novelle?, BB 2006, S. 1397 ff.

Schmidt-Bleibtreu, Bruno/ Klein, Franz/ Brockmeyer, Hans-Bernhard Kommentar zum Grundgesetz, 10. Auflage, Neuwied 2004, zitiert: Schmidt-Bleibtreu/Klein-*Bearbeiter*.

Schneider, Michael E. Combining Arbitration with Conciliation, Oil, Gas and Energy Law Intelligence, Bd. 1, Heft 2, März 2003, abrufbar unter: www.gasandoil.com/ogel.

Schöldström, Patrik The Arbitrator's Mandate, A Comparative Study of Relationships in Commercial Arbitration under the Laws of England, Germany, Sweden and Switzerland, Stockholm 1998.

Schreuer, Christoph H. The ICSID-Convention: A Commentary, Cambridge 2001.

Schroeder, Hans-Patrik Zur Aufhebung von Scheinschiedssprüchen und anderen formellen Schiedssprüchen durch Staatliche Gerichte – Ein Beitrag zur Auslegung des Begriffs "Schiedsspruch" in § 1059 ZPO, SchiedsVZ 2005, S. 244 ff.

Schroth, Hans-Jürgen Einstweiliger Rechtsschutz im deutschen Schieds-verfahren, SchiedsVZ 2003, S. 102 ff.

Schütze, Rolf A. Einstweiliger Rechtsschutz im Schiedsverfahren, BB 1998, S. 1650 ff.

Schütze, Rolf A. Zur partiellen Rechtsfähigkeit in internationalen Schiedsverfahren, IPrax 1999, S. 87 ff.

Schütze, Rolf A. Schiedsgericht und Schiedsverfahren, 3. Auflage, München 1999, zitiert: Schütze.

Schulze, Jörn-Christian Grenzen der objektiven Schiedsfähigkeit im Rahmen des § 1030 ZPO, Eine Betrachtung des Rechts der Schiedsfähigkeit nach der Schiedsverfahrensreform, Frankfurt 2002.

Schwab, Karl Heinz/ Walter, Gerhard — Schiedsgerichtsbarkeit, Systematischer Kommentar zu den Vorschriften der Zivilprozeßordnung, des Arbeitsgerichtsgesetzes, der Staatsverträge und der Kostengesetze über das privatrechtliche Schiedsgerichtsverfahren, 7. Auflage, München 2005.

Shelkoplyas, Natalya — The Application of EC Law in Arbitration Proceedings, Groningen 2003.

Shifman, Bette — The Pros and Cons of an International Appellate System – The Challenges of Administering an Appellate System for Investment Disputes, Beitrag zur Investment Treaty Conference des British Institute for International and Comparative Law vom 7. Mai 2004, TDM April 2005, S. 60 ff.

Smit, Hans — When does an Arbitration Clause extend to a Guarantuee that does not contain it?, Stockholm Arbitration Report 2003, S. 300 ff.

Soergel, Hs.Th. — Bürgerliches Gesetzbuch mit Einführungsgesetz und Nebengesetzen, Bd. 10, 12. Auflage, Stuttgart u. a. 1996; zitiert Soergel/*Bearbeiter*.

Söderlund, Christer — The new Arbitration Acts in Germany and Sweden – some comparative points, Stockholm Arbitration Report 2000:1, S. 87 ff.

Söderlund, Christer — Vergleichender Überblick zur Schiedsgerichtsbarkeit in Deutschland, England, Russland und Schweden, SchiedsVZ 2004, S. 130 ff.

Söderlund, Christer — Prövning av bevakat fordran i skiljeförfarande, JT 2004/05, S. 694 ff.

Söderlund, Christer — Lis pendens, Res iudicata and the issue of Parallel Judicial Proceedings, Journal of International Arbitration 2005, S. 301 ff.

Soltysinski, Stanislaw/ Olechowski, Marchin — Anmerkung zu Czech Republic v. CME, Stockholm Arbitration Report 2003: 2, S. 167 ff., Stockholm Arbitration Report 2003: 2, S. 215 ff.

Sonnauer, Heinz — Die Kontrolle der Schiedsgerichte durch die staatlichen Gerichte, Köln u. a. 1992.

Spieker, Oliver — Schiedsvereinbarungen in Allgemeinen Geschäftsbedingungen im Bereich des nicht kaufmännischen Verkehrs, ZIP 1999, S. 2138 ff.

Spiermann, Ole — Individual Rights, State Investors and the Power to Waive ICSID Jurisdiction under Bilateral Investment Treaties, Arbitration International 2004, S. 179 ff.

Stein, Friedrich/ Jonas, Martin — Kommentar zur Zivilprozessordnung, Band 9, §§ 916-1068 und EG ZPO, 22. Auflage, Tübingen 2002, zitiert: Stein/Jonas-*Bearbeiter.*

Stockholm Chamber of Commerce — Arbitration in Sweden, 2. Auflage, Stockholm 1984.

Stolle, Roland — Das Recht der nationalen Schiedsgerichtsbarkeit in Schweden und Deutschland im Vergleich, Hamburg 2004.

Tams, Christian — An Appealing Option? The Debate about an ICSID Appellate Structure, Beiträge zum Transnationalen Wirtschaftsrecht, Heft 57, Juni 2006, Jur. Fakultät der Martin-Luther-Universität Halle-Wittenberg.

Thomas, Heinz/ Putzo, Hans — Zivilprozessordnung mit Gerichtsverfassungsgesetz, den Einführungsgesetzen und europarechtlichen Vorschriften, Kommentar, 27. Auflage, München 2006.

Thümmel, Roderich C. — Einstweiliger Rechtsschutz im Schiedsverfahren nach dem Entwurf zum Schiedsverfahrens-Neuregelungsgesetz, DZWir 1997, S. 133 ff.

Törnblom, Rune — Offentlighet och sekretess, Stockholm 1993.

Triebel, Volker/ Conen, Tilman — Parallelität von Schiedsverfahren und staatlichem Gerichtsverfahren, BB-Beilage 2003, Heft 25, S. 2 ff.

Turner, Peter — The "Fork in the Road" Revisited, Beitrag zur Third Investment Treaty Forum Conference des British Institute of International and Comparative Law, TDM August 2005, S. 19 ff.

United Nations Conference on Trade and Development (UNCTAD) — Lessons from the MAI, UNCTAD Series on issues in international investment agreements, UNCTAD/ITE/IIE/MIS.22, New York und Genf 1999, zitiert: UNCTAD, Lessons from the MAI.

United Nations Conference on Trade and Development (UNCTAD) — International Investment Agreements: Key Issues, Volume I, UNCTAD/ITE/IIE/2004/10, New York und Genf 2004, abrufbar unter: www.unctad.org/iia/series, zitiert: UNCTAD, Key Issues I.

United Nations Conference on Trade and Development (UNCTAD) Investor-State Disputes arising from investment treaties: review, UNCTAD/ITE/IIT/2005/4, New York und Genf 2005, abrufbar unter: www.unctad.org/iia/series, zitiert: UNCTAD, Investor-State Disputes.

United Nations Conference on Trade and Development (UNCTAD) Latest Developments in Investor-State Dispute Settlement, ILA MONITOR No. 4 (2005), UNCTAD/WEB/ITE/IIT/2005/2, New York und Genf 2005, abrufbar unter www.unctad.org/iia/series, zitiert: UNCTAD, Latest Developments.

United Nations Conference on Trade and Development (UNCTAD) Investor-State Dispute Settlement and Impact on Investment Rulemaking, New York und Genf 2008, abrufbar unter www.unctad.org/iia/series; zitiert: UNCTAD, Investor-State Dispute Settlement.

Veeder, V. V. Provisional and Conservatory Measures, in: UNCITRAL, Enforcing Arbitral Awards under the New York Convention: Experience and Prospects; Papers presented at „New York Convention Day", held in New York on 10th June 1998, S. 20 ff.; abrufbar unter www.uncitral.org/uncitral/en/ucitral_texts/arbitration/NYConvention.html, zitiert: Veeder, in: UNCITRAL.

Veeder, V. V. The Necessary Safeguards of an Appellate System, Beitrag zur Investment Treaty Conference des British Institute for International and Comparative Law vom 7. Mai 2004, TDM April 2005, S. 6 f.

Vis-Dunbar, Damon British investor sues Malaysia over sunken treasure, pleadings posted by ICSID; Investment Treaty News vom 11. April 2006 (Newsletter), abrufbar unter: www.iisd.org/investment/itn.

Voit, Wolfgang Die Entscheidung des Schiedsgerichts über die eigene Unzuständigkeit als Prüfstein der dogmatischen Grundlagen des Schiedsverfahrensrechts, in: Christian Heinrich (Hrsg.), Festschrift für Hans-Joachim Musielak zum 70. Geburtstag, München 2004, S. 595 ff.

Wagner, Gerhard Länderbericht Deutschland, in: Weigand, Frank-Bernd (Hrsg.), Practitioner's Handbook on Arbitration, München 2002, S. 685 ff.

Wälde, Thomas Current Issues in Investment Disputes, Comments, JWI 2001, S. 223 ff.

Wälde, Thomas How to Avoid Conflicting Decisions, The Lauder and

	CME Cases, Diskussionsbeitrag zum 10th Geneva Global Arbitration Forum, JWIT 2004, S. 43 ff.
Wälde, Thomas	Energy Charter Treaty-based Investment Arbitration, Controversial Issues, JWIT 2004, S. 373 ff.
Wälde, Thomas	The Pros and Cons of an International Appellate System – Alternatives for Obtaining Greater Consistency in Investment Arbitration: An Appellate Institution after the WTO, Authoritative Treaty Arbitration or Mandatory Consolidation?, Beitrag zur Investment Treaty Conference des British Institute for International and Comparative Law vom 7. Mai 2004, TDM April 2005, S. 71 ff.
Wälde, Thomas W./ Hobér, Kaj	The First Energy Charter Treaty Arbitral Award, Journal of International Arbitration 2005, S. 83 ff.
Walker, Wolf-Dietrich	Zwangsvollstreckungsrecht, 7. Auflage, Köln u. a. 2003.
Wallace-Bruce, Nii Lante	The Multilateral Agreement on Investment – An Indecent Proposal and not Learning the Lessons of History, JWI 2001, S. 53 ff.
Werner, Jacques	The New International Adjudicator – For a Renewal of Arbitration by Peers in Investment Cases, JWI 2001, S. 277 ff.
Werner, Jacques	Making Investment Arbitration More Certain, A Modest Proposal, JWI 2003, S. 767 ff.
Wersäll, Fredrik	Maktförskjutning till domstolarna – naturkraft eller medveten politik?, SvJT 2004, S. 324 ff.
Westberg, Peter	Civilprocessuella säkerhetsåtgärder – ett instrument för konfliktlösning?, SvJT 1990, 161 ff.
Westberg, Peter	Det provisoriska rättsskyddet i tvistemål, en funktionsstudie över kvarstad och andra civilprocessuella säkerhetsåtgärder, Bok 1- 4, Lund 2004, zitiert: Westberg, Band.
Wetter, J. Gillis	The Internationalisation of International Arbitration: Looking ahead to the next ten years, in: Hunter, Martin (Hrsg.), The Internationalisation of International Arbitration, London 1995, S. 85 ff.
Wiegand, Wolfgang	Iura novit curia vs. ne ultra petita – Die Anfechtbarkeit

von Schiedsgerichtsurteilen im Lichte der jüngsten Rechtsprechung des Bundesgerichts; in: Greiner, Monique Jametti/Berger, Bernhard/Güngerich, Andreas (Hrsg.), Rechtsetzung und Rechtsdurchsetzung, Festschrift für Franz Kellerhals zum 65. Geburtstag, Bern 2005, S. 127 ff.

Wiklund, Johan Näringslivets nya motorväg till tvistlösning?, Advokaten 2001, Nr. 2, S. 20.

Williams, David A. R. Challenging Investment Treaty Awards – Issues Concerning the Forum Arising from the Metalclad Case; in: van den Berg, Albert Jan (Hrsg.), International Commercial Arbitration: Important Contemporary Questions, ICCA International Arbitration Congress 2002, Den Haag 2003.

Williams, David International Commercial Arbitration and Globalization, Review and Recourse against Awards Rendered under Investment Treaties, JWI 2003, S. 251 ff.

Wilske, Stephan/ Shore, Laurence The Rise and Fall of the "Group of Companies Doctrine", IDR 2005, S. 157 ff.

Wisner, Robert/ Gallus, Nick Nationality Requirements in Investor-State Arbitration, JWIT 2004, S. 927 ff.

Wiwen-Nilsson, Tore Czech Republic v. CME, Stockholm Arbitration Report 2003: 2, S. 167 ff., Stockholm Arbitration Report 2003: 2, S. 250 ff.

Wolf, Martin „Summarische Verfahren" im neuen Schiedsverfahrensrecht, DB 1999, 1101 ff.

Zeiler, Gerold Erstmals einstweilige Maßnahmen im Schiedsverfahren?, SchiedsVZ 2006, S. 79 ff.

Zöller, Richard Zivilprozessordnung mit Gerichtsverfassungsgesetz und den Einführungsgesetzen, mit internationalem Zivilprozessrecht, EG-Verordnungen, Kostenanmerkungen, Kommentar, 26. Auflage, Köln 2007, zitiert: Zöller-*Bearbeiter*.

Stichwortverzeichnis

Studien zum Europäischen und Internationalen Wirtschaftsrecht
Studies in European and International Economic Law

Herausgeber/Editors: Peter Hay, Meinhard Hilf,
Herbert Kronke und Wolfgang Oehler

Band/Volume	1	Ralf Scheibach: Importrelevante Investitionsauflagen und das GATT. Eine Untersuchung über Investitionsmaßnahmen mit handelspolitischen Auswirkungen und ihre Vereinbarkeit mit dem GATT. 1992.
Band/Volume	2	Ilona Muráti: Gläubigerschützende Maßnahmen zur Sicherung der Kapitalaufbringung und der Kapitalerhaltung im spanischen Aktienrecht. Ein Vergleich mit der Rechtslage nach dem deutschen AktG unter Einbeziehung der EG-Richtlinien zur Koordinierung der Schutzbestimmungen auf dem Gebiet des Gesellschaftsrechts. 1993.
Band/Volume	3	Johannes Zügel: Mitwirkung der Arbeitnehmer nach der EU-Richtlinie über die Einsetzung eines Europäischen Betriebsrats. Eine Untersuchung der Richtlinie 94/45 und der vorangegangenen Richtlinienvorschläge unter Berücksichtigung der Praxis multinationaler Unternehmen. 1995.
Band/Volume	4	Torsten Straub: Zur Rechtswahl im internationalen Wechselrecht. Vergleichende Darstellung der Kollisionsnormen Deutschlands, Englands und der UNCITRAL unter dem Aspekt der Parteiautonomie. 1995.
Band/Volume	5	Andreas Kadletz: Haftung und Versicherung im internationalen Lufttransportrecht. 1998.
Band/Volume	6	Wolfram Bechtel: Umzug von Kapitalgesellschaften unter der Sitztheorie. Zur europarechtskonformen Fortentwicklung des internationalen Gesellschaftsrechts. 1999.
Band/Volume	7	Angela von Falkenhayn: Das Verhältnis von Factor und Debitor beim Factoring. Abtretungsverbot und andere Einwendungen im deutschen und amerikanischen Recht und nach der UNIDROIT-Konvention. 1999.
Band/Volume	8	Bettina Grünwald: Das Verbot der irreführenden Werbung nach § 3 UWG – ein Handelshemmnis? 2000.
Band/Volume	9	Hans-Eric Rasmussen-Bonne: Alternative Rechts- und Forumswahlklauseln. Eine vergleichende Darstellung. 1999.
Band/Volume	10	Werner Meier: Grenzüberschreitender Durchgriff in der Unternehmensgruppe nach US-amerikanischem Recht. Jurisdiktions- und Prozeßrecht, Kollisionsrecht, materielles Recht. 2000.
Band/Volume	11	Heiner Braun: Joint Ventures im amerikanischen und deutschen Internationalen Privatrecht. Inhalt und Grenzen des Vertragsstatuts. 2000.
Band/Volume	12	Hanno Naumann: Der Regelungsbereich des UN-Kaufrechts im Spannungsfeld zwischen Einheitsrecht und Kollisionsrecht. 2000.
Band/Volume	13	Markus A. Papmehl: Die Schiedsfähigkeit gesellschaftsrechtlicher Streitigkeiten. 2001.
Band/Volume	14	Heike Bruhn: Niederlassungsfreundliche Sitzverlegung und Verschmelzung über die Grenze nach italienischem Recht. Eine rechtsvergleichende Untersuchung unter Berücksichtigung der europäischen Niederlassungsfreiheit. 2002.
Band/Volume	15	Necla Agdag-Güney: Umwandlung öffentlicher Unternehmen in der Türkei. Eine rechtsvergleichende Untersuchung zum deutschen und türkischen Recht der Umwandlung von öffentlichen Wirtschaftsunternehmen im Rahmen eines Privatisierungsvorhabens. 2002.

Band/Volume 16 Valerio Sangiovanni: Die Ad-hoc-Publizität im deutschen und italienischen Recht. 2003.

Band/Volume 17 Renate Dendorfer: Aktives Telefonmarketing. Erfassung und Neubewertung der wettbewerbsrechtlichen Beurteilung unerbetener Werbeanrufe. Unter Berücksichtigung europarechtlicher Entwicklungen und US-amerikanischer Regelungen. 2003.

Band/Volume 18 Stephan Bode: Die Wirksamkeit einer Forderungsübertragung gegenüber Dritten vor dem Hintergrund der internationalen Forderungsfinanzierung. 2007.

Band/Volume 19 René Sauer: Die Harmonisierung des Kollisions- und des Sachrechts für Wertpapierguthaben und Wertpapiersicherheiten. Hintergrund und Entwicklung gemeinschaftsrechtlicher und globaler Regelungsansätze. 2008.

Band/Volume 20 Mathias Kapitza: Untersuchungen zur Markenrechtsfähigkeit der BGB-Gesellschaft. 2009.

Band/Volume 21 Franziska Edler: Die Aufhebung von Schiedssprüchen und der Erlass einstweiliger Maßnahmen in Deutschland und Schweden. Ein Rechtsvergleich vor dem Hintergrund der Investitionsschiedsgerichtsbarkeit. 2009.

www.peterlang.de

Peter Lang · Internationaler Verlag der Wissenschaften

Michael Christ

Berichtigung, Auslegung und Ergänzung des Schiedsspruchs

Das schiedsgerichtliche Korrekturverfahren nach § 1058 ZPO

Frankfurt am Main, Berlin, Bern, Bruxelles, New York, Oxford, Wien, 2008.
XXXI, 398 S.
Schriftenreihe der August Maria Berges Stiftung für Arbitrales Recht.
Herausgegeben von Hubertus W. Labes. Bd. 19
ISBN 978-3-631-56990-0 · geb. € 68.50*

In der Schiedsgerichtsbarkeit besteht ein praktisches Bedürfnis nach einem Mechanismus der nachträglichen Korrektur etwaiger Mängel des Schiedsspruchs. Dem UNCITRAL-Modellgesetz über die internationale Handelsschiedsgerichtsbarkeit folgend, eröffnet § 1058 ZPO dem Schiedsgericht die Befugnis, den Schiedsspruch nachträglich zu berichtigen, auszulegen und zu ergänzen. Doch wie weit reicht die Korrekturbefugnis des Schiedsgerichts? Wie ist das Korrekturverfahren ausgestaltet? In welchen Fällen unterliegen Korrekturentscheidungen des Schiedsgerichts der Aufhebung durch das staatliche Gericht? Der Verfasser untersucht die sich im Zusammenhang mit der Berichtigung, Auslegung und Ergänzung des Schiedsspruchs ergebenden Fragen und zeigt unter Berücksichtigung rechtsvergleichender Erwägungen Lösungsansätze auf.

Aus dem Inhalt: Berichtigung, Auslegung und Ergänzung des Schiedsspruchs · § 1058 ZPO · Internationale Schiedsgerichtsbarkeit · Umfang und Grenzen der Korrekturbefugnis des Schiedsgerichts · Ausgestaltung des Korrekturverfahrens · Inhalt und Wesen der Korrekturentscheidung · Aufhebung von Korrekturentscheidungen · Verhältnis des schiedsgerichtlichen Korrekturverfahrens zum Aufhebungs- und Vollstreckbarerklärungsverfahren vor dem staatlichen Gericht

Kolibri 360 GmbH
Ferdinand-Jühlke-Straße 7
99095 Erfurt, Deutschland
produktsicherheit@kolibri360.de

Druck:
CPI Druckdienstleistungen GmbH
im Auftrag der
Kolibri 360 GmbH
Ferdinand-Jühlke-Str. 7
99095 Erfurt